Europäische Hochschulschriften

Wolf Siegert

Die Furcht
vor der Kommune

Peter Lang   Frankfurt am Main · Bern

Die Furcht vor der Kommune

Europäische Hochschulschriften
Publications Universitaires Européennes
European University Studies

Reihe I
Deutsche Sprache und Literatur

Série I Series I

Langue et littérature allemandes
German Language and Literature

Bd./Vol. 590

PETER LANG
Frankfurt am Main · Bern

Wolf Siegert

Die Furcht
vor der Kommune

Untersuchungen zur
Entstehung und Bedeutung
von Bertolt Brechts
»Die Tage der Commune«

PETER LANG
Frankfurt am Main · Bern

CIP-Kurztitelaufnahme der Deutschen Bibliothek

Siegert, Wolf:

Die Furcht vor der Kommune : Unters. zur Entstehung u.
Bedeutung von Bertolt Brechts "Die Tage der Commune" /
Wolf Siegert. - Frankfurt am Main ; Bern ; Lang, 1983.
(Europäische Hochschulschriften : Reihe 1, Dt.
Sprache u. Literatur ; Bd. 590)
ISBN 3-8204-7360-2
NE: Europäische Hochschulschriften / 01

ISSN 0721-3301
ISBN 3-8204-7360-2
© Verlag Peter Lang GmbH, Frankfurt am Main 1983

Druck und Bindung: Weihert-Druck GmbH, Darmstadt

GEWIDMET:

ALL JENEN
UTOPISTEN
DIE ZU
ÜBER-LEBEN
VERSTANDEN

INHALT

VORWORT

Jenen, die mich zur Bearbeitung dieses Themas ermutigten, die Geduld zeigten, wenn ich wieder einmal vom Hundertsten ins Tausendste kam, die sich auf Seitenwege verführen ließen und die mit mir die Produktivität der Umwege entdeckten, die Triebkraft der Widersprüche nutzend — ihnen sei hierfür gedankt:
meiner Frau Anneliese GRASCHY, Philippe IVERNEL, Gustav KARS, Helmut LETHEN, Klaus MATTHIES, Peter PALITZSCH, Dietger PFORTE und Dieter RICHTER, meinem Doktorvater.

Ich schwanke sehr, mich der Literatur zu verschreiben. . . . Würde ich mich ent-
scheiden, es mit der Literatur zu versuchen, so müßte ich aus dem Spiel Arbeit
machen, aus den Exzessen ein Laster. . . . Meine Appetite müßten geregelt wer-
den, so daß die wilden Anfälle ausgemerzt und die Interessen auf lange Dauer
ziehbar wären, so etwa, daß ich Stücke sehr rasch schreiben könnte, aber nicht
müßte. Dieses letztere ist die Fähigkeit der Klassiker. Sie erzielt Plastik. Lionar-
do konnte sein Interesse beliebig lang erhalten. Was den Stoff betrifft, so habe
ich genug, um die vierzig zulässigen und nötigen Stücke zu schreiben, die den
Spielplan eines Theaters für eine Generation bestreiten (aber ich glaube immer
noch, daß man die Form ohne das Theater nicht festlegen sollte). Als heroische
Landschaft habe ich die Stadt, als Gesichtspunkt die Relativität, als Situation
den Einzug der Menschheit in die großen Städte zu Beginn des dritten Jahrtau-
sends, als Inhalt die Appetite (zu groß und zu klein), als Training des Publikums
die sozialen Riesenkämpfe.

Bertolt Brecht

EINLEITUNG

Mit dieser Arbeit wird der Versuch unternommen, erstmals im Westen das beredte Schweigen um Brechts Kommune Stück zu brechen.

Ausgangspunkt der hier vorgestellten Untersuchung war die Frage: Warum diese Zurückhaltung, ja Verweigerung gegenüber diesem Werk? Hätte man nicht annehmen dürfen, „daß sich die Forschung für das letzte vollendete 'Original'-Drama besonders interessierte" (KNOPF 1980 S. 290)[1]? Wichtiger als diese Betrachtungsebene war für mich die Tatsache, daß *Die Tage der Kommune* (wie das Stück bei Brecht geschrieben wurde) entstanden sind im Schnittpunkt der Erfahrungen eines fünfzehnjährigen Exils und der Hoffnungen auf ein neues Deutschland. Es gibt meines Erachtens aus dieser frühen Nachkriegszeit nur wenige Werke dieser Art, Werke in denen es gelingt, persönliches Leiden und Hoffen, das Fragen nach Identität und Solidarität, nach sozialer und nationaler Verantwortung so direkt und zugleich mit dem notwendigen Abstand zu den individuellen und aktuellen Erfahrungen vorzutragen (Vgl. BB Brief 617)[2]. Das Fragen nach der unterbliebenen Rezeption des Stückes mündete in den Versuch, das Unterlassene nachzuholen. Was ist dies für ein Drama, dessen Uraufführung – zunächst von Brecht selbst für die erste Spielzeit des Berliner Ensembles 1949/50 schon im Exil vorbereitet und in Deutschland dann immer weiter in die Zukunft verschoben[3] – schließlich im November 1956 als wenig geglückte Totenehrung des inzwischen verstorbenen Autors herhalten mußte?

Ein Blick über die Mauer zwischen den beiden Teilen Deutschlands zeigt, daß dort Thema und Stück bereits zu einem frühen Zeitpunkt Gegenstand der Forschung wurden. Aber Hans KAUFMANNs 1962 erschienene Untersuchung: „Bertolt Brecht. Geschichtsdrama und Parabelstück", wirklich weitergeführt nur von Günter HARTUNG mit seinem Aufsatz „Brechts Stück *Die Tage der Commune*" aus dem Jahre 1972, blieb insgesamt ziemlich isoliert. Die übrigen zu diesem Thema in der DDR geschriebenen Arbeiten – sie vergleichen zumeist die *Commune* mit der für Brecht entscheidenden Stückvorlage *Die Niederlage* von Nordahl GRIEG, oder mit der von Joachim TENSCHERT und Manfred WEKWERTH 1962 erstellten „Fassung des Berliner Ensembles" – sind bis auf wenige Ausnahmen, die im weiteren auch berücksichtigt wurden, unzugänglich geblieben[4].

Es zeigt sich, daß, bei aller Anerkennung der Bemühungen in der DDR, die Furcht vor den *Tagen der Commune* kein ausschließlich westliches Phänomen ist. Gleichwohl ist aber zu betonen, daß seine jeweiligen Ursachen und Auswirkungen zu beiden Seiten des sogenannten Eisernen Vorhangs keineswegs immer die selben sind, selbst dann nicht, wenn sich Einzelphänomene zu gleichen scheinen.

In dieser Arbeit ist aber nicht nur von der Furcht vor der *Kommune* des Jahres 1949, sondern auch von der Furcht vor den Tagen der Kommune anno 1871 die Rede. So ist darauf hinzuweisen, daß Brecht während der Entstehungszeit des Stückes und darüber hinaus bis zu seinem Tode immer von seinem Drama als *Die Tage der Kommune* gesprochen und geschrieben hat[5]. Auch die Uraufführung des 1949 in der Schweiz vorläufig fertiggestellten Stückes im Jahre 1956, im heutigen Karl-Marx-Stadt, kurze Zeit nach Brechts Tod, trägt noch diesen Titel. Die Titeländerung wurde erst unmittelbar vor dem Erscheinen der von Elisabeth HAUPTMANN besorgten Erstausgabe von – nunmehr – *Die Tage der Commune* vorgenommen[6]. Das Stück erscheint erstmals vollständig 1957 im 15. und letzten Band der *Versuche* als *29. Versuch*[7]. Es wird in einer nur geringfügig korrigierten Fassung in der Ausgabe der *Stücke* Bd. 10 und weiteren Gesamtausgaben übernommen und dient hier als Grundlage[8].

Daß in dem Titel der Arbeit die deutsche Schreibweise gewählt wurde, hängt aber mit einem zweiten Grund zusammen. Es geht hier nicht nur um die Furcht vor der *Kommune* des Stückeschreibers Bertolt Brecht aus dem Jahre 1949, sondern es geht um das historische Ereignis selbst und die Furcht vor den Lehren, die aus ihnen auch heute noch gezogen werden können. Von welcher Bedeutung das historische Ereignis als aktuell wirksamer Geburtshelfer einer Neuen Zeit sein kann, läßt sich exemplarisch in LENINS „Staat und Revolution" nachvollziehen. Dieses Fragment studiert die Erfahrungen der Pariser Kommune – im Spiegel der Analysen von

Karl Marx und Friedrich Engels – zu einer Zeit, die Lenin in seinem Nachwort zur ersten Auflage vom 30. November 1917 als den „Vorabend der Oktoberrevolution" kennzeichnet. Daß der Text unvollständig geblieben ist, erläutert das Nachwort abschließend so: „es ist angenehmer und nützlicher, die 'Erfahrungen' der Revolution durchzumachen, als über sie zu schreiben." (LW XXV S. 507)

Die Furcht vor der Kommune hat mit dem Ausbleiben dieser Erfahrungen in Deutschland zu tun. In Westdeutschland wird das Thema am liebsten als „historisch erledigt" erklärt und gerade die sorgfältige Ausklammerung bzw. Diffamierung von allem, was damit zu tun hat, spricht eine beredte Sprache. In Ostdeutschland dagegen ist ebenfalls eine gewisse Befangenheit gegenüber diesem Thema zu erkennen, wenngleich wohl aus anderem Anlaß: aus Furcht vor den Folgen eines nach '45 eher befohlenen denn erkämpften Sozialismus.

In dieser Situation, so Heiner MÜLLER 1977 in einem Brief an Reiner Steinweg, bedürfe es des konstruktiven Defaitismus oder der Gabe der Maulwürfe, den Kopf in Sand, Schlamm und Stein zu stecken, „um weiterzusehen". Müller spricht von einem Gelände, „in dem die LEHRE so tief vergraben und das außerdem vermint ist"; es klingt, als wenn dieser Satz von beiden Teilen Deutschlands spricht, in denen der Zugang zu essentiellen Aussagen Brechts – in der *Commune* wie in der *Maßnahme* – erschwert wird: durch vergraben und verminen.

Heiner MÜLLER: „Die christliche Endzeit der MASSNAHME ist abgelaufen, die Geschichte hat den Prozeß auf die Straße vertagt, auch die gelernten Chöre singen nicht mehr, der Humanismus kommt nur noch als Terrorismus vor, der MolotowCocktail ist das letzte bürgerliche Bildungserlebnis. Was bleibt: einsame Texte, die auf Geschichte warten. Und das löchrige Gedächtnis, die brüchige Weisheit der Massen, vom Vergessen gleich bedroht." (In: *Mauser* 1978 S. 85 – Brief vom 4.1.1977)

Damit sind Ausgangspunkt, Schwierigkeit und Aufgabe der Arbeit angesprochen. Bevor aber nach der Erläuterung des Titels auf die einzelnen Kapitel eingegangen wird, noch zwei Hinweise auf die Theaterpraxis: auf die Schwierigkeiten der Aufführung des Kommune-Stücks 1977 in Frankfurt und 1949 in Berlin. Es handelt sich dabei einmal um die bislang letzte westdeutsche Inszenierung (zumindest bis Ende der Spielzeit 1982), die sich erstmals jener Textfassung annahm, wie sie bereits für die Spielzeit 1949/50 am Berliner Ensemble einstudiert werden sollte; davon handelt der zweite Hinweis. So werden die bisherigen Aussagen illustriert und ergänzt durch den Wunsch, daß die Erfahrungen auch mit der *Commune* in Zukunft noch angenehmer und nützlicher sein mögen, als das, was bisher darüber geschrieben steht[9].

Wie sich die Furcht vor den Tagen der Kommune im Spiegel der *Commune* manifestiert, dazu das Beispiel der bislang letzten westdeutschen Aufführung am Frankfurter Schauspielhaus. Mir scheint diese nicht nur zeitlich besonders naheliegend, sie ist mir auch durch meine Mitarbeit besonders geläufig. Vor allem aber ist es die bislang einzige mir bekannte Aufführung, die sich tatsächlich an die hier zugrunde gelegte Textfassung hält[10].

Die frankfurter Aufführung, vom Ensemble als „Gegenentwurf" zu den von Tankred DORST und Horst LAUBE in Szene gesetzten Tagebüchern der Gebrüder Goncourt (*Goncourt oder Die Abschaffung des Todes*) erwünscht und durchgesetzt[11], geriet unversehens in einen Konflikt mit dem gerade neu etablierten christ-demokratischen Bürgermeister, indem von seinem Stab – nach Bekanntwerden der Ensembleentscheidung und der Bereitschaft von Peter Palitzsch, auch hier die Regie zu übernehmen – kurzfristig die Mittel für das geplante Programmbuch gesperrt wurden. Die Spannungen mit dem Schauspielhaus wuchsen noch, als die Probenarbeit von der Entführung des Präsidenten des Arbeitgeberverbandes, Hanns Martin Schleyer, überlagert wurde. Als die Proben dennoch fortgesetzt und die Premiere deswegen nicht abgesetzt wurden, mutmaßte man gar, daß diese Parallelität der Ereignisse von der Leitung des Hauses bewußt inszeniert worden sei. Ein Ensemble, daß die *Commune* zur Aufführung bringe, würde seine Spielplanvorschläge in Absprache mit den Entführungsplänen durchaus rechtzeitig abgestimmt haben können. Aber weder solche Verdächtigungen noch eine anonyme Bombendrohung brachten die Premiere 'zum Platzen'.

Zu einer solchen Opposition von rechts gesellte sich jene von links. Laut Überschrift der frankfurter Bezirksbeilage des Zentralorgans des Kommunistischen Bundes Westdeutschland (KBW) bedeute diese *Commune*-Inszenierung nichts anderes als den Versuch einer Geschichtsfälschung; so die *Kommunistische Volkszeitung* vom 10.10.1977. Der Ton klang umso schärfer, als es dem KBW nicht gelang, die propagierte machtvolle Demonstration gegen diese Inszenierung auf die Beine zu bringen. Mehr noch, es ist möglicherweise dem mühevollen Agitieren der wenigen erschienenen Parteigänger zu 'verdanken', daß schließlich doch noch die gesperrten Geldmittel für das Programmbuch frei gemacht werden konnten. So vermerkte die *Frankfurter Neue Presse* am 13.10.1977: „Angesichts der 'bürgerlichen' Zeitungskritik und nicht zuletzt angesichts des gesammelten Schweigens von Dr. Wallmann[12] kam den Theaterleuten diese Demonstration offenbar gelegen: Sie beweist nämlich, daß es in Frankfurt doch noch Menschen gibt, denen Palitzsch nicht links genug ist."

Wenn es in dem zitierten *Brecht-Handbuch* an anderer Stelle heißt, daß von einer Aufführung des Stückes „durch ein Theater im Westen nichts bekannt" sei (KNOPF 1980 S. 292), so unterstreicht diese (in einer Neuauflage sicherlich zu korrigierende) Fehlinformation mit unbeabsichtigter Schärfe, wie weit trotz allen Bemühens selbst von durchaus kompetenter Seite die *Commune* auch heute noch zu den bislang mit Erfolg totgeschwiegenen Stücken gehört – selbst über die immer noch mit Aufführungsverbot belegte *Maßnahme* wird derweilen mehr diskutiert. Zugleich belegt dieses Zitat die Dominanz der DDR in Fragen der *Commune*-Rezeption in der Literatur und auf der Bühne. Aber auch dort, so zeigt es sich, war man nicht frei von Furcht vor den Tagen der Kommune.

Trotz vielfältiger Begründungen, warum das 1949 vorläufig fertiggestellte Stück bis zu Brechts Tod nicht ausgeführt wurde, auch nicht in der DDR, bleibt eine deutliche Unsicherheit in dieser Frage spürbar. Auch nach der erstmaligen Zurückstellung des Stücks im Jahre 1949, gibt es immer wieder Hinweise auf Aufführungsabsichten und Veröffentlichungen von Stückauszügen[13].

Während in der westdeutschen Rezeption mehrfach deutlich auf Konflikte um die Nicht-Aufführung dieses Stückes hingewiesen wird – Helmut KINDLER spricht in der von Monika Wyss herausgegebenen Sammlung von Uraufführungskritiken zu Brecht-Stücken mehrmals von einer Absetzung, einer Nicht-Freigabe, einer Nicht-Zulassung des Stücks (WYSS [Hrsg.] 1977 S. XXXII, 287, 331)[14] und in dem Uraufführungsverriß von Ulrich SEELMANN-EGGEBERT: „Bert Brecht, die Kommune und Ungarn" berichtet dieser von einer Pressekonferenz Brechts in Mailand vom Februar 1956, wo er erklärt haben soll, er habe „auf höhere Anordnung hin" von einer Aufführung durch das Berliner Ensemble Abstand nehmen müssen[15] – wird gerade in der DDR-Rezeption die Bedeutung des Stückes für das junge Nachkriegsdeutschland betont.

So spricht Ernst SCHUMACHER davon, daß Brecht es im Februar 1949 als die wichtigste Aufgabe des Theaters angesehen habe, der „Ideologiezertrümmerung" zu dienen (zitiert nach Thomas HÖHLE in der in Berlin erscheinenden *Täglichen Rundschau* vom 11. Februar 1949 unter der Überschrift: „Bert Brecht in Leipzig") und daß er sich in diesem Sinne nach seiner Rückkehr in die Schweiz daran gemacht habe „als kämpferische Morgengabe für das Selbstverständnis des neuen Ensembles wie seines Publikums das historische Schauspiel *Die Tage der Kommune* zu verfassen." (SCHUMACHER 1978 S. 242)[16] Und Hans KAUFMANN verweist sogar darauf, daß „diese neue Situation", die sich durch die „Zerschlagung des Hitlerfaschismus" (S. 18) ergeben habe, nicht nur „eine geschichtlich neue Epoche" (S. 35), sondern auch eine „neue(n) Periode" in Brechts Schaffen (S. 257) habe anbrechen lassen, wofür das Kommune-Stück *der* Beweis sei. Kaufmann ordnet das Stück ein unter die „bis etwa 1950 unternommenen literarisch-künstlerischen Versuche, zur ersten Etappe der deutschen Nachkriegsentwicklung Stellung zu nehmen" und hebt die *Commune* als den besten seiner Art besonders hervor.

Während andere Autoren „fast immer nur Teilmomente des geschichtlichen Prozesses" haben erfassen können, sei es Brecht gelungen „den gordischen Knoten" der daraus erwachsenden Probleme zu zerschlagen, „indem er einen Stoff aus der Vergangenheit wählt." (S. 24). Damit begebe sich Brecht nämlich nicht in die Gefahr, sich von „der Fülle der Ges[ch]ichte erdrücken zu lassen" (S. 35) und dennoch enthalte dieses räumlich und zeitlich begrenzte Geschichtskapitel von größter internationaler Bedeutung zugleich zwei wichtige nationalgeschichtliche Bezüge: zum einen die Beteiligung des „Preußen-Deutschlands" an der Niederschlagung der Kommune und, zum zweiten, die Tatsache, daß die damals noch „unentwickelte Gestalt der neuen Gesellschaft und die Umstände ihrer Entstehung gewisse Ähnlichkeiten zur deutschen Nachkriegssituation" aufwiesen. Damit sei schon von dem Stoff her „ein Element von Operativität" gesichert, ja, Kaufmann spricht ausdrücklich von einem „direkten Bezug auf die Aufgabe des Tages!" - Da aber, wie Schumacher vermerkte, Brecht „die Uraufführung dieses Stückes nicht mehr erleben sollte" (1978 S. 243), die „Morgengabe" für die „Aufgabe des Tages" also erst sieben Jahre nach Gründung der DDR erstmals zur Aufführung gelangte, verweist Kaufmann denn auch ergänzend wiederum auf die „Allgemeingültigkeit und Wichtigkeit der dramatisch vorgeführten praktischen und ethischen Entscheidungen", die dem Sujet „Bedeutung für eine ganze Epoche" verleihen . . . (1962 S. 36).

Wenngleich auch die DDR-Darstellungen in dieser Arbeit ausreichend berücksichtigt werden, insbesondere dann, wenn sie sich auf die hier zugrundegelegte Fassung beziehen, ist der Schwerpunkt des Buches nicht in der Nachkriegszeit angelegt. Er endet vielmehr dort, wo die bisher vorliegenden Betrachtungen erst einsetzen, nämlich mit der Spaltung Deutschlands nach dem Ende des zweiten Weltkrieges. Nach einer ausführlichen Untersuchung und Kommentierung der bislang vorliegenden Versuche, daß Stück in den Griff zu bekommen, wendet sich die Arbeit jener Zeit zu, die seine Entstehung in besonders entscheidendem Maße geprägt hat, dem Exil. Im Rahmen dieser Untersuchungen wird deutlich werden, daß sich dieses Stück nicht ausschließlich auf den Erfahrungs- und Entstehungszeitraum von 1948/49 beziehen und beschränken läßt. Es wird notwendig sein, zurückzugehen bis in die Zeit des Exils in Skandinavien, insbesondere in Dänemark. Es wird gezeigt werden, daß der Weg hin zur Errichtung einer Neuen Zeit nicht gefunden werden kann, wenn er nicht bereits gegen die Widerstände der alten Verhältnisse erkämpft worden ist. Der Zugang zur *Commune* bleibt unvollständig, ihr Verständnis bleibt undialektisch, wenn man nicht die Flucht vor dem Faschismus (der extremsten Variante des Kapitalismus, wie Brecht immer wieder betonte) und den Kampf gegen ihn im Zusammenhang mit den Vorschlägen sieht, die Brecht für die Gestaltung einer Neuen Zeit in Deutschland gemacht hat.

Anstatt selber schon eine geschlossene 'Neuinterpretation' des Dramas vorzulegen, scheint es gegenwärtig erst einmal notwendig zu sein, einen breiteren Zugang zur *Commune* zu ermöglichen, das gegenwärtig vorliegende Material auszubreiten und die Hintergründe der Entstehung des Stückes auszuleuchten.

Das gegenwärtig vorliegende Material wird vor allem in den ersten beiden Teilen (A und B) der Arbeit vorgestellt. Zunächst wird die schwache Resonanz zu Brechts Kommune-Drama im besonderen dem im allgemeinen außerordentlich umfangreichen Material zu Brecht gegenübergestellt; an wichtigen Brecht-Biographien wird dieses Mißverhältnis erneut deutlich, zugleich aber darauf aufmerksam gemacht, was der gegenwärtig einer breiteren Öffentlichkeit im allgemeinen vermittelte Kenntnisstand zur *Commune* ist; daran schließt sich eine ausführlichere Würdigung der bislang veröffentlichten Untersuchungen an.

Im Spiegel der bereits vorliegenden Arbeiten wird dann stärker auf die Präsentation des Stückes selbst Bezug genommen, auf seine Entwürfe, Fabel und Struktur. Dabei werden nicht nur die unterschiedlichen Sichtweisen der Stückfabel selber vorgeführt, sondern auch die Grenzen der bisherigen Interpretationsversuche. In der weiteren Folge der Darstellung insbesondere des Bauplans der *Commune* wird versucht, eine eigenständige Position zu entwickeln. Die daraus resultierende Erweiterung der Handlungs- und Widerspruchsebenen des Stückes ermöglichen es, die zuvor dargestellten Positionen nicht nur als sich widersprechende (Geschichtsdrama oder Geschichte der Familie Cabet) wahrzunehmen, sondern auch als sich ergänzende zu nutzen.

In den folgenden beiden Teilen (C und D) wird danach versucht, die bisherigen Ansätze einer materialistischen Analyse weiter voranzutreiben, indem auf eine Epoche eingegangen wird, die bisher in den Darstellungen zur *Commune* überhaupt nicht berücksichtigt worden ist: die Exilzeit. Der dritte Teil hat vor allem zur Aufgabe, einsichtig werden zu lassen, daß die *Commune* auch, aber nicht nur als „Gegenentwurf" zu Nordahl Griegs Drama *Nederlaget (Die Niederlage)* verstanden werden kann. Seit der Niederlage der deutschen Arbeiterbewegung im Jahre 1933 und den folgenden Schlägen mit dem Niedergang der französischen Volksfrontregierung, dem militärischen Zusammenbruch im spanischen Bürgerkrieg, den Ergebnissen und Folgen der Moskauer Prozesse und schließlich des Komplizentums der Mächte mit Hitler, gewinnt das Kommune-Thema als Lehre und als Ermutigung immer größere Bedeutung. Während dieser Teil von den historischen Entwicklungen zur Zeit des skandinavischen Exils geprägt wird, wird im letzten Teil nochmals dem Stück selber das Wort gegeben, indem bereits angedeutete Interpretationsansätze aufgegriffen und in einigen Beispielen weiterentwickelt werden. Die Arbeit schließt dort, wo die meisten *Commune*-Interpretationen erst einsetzen, an der Frage nach dem Wiederaufbau eines „Guten Alten", oder eines vielleicht noch schlechten aber Neuen Deutschlands, so wie man es sich schon 1918 erträumt und im Kampf wieder verloren hatte.

Eigentlich hätte das Einleitungskapitel (A 1) „Über den Umgang mit Brecht" gestrichen werden sollen, um den Überlegungen im Zusammenhang mit dem Kommune-Stück selbst einen noch breiteren Platz einzuräumen; aber das Lamentieren um die Brecht-Müdigkeit hat in den letzten Jahren noch derart zugenommen, daß mir der bereits Ende '78 erstmals entworfene Text inzwischen noch wichtiger als schon damals zu sein scheint.

Als ich ihn schrieb, war die *Commune* in Frankfurt als das erfolgreichste Stück der Saison '77/78 abgespielt – und mit ihm ein Stück frankfurter Theatergeschichte. Im züricher Theater am Neumarkt fand im November '78 die schweizer Erstaufführung mit großer Zustimmung des Publikums statt. Anläßlich des 80. Geburtstages von Bertolt Brecht kam es in Ost-Berlin im Februar („Brecht-Dialog 1978. Kunst und Politik.") und in Frankfurt am Main im Oktober („Brecht mit 80 Jahren. Kolloquium zum 80. Geburtstag Bertolt Brechts.") zu zwei wichtigen Begegnungen. An der ersten war ich selber beteiligt, an der zweiten Helmut Lethen, von dem ich vieles erfahren konnte, was nicht in den inzwischen veröffentlichten Tagungsberichten gestanden hat.

Der letzte Bericht dazu von Reinhold GRIMM: „Brecht in Frankfurt anno 78. Ein Rückblick in historisch-polemischer Absicht" bemüht sich zwar tapfer, „den Unkenrufen von einer 'Brecht-Müdigkeit'" zu trotzen mit Verweisen auf die große Publikumsbeteiligung an der Tagung wie auf die wachsende Bedeutung der Brecht-Rezeption außerhalb Europas. Aber selbst Günther Rühle, dem „weiße(n) Rabe(n) unter den Kritikern" (Grimm) mag er nicht die These konzedieren, daß Brecht nun im Begriff wäre, im wahren Sinne volkstümlich zu werden, anstatt noch längere Zeit auf fragwürdige Weise volkstümlich zu sein (Günther RÜHLE: „Viele Brechts. Zum Frankfurter Kolloquium." *Frankfurter Allgemeine Zeitung* vom 27.9.1978). Aber es kommt noch schlimmer. Grimm spricht in dem 1981 veröffentlichten Artikel von einem „neuerlichen Brecht-Boykott"! Und verantwortlich macht er dafür nicht etwa CDU-Politiker wie den frankfurter Oberbürgermeister Wallmann von dem ja schon die Rede war, denn dieser würde ja nach alt 'bewährter' Manier zwischen einem verwertbaren und einem verwerflichen Brecht unterscheiden, sondern die „Kunst- und Meinungsmacher(n) wie Rudolf und Iden" (In: GRIMM, HERMAND [Hrsg.] 1981 S. 235).

Einige Seiten weiter, in der Entgegnung von Jan KNOPF auf das von Hans Dieter Zimmermann auf dem Kolloquium gehaltene „Schlußwort" („Die Lust der Unwissenheit. Zu Hans Dieter Zimmermanns 'Die Last der Lehre'"), verweist dieser auf „die drei [!] Kampagnen gegen B.B., 1953 (bis 1956), 1961 (bis 1962), 1978 (bis ?)".

Namen nennt Knopf nicht, stattdessen verweist er auf das Beispiel einer Entscheidung der bayerischen Kultusbürokratie, Brechttexte aus einem geplanten Lesebuch für Kinder zu streichen; und zwar, so ist hier zu ergänzen, aus dem Jahre 1980. Zur Begründung heißt es, das Kapitel „Bertolt Brecht, Dichter" sei für Kinder im dritten und vierten Grundschuljahr noch nicht verständlich, vielmehr ginge es darin um „Zeitkritik, die erst in die Hauptstufe paßt" — so die Ministerialrätin Katharina Rauscher („Wir streichen gar nichts, wir prüfen die Dinge nur auf Verständlichkeit und Altersgemäßheit.". Diese Zitate stammen aus einem Artikel der *Süddeutschen Zeitung*, der in der Ausgabe vom 22. Oktober unter folgender Überschrift veröffentlicht wurde: „Im Heimatbuch für Brecht kein Platz — Kultusministerium erzwingt Streichung eines Kapitels in einem Band für Augsburger Grundschulen").

Im Mai 1933 verbrannten Studenten Brechts Werke in dessen Wahlheimat Berlin, im Herbst 1980 wird Brecht — obwohl bereits „didaktisch aufs Grundschulkind" vorbereitet — aus dem Heimatkundebuch seiner Heimatstadt Augsburg verbannt. Und im ersten und wohl auch vorerst letzten deutschsprachigen *Brecht-Jahrbuch* der achtziger Jahre — diese Suhrkamp-Reihe wird damit eingestellt — ist gleich mehrmals von einer neuen Kampagne gegen Brecht die Rede. Das ist die Lage. So bedarf denn dies erste Kapitel nicht der Streichung, sondern der Unterstreichung.

Der außerordentlich hohe Bekanntheitsgrad Brechts im allgemeinen und die weitgehende Unkenntnis insbesondere über sein letztes großes Exil-Stück, als „kämpferische Morgengabe" (Schumacher) für ein Neues Deutschland entworfen — diese Divergenz markiert den Einstieg des zweiten Kapitels (A 2). In seinem Verlauf wird zusammengestellt, was in wichtigen Brecht-Biographien über die Entstehung und Nicht-Rezeption des Stückes zu erfahren war. Sowohl eingangs als auch nochmals zum Ende wird dabei deutlich, daß die Biographien nicht nur in Abhängigkeit zur jeweiligen Entstehungszeit, sondern auch ihres (ideologischen) Entstehungsortes gelesen werden sollten. Das gilt auch dann, wenn, wie im Klappentext zum Buch von Klaus Völker, ausdrücklich deren Unabhängigkeit von jedweder „offiziellen Brecht-Philologie" betont wird (VÖLKER 1976).

Sowohl in der Darstellung Ernst Schumachers als auch der von Klaus Völker erscheint das jeweils gezeigte *Commune*-Bild, für sich genommen, durchaus eingängig. Aber einer ausführlicheren Würdigung des Stückes dienen beide Autoren nur wenig; die Stückfabel wird in beiden Arbeiten (den gegenwärtig wohl anspruchsvollsten) nicht erzählt, sondern das Stück illustriert vielmehr die bereits angeschlagene Tendenz der jeweiligen Brecht-Würdigung. Dies zeigt sich besonders deutlich in der weiter hinzugezogenen Arbeit von Hellmuth Karasek, einem unserer jüngeren 'Totengräber' Brechts, dem das Stück als Beweis für die frommen Illusionen des Meisters und einzig dafür gerade recht ist. Wer ausführlicher auf das Stück einzugehen versucht, erkennt, wie schnell Tatsachen durch Vermutungen ersetzt werden können. Dazu wird aus der

Biographie Claude Hills zitiert. Ihre und ihr östliches Gegenstück, die Untersuchung von Ilja Fradkin kommen außerdem deshalb zu Wort, weil in ihnen zwei wichtige, Brechts Arbeit vorangegangene Geschichtsdramen Erwähnung finden. Für Hill gilt die *Commune* im Vergleich zu Gerhard Hauptmanns 1892 erschienenen *Die Weber* als Rückschritt; Fradkin dagegen konstatiert den wichtigen Einfluß von Georg Büchner und insbesondere dessen 1835 geschriebenes (aber erst 1910 uraufgeführtes Stück), *Dantons Tod* auf Bertold Brecht und dessen *Commune*.

In dem Folgenden kommen weitere Brecht-Biographen zu Wort: Martin Esslin, Frederic Ewen, Marianne Kesting, und Kurt Fassmann. Sie wurden ausgesucht, weil sich durch Auszüge aus ihren Arbeiten in exemplarischen Formulierungen der derzeitige Kenntnisstand zu wesentlichen Arbeitsetappen Brechts an der *Commune* zusammenfassen läßt, oder aber, weil sie die am häufigsten vorgetragene Kritik am Stück exemplarisch illustrieren: seine doktrinäre Haltung (Fassmann), seine Schemahaftigkeit (Kesting), seine Darstellungsweise ohne konkrete Überzeugungskraft (Esslin).

Der letzte Abschnitt greift dann die Zusammenhänge zwischen dem Ost-West Konflikt und der daraus nicht auszuschließenden *Commune*-Rezeption in den Brecht-Biographien nochmals auf. Dies ist vor allem deshalb von Bedeutung, weil die bislang vorliegenden ausführlichen deutschsprachigen Untersuchungen sämtlich und ausschließlich in der DDR erschienen sind. Ausgehend von der zusammenfassenden Darstellung des *Brecht-Handbuch*s, wird auf diese im folgenden dritten Kapitel (A 3) ausführlicher eingegangen.

Die Beschäftigung mit Jan KNOPFs *Commune*-Darstellung im *Brecht-Handbuch* hat zunächst den Umstand zur Begründung, daß es sich mit dieser Arbeit um ein für die Folgezeit wichtiges Standardwerk für die Beschäftigung mit Brecht und seinem Werk handeln wird. Es scheint von daher angebracht, durch eine kritische Darstellung des dort zusammengetragenen Materials den Leser über den gegenwärtigen Stand der *Commune*-Rezeption zu unterrichten und zugleich für eine Neuauflage des Buches einige Korrekturen und Ergänzungen vorzuschlagen.

Wichtiger aber noch ist die Tatsache, daß sowohl der Zwang zur Präsentation *aller* Brecht Dramen, als auch die wissenschaftliche Redlichkeit — und offensichtlich auch das persönliche Interesse des Autors an diesem Thema — dazu geführt haben, daß hier erstmals eine materialreiche Einführung in das Stück in Westdeutschland veröffentlicht wurde. Ein deutlicher Unterschied zu den zuvor vorgestellten Brecht-Biographien ist gerade an dieser Stelle mit Anerkennung für das Handbuch zu vermerken. Daraus vorgestellt wird neben dem Datenmaterial die ,,Analyse" des Stückes, sowie die bislang vorliegenden ,,Deutungen" (von Hans Kaufmann, 1962 und Günter Hartung, 1972), die wiederum auch die wichtigste Grundlage für die anderen Abschnitt der *Commune*-Darstellung bei Jan Knopf — einschließlich seiner ,,Analyse — abgegeben haben.

Ausführlicher wird auf den Abschnitt ,,Deutungen" eingegangen; das wurde notwendig, weil die Komplexität des Handbuchs und die oftmals nur zusammenfassende, oft paraphrasierende Wiedergabe ganzer Interpretationsverläufe fast zwangsläufig die Gefahr einer unzureichenden Aufschlüsselung des Materials in sich trägt. Es werden hier also nicht nur Fehlinformationen nachgetragen und falsche Daten korrigiert, sondern auch meines Erachtens unzureichend aufgeschlüsselte Zusammenhänge nachgetragen. Dies erlaubt zugleich dem Leser etwas ausführlicher die bisher vorliegenden Arbeiten der Sekundärliteratur vorzustellen — und über sie hinauszuweisen.

Unter Einbezug der in den bisherigen Arbeiten zitierten Quellen und in Kenntnis einigen Archivmaterials führt der folgende Teil (B) den Leser näher an die Entwicklungsstufen des Stückes heran, um ihn so in die Lage zu versetzen, aus eigener Einsicht die sich anschließenden Fabeldarstellungen miteinander vergleichen zu können. Während die Darstellung der Geschichte der Pariser Kommune von 1871 in Brechts Drama in einem eigenen Annex am Beispiel der Ausbeutung der Dokumentensammlung von Hermann Duncker exemplarisch erläutert wird, geht es hier um die Frage, wie die Brechtsche Vorlage der Kommune-Geschichte zu interpretieren sei: Als die Lebensgeschichte der Figuren der Handlung, der Familie Cabet, „die im Verlauf des Stückes zu ihrer Existenz die Commune benötigt, um am Ende, nach dem Versagen der Commune, wieder auf sich allein, auf die Barrikade gestellt zu sein" (WEKWERTH 1967 S. 93) oder als die selbst zur Fabel gewordene Geschichte (KAUFMANN 1962 S. 67).

Trotz der zum Teil erheblich divergierenden Positionen erweist es sich hier als Vorteil, daß es ausschließlich um Texte geht, die zunächst auf den Rezeptionsrahmen in der DDR beschränkt und für diesen bestimmt sind. Die dabei entwickelten Untersuchungs- und Darstellungsansätze betonen nämlich — bei aller gegenseitigen Kritik — mehr oder weniger explizit die Bedeutung der nicht(mehr)-antagonistischen Konflikte. Weniger der die ganze *Commune* überschattende Gegensatz von Bourgeoisie und Proletariat wird betont, sondern seine Aufhebung in dem „ersten sozialistischen Staat auf deutschem Boden". Im Vordergrund steht „der Konflikt zwischen der Notwendigkeit, die neue Gesellschaft aufzubauen, und den mangelnden Fähigkeiten einer unausgereiften, ungeschulten, ungeführten Klasse" (KAUFMANN 1962 S. 88)[17]. Das führt dazu, daß, bei Wekwerth noch weitgehender als bei Kaufmann, die Darstellung und Analyse des Stückes auf den Gegensatz und das Miteinander von Privatem und Öffentlichem, der Familie Cabet und dem Rat der Kommune die Rede ist. Aber auch Hans Kaufmann betont, daß in der Kommune nur das geschah oder unterblieb, „was das Volk tat oder versäumte. Eine bisher unbekannte Einheit von 'oben' (gewählte und verantwortliche Organe der Kommune) und 'unten' (die Masse selbst) entstand." „In dem ungewollten Witz, den der Pförtner macht, wenn er sagt 'nicht die Bevölkerung, sondern der Staat' bezahle ihn, liegt das Geheimnis der Kommune" (KAUFMANN 1962 S. 60)[18].

In der sich anschließenden Untersuchung der Handlungs- und Widerspruchsebenen des Stückes wird deutlich, daß dieser spezifische Rezeptionsrahmen der DDR-Darstellungen Gefahr läuft, zu einer verkürzten Darstellung der Struktur des Stückes zu führen. Neben der Diskussion der Beziehungen zwischen dem „oben" und „unten" innerhalb der Pariser Kommune, bleibt laut meiner Darstellung der alte Konflikt zwischen den „Oberen" (Vgl. GW IX S. 635ff.) der Alten Zeit mit den Kämpfern für die Neue Zeit ebenfalls präsent. Nach einer ausführlichen Analyse und Erläuterung des Bauplans, der diesen beiden Widerspruchsebenen Rechnung trägt, wird die Bedeutung dieses Ansatzes am Beispiel des 8. Bildes („*Büro des Gouverneurs der Bank von Frankreich*" - TC S. 64 ff.) exemplarisch erläutert. Während bei Kaufmann diese Szene jenen Bildern zugerechnet wird, die der Arbeit und dem Leben der Kommune gewidmet seien, gilt sie nach Maßgabe des hier herausgearbeiteten *Commune*-Bauplans als eine Schlüsselszene, in der die Strategien der Bourgeoisie abgebildet und erläutert werden. Dieses Bild steht als 11. von 21 Szenen nicht nur formal im Mittelpunkt des Stückes, es markiert auch inhaltlich seinen Dreh- und Angelpunkt: als die Macht der Bank von Frankreich unangetastet bleibt, ist die Macht der bewaffneten pariser Bevölkerung bereits zerbrochen — und mit ihr deren Zukunft. Die „in einem Zimmer versammelt(en)" Oberen haben über den „Mann auf der Straße" (GW IX S. 636)[19] bereits gesiegt, als jener noch mit seinen Kameraden um die Überwindung eines anachronistischen Laster bemüht ist, die länger währen, als die Revolution.

Auf der Grundlage der hier herausgearbeiteten Erkenntnisse wird für den Fortgang der Untersuchung angeregt, daß die eingangs vorgenommene Darstellung der Entwicklungsgeschichte des Kommune-Stücks in ihrer rückwärtigen Perspektive erweitert werden sollte. Diese Perspektive, die die Hoffnungen auf das Neue und den Kampf gegen die Alte Zeit in sich vereinigt, setzt nicht erst in den Jahren 1948/49 ein, als Brecht nach Deutschland zurückkehrte, sondern sie weist zurück bis auf die Niederlage der Arbeiterbewegung in Deutschland zu Beginn des Jahres 1933 — und sie schließt die Erfahrungen aus 15 Jahren Exil mit in sich ein.[20]

Der folgende Teil (C) wird eingeleitet mit einem Kapitel, das zunächst die Geschichte der Emigration Bertolt Brechts erzählt. Es berichtet von seinen Aufenthalten in Österreich, in der Schweiz und in Frankreich, sowie von der Notwendigkeit, sehr bald all die Deutschland umgebenden Länder zu verlassen und nach Skandinavien zu gehen. „Abschied von Deutschland", das heißt Abschiednehmen von der gewohnten und geliebten Art zu leben und zu arbeiten. Für beides werden hier exemplarische Beispiele herausgesucht, die sich zugleich durch ihre Nähe zum späteren Kommune-Thema auszeichnen: das Essen und Trinken, die Genüsse des „niederen Materialismus" und: das Schreiben in der Nähe und im Kontext mit einem proletarischen, intelligenten Publikum. Die Hinweise auf das skandinavische Exil Brechts machen aber auch deutlich, daß er sich, bei allen Schwierigkeiten, in einer noch relativ vorteilhaften Lage befand. Wenngleich auch eine Reihe von Stücken in dieser Zeit für die Schubladen geschrieben werden mußten, so sollte nicht außer Acht gelassen werden, daß Brecht es sich leisten konnte, für die Schublade zu schreiben. Das betrifft nicht nur die materiellen Voraussetzungen, sondern auch die persönlichen. Seine ganze Familie konnte emigrieren und mit ihr seine „Lehrerin" Margarete Steffin. So blieben auch in der Emigration die Beziehungen zur heimatlichen Küche durch Helene Weigels unermüdliches Schaffen ebenso erhalten wie die zum Proletariat in Gestalt seiner geliebten Mitarbeiterin. Wenn auch in den *Flüchtlingsgesprächen* immer wieder die Gespräche des geflüchteten Brecht durchscheinen, so erweisen sie sich nicht nur deswegen als äußerst aufschlußreich. Sie regen zugleich dazu an, auf übergreifende Zusammenhänge zu sprechen zu kommen — hier etwa des Verhältnisses von Altem und Neuem, von Güte und Gewalt, von nationaler und sozialer Frage — und diese aus dem Zeitzusammenhang heraus auf das Thema des Kommune-Stücks zu projizieren. Beispiele eines um Solidarität wie um kritische Eigenständigkeit bemühten Standpunkts Brechts in der Volksfrontdiskussion, seine Forderung sich mit den Niederlagen der Arbeiterbewegung auseinanderzusetzen und durch ihre differenzierte Analyse zu ihrer Überwindung beizutragen, seine Stellungnahmen in der Diskussion um die Idee und literarische Praxis des kulturellen Erbes, sie verstärken zusehends den Eindruck, daß die Beschäftigung mit dem Kommune-Stoff von diesen Diskussionen der skandinavischen Exiljahre Brechts wesentlich mitveranlaßt und -geprägt worden ist.

Gleich zu Beginn des folgenden Kapitels (C 2) werden die grundlegenderen Probleme (als Folge) einer Haltung angesprochen, Solidarität eben *durch* kritische Eigenständigkeit zu beweisen[21]. Der Verlust der Heimat verstärkte das Bedürfnis nach Konzeptionen und Stimmungen, die ein möglichst großes Maß an innerer Geschlossenheit und Ruhe zu versprechen schienen, während die Brechtsche Position ein Herausarbeiten der Widersprüche, der ineinander verschränkten Beziehungen von Alt und Neu für notwendig hält. Gerade die in dem faschistischen Deutschland als „neu" erklärte Zeit sollte als die neu aufbereitete Propaganda der alten demaskiert[22] und stattdessen auf die wirklichen Alternativen gesellschaftlicher Veränderungen hingewiesen werden[23]. Während Brecht in seinen Arbeiten immer wieder auf diesen doppelten Widerspruch eingeht und ihn zu erläutern versucht, zieht sich die Mehrheit der Exilierten auf eine zu sehr vergangenheitsorientierte Kultur(produktion) zurück, in dem Bestreben, zumindest so die „geistige Heimat" als solche bewahren zu können. Das kulturelle Erbe, das es gegen die Bedrohungen einer barbarischen Zeit zu schützen galt, wurde selbst zum Schutzschild gegen die schlechte „neue" Zeit.

Die zunehmende Instabilität der weimarer Verhältnisse, das mit der Machtergreifung einhergehende Stabilitätsversprechen – um damit das Volk umso sicherer in die Katastrophe zu führen – und vor allem das drohende Fehlen jeglicher ökonomischen, persönlichen (und politischen[24]) Sicherheit unter den Bedingungen des Exils, all das verstärkte den Wunsch, sich in den eigenen Erinnerungen oder in örtlich wie zeitlich weit entfernten Themen zu vergraben. Auch die nach 1933 entstandenen Arbeiten Brechts spiegeln die Auseinandersetzung mit dieser Tendenz wider und die Entstehung des Kommune-Stücks" – nachdem ihm die Übersetzung und der Abdruck von Griegs *Nederlaget* in der deutschsprachigen Exilzeitschrift *Das Wort* auf Initiative Brechts vorangegangen ist – zeigt erneut den Wunsch, sich dieser Verzweiflung vor den Niederlagen des Exils immer wieder widersetzen zu wollen. Bevor in dem anschließenden Kapitel näher auf die Beziehungen zwischen Brecht und Grieg im Spiegel ihrer beiden Kommune-Stücke und deren Entstehungszeit eingegangen wird, soll deutlich werden, daß die Idee des „Gegenentwurfs", eine sehr viel weitgehendere Konnotation anspricht, als dies der unmittelbare Stückevergleich zunächst nahelegt.

Die Beschäftigung mit dem Kommune-Thema in der Exilzeit resultierte aus der Auffassung Brechts, daß es nicht möglich sei, vor dem Erfolg der politischen Feinde im eigenen Lande einfach die Augen zu schließen, vielmehr sei zu untersuchen, wie sich der Nationalsozialismus der „unerhörte(n) Verführungskraft" (GW XVIII S. 1101) der alten Hoffnungen von Arbeitern und Kleinbürgern bedient habe. In der Folge dieser Untersuchungen ergeben sich zweierlei Aufgaben, die nunmehr im Spiegel der Pariser Kommune von 1871 gemeinsam erläutert und überprüft werden können. Die eine besteht darin, an den Ursprung und die Bedeutung der Hoffnungen der „Unteren" zu erinnern und ihren schwierigen Vormarsch „zurück zur Vernunft" (GW XVI S. 579) zu ermutigen. Die andere ergibt sich als Konsequenz aus der von Brecht u.a. kritisierten Erbaneignung und bemüht sich darum, an das „schlechte Neue"[25] anzuknüpfen, anstatt nur an das „Gute Alte"[26]. Am Ende des Kapitels werden am Beispiel von Brechts Spottgedicht auf „Die [Nazi]Regierung als Künstler" und seinem Versuch, Griegs Darstellung des „Großkünstlers" Courbet durch die Schilderung der Lebens-Kunst der Pariser Kommunarden zu ersetzen, diese beiden Aufgaben illustriert – und damit das Folgekapitel (C 3) vorbereitet, an dessem Ende im Vergleich dazu die Griegsche Deutung der Rolle des Künstlers in der *Niederlage* vorgestellt wird.

Anstatt aber sogleich auf weitere Differenzen zwischen Grieg und Brecht einzugehen, war es notwendig, zunächst auf die ihnen gemeinsamen Ausgangspunkte hinzuweisen. Wir werden die Betrachtungen über die beiden Dramatiker, die in den bislang vorliegenden Arbeiten (soweit einsehbar) ausschließlich auf ihre literarische Produktion beschränkt bleiben, hier in einen erweiterten lebensgeschichtlichen und gesellschaftlichen Zusammenhang stellen[27]. Bei allen Unterschieden, die während der Begegnung auf Fünen Grieg zu einem vorzeitigen, ja fluchtartigen Verlassen des Brechtschen Domizils bewegten, bleibt festzuhalten, daß sich jeder auf seine Weise als Kämpfer für die Arbeiterbewegung seines Volkes verstand und einzusetzen bemühte. Für beide galt als Voraussetzung, daß jene, für deren Zukunft sie sich einsetzten, einer anderen Klasse angehörten als der, aus der sie selbst herausgewachsen waren; was die bürgerliche dänische Presse dem „hergelaufenen politischen flüchtling" und „königlich konfirmierte(n) kommunist(en)" Brecht und dem „heimlichen salonkommunisten" Grieg denn auch kräftig heimzuzahlen suchte (zitiert nach ENGBERG [1966] 1974 S. 172f.). Wichtiger als solche von außen gestifteten Mesalliancen ist der Umstand, daß sowohl Grieg als auch Brecht mit ihren Kommune-Arbeiten auf die 1933 in Deutschland und 1937 in Spanien selbst erfahrenen Niederlagen der Arbeiterbewegung reagierten. Während Nordahl Grieg sich mit Bestürzung unmittelbar nach seiner Rückkehr aus Spanien an das Schreiben von *Nederlaget* machte, wird das gleiche Thema bei Brecht erst dann zu einer Veröffentlichung vorbereitet, als es mit der so lange erhofften und nach Kräften zu fördern bemühten Niederlage des „tausendjährigen Reiches" berechtigte und zu befruchtende Hoffnungen auf eine Neue Zeit für das deutsche Volk gab. – In diesem Spannungsfeld werden dann einige exemplarische Unterschiede aufgezeigt: während Grieg selber nach Spanien an die Front geht, lehnt Brecht die Teilnahme selbst am zweiten internationalen Schriftstellerkongreß 1937 in Madrid ab, andererseits ist es aber Brecht, der mit seinem Stück *Die Gewehre der Frau Carrar* zur Ermutigung und Solidarität mit den Kämpfenden aufruft, während Grieg in *Nederlaget* im gleichen Jahr bereits das Scheitern ihrer heldenhaften Bemühungen bearbeitet und zu verarbeiten sucht.

Abgeschlossen wird dieses Kapitel durch die Wiederaufnahme der Figur des Malers Courbet, so wie sie in Griegs *Niederlage* zur Darstellung kommt. Ohne daß hier Autor und Dramenfigur über einen Leisten gespannt werden, werden beide in dieser Gegenüberstellung in ihren Bemühungen und Widersprüchen verständlicher und plastischer. Wir erfahren, wie der Künstler bei Grieg dort zuhause sein will, wo das Volk in die Kämpfe um seine Rechte verwickelt ist und wir erleben sein Fliehen aus der von der Niederlage bedrohten Gemeinschaft, als er sein Kunstschaffen zu seinem eigentlichen Zuhause erklärt. Griegs Courbet-Darstellung erscheint plötzlich wie ein negativer Gegenentwurf zu seiner eigenen autobiographischen Entscheidung – und als deren Illustration.

Der letzte Teil (D) dieser Untersuchungen führt uns über die Zeit des Exils hinaus in jene des Kampfes und der Verhandlungen um die Zukunft Deutschlands. Es geht um die Schnittstelle der nach dem Kriegsende scheinbar außer Kraft gesetzten aber dennoch nicht zerbrochenen alten und jener neuen Zeit, die von den jeweiligen Alliierten kraft Verordnung proklamiert wurde. Nach der ausführlicheren Beschäftigung mit einigen Etappen des Exils wird diese Gleichzeitigkeit von Alter und Neuer Zeit im Kommune-Drama erneut betont, jetzt aber aus der Perspektive des Exils heraus: die Bilder der Straße als Heimat sind nicht nur Bilder des Exils, sondern auch der Heimkehrer und die Erfahrungen, die sie in sich tragen, sind die der Fremde. Galten in der Zeit des Exils die Widersprüche als Quelle der Hoffnungen, so plädiert Brecht nun in der *Commune* dafür, daß die Neue Zeit nur im Austragen der Widersprüche gefördert, nur in einer widersprüchlich bleibenden Wahrheit ihr Zuhause haben kann. Damit kehren wir zu dem Stück zurück und erleben den Streit zwischen den Frauen (Babette und Geneviève) sowie einen zweiten Konflikt zwischen den Männern (François und Philippe) der Kommune. Hier nun können wir den Streit zwischen Befürwortern der Kommune verfolgen und erleben, wie wichtig auch in der Neuen Zeit die Auseinandersetzung mit den Lastern der Alten ist, gerade wenn alle Kräfte auf das Er-Leben in den neuen Verhältnissen gerichtet werden.

Während von den nach Versailles geflüchteten Kräften der Ordnung solches Leben der Kommune als ein Chaos erscheint, erleben wir die als chaotisch diffamierten Verhältnisse als die einer sich neu entwickelnden Ordnung. In dem weiteren Verlauf der Darstellung werden unter nochmaliger Hinzunahme der *Flüchtlingsgespräche* und anderer wichtiger Texte der Exilzeit die Hintergründe dieser Begriffe von Ordnung und Chaos durchleuchtet. Die Furcht vor dem Chaos wird erkenntlich als Vorwand der Bourgeoisie, ihre eigene Ordnung (wieder) installieren zu können. Sie wird zur Formel des Vorurteils stilisiert, damit die so als chaotisch diffamierten Verhältnisse nicht mehr anders wahrgenommen werden als eben jene, zu denen man sie stilisiert hat. In der Gegenrichtung wird die Furcht der Ordnungskräfte erkennbar als eine auf die Kommune projizierte Furcht vor dem, was das innerste Wesen ihrer eigenen Ordnung bestimmt: das Chaos. Damit weist das Kapitel über den unmittelbaren literarischen Rahmen des Stückes hinaus, so wie es die *Commune* selber auch tut[28].

Die Angst vor der Kommune, das ist auch die Furcht des entnazten Nazi vor seiner klammheimlichen Freude an dem Chaos, das er verurteilt. Und sie ist, in der Gegenrichtung betrachtet, die Furcht jener, die an eine Überwindung der Ordnung des „tausendjährigen Reichs" durch die Errichtung der Ordnung eines „neuen Jahrtausends" glauben und die in ihrer freiwillig verordneten Neuordnung die Widersprüche zu Sprüchen beschnitten sehen.

Teil A

DIE BRECHT-REZEPTION IM ALLGEMEINEN UND DIE *COMMUNE*-REZEPTION IM BESONDEREN

Der Versuch, bestimmte Vorschläge ethischer und ästhetischer Art dauer-
haft zu gestalten und ihnen etwas Endgültiges, Abschließendes zu verleihen,
also klassisch zu arbeiten, ist der Versuch einer Klasse, sich Dauer und ihren
Vorschlägen den Anschein von Endgültigkeit zu geben.

werken eine lange dauer verleihen zu wollen, zunächst nur eine 'natürliche'
bestrebung, wird ernsthafter, wenn ein schreiber grund zu der pessimistischen
annahme zu haben glaubt, seine ideen (dh die von ihm vertretenen ideen)
könnten eine sehr lange zeit brauchen, um sich durchzusetzen. die maßnah-
men, die man übrigens in dieser richtung hin trifft, müssen die aktuelle wir-
kung eines werks keineswegs beeinträchtigen.

Bertolt Brecht

1 Über den Umgang mit Brecht

„Brecht ist tot" (30) = Brecht: „Ich bin ein moderner Klassiker" (32) = Von der Brechtologie zur Bühne (34) = Brecht und die Klassiker im Rampenlicht (36) = Der ganze Brecht (37) = Vom Überblick zum Durchblick (38).

Endlich ist es soweit:
Bertolt Brecht. Der neueste deutsche Klassiker.
Ein Name, ein Begriff.

Der achtzigste Geburtstag Brechts: wir erklären ihn zu seinem ersten Todestag; im Namen all seiner Freunde, Kritiker und kritischen Freunde, die sich 1978 auf dem „Brecht-Dialog" in Berlin-Ost oder auf dem „Brecht-Kolloquium" in Frankfurt/Main eingefunden hatten. Mögen sie in ihren Reden, Vor- und Geleitworten auch noch soviel von der Lebendigkeit und dem Widerspruchscharakter seines Werkes gesprochen haben, dem Zeitgeist entkamen sie dadurch nicht, auch jene nicht, die sich verzweifelt, ja, verbittert auf die zwanzig und mehr *Suhrkamp*- bzw. *Aufbau*-Bände stützten und sich mit Brecht im Bunde seiner Mumifizierung und Glorifizierung zu widersetzen suchten. Die zeitgenössische Kritik hat auch diesen kritischen Zeitgenossen den „Spiegel" in aller Deutlichkeit vorgehalten: „Brecht ist tot" (*Der Spiegel* vom 27.2.1978).
Rückblickend gibt es für diesen Prozeß bis zur Grablegung Brechts (in der DDR erster, in der BRD zweiter Klasse) kaum ein treffenderes Bild als das eines (anachronistischen) Trauerzuges. Die Prozession ist lang und beschwerlich. Immer wieder kommt es zu Stockungen und Gedränge. Sei es, daß das Volk die Absperrungen überschreitet und fragt, wer da eigentlich begraben wird (da ein gewisser Brecht in ihren Reihen durchaus lebendig sei und es gelehrt habe, Fragen zu stellen) sei es, daß innerhalb des Trauerzuges immer wieder einige aus den hinteren Reihen aufbegehren, weil sie sich mit ihrem Platz nicht ausreichend für ihr Bemühen um den zu Tode gekommenen Dichter gewürdigt wähnen.
Immer wieder war während der traurigtrauten Geburtstagsfeierlichkeiten, zumal in der DDR, von den Vorschlägen Brechts die Rede, die „er" gemacht habe und „wir" angenommen. Und die ganz mutigen unter den Brecht-Forschern fragten „Er hat Vorschläge gemacht - haben wir sie angenommen?" (WEKWERTH 1977 S. 11[1]).
Uns aber scheint von weitaus größerer Tragweite, daß gerade anläßlich eines Geburtstages es um den Text einer Inschrift für das *Grab* Bertolt Brechts geht! Und, daß er darin wohl nicht ganz verstanden worden ist (werden durfte?). Wie hatte Brecht geschrieben:

„Ich benötige keinen Grabstein, aber
Wenn ihr einen für mich benötigt
Wünschte ich, es stünde darauf:
Er hat Vorschläge gemacht. Wir
Haben sie angenommen.
Durch eine solche Inschrift wären
Wir alle geehrt."
(GW X S. 1029)

Was auf gut deutsch heißt: Indem ihr mich ehrt, dürft auch ihr euch geehrt fühlen — und so wären wir alle geehrt. Und so haben denn die Kritiker im Lichte unseres neuen Klassikers Brecht (siehe AbA S. 194) von dessem „aber/Wenn" ausgiebig — wenngleich auch nicht immer sehr ergiebig — Gebrauch gemacht. Sie haben ihm einen dicken Felsbrocken auf seine Grabstelle rollen, darauf seinen Namen eintragen lassen und sich mit all ihren Ehrbezeugungen an ihm wie an sich selbst hochgezogen. - Gleiches wird sich mit Helene Weigel wiederholen und noch zu wiederholten Malen mit Brecht; solange, bis man nicht nur auf das Ende, sondern auch den Anfang seines Gedichtes den Blick erheben wird. Dort heißt es, unmißverständlich, und als Überschrift nochmals darübergesetzt: *„Ich benötige keinen Grabstein:"*[2]
Dabei stammt dieses Gedicht keineswegs aus der späten berliner Nachkriegszeit Brechts, auch wenn dies durch seine Anordnung in der Werkausgabe unter „Gedichte 1947-1956" behauptet wird. Brechts Überlegungen zum Verhältnis von Leben und Lebenswerk, an die so gerne angeknüpft wird, stammen aus den Jahren des Exils. Als Beispiel empfiehlt sich das Studium des Ge-

dichtes: „Warum soll mein Name genannt werden?". Dort sind die Elemente des Grabsteins als individuelles Lebenszeichen und des Gelehrtwerdens als Folge der kollektiven Rezeption des Lebenswerks deutlich ausgeprägt (Siehe: GW IX S. 561f.).

Unter Zuhilfenahme des Typoskriptes läßt sich diese These noch weiter präzisieren und zugleich zeigen, mit welchem Überlebenswillen und welcher Eitelkeit Brecht arbeitete. Die letzten Zeilen des Entwurfs lauten:

„was soll uns wenn
du in deinem kopf denkst denke
in unserem."

Dieser dann ausgelassene Text findet sich wieder in einer 1933 oder noch früher verfaßten Schrift, die zunächst in den *Versuchen* Nr. 8 hätten erscheinen sollen („Über das Denken als Verhalten" – siehe GW XX Anm. 8* f.). Diese schließt ab mit dem folgenden Absatz: „Er dachte in andern Köpfen, und auch in seinem Kopf dachten andere. Das ist das richtige Denken." (GW XX S. 166)

Vollständig gestrichen hat Brecht den folgenden ersten Entwurf:

„ich benötige keinen grabstein wenn / ihr keinen benötigt / sonst wünschte ich es stehe darauf: / ich habe recht gehabt, dennoch / habe ich gesiegt, zwei / unzertrennliche sätze." Und in der zweiten, uns bekannten, Fassung war ursprünglich folgende Inschrift vorgesehen: „er / hat recht gehabt., wir / haben es bemerkt."[3]

Nicht wir haben Brecht überlebt, sondern Brecht wird auch uns überlebt haben. Seine Vorschläge, die er uns machte, reichen weiter als manche Illusionen, die wir uns immer noch (auch über ihn) machen. Ist Brecht überholt, weil er auf dem „ökologischen Auge blind" war? Wie hat man ihn überholt, von links oder von rechts? – Nichts kennzeichnet besser seine Klassizität als solche und ähnliche Brecht disklassifizierenden Forderungen.

Es braucht hier nicht ausgebreitet zu werden, daß „wir" Brecht bis heute noch nicht verdaut haben. Wir befinden uns eher in dem Zustand eines Wiederkäuers, der sich, nachdem das weite Feld, Brecht, abgegrast zu sein scheint, niedergesetzt und mit der 'Bestandaufnahme' begonnen hat. Die Umsetzungsprobleme, die sich beim Erarbeiten der Brecht-Literatur und ihrer Rezeption ergeben, bestehen gerade in der Schwierigkeit, einen Autor inzwischen glauben aktualisieren zu müssen, von dem man noch nicht einmal den genügenden Abstand gewonnen hat.

Ein Blick zurück im Zorn? Oder gar mit dem heiligen Zorn jener neuen Generation von Brecht-Kritikern, die ihre Trauerarbeit dadurch verrichten, daß sie Brecht seine Distanz zur Ökologiebewegung, seine falschen Hoffnungen in den technisch-wissenschaftlichen Fortschritt, seine chauvinistischen und phallokratischen Einstellungen vorwerfen und sich durch solcherart Vorwürfe von seinem Einfluß zu befreien suchen?

Brecht streicht obige Sätze aus Klugheit, nicht aber, weil er damit seine Entschlossenheit aufzugeben bereit war, die Ergebnisse seiner Untersuchungen fallenzulassen. Im *Leben des Galilei* finden wir ihn wieder, jetzt nicht mehr als Synthese seiner persönlichen Existenz, sondern als Hypothese eines wissenschaftlichen Werkes – das bei seiner Wichtigkeit die Lebensperspektive des Individuums um ein Vielfaches überdauern mag – formuliert: „Meine Absicht ist nicht, zu beweisen, daß ich bisher recht gehabt habe, sondern: herauszufinden, ob."

Dieses – nach Brecht – der für einen Marxisten wichtigste Satz dieses Dramas. Als er in seinem letzten Lebensjahr die Proben zu diesem Stück am Berliner Schiffbauerdamm aufnahm, pflegte er an dieser Stelle „so wird uns aus zuverlässiger Quelle berichtet, regelmäßig die Probe zu unterbrechen, um seinen Schauspielern und Mitarbeitern die in der Tat unbestreitbare Richtigkeit und Wichtigkeit dieses Satzes und einer ihm entsprechenden Haltung einzuschärfen..." (Reinhold Grimm: Brecht in Frankfurt anno 78. Ein Rückblick in historisch-polemischer Absicht. In: GRIMM, HERMAND [Hrsg.] 1981 S. 220).

Jemand, der so bedacht und zugleich so listig mit sich selbst wie seiner Um- und Nachwelt umzugehen verstanden hat, bedurfte er erst unserer Versicherung, ein Klassiker zu sein, um es zu werden? Bedürfen wir nicht auch seiner, um uns darin erkennen zu können? Wann wird die Nachwelt begreifen, daß sein Wert nicht (allein) darin besteht, als Stein im Magen unserer Erinnerungen zu liegen, sondern unseren Köpfen Nahrung zu sein? „Ich habe kein Bedürfnis danach, daß ein Gedanke von mir bleibt. Ich möchte aber, daß alles aufgegessen wird, umgesetzt, aufgebraucht" (AbA S. 205). Auch Brecht hatte nur die Zeit seines Lebens, um an seine Zukunft zu denken.

Nein, die Trauer über seinen Tod hat Brecht in seinen Werken längst vorweggenommen. Und diese Arbeit wird nicht geschrieben, um darin die Trauerarbeit über die sogenannten verlorenen 70er Jahre vorzuführen. Brechts scheinbar endgültige, weil doch neue, Klassizität bedeutet vielmehr den Ausgangspunkt für einen neuen Umgang mit seinem Werk.

Es ist ein Irrtum zu glauben, Trübsal blasen zu müssen, weil Brecht ein Klassiker geworden ist. Anstatt diese Entwicklung aufhalten zu wollen, hätte man sie sogar noch beschleunigen sollen. Denn erst der genügende Abstand von seiner Person und gegenüber seinem Werk ermöglicht es uns, beides besser verstehen und in Bezug auf die aktuellen Anforderungen diskutieren und nutten zu können.

Die Angst, Brecht als Klassiker akzeptieren, begreifen und nutzen zu müssen, hat vielleicht etwas mit Brechts Bemühen zu tun, seine Arbeit in die Geschichte seiner Zeit zu stellen und mit unserer Furcht, uns der Geschichte seiner Zeit – und damit der unseren – wirklich anzunehmen.

Sicherlich. Das Bemühen, Brecht zum Klassiker zu machen, hat mit eben jenem Bemühen etwas zu tun gehabt, Brecht aus dem Rad der Geschichte herauszulösen. Dieser Abstand zwischen Brecht und uns, zwischen der Geschichte und seinem Werk, vergrößert sich aber nicht ununterbrochen. Je größer er wird, desto besser wird die Chance, diesen Abstand auch wieder überwinden (nicht überspringen) zu können - Brecht als Klassiker zu begreifen *und* dies als Chance wahrzunehmen bedeuten dafür eine gute Voraussetzung.

Allerdings, die meisten könnten sich das Klassische gar nicht denken „ohne Meilenumfang, Zentnerschwere und Äonendauer"; so schon der Einwurf des Zeitgenossen der deutschen Klassik, Friedrich SCHLEGEL. Und Brecht ging den Erscheinungen auf den Grund, als er den Versuch „bestimmte Vorschläge ethischer und ästhetischer Art dauerhaft zu gestalten und ihnen etwas Endgültiges zu verleihen" als den Versuch einer Klasse herausarbeitete, ihren Vorschlägen „den Anschein von Endgültigkeit" zu geben (GW XX S. 160).

Aber, diese Analyse konnte nicht erscheinen. Die herrschende Klasse schickte sich an, unter Zuhilfenahme der Ideologie eines tausendjährigen Reiches — und des eigenen Volkes — ihre Pläne von einem neuen Weltreich in die Praxis umzusetzen. Diese Praxis nahm jenem, der „die Sprache bereicherte" und „praktisches Verhalten" im Kampf gegen die Unterdrückung lehren wollte, jede Existenzmöglichkeit. Brecht, und mit ihm viele andere, waren zu Flucht gezwungen.

In den Folgejahren schreibt Brecht immer wieder Texte, in denen er sich mit der Beziehung von Lebens- und Werkperspektive auseinandersetzt; in diesen läßt sich verfolgen, wie Furcht und Lebensangst bis zu einem exquisiten Raffinement kultiviert werden. Die eigene Vergänglichkeit wird in dem Wissen um die Vergänglichkeit der herrschenden Klasse 'aufgehoben'. „Soll es eine Vergangenheit geben, wenn es eine Zukunft gibt?", „Warum soll mein Name genannt werden?" fragt Brecht (GW IX S. 561 f.) nicht ohne Eitelkeit. Schreiben um zu überleben – Schreiben für die Überlebenden – Schreiben für die Nachgeborenen.

In seinem finnischen Tagebuch spricht Brecht von der „'natürlichen'" Bestrebung des Schreibers, seinen Werken eine lange Dauer verleihen zu wollen. Die Anführungsstriche sind Hinweis auf den Zusammenhang von menschlicher Natur und den gesellschaftlichen Verhältnissen, mit denen sie in Wechselbeziehung steht. Der Wunsch des Kunstschaffenden ein 'unsterbliches' Werk geschaffen zu haben, weist ebenso auf den Überlebenswunsch des Einzelnen hin, wie auf den Anspruch eines Regimes auf räumlich wie zeitlich unbegrenzte Machtentfaltung. Die Anführungsstriche sind péjoratif gemeint, sie wenden sich ebenso gegen den „Großschriftsteller" wie das „Großdeutsche Reich" und doch unterbinden sie jene Liebe des Künstlers zu sich selbst ebensowenig wie die Liebe zur Heimat: Deutschland.

Wohlwissend um seine Eigenliebe wie um die fatale Verquickung des Klassizismus und des nationalen Selbstverständnisses in Deutschland, ist dennoch damit für Brecht die Idee des Klassikers nicht erledigt. Im Gegenteil, er bedient sich ihrer, ihre Gefahren wie Verlockungen kennend, als Gegenentwurf. Brecht schreibt nicht wie es so oft gesagt wird, für die Schublade, er schreibt für das Publikum in der Schublade! Brecht bedarf – bei allem Risiko, das er damit eingeht – der Anerkennung als Klassiker, weil er „grund zu der pessimistischen annahme zu haben glaubt, seine ideen (dh die von ihm vertretenen ideen) könnten eine sehr lange zeit brauchen, um sich durchzusetzen." (AJI 24.4.1941 S. 198)

Bereits in den frühen Tagebuchaufzeichnungen läßt sich Brechts Weg vom „Genie" (TB S. 110 vom 24.4.1920) zum „Klassiker" nachspüren (TB S. 138 vom 17.6.1921: „Ich beobachte, daß ich anfange, ein Klassiker zu werden").

„Man muß loskommen von der großen Geste des Hinschmeißens einer Idee, des 'Noch-nicht-Fertigen', und sollte hinkommen zu dem Hinschmeißen des Kunstwerks, der gestalteten Idee, der größeren Geste des 'Mehr-als-Fertigen'.", so schreibt der dreiundzwanzigjährige Brecht und die folgende Eintragung zeigt, wie weit seine Überlegungen bereits an den Grenzen seines „Jetzt" zu kratzen beginnen. Sein „Mißtrauen gegen alles Überkommene!" wird ihn vor einer ungeprüften Übernahme jeglichen Erbes warnen und seine Abneigung „gegen Experimente" (TB S. 146 vom 15.9.1921) seinen *Versuchen* den Charakter eines gültigen Vorschlages geben. Als Brecht in den ersten Jahren des dänischen Exils nach Aussage der Haushälterin Mari Ohm ausgerufen haben soll „Ich bin ein moderner klassiker" (ENGBERG [1966] 1974 S. 75) verbanden sich darin der Wunsch, die Zeit des Exils zu überleben mit jenem, als Schriftsteller zu überleben.

Beide Anliegen sind in Erfüllung gegangen, aber um welchen Preis? Er, der in ganz Deutschland zu wirken wünschte, konnte schließlich zurückkehren – in ein geteiltes Land. Er, der als Einstein des epischen Theaters den wunderbaren Tugenden und anachronistischen Lastern einer Neuen Zeit zu begegnen versuchte, wurde zum Gefangenen seiner eigenen Ideen.

Mochte er selbst den Begriff der „Klassiker" auch in Anknüpfung an die Arbeiten von Marx, Engels und Lenin verwendet haben, mochte er sich selbst noch sein Grab so ausgesucht haben, daß ihm von dort aus immer ein Blick 'rüber zu Hegel' freibleiben würde – die listig lavierende Dialektik dieses Klassikerbegriffs scheint mit ihm begraben worden zu sein.

Ging es nun darum, Brecht in den Zusammenhang des Klassiker-Begriffs zu stellen, dann war es das vorrangige Ziel, Brecht selbst als Klassiker durchzusetzen (und sich als Literaturwissenschaftler mit ihm). Der Weg dahin ist bekannt.

Max FRISCH ehrte Brecht 1964, indem er dessen Grundsätze der Dramaturgie in Frage stellte und behauptete, Brechts Theater stelle nicht die Welt, sondern die Wünschbarkeit einer anderen und nicht vorhandenen Welt dar. Mit der Behauptung und zugleich Befürchtung von der „durchschlagenden Wirkungslosigkeit" eines Klassikers hatte er nicht Brechts ästhetisch-politische Intentionen in Frage stellen wollen, wohl aber die erhoffte Produktivität ihrer Impulse. (1967 S. 73)

Und Werner MITTENZWEI ehrte Brecht drei Jahre danach, indem er ihn gegenüber Lukács rehabilitierte: Der Marxist Lukács habe Brecht so gründlich mißverstanden, wie ihn selbst ein bürgerlicher Theoretiker kaum habe verfälschen können; das sei tragisch, denn er habe soviel Geistvolles über die Literatur schreiben und doch kein gescheites Wort über Brecht sagen können, „den sozialistischen Klassiker und größten Dramatiker der neueren Zeit". (In: *Sinn und*

Form vom Februar 1967; nachgedruckt in *Das Argument* vom März 1968 H. 1/2 S. 38) Dieses Bemühen, sich der Verunsicherungen einer, wie wir sie genannt haben, lavierend listigen Dialektik zu entziehen und sie zugleich doch in Anspruch zu nehmen, konnte nur vorangetrieben werden, indem man auf beiden Seiten des Eisernen Vorhangs Brecht einer jeweils spezifischen Form der Ver(gr)eisung anheimgab. Auf diesem Wege wurde es wechselseitig möglich, die bei Brecht kunstfertig gebauten Widersprüche umzuformen und als einen deutsch-deutschen Widerspruch in verfremdeter und entstellter Form wiederaufleben zu lassen.

Zu Brechts Achtzigstem befragt, erklärte Wolf BIERMANN in einem Fernsehinterview: nachdem es endlich „Brecht satt" gegeben habe, habe man ihn nun erstmal „gründlich satt" bekommen; und zwar jeder auf seine Weise:

„In der DDR ist der Brecht ja zum Denkmal degradiert und wird den Kindern eingeprügelt und das führt dazu, daß sie ihn oft so satt haben, wie eben früher Schiller oder andere Klassiker"; im Westen dagegen sei es nach einer langen Zeit des Diffamierens und Totschweigens zu einer richtigen Brecht-Mode gekommen „und bei dem asthmatischen Rhythmus der Moden hier im Westen führt das automatisch dazu, daß sie es jetzt erstmal satt haben."

Aber, Brecht ist nicht veraltet, Brecht ist tot. Das Wehklagen darüber verbirgt sich hinter der Behauptung, Brecht überwunden zu haben. Dies ist zugleich ein Zeichen mangelnder Selbstüberwindung im Umgang mit Brecht. Der Stein wird nicht von allein von seinem Grab rollen. Erst wenn wir ihn nicht mehr benötigen, den Grabstein, wird uns die Notwendigkeit einer weitergehenden Beschäftigung mit Brecht einsichtig werden.

„Dieses pauschale Abtun von Brecht und das Hochjubeln jeden Regisseurs — auch bei uns [in der DDR — W.S.] — der von sich sagt, er habe Brecht überwunden. . ., in einer sehr kindischen Art geschieht das, wenn ein Schriftsteller zum Beispiel seine Ablehnung von Brecht in einwandfreiem Brecht-Deutsch formuliert; warum er das tut? Damit er nicht in seinem Schatten steht."

So Manfred WEKWERTH während des *Brecht-Dialogs* in Ost-Berlin, 1978. Und etwa zu gleichen Zeit im westdeutschen Fernsehen sich selbst zitierend: Wolf Biermann: „Wer heute in Deutschland etwas Brauchbares schreibt, der ist von Brecht beeinflußt. Die schwächeren Schriftsteller huldigen diesem Koloß in der Form der Ablehnung." (Vgl. GRIMM 1971 S. 104)

Brechts Wunsch und Hoffnung, ein moderner Klassiker zu sein, erfüllte sich in den siebziger Jahren auf sehr eigentümliche und zugleich doch auf eine sehr deutsche Weise. Auf dem Weg zur Klassizität verliert er seine Identität und gewinnt dafür eine doppelte, eine in West und Ost gespaltene. Er wird nach Maßgabe und mit kritischem Blick über den Zaun der eigenen gesellschaftlichen Verhältnisse abgegrast und in zweifacher Façon wieder neu aufbereitet. Da niemand, nicht einmal Brecht , auf der Mauer zwischen Berlin und Berlin, zwischen Deutschland und Deutschland leben darf, wird er davon heruntergezerrt und wie der gestürzte Humpty-Dumpty auf beiden Seiten wieder zurechtgebastelt. Auf der einen Seite wird er zum Klassiker der Moderne erklärt, auf der anderen zum Klassiker des Sozialistischen Realismus. So hat sich Brechts Wunsch, für beide Teile Deutschlands erhalten zu bleiben, auf diese Weise realisiert.

Zwanzig Jahre, nachdem er als einer der ersten die Debatte um Bertolt Brecht aufgenommen hatte und ein Jahr nach dem Erscheinen der Werkausgabe in zwanzig Bänden, beginnt Herbert Lüthy die sich inzwischen etablierte Brechtforschung als „esoterische Brechtologie" zu glossieren.

„Es ist geradezu rührend, eine Generation von Germanisten und Editoren sich mit den Mystifikationen und Versteckspielen eines vor anderthalb Jahrzehnten gestorbenen Schriftstellers abmühen zu sehen, der ein großer Könner, aber kein Gigant war, als handele es sich um die Entzifferung eines Palimpsestes oder um die Rekonstruktion unschätzbarer, unter den Händen zu Staub zerfallender zweitausendjähriger Schriftrollenfragmente vorchristlicher Eschatologien aus den Grotten und Tonkrügen des Toten Meeres. Mag denn diese esotherische Form der Brechtologie blühen und gedeihen, bis ihr Brecht endgültig einbalsamiert und auch das begeisterungsfähigste Publikum des Humbugs müde ist."

(LÜTHY 1972 S. 92)

Ohne daß hier ausdrücklich von dem Klassiker Brecht gesprochen wird, wird in dieser Äußerung die Aufmerksamkeit des Lesers in eben diese Richtung gelenkt. Und zwar auf eine Weise, die noch über die Feststellung einer gewissen Klassizität weit hinausgeht. Hier soll der Geist, den Lüthy einst mit rufen half, zum Halten gebracht werden. Es wird hinter diesem Text deutlich, daß der Versuch, Brecht zunehmend näher zu kommen, zugleich eine zunehmende Entfernung von seinem Werk mit sich brachte.

Sicherlich, auch Lüthy sieht durch die andauernde Forschungstätigkeit anderer seine eigenen Grundüberlegungen gefährdet (etwa: Brechts Werk als Selbstportrait; Einteilung des Werkes in eine pubertäre, revolutionäre und gereifte Phase; die Theorie Brechts als nachträgliche Rechtfertigung seiner Praxis). Aber es wäre falsch deswegen zu übersehen, was inzwischen geschehen sein muß, wenn nach dem „armen B.B." nunmehr der arme Brecht-Exegeten bemitleidet werden. Es wird konstatiert, mit welcher unaufhaltsamen Akribie die Kunst, Brecht auf die Spur zu kommen, vorangetrieben wird; aber, so Lüthy, auf diese Weise ließe sich die den „Mystifikationen und Versteckspielen", eben jener listig lavierenden Dialektik Brechts nicht beikommen.

Der Rettungsanker, der ausgeworfen wird, soll sich an dem „Publikum" festmachen. Die Leute vom und im Theater seien es, die den zunehmend erkaltenden und in den Forscherstuben sezierten Brecht noch wieder zum Leben erwecken und als Ganzes erscheinen lassen könnten.

Es ist zu begrüßen, daß hier überhaupt der Horizont eines Literaturwissenschaftlers aufreißt und erkenntlich wird, daß gerade die dramatische Literatur Brechts eben nicht nur die Entwicklung der Kunst des Forschens, sondern auch der Entwicklung der Schauspielkunst und einer Zuschauerkunst bedarf. Aber solcher Rückgriff auf das Theater ist eigentlich nicht mehr als eine Ausnahmeerscheinung und das Dilemma der Brecht-Inszenierungen, der Mangel an Schauspiel- und Zuschauerkunst hat diese vielfach unter Beweis gestellt. Ein wirklicher Dialog zwischen den Theoretikern und den Praktikern des Theaters (wie in Brechts: *Der Messingkauf*) fand kaum statt.

Gewiß, es wurde mehr miteinander geredet, Formen und Wege der Kooperation wurden gesucht. Und aus den Nahtstellen solcher Begegnungen erwuchsen tragfähige Innovationen für die Bühne, wie für die Wissenschaft. Dennoch war Brecht dafür kein Kristallisationspunkt. Gewiß, in der Wissenschaft wurden die noch bislang unterlassenen, auch unterdrückten Aspekte in der Auseinandersetzung mit Brecht herausgearbeitet und auch auf der Bühne bemühte man sich, andere Aspekte des als Unterhaltungskünstlers bekanntgewordenen Brecht zu entdecken.

Dennoch waren im Grunde diese Annäherungen nur zeitweise produktiv, denn sie blieben in ihrer eigentlichen Zielsetzung entgegengerichtet. In der Brecht-Forschung bereitete man auch mit den neuen Forschungsschwerpunkten, wie beispielsweise der Lehrstücktheorie, die notwendigen Schritte zur Vervollständigung des Brecht-Monuments vor. Der Versuch, solchen bis dahin wenig erforschten Aspekten nahezukommen, erweiterte gleichzeitig die Distanz. Die von G. Grass notierte Befürchtung, Brecht könne schließlich, wie zuvor Kafka, von einer Flut der Sekundärliteratur hinweginterpretiert werden (GRASS 1968 S. 7), findet sich zunehmend bestätigt.

Andererseits war es den Theaterleuten von Wichtigkeit, durch Brecht eine Möglichkeit zu finden, ihre eigene Praxis zu untersuchen, zu reflektieren und nach Maßgabe ihrer Erfahrungen und Kritik zu verändern. Zu diesem Zweck ist für sie Brecht eben nicht als Klassiker, sondern als aktueller Ratgeber vonnöten.

Während die Literaturwissenschaft alles tat, um Brecht mit allem auszustatten, dessen es bedurfte, um endgültig in den Rang eines Klassikers erhoben zu werden, bemühte man Brecht auf dem Theater, um zu versuchen, die deutschen Klassiker auf neue Weise verstehen zu können. Als es seit Mitte der sechziger Jahre zu einer erneuten, großen Auseinandersetzung mit den Klassikern (im doppelten Sinne des Wortes) kam, zählte Brecht zu den wichtigsten geistigen und künstlerischen Mentoren. Nicht zufällig, daß sich die Bühnenschaffenden gerade in dieser Zeit unter seinem Namen zu einem „arbeitskreis bertolt brecht" zusammengefunden hatten. Brecht wurde gebraucht, aber die Zeit war zu kurz, als das er hätte aufgebraucht werden können.

Eben dieser Versuch, die Klassiker auf der Bühne neu zu interpretieren — und damit ein Stück der eigenen Geschichte wiederzuverstehen — war nicht nur nicht frei von Modernismen, sondern degenerierte schließlich selbst zur Mode. Zweifellos gelang es, und nicht zuletzt mit den Mitteln des Schocks, überkommene Seh- und Denkgewohnheiten aufzubrechen, aber inzwischen hatte es sich gezeigt, daß dies allein nicht ausreichen konnte, um eine wirklich qualitativ neue Schauspiel- und Zuschau(er)kunst voranzutreiben. Kaum nämlich hatte das Theater begonnen, sich über die Nützlichkeit historischer und aktueller gesellschaftlicher Verhältnisse Gedanken zu machen und Fragen an seine Nutznießer zu provozieren, begann man bereits, diese Provokation wiederum als Kunstform gesellschaftsfähig zu machen. Das historische Moment, das in den Aufführungen eher anarchisch grell und noch vielfach zerborsten aufbrach, ging auf die Dauer keine Synthese mit der aktuellen Wirklichkeit ein. So erlebten die Klassiker doch keine wirkliche Renaissance (und dort, wo das Historische bis in die 80er Jahre hinein überlebt hat, wirkt es seinerseits überdimensioniert, weckt Ehrfurcht, Angst oder Langeweile und nur in den seltensten Fällen ein besseres oder gar neues Verständnis des Vergangenen und Gegenwärtigen). Aus Schillers *Die Räuber* wurden „Zadecks *Räuber*", aus Goethes *Torquato Tasso* wurde „Steins *Tasso*". Und so rühmte sich die Stadt Bremen, die Inszenierungen in ihren Mauern erlebt und später ihren Intendanten aus dieser vertrieben hatte, mit einer doppelseitigen bundesweiten Zeitschriften-Reklame in Farbe anzuzeigen, daß dank ihrer Regierung nunmehr dort „Deutschlands heißestes Theater" gemacht würde. „Peng!" Zur gleichen Zeit hatte Brecht inzwischen auf der Hitliste deutscher Bühnenproduktionen selbst Shakespeare 'geschlagen'. - Die siebziger Jahre waren noch nicht am Ende, und die Städte machten statt mit Theater jetzt mit sauberer Luft Reklame, als an gleicher Stelle schwarz auf weiss angezeigt wurde: Brecht sei tot. Die Klassiker waren abgespielt, man brauchte einen neuen. Man spielte Brecht. Und zum ersten Mal in der Bundesrepublik führte man Brechts *Die Tage der Commune* in der Spielzeit 1969/ 70 in Stuttgart auf. Das heißt: 20 Jahre nach seiner Fertigstellung im schweizer Exil mehr als 10 Jahre nach dessen deutschsprachiger Erstveröffentlichung 1957. Den Aufwind der 'heißen' westdeutschen Theater nutzend, gelang es im Verlauf der 70er Jahre zumindest dreimal, die *Commune* bis zur Aufführung zu bringen, nämlich ein weiteres Mal in der Spielzeit 1973/74 in Kassel und schließlich ein letztes Mal in Frankfurt während der Spielzeit 1977/78. Die Inszenierungen von Hollmann, Lichtenstein und Palitzsch versinnbildlichten zugleich den Abstand von den zweimal 4 Jahren, die zwischen diesen Aufführungen liegen. Aber immer blieb es die *Commune* von Bertolt Brecht. Und jede der Inszenierungen blieb dennoch ein Wagnis für Regisseur und Ensemble, zumal die frankfurter.

In diesen Tagen – die Premiere fand am zwanzigsten Tag der Entführungsaffäre Schleyer statt – lag Deutschlands heißestes Theater in Hessen. „Der Freiheit wegen, von der man nichts versteht." (TC S. 82) hatten wir auf das Titelblatt des schließlich doch durchgesetzten Programmbuchs gesetzt und der Titel des Stückes war unterschrieben mit: „Eine Parabel". – Zwei Jahre später wird auf Einladung der Stadt Frankfurt ein Kolloquium veranstaltet, in der über eben diesen Parabelbegriff eine ganz neue und für Brecht tödliche Selbstverständigung hergestellt wird. Jan KNOPF (1980 S. 5): „Das Frankfurter Kolloquium, anläßlich Brechts 80. Geburtstag im Oktober 1978 veranstaltet, hat sich in seiner Schlußsitzung darauf geeinigt, daß Brechts genuine Kunstform, die Parabel nämlich, die Form der Vereinfachung, ja der Vereinfachung der Vereinfachung sei, weil sie selbst nicht nur die komplexen realen Vorgänge auf übersichtliche und lehrhaft vereinfachte Handlungen und Konstellationen reduziere, sondern ihr zugleich auch noch eine Weltanschauung, der Marxismus nämlich, zugrunde liege, die ihrerseits ein vereinfachtes Erklärungsmodell darstellt."[4]

Bei Gerhard SEIDEL, Leiter des Bertolt-Brecht-Archivs in Ost-Berlin, heißt es in dem Vorwort zu einer von ihm zusammengestellten Dokumentation über „Brecht und die Deutsche Demokratische Republik" anläßlich von dessen achtzigstem Geburtstag abschließend: „Wir brauchen ihn: seine ganze Wahrheit, seinen Widerspruch." Und in einer nicht ungeschickten Formulierung weist Seidel auf das Bemühen hin, sich in der DDR nunmehr auf den ganzen Brecht beziehen zu wollen, auch wenn dabei „heikle Themen" nicht länger umgangen werden können. Er schreibt: „Es ist das Verdienst von Werner Mittenzwei, die von der marxistischen Brecht-Forschung lange Zeit unbegründet [!] geübte Zurückhaltung gegenüber dem Thema Brecht und die DDR mit seinem 1976 und 1977 in der Zeitschrift *Sinn und Form* veröffentlichten 'Grundriß zu einer Brecht-Rezeption der DDR 1945 - 1975' durchbrochen zu haben." Denn, so Seidel, „seine Ausführungen machen deutlich, daß er für die marxistische Brecht-Forschung keine heiklen Themen gibt". Den bürgerlichen Brecht-Verfälschungen könne nämlich dort am wirkungsvollsten begegnet werden „wo die Widersprüche nicht ausgeklammert, sondern in den Mittelpunkt einer offensiven Darstellung gerückt werden." Ob mit diesen lauteren Tönen auch jene vertrieben werden sollen, die im eigenen Lager an dem Brecht-Denkmal zu kratzen begonnen haben, muß hier zwar gefragt, darf aber nicht von vornherein als Vermutung unterstellt werden.

Was bleibt, ist die Erklärung, man sei jetzt und in Zukunft bemüht, ein „unverfälschtes Bild" vom „ganzen Brecht" zu geben.

Diese Bemühungen um einen „ganzen Brecht" sind aber nicht auf die DDR beschränkt geblieben, sondern gelten – wenngleich auch unter anderen Voraussetzungen – auch für die Bundesrepublik.

Wir haben an der *Commune* gesehen, wie man nach dem Erfolg Brechts als Bühnenautor und seinem kometenhaften Aufstieg als Unterhaltungskünstler begonnen hat, auch jene Stücke vorzustellen, die bislang auf dem allzuhurtigen Weg in den Vorhimmel des Klassikers haben abseits bleiben müssen. Und es läßt sich für die Literaturwissenschaft ein ebensolches Bemühen um die Nachholung bislang versäumter Lektionen feststellen: vor allem die Lehrstücke in der ersten und die frühen Arbeiten Brechts in der zweiten Hälfte der 70er Jahre. Parallel zu diesen Entwicklungen, in denen nicht nur zahlreiche Einzelprobleme geklärt, sondern auch „zentrale Fragen" endlich angesprochen werden sollten, entwickelte sich zunehmend die Forderung, doch endlich ein gültiges „Gesamtbild des Dichters" Brecht zu entwerfen. Und zur gleichen Zeit, als Lüthy vor einer weiteren Vertiefung und Ausuferung der Brecht-Forschung warnte, erklärte Reinhold GRIMM:

„Noch immer ist viel zuwenig von ihm und über ihn bekannt; dazu kommt Brechts entschiedene Zurückhaltung in allen persönlichen Dingen, sein Trachten, 'die Spuren zu verwischen', wenn nicht zu verwirren. Eine zuverlässige, erschöpfende Biographie, die den
inneren und äußeren Werdegang des Dichters in seiner verschlungenen Dialektik sichtbar
macht, gehört darum mehr denn je zu den dringendsten Aufgaben der Brecht-Forschung."
(1971 S. 104)

Nachdem Brechts Zukunft als Klassiker außer Frage – und damit allzu oft auch nicht mehr zur
Diskussion – stand, begann damit in der zunehmend orientierungslos gewordenen Diskussion ein neuer Fixpunkt abzuzeichnen: eine, ja *die* Brecht-Biographie zu schreiben; eine Arbeit,
die für sich möglichst schon mit ihrem Erscheinen den Vorzug einstecken können sollte, einmal
als die 'klassische' Brecht-Biographie anerkannt zu werden.

Neue Orientierungspunkte in dem Bemühen, dem „ganzen Brecht" mit *der* Brecht-Biographie
nahezukommen, sind inzwischen mit den Arbeiten von Ernst und Renate SCHUMACHER:
„Leben Brechts in Wort und Bild" (Berlin [Ost] 1978) und Klaus VÖLKER: „Bertolt Brecht.
Eine Biographie" (München 1976) markiert.

Wenn die Autoren bei allem Bemühen auch um die Grenzen Ihrer Arbeit wissen mögen[5], so
kokettieren die Verlage in beiden Teilen Deutschlands mit der Erwartung, daß nun endlich *die*
Brecht-Biographie erschienen sei[6] – allein, so meint Joachim Werner Preuß in seiner West Berliner Rundfunkrezension, diese müsse wohl aus dem Computer kommen[7]. Was ist dies für ein
Objektivitätsstreben, das glaubt, sich des „ganzen Brecht" nur dann bemächtigen zu können,
wenn er ganz und gar vollständig vorläge?

„. . . die Sache ist nicht in ihrem *Zwecke* erschöpft, sondern in ihrer *Ausführung*, noch ist das
Resultat das *wirkliche* Ganze, sondern es zusammen mit seinem Werden." (HEGEL 61952 S.
11). Dieses Zitat aus der „Phänomenologie des Geistes" findet sich wieder in dem Bericht zur
Brecht-Forschung von Jan Knopf aus dem Jahre 1974. Darin – und darauf verweisend – nimmt
er unmißverständlich gegen ein falschverstandenes Ganzheitsideal Stellung, das sich zunehmend
in der Beschäftigung mit Brecht durchzusetzen begann und das inzwischen fröhliche Urstände
feiert, wie die Rezension des Theaterkritikers Preuß zeigt. KNOPF:

„Das Vollständigkeits- und Ganzheitsideal, das meint, in den aufzählbaren Ergebnissen
der Literatur die Forschung selbst zu haben, und doch nur leblose Abfallprodukte in der
Hand hält, fördert die Etablierung von fixierten Meinungen, die Geschlossenheit eines erst
zum Teil publizierten Werks und die Abberufbarkeit der Urteile, die als bloße Resultate
das Denken verhindern."

(1974, S. 12)

Brecht kann also weder verstanden werden, ohne die Entstehungsgeschichte seiner Arbeiten verstanden zu haben, noch wird man ihn verstehen können, solange man nicht die Praxis (etwa des
Theaters) mit einbezieht, für die seine Arbeiten gedacht sind. Eine Forschung, die sich allein
an dem scheinbaren Ideal ausrichtet, Brecht möglichst vollständig erfaßt zu haben, wird durch
eben dieses Bemühen einer lebendigen, Denken wie Handeln belebenden Wissenschaftsauffas-
sung und -praxis abträglich sein.

Spätetens seit der Neuauflage von Reinhold Grimms Forschungsbericht aus dem Jahre 1971 ist
es fraglich geworden, ob und inwieweit die Sammlung und Bearbeitung der bibliographischen
Daten, geschweige denn die Verarbeitung der Veröffentlichungen durch eine Einzelperson noch
möglich ist. Grimm jedenfalls, soweit er sich auch bemüht haben mag, alle erreichbaren Daten
und Fakten zu sammeln, spricht vorsichtig von einer „ersten Einführung" und einer „vorläufi-

gen Orientierung", die damit dem Brecht-Interessierten und -Forscher an die Hand gegeben sei, denn die „ständig anschwellende Sekundärliteratur in vielen Sprachen läßt sich von einem einzelnen kaum mehr befriedigend erfassen, geschweige denn durch Autopsie überprüfen." (GRIMM 1971 S. VII).

Was zugleich heißt, daß heute, 10 Jahre später, ein solcher Forschungsbericht zu Brecht, sei es durch Grimm und/oder andere, in der bisherigen Form nicht mehr wird weitergeführt werden können. Gleich der erste Satz in Karl-Heinz LUDWIGs Untersuchung über „Tätigkeit und Rezeption" Brechts zwischen 1945 und 1949 – als exemplarisches Beispiel der jüngeren Brecht-Forschung – lautet: „Die Sekundärliteratur ist bereits so angeschwollen, daß ihre lückenlose Kenntnis völlig unmöglich geworden ist." (1976 S. 7).

Gleichwohl bleibt die Frage, ob mit der elektronischen Datenverarbeitung oder der Teamarbeit *allein* dieser Umstand überwunden werden kann? Denn, was steckt eigentlich hinter diesem Anspruch, den „ganzen Brecht" in den Griff bekommen zu wollen? Ist dies wirklich nur eine Kapazitätsfrage? Und, warum beginnt dieses Anliegen genau zu jenem Zeitabschnitt an Boden zu gewinnen, als deutlich wird, daß dieser Anspruch ehrlicherweise auch bei noch so großem Forscherfleiß immer in den Grenzen des Möglichen und Sinnvollen gesehen werden sollte?

Dazu Jan KNOPF, sechs Jahre nach seinem o.g. Forschungsbericht:

> „Die Forschung hat sich – zu einem großen Teil – nicht darum gekümmert, daß die Gesamtausgabe fehlt, und Dimensionen angenommen, die sich der Überschaubarkeit entziehen. So jedenfalls lautet der Gemeinplatz der Literatur, oft auch als elegante Entschuldigung angeführt, sich von der Aufarbeitung der Forschungsliteratur zu befreien. . . . Es ist notwendig geworden, den Überblick zu wagen und den Versicherungen, daß sie nicht mehr nachzuprüfen, das könne nicht mehr übersehen werden, zu mißtrauen, und zwar als die beruhigende Versicherung, daß man sich nicht einzumischen habe, um so den Spezialisten ihr Feld zu überlassen, die dann machen können, was sie wollen – auch das Unübersehbare."

(1980 S. 3f.)

O tempora vivandi. „Das Vollständigkeits- und Ganzheitsideal, das meint, in den aufzählbaren Ergebnissen der Literatur die Forschung selbst in der Hand zu haben. . ." Wenngleich sich Knopf (wir hoffen: ja und befürchten: nein) ausdrücklich dagegen abzugrenzen versucht, daß sein 1980 erschienenes *Brecht-Handbuch* als Schatzkästlein des bürgerlichen Geistes und archivarische Grabkammer *allein* zur Geltung kommen wird, so steht dennoch auch seine Arbeit in der Tendenz der letzten Jahre: dem Suchen nach dem „ganzen Brecht". (Knopf: „. . . es ist so weit, das Wissen über Brecht zu sammeln. . ." 1980 S. 1).

Aber er versucht zugleich aus der Not dieser Tendenz nicht nur eine Tugend, sondern diese in der Hoffnung auf einen produktiven Widerspruch nutzbar zu machen. War auch sein Wunsch, ein „Kollektiv von Spezialisten" zu einer solchen, produktiven Zusammenarbeit zusammenzuführen, nicht realisierbar, so soll jetzt die Vielzahl der Leser in die Lage versetzt und angeregt werden, die Brecht-Rezeption voranzutreiben. Knopf hat versucht, die durch den Ruf nach dem „ganzen Brecht" entstandene Malaise zu überwinden, indem er den Berg der Sekundärliteratur zu durchbohren versucht hat, anstatt ihn abzutragen. Anstatt zu versuchen, in einer noch umfangreicheren Biographie einen noch 'besseren' Überblick zu vermitteln, liegt hier erstmals ein Versuch vor, statt dessen dem Leser den Durchblick zu ermöglichen.[8]

Damit liegt eine Arbeit vor, die der Klage, den Brecht noch immer nicht und die Sekundärliteratur längst nicht mehr zu kennen, eine Ermutigung gegenüberstellt: nicht den Brecht ganz und gar zu überblicken kann allein Gegenstand und Ziel der Forschung sein, sondern bei Brecht durchzublicken – bis hin auf uns selbst.

Das späte Erscheinen und andere äußere Gründe scheinen nicht in allen Fällen auszureichen, um die weitgehende Ignorierung des Kommune-Stücks zu erklären, um so weniger, als auch Arbeiten aus den Jahren 1958 bis 1961, die zum Ziel haben, entweder Brecht insgesamt (Grimm, Haas, Jens, Kesting, Mann, Rinser) oder sein dramatisches Schaffen in den wesentlichen Zügen (Ihering, Schöne) oder die Dramaturgie des späten Brecht (Hinck)[1] darzustellen oder zu skizzieren, das letzte Werk des Dichters gar nicht oder nur ganz beiläufig erwähnen.

Hans Kaufmann

2 Über die *Commune* in den Brecht-Biographien

Brecht im Überblick — die *Commune* im Seitenblick, bei: Klaus Völker, Ernst und Renate Schuhmacher, Hellmuth Karasek, Claude Hill, Ilja Fradkin (44) = Exemplarische Darstellungen zur Entstehungsgeschichte und den Charakteristiken der *Commune* bei: Martin Esslin, Frederic Ewen, Marianne Kesting, Kurt Fassmann (53) = Vermutungen über die *Commune* im Spannungsfeld West — Ost (55).

Aus dem kleinen Kreis von Kennern solle ein großer Kreis von Kennern werden. So hatte es sich Brecht gewünscht. Und vielleicht haben dennoch die Aufführungsstatistiken des Deutschen Bühnenvereins seine nicht gerade bescheidenen Hoffnungen noch übertroffen. Seit 1971 hatte Brecht den Beginn seiner Anwartschaft auf seine endgültige Anerkennung als Klassiker markiert. Erstmals durchbrach er mit den meisten Aufführungen die bis dahin noch 'unangefochtene' Position Shakespeares, nachdem er Schiller bereits Mitte der 60er Jahre mit zunehmendem Abstand 'hinter sich gelassen' hatte. 10 Jahre später waren von 43 Werken Brechts 18tausend Aufführungen zu sehen gewesen; soweit die 'Bestsellerliste' aus *Die Deutsche Bühne*, der Monatsschrift des Bühnenvereins. In dem — inzwischen eingestellten — unternehmerfreundlichen „Magazin für Politik, Wirtschaft und Kultur" *Dialog* wird Brecht zum „Liebling der Intendanten" erklärt (*Dialog* 4. Jg., H. 1, 1973, S. 82-86) und selbst in das Repertoire der Hintergrundmusik in den Supermärkten ist längst auch ein bunter Melodienreigen aus der *Dreigroschenoper* mit aufgenommen. Bekanntgeworden war Brecht damit sicherlich. Aber war aus dem kleinen Kreis der Kenner ein großer Kreis von Kennern geworden?

Die kaum noch überschaubare Anzahl an Sekundärliteratur sollte das glauben machen. Aber, so fragt es sich, wie weit ist das westdeutsche Publikum der weit über tausend jährlichen Brecht-Aufführungen identisch mit denen, die die Leser dieser Arbeiten sind? Oder aber: wie verhält es sich mit dem Popularitätsgrad von Aufführungen in Bezug auf die Häufigkeit, mit denen gerade diese Theaterstücke in der Sekundärliteratur Erwähnung und Beachtung finden? Und wie verhalten sich dazu die Prosa- und die theoretischen Texte, wie die Gedichte? Wie läßt sich in diesem Beziehungsfeld wirklich eine Präferenz oder Vernachlässigung bei der Behandlung von Brecht und seinen Arbeiten ausmachen?

Die Fragestellung Reinhold Grimms zu Beginn der siebziger Jahre, die Brecht-Forschung habe sich unübersehbar in die Breite entwickelt und doch zentrale Fragestellungen nach wie vor außer acht gelassen (vgl. GRIMM [3]1973 S. 104), trifft im Zusammenhang mit der bisher geleisteten Forschung, Brechts *Die Tage der Commune* betreffend, auch noch zu Beginn der achtziger Jahre zu.

> „Obwohl man hätte annehmen dürfen, daß sich die Forschung für das letzte vollendete 'Original'-Drama besonders interessierte, ist dieses Stück unbeachtet und auch wenig gespielt geblieben. In der westlichen Forschung hat es, genaugenommen, keine Rolle gespielt . . .".
>
> (KNOPF 1980 S. 290).

Dabei soll noch nicht einmal und von vornherein in jedem Fall unterstellt werden, daß es sich noch immer um eine bewußte Fortsetzung der Boykottmaßnahmen gegen Brecht und sein Werk handelt; aber mit Sicherheit läßt sich feststellen, daß selbst die 'Brecht-Renaissance' in der BRD die Gewichtungen sehr unterschiedlich verteilte und die *Commune* davon nach wie vor fast gänzlich ausgelassen hat.

Ein Beispiel. In *Reclams Schauspielführer* (1960/1969) ist zwar Brecht enthalten, aber sowohl in der Überblicksdarstellung, als auch in den ausführlicheren Inhaltsangaben einzelner Werke fehlt jeglicher Hinweis auf die *Commune*. Bis hin zur vorliegenden Ausgabe aus dem Jahre 1978, die bis dahin in der 14. Auflage herausgekommen ist, ist der Zustand nach wie vor unverändert.

Um einen Einblick in den derzeitigen Stand der *Commune*-Rezeption zu vermitteln und weil es die großen Einzelanalysen zu diesem Drama kaum gibt, werden wir im folgenden einen Streifzug durch diejenige Brecht-Literatur vornehmen, die sich vornehmlich des „ganzen Brechts" angenommen hat und somit eine große Kennerschaft des Gesamtwerkes voraussetzt: die Brecht-Biographien.

Auch demjenigen, dem *Die Tage der Commune* bereits ein Begriff, dem das Stück und vielleicht sogar eine der wenigen Aufführungen bekannt ist, sei hier dennoch anempfohlen, diesen ersten Überblick über den gegenwärtigen Stand der *Commune* Darstellung und -Interpretation nicht zu überschlagen. Denn es zeigt sich darin, daß das Stück und das Thema des Stückes nach wie vor einigen 'Spezialisten' vorbehalten zu bleiben scheint. Deren überaus allgemeine Darstellungen, zusammenfassende Meinungsbilder und Vermutungen, die für die Allgemeinheit veröffentlicht wurden, zeigen aber, daß auf solche Weise eine große Zahl von Kennern wohl kaum gewonnen werden kann.

Beginnen wir mit der Biographie von Klaus Völker und stellen wir ihr dann zunächst die Ausführungen von Ernst Schumacher gegenüber. Dabei zeigen selbst jene Aussagen, die sich direkt auf das Kommune-Stück beziehen, daß diese Darstellungen immer auch im Zusammenhang mit der gesellschaftlichen Umgebung des Autors gelesen werden müssen; auch dann, wenn, wie im Falle Völkers, der Klappentext ihn als „unabhängig von der offiziellen Brecht-Philologie [!?]" auszuweisen bemüht ist. Wir gehen daher am Schluß des Kapitels nochmals gesondert auf den Hintergrund von Unterschieden wie diesen ein: während Brecht sich nach Auskunft Schumachers für die Teilnahme „am größten Experiment, das er sich vorstellen konnte" entschieden habe, nämlich „am Aufbau des Sozialismus auf deutschem Boden mit(zu)wirken" (SCHUMACHER 1978 S. 230) legt Völker Wert auf die Feststellung Brechts, daß er sich nicht einfach „hinter die Elbe" habe zurückziehen wollen (VÖLKER 1976 S. 366); bereits in seiner *Brecht-Chronik* von 1971 hatte er aus dem Brecht-Brief an Gottfried von Einem zitiert, wonach es nicht angehe, sich in irgendeinen Teil Deutschlands zu setzen und „damit für den anderen Teil tot" zu sein.[2]

Was wir von Klaus VÖLKER über die *Commune* erfahren, ist im wesentlichen in seinen Hinweisen zur Entstehung und zunächst beabsichtigten, dann aber fallengelassenen berliner Aufführung enthalten. Über die Fabel des Stückes selbst ist dagegen nicht viel in Erfahrung zu bringen, geschweige denn eine kritische Würdigung seitens des Autors. Er hält sich vielmehr an jene Daten, die er bereits zum Teil in der *Brecht-Chronik* aus dem Jahre 1971 veröffentlicht hatte:

Zur Zeit des Exils in Dänemark übersetzt Margarete Steffin, „die sofort dänisch lernte und sich nach und nach auch die Kenntnis der anderen skandinavischen Sprachen aneignete" (S. 217) von Nordahl Grieg *Die Niederlage*, von dessen Stück Brecht nicht sonderlich begeistert war. So mußte sich denn Grieg bei einem kurzen Besuch bei Brecht in Skovbostrand

> „ein brilliant formuliertes Kolleg über die dramaturgischen Techniken anhören. . . . Grieg war in den Augen Brechts ein weiterer Vertreter jener 'hard boiled man'[3], die nur 'hot stuff' herstellen und Emotionen erzeugen. Er zählte ihn zu den romantischen Naturen, die er als 'Mitglieder des großen Emotionsracket' bezeichnete." (1976 S. 288 f.- Vgl. AJI S. 34)

Und die Steffinsche Übersetzung von Nordahl Grieg wird Ausgangspunkt eines Gegenentwurfs: Brechts *Die Tage der Kommune*.
Dieser Gegenentwurf entsteht dann in Zürich, nach einem ersten Aufenthalt Brechts in Berlin, ab Ende 1948:

> „Da die endgültige Zustimmung der amtlichen Stellen zum *Berliner Ensemble*-Projekt immer noch ausstand, begab sich der Stückeschreiber mit Ruth Berlau wieder nach Zürich, auf seinen Beobachtungsposten außerhalb von Deutschland. Er mietete im Haus *Au bien être* in der Hottingerstraße ein Zimmer, betätigte sich in telefonischer und brieflicher Abstimmung mit der Weigel in Berlin als Besetzungsbüro und schrieb in Zusammenarbeit mit Ruth Berlau und Caspar Neher das Schauspiel *Die Tage der Commune*, mit dem er sein Theater im Herbst eröffnen wollte."
>
> (1976 S. 366)

Zu Pfingsten '49 endgültig nach Berlin zurückgekehrt, setzte er sein Werben um weitere, insbesondere namhafte, Künstler fort.

„In Anbetracht seiner schwachen Position den Behörden gegenüber, bei denen sich zu viele minder talentierte Kollegen durch brave Gefolgschaft Privilegien sicherten, ließ Brecht keine Gelegenheit aus, von ihm geschätzte, Maßstäbe setzende Künstler zur Rückkehr nach Berlin zu bewegen. Piscator bot er an, die Regie des Commune-Stücks von Grieg zu übernehmen: 'Es würde eine gute Gelegenheit für Dich, Dich umzuschauen und das Arbeitsfeld zu überprüfen.'"

(1976 S. 370)

Warum kommt es dann aber dennoch weder zu einer Aufführung der Griegschen Fassung noch von Brechts Gegenentwurf, der dann auch danach, bis zu seinem Tod, nicht gespielt werden sollte?

„Wenn der Stückeschreiber trotzdem Schwierigkeiten in der DDR hatte, dann nicht, weil er zu wenig Kommunismus vertrat, sondern weil er zu viel forderte. Beispielsweise behandelte sein Schauspiel *Die Tage der Commune* ein für die DDR politisch viel zu brisantes Thema. Ursprünglich hatte er mit Nordahl Griegs *Die Niederlage* die Spielzeit in Berlin eröffnen wollen. Nach eingehender Beschäftigung mit diesem unter dem Eindruck der in Spanien erlittenen Niederlage verfaßten Stück begann er es zu bearbeiten und schrieb einen Gegenentwurf, bei dem er streng der Wahrheit folgte, 'die manchen wie bekannt, nicht gefällt'. Weil eine Komödie viel weniger 'controversial' war, erschien ihm dann *Herr Puntila und sein Knecht Matti* für den Beginn geeigneter. Im Dezember 1949 mußte der Plan, *Die Tage der Commune* zu inszenieren, abermals zurückgestellt werden, schon weil die Volksbühne, die die Hauptmasse des Publikums stellte, nur wenige Arbeiter als Mitglieder hatte. Da gab es nun aufgrund der neuen gesellschaftlichen Ordnung einen sozialistischen Staat, aber er mußte den Massen als gute und richtige Sache erst noch schmackhaft gemacht werden. Der Hauptimpuls der Stücke Brechts, der auf die Kategorie der Veränderbarkeit zielte, fiel hier erst einmal weg. Was erreicht werden sollte, war ja erreicht. Den Stillstand der Dialektik einfach hinzunehmen, war der Stückeschreiber nicht bereit. Er war deshalb bestrebt, einen sinnvollen Kompromiß zu finden, der die besondere gesellschaftliche Realität in der DDR berücksichtigte, zugleich aber doch das Bewußtsein von der Dialektik der Widersprüche mobilisierte. Für die Theaterarbeit hieß das, auf die Behandlung von Gegenwartsstoffen zu verzichten, solange sie nicht radikal behandelt werden konnten. Brecht wollte sozialistisches Bewußtsein bei seinem vorwiegend kleinbürgerlichen Publikum auf dem Umweg über eine ästhetische Erziehung schaffen. Er hielt es für angebracht, seine Zuschauer anzuregen, künftig die Dinge mit anderem Blick, im Hinblick auf eine andere gesellschaftliche Perspektive zu sehen. Das Commune-Stück war insofern unzeitgemäß, als es eine Machtübernahme durch die Niederen zeigte, bei der die Partei keine führende Rolle spielte und bei der das Zerschlagen einer Ordnung verlangt wurde, die jetzt aber nötig war.

(1976 S. 372)

Soweit Klaus Völker; dazu im Vergleich die Darstellung bei Ernst SCHUMACHER. Dort erfahren wir über die *Commune* erst etwas im Zusammenhang mit dem Abschnitt: „In Berlin, Hauptstadt der DDR (1949-1956)".
Zunächst, die Einladung an Piscator finden wir hier bestätigt.

„Mit einer Gastregie hoffte Brecht, Erwin Piscator zur Rückkehr nach Berlin bewegen zu können; gleichzeitig teilte er ihm mit, die Volksbühne rechne mit Piscators Leitung. Am liebsten wollte er Piscator das Stück von Nordahl Grieg über die Pariser Kommune *Die Niederlage* anvertrauen. Piscator vermochte sich jedoch nicht zu entscheiden, da er keine offizielle Einladung, die Volksbühne zu übernehmen, erhielt."

(1978 S. 242)

Sie erfolgte offensichtlich, bevor Brecht nochmals in die Schweiz fuhr, um dort vor allem „für das neue Ensemble entsprechende Kräfte zu gewinnen" (ebd.). Die wichtigste Aufgabe dieses Theaters: die „Ideologiezertrümmerung" (Brecht, nach Th. Höhle in: *Tägliche Rungschau* vom 11.2.49). Und, so Schumacher weiter, aus diesem Bestreben heraus habe dann Brecht seinen erneuten Schweiz-Aufenthalt auch dazu benutzt um

> „als kämpferische Morgengabe für das Selbstverständnis des neuen Ensembles wie seines Publikums das historische Schauspiel *Die Tage der Kommune* zu verfassen. Zugrunde lag ursprünglich die Absicht, Griegs *Niederlage* für eine Aufführung durch das Berliner Ensemble zu bearbeiten. Daraus wurde eine eigenständige dramatische Adaption jener historischen Ereignisse von 1871, die Marx zur Überzeugung gelangen ließen, daß der Übergang vom Kapitalismus zum Sozialismus unvermeidlich mit einer Phase der Diktatur des Proletariats verbunden sein müsse, um die alte Gesellschaftsordnung zu überwinden und die neue durchzusetzen. Brecht arbeitete hauptsächlich mit Ruth Berlau am Stück, ließ sich aber auch historische Quellen durch Elisabeth Hauptmann besorgen. Daneben ließ er sich auch durch Hermann Duncker beraten, dessen Dokumentensammlung über die Pariser Kommune er benutzte. Neher inspirierte die Fabelgewinnung durch den Entwurf des Bühnenbildes."

(ebd.)

Warum, so fragen wir auch hier, kam es dann nicht zur Aufführung dieser „kämpferischen Morgengabe", zumal Schumacher selber noch betont:

> „Die 14 Bilder, in denen Brecht das Schicksal der Pariser Kommune gestaltete, waren weniger als *Gegenentwurf* zu Griegs *Niederlage* interessant denn als Entwurf, wie die Arbeiter und Bauern, die in der damaligen sowjetischen Besatzungszone Deutschlands die Macht gewinnen und behaupten sollten, die ihnen von der Sowjetischen Militäradministration mehr und mehr übergeben wurde. Die Sentenz der Figur des Deputierten Langevin: *Erwartet nicht mehr von der Kommune als von euch selber* [TC S. 64 - W.S.] richtete sich an sie, sich aus eigener Kraft ein neues Leben zu schaffen. Sie entsprach Brechts Auffassung, daß sich *die Proletariate* selber helfen müssen. Die Familie Cabet stand für die Werktätigen, im weiteren Sinne für die 'Proletarier aller Länder'."

(ebd.)

Die Antwort fällt so aus:

> „Da der aktuelle Kampf im Jahre 1949 jedoch vorrangig unter der Losung geführt werden mußte, für ganz Deutschland eine antifaschistisch-demokratische Grundordnung mit parlamentarischem Charakter zu schaffen, gelangte Brecht aber schließlich selbst zu der Überzeugung, daß das Berliner Ensemble doch besser mit einer Aufführung des Volksstückes *Herr Puntila und sein Knecht Matti* eröffnet werden solle, *da der viel weniger kontroversal ist.*"

(a.a.O. S. 243)[4]

Nun wurde, ebenfalls 1978 und ebenfalls in der DDR, von Werner Hecht der voluminöse Band: „Bertolt Brecht. Sein Leben in Bildern und Texten" herausgebracht, in dem auch jene Quelle, auf die sich Schumacher hier bezieht (sowie es auch schon Völker getan hatte), auszugsweise zitiert wird. Es ist ein Brief den Brecht noch aus der Schweiz am 21. April 1949 an Helene Weigel schreibt, und aus dem hier auszugsweise zitiert werden soll:

„„Das > Kommune< -Stück ist in Ordnung, ich habe noch daran herumgefeilt und es darum noch nicht abgeschickt. Aber ich halte es jetzt doch für möglich, daß wir besser mit dem > Puntila< anfangen, da der viel weniger controversial ist; auch ist das > K[ommune]< - Stück eine riesige Produktion, und man könnte sie, wenn es an dritter Stelle kommt, die Saison durch vorbereiten. . . . Natürlich könnt ihr, das Eröffnungsstück betreffend, nichts Richtiges sagen, solange ihr das > K[ommune]< -Stück nicht kennt. Ihr wißt aber das Thema, und ich bin natürlich streng der Wahrheit gefolgt, die manchem, wie bekannt, nicht gefällt. Hirschfeld las es; er sprach sehr begeistert davon, riet jedoch, es als drittes zu geben, ev. dann mit einem durch das D[eutsche]-T[heater]-Ensemble verstärkten Ensemble.
Ich küsse Dich.
Brief an Helene Weigel vom 21. April 1949"

(HECHT [Hrsg.]: 1978, S. 243)[5]

Bei der Begründung der Tatsache, daß die *Commune* dann auch als drittes Stück der ersten Spielzeit nicht gespielt wird, wird bei Schumacher wie bei Völker auf die gleiche Quelle zurückgegriffen, nämlich einer Eintragung im Arbeitsjournal vom 22.12.1949:

„die tage der commune muß zurückgestellt werden, schon weil die volksbühne, etwa 60 000 mitglieder zählend und die hauptmasse unseres publikums ausmachend, nur etwa 0,3% arbeiter enthält" (AJ II S. 560)[6]

Auf die Frage, warum denn dieses Stück auch weiterhin vom Spielplan genommen bleibt, ja zu Lebzeiten Brechts nicht mehr zur Aufführung gelangt, wird weder von Völker, noch von Schumacher eingegangen. Bei letzterem finden wir nur den folgenden Hinweis:

„In den folgenden Jahren sollte freilich immer stärker die Frage der Eroberung und der Behauptung der Macht durch die Arbeiterklasse in den Vordergrund rücken und die historische Aktualität von *Die Tage der Kommune* erweisen. Brecht sollte jedoch die Uraufführung dieses Stückes nicht mehr erleben. Er konnte nur noch an der Regie-Konzeption für die Uraufführung mitarbeiten, die am 17. November 1956 an den Städtischen Bühnen Karl-Marx-Stadt in der Regie seiner Schüler Benno Besson und Manfred Wekwerth und mit dem Bühnenbild von Neher erfolgte."

(1978 S. 243)

Was also muß dies für ein Stück sein, daß, obwohl für den Wieder-Aufbau eines neuen Deutschland geschrieben, weder im Westen, aber auch nicht im Osten dieses Landes gespielt wird? Welcher Art muß dieses Stück sein, das angeblich jenen politischen Zielen nicht entspricht, die damals ja nicht nur für den Osten von Bedeutung waren: die Errichtung einer „antifaschistisch-demokratischen Grundordnung mit parlamentarischen Charakter"?
Schumacher geht, wie oben schon angedeutet wird, auf das Stück ein, indem er Aussagen von Personen aus diesem zitiert. Aber gelingt ihm, der gleichfalls auf die Darstellung der Fabel verzichtet, eine Antwort auf die von ihm selbst aufgeworfenen Fragestellungen?

„Die Forderungen, den alten Staatsapparat zu zerschlagen und einen neuen Volksstaat zu schaffen [TC S. 69 – W.S.], war von historisch aktueller Bedeutung. Die Frage: *Ihr Staat oder unser Staat* entschied auch in der Situation des Jahres 1949 über die Frage *Unmenschlichkeit oder Menschlichkeit* [TC S. 87 – W.S.], die die bürgerlichen Medien mehr denn je in den ideologischen Kampf warfen. Phrasenhafte Freiheitslosungen des amerikanisch dirigierten 'Kongresses für kulturelle Freiheit' wurden entlarvt durch die Worte, die Varlin den Deputierten der Commune zuruft: *Ihr könnt nur eine Freiheit haben, die, die Unterdrücker zu bekämpfen!*, und durch Rigaults Erkenntnis: *Terror gegen Terror, unter-*

drückt oder werdet unterdrückt, zerschmettert oder werdet zerschmettert [TC S. 87 – W. S.]. Und schließlich gab es im Jahre 1949 wie in den folgenden Jahren zahlreiche *'Philippes'*, die wegliefen, das heißt überliefen zu den Kräften, die die neue *Regierung des nationalen Verrats*, diesmal am Rhein, zu bilden begannen. Gleichgültig, welche Motive sie persönlich haben mochten, waren sie im Grunde die gleichen *Läuse*, als die J[e]an Cabet den Überläufer Philippe bezeichnet, soviel sie auch das Wort 'Bruder' im Munde führten. Und der tiefste Sinn der außerordentlichen Anstrengungen, die die aufbauwilligen Menschen in dem Teil Deutschlands übernahmen, in dem die Banken tatsächlich enteignet wurden und nicht wie in der Pariser Kommune unangetastet blieben, konnte historisch nicht besser gekennzeichnet werden als durch die Deutung des Brechtschen Kommunarden 'Papa': *Denn wofür leistet man etwas? – Dafür, daß man sich etwas leistet!* [TC S. 51 – W.S.] Das kann letztlich nur eine von Ausbeutung freie sozialistische Gesellschaftsordnung garantieren, die für die Pariser Kommune noch Utopie bleiben mußte."

(1978 S. 243)

„ . . . und die in der DDR als dem ersten sozialistischen Staat auf deutschem Boden zur Verwirklichung ansteht" – so ungefähr mag man hier wohl ergänzen sollen. . .
Damit ist sicherlicher der Hervorkehrung einer parteilichen Haltung seitens des Biographen Genüge getan worden. Aber auch mit diesem Versuch, die Bedeutung des Stückes, das er ebensowenig wie Klaus Völker vorgestellt hat, für die DDR zu unterstreichen, werden die bislang schon aufgeworfenen Fragen ja nicht beantwortet oder gegenstandslos. Ihnen nachzugehen erscheint jetzt noch dringlicher als zuvor, denn in diesem Stück, soviel wird zumindest deutlich, geht es um eine Diskussion bedeutender Fragen, von Fragen, deren aktuelle Bedeutung nicht ohne Kenntnis ihrer geschichtlichen Entstehung und Entwicklung wirklich ermessen werden und die andererseits in der historischen Analyse nicht ohne Kenntnis und Stellungnahme zu ihrem gegenwärtigen Wirken behandelt werden können. Und, es geht um ihre *Diskussion*. Brecht, der, wie wir gelesen haben, streng der Wahrheit zu folgen sich bemüht hatte, hat diese nicht als in sich geschlossenes System, sondern als einen Gegenstand der Diskussion verstanden. Das, was das Stück so „controversial" machte, waren also wohl nicht nur die – befürchteten oder erwünschten – 'geteilten Meinungen' als Folge einer Aufführung, sondern sein dialektischer Charakter, so wie er bereits in der Anlage des Dramas selbst entfaltet wird.
Völker hat in seinen Überlegungen versucht, darauf Bezug zu nehmen, als er davon spricht, daß Brecht nicht gewillt gewesen sei, den „Stillstand der Dialektik einfach hinzunehmen". Zugleich verweist er aber auf die Notwendigkeit Brechts, einen „sinnvollen Kompromiß" zwischen seinen Vorschlägen und der „besondere(n) gesellschaftliche(n) Realität" in der DDR zu finden. Vergleichen wir mit Schumachers Äußerungen zu diesem Punkt, so ist interessant, daß jener das Stück so interpretiert, als wäre es 1949 ohne Schwierigkeiten aufgeführt worden bzw. als hätte es damals als ein Stück über den sich anbahnenden Deutsch-Deutschen-Konflikt aufgeführt werden können. Denn für ihn liegt der Hauptwiderspruch in der unterschiedlichen Entwicklung zwischen der westlichen und der östlichen Besatzungszone und nicht innerhalb der einen oder der anderen.
So treffen beide Darstellungen jeweils einen bestimmten Nerv des Stückes, indem sie entweder besonders auf Konflikte innerhalb der Kommune-Darstellung Brechts oder aber besonders auf die bei Brecht geschilderten Gegensätze zwischen dem Rat der Kommune und der „Regierung des nationalen Verrats" eingehen. Dem Wunsch, dem „ganzen Brecht" dabei auf die Spur zu kommen, wird man noch am ehesten gerecht, wenn man die eine *und* die andere Biographie aufeinander bezieht.

Während für die DDR mit der Schumacher-Arbeit zunächst einmal *die* Brecht-Biographie vorgelegt worden ist, zumal darin nicht nur die persönliche Auffassung eines Wissenschaftlers und Biographen zum Ausdruck kommt, wird ja von Seiten Völkers dessen Unabhängigkeit von irgendwelchen „offiziellen Brecht-Philologie(en)" (im Klappentext seines Buches) betont. Wir ergänzen daher hier das Bild von der *Commune* durch zwei weitere Biographien, die im achtzigsten Geburtsjahr Brechts in Westdeutschland erschienen sind.

Die erste Arbeit lautet: „Bertolt Brecht. Der jüngste Fall eines Theaterklassikers" und stammt von Hellmuth KARASEK. Darin wird eine Anmerkung, die *Commune* betreffend, im Zusammenhang mit der Idee von einem vollendeten Gemeinwesen eingebracht, die für Karasek eine fromme Illusion darstellt – und darin glaubt er sich mit Brecht einig zu sein, existiere sie doch auch bei ihm nur als eine „kurz auf die Bühne beschworene Utopie". Neben dem „Kelch" im *Schweyk* ließe sich das historische Moment eines glücklichen Aufatmens nur in dem befreiten Paris der *Commune* vernehmen. Aber selbst da, so scheint Karasek sagen zu wollen, könne man dieser Utopie nicht so recht froh werden – was er dem Autor Brecht als Pluspunkt anzurechnen scheint. Er schreibt:

> „Doch in diesem Stück, das der Autor nicht an allen Ecken und Enden zu parabolischer Anwendbarkeit biegt, endet die Utopie in einer Debatte über die Notwendigkeit von Terror und Gegenterror, wobei auch die Argumente auftauchen, daß man den einmal gerufenen, weil notwendigen Terror nicht mehr loswerde. Man sieht schon hieran: Das Theater wird noch gebraucht werden, und es steht zu befürchten, lange noch."

(1978 S. 145)

Um die Bedeutung dieses Zitates zu verstehen, ist zu ergänzen, daß Karasek die Parabel, bzw. das ihr zugrundeliegende Verfahren – „der Vereinfachung", wie auf dem frankfurter Brecht-Kolloquium gesagt wurde (s.o. KNOPF 1980 S. 5) – schlicht und einfach als „Trick" abtut. Die Wirklichkeit, so sagt er, „wird nicht in ihren Aporien geschildert, ihre Widersprüche werden nicht sichtbar gemacht, sondern der Autor weiß vorher schon, welche Widersprüche er zeigen will, arrangiert also die Wirklichkeit so lange zur Parabel, bis sie paßt" (S. 142) – Die Aussage, daß Brecht in der *Commune* das Stück nicht an allen Ecken und Enden zur diabolisch simplen Anwendbarkeit gebogen (will sagen: verbogen) habe, ist demnach als eine Art anerkennende Äußerung zu verstehen. Er, Brecht, sei hier doch Realist genug geblieben um zu zeigen, wie die Utopie in einer Debatte (ver-)ende.

Die wenigen Zeilen, die Karasek überhaupt für die *Commune* übrig hat, benötigt er dafür, seine eigene Sicht der Dinge als diejenige Brechts auszugeben. Für Karasek scheint die Utopie dort Wirklichkeit zu werden, wo jegliche Form des Widerspruchs aufgehoben ist. Welch Widerspruch zu Brecht! Schon in dessen Tagebuch aus dem Jahre 1920 finden wir die bemerkenswerte Eintragung: „Ich glaube nicht, daß in der Hölle schreckliches passiert. Es wird dort *gar* nichts passieren. Sauve qui peut!" (TB S. 17).

Gehörte es nicht gerade zu Brechts Utopie, daß die Widersprüche nicht mehr unterdrückt würden, sondern zu ihrer freien Entfaltung kämen, auf der Ebene der Produktionsweisen ebenso wie der zwischen den Individuen? War die Kommune nicht für ihn darin ein Teil Wirklichkeit gewordener Utopie?

So, wie Karasek schreibt, wird das Theater noch auf lange Zeit der *ausschließliche* Ort für Utopien bleiben – eine wahrlich pessimistische Haltung, an der für ihn auch die Erfahrung der Kommune nichts ändert: wird doch schließlich auch sie zusammengeschossen. Was er vergessen hat, oder vielleicht bei solcher Haltung auch gar nicht erkennen konnte: er hatte hier nicht Nordahl Griegs Kommune-Stück *Die Niederlage* zu kommentieren, sondern Brechts Gegenentwurf dazu.

Darin ist die Kommune weder die Hölle, über die die aus Paris geflüchtete Regierung von Versailles Furcht und Schrecken verbreiten ließ, noch der Himmel auf Erden, so wie ihn sich gerne ein Karasek ausmalen würde. Brechts Analyse und ihre Ver-dichtung im Drama verschweigt weder den Tod, noch die Widersprüche und Fehler der Kommunarden. Aber es gibt keinen stärkeren Beweis für die Wirklichkeit gewordene Utopie, als die Bereitschaft der Pariser, für die Verteidigung und Fortführung des von ihnen eingeschlagenen Weges mit ihrem Leben einzustehen. So will Brecht auch auf jede dramatische Überhöhung ihres Todes verzichten. Er braucht da nichts noch auszumalen, wie etwa Grieg, der das Sterben der Kommunarden von den Klängen aus Beethovens 9. Symphonie begleiten und zugleich heroisieren läßt.[7]
Nicht Beethoven, sondern nur der Zuschauer selbst kann Garant einer Zukunft sein, die an der der Kommune anknüpft. Nicht ihr Ende ist Anknüpfungspunkt für das Publikum, sondern die Entwicklung, die sie bis dahin genommen hat. Der Tod der Kommunarden heißt nicht, daß ihre Diskussionen sie töteten. „GENEVIEVE: Wir sind uneinig. Da ist schlecht. / LANGEVIN *lächelnd*: Nein, das ist gut, das ist Bewegung. Vorausgesetzt, es ist die richtige Richtung." (TC S. 37) - Ihre Entscheidungen, weder die Bank von Frankreich noch den Sitz der Gegenregierung in Versailles zu besetzen, waren es.

Die zweite 1978 (nach den USA auch) in Westdeutschland aufgelegte Arbeit stammt von Claude HILL. An ihrer Biographie „Bertolt Brecht" läßt sich der gegenwärtige Stand des Allgemeinwissens, Brecht und die *Commune* betreffend, vielleicht am treffendsten charakterisieren.
In ihrer Arbeit wird noch deutlicher als in den vorangestellten, wie unsicher und wenig umfassend die Forschungslage ist. Da heißt es etwa: „In der Abwesenheit genauer Informationen über die Entstehung der *Tage der Commune* müssen wir annehmen. . ., daß Brechts Absicht didaktisch war" (S. 83); oder, nachdem sie auf die Steffinsche Übersetzung von Griegs *Die Niederlage* und deren Veröffentlichung in der von Brecht mitredigierten Zeitschrift *Das Wort* in Moskau hingewiesen hat, fährt sie fort: „Wir wissen nicht, was ihn [Brecht] mehr als zehn Jahre später veranlaßte, ein 'Gegenstück' zu schreiben" (S. 81). Und es muß ihr auf dem Hintergrund der desolaten Situation schon zugute gehalten werden, daß sie ihre Vermutungen auch als solche deutlich macht:

> „Wäre es möglich, daß der lebenslängliche Schulmeister, der die deutsche Revolution 1918 hatte scheitern sehen und die Pervertierung der russischen Revolution, an die seine Pelagea Wlassowa einst glaubte, hatte feststellen müssen, das Verlangen verspürte, seinen Landsleuten ein wahrhaft objektives Stück zu liefern, das sie die marxistische Weisheit lehren sollte?" (S. 82)[8]

Hill macht auch gleich eingangs darauf aufmerksam, warum hier Spekulationen an Stelle von Erforschtem zu stehen haben. Wer nicht wie sie selbst davon ausgehe, daß „der Künstler Brecht ein Lehrer des Marxismus bis zum Tode" geblieben sei, habe von daher bislang nicht viel zu Brechts letztem Stück[9] sagen können.
Was hat uns nun Claude Hill zu dem Stück selbst zu sagen? Zunächst einmal benennt sie neben der literarischen eine weitere Vorlage, die für die Entstehung des Stücks Bedeutung gehabt haben muß, den „Bürgerkrieg in Frankreich" von Karl Marx. Darin und damit, so Hill, habe Marx „absichtlich einen 'Commune Mythos'" geschaffen, „der als Modell für seine politische Theorie dienen sollte", als Modell, das später wiederum Lenin und Stalin als geschichtliches Beispiel gedient habe „um erhöhte Machtbefugnisse für den Staat zu fordern." So würde „der Aufstand der Commune zum klassischen Fall, um die Mechanik der Revolution mit besonderer Berücksichtigung des Problems der Macht zu studieren" und es sei von daher „nahezu unvermeidlich" gewesen, daß Brecht sich entschlossen habe, diesen so von Marx aufbereiteten Stoff zu dramatisieren. Sei Brecht doch „ein Bühnenschriftsteller, der sich einerseits als gläubigen Marxisten

betrachtete" und der „andererseits tief beunruhigt durch das Dilemma der sanktionierten Gewalt war" (ebd.).

Noch bevor Hill aber zum Stück selbst Stellung bezieht, weist sie darauf hin, daß für sie vom „Standpunkt historischer Tatsächlichkeit betrachtet . . . der Aufstand des Volkes von Paris das Ergebnis ungewöhnlicher Umstände. . .und die Mehrheit der Commune. . .nicht durch sozialistische Doktrin motiviert" worden sei. Es ist demnach also nicht Brecht selbst, der hier eigentlich für sie zu kritisieren wäre; sein Bemühen, streng der Wahrheit zu folgen, wird von ihr durch einen Verweis auf den „marxistische(n) Germanisten Hans Kaufmann" noch 'belegt', denn: dieser „behauptet" in dem Stück „fünfzig direkte Zitate aus primären und anderen Quellen im Text gefunden" zu haben (S. 82). Und später will sie sogar einräumen, daß Brecht mit der *Commune* „das objektiv dargestellte Schicksal der einzigen Diktatur des Proletariats in der Geschichte" vorgeführt habe (S. 83). Erfahren tun wir aber über diese „Geschichte" nur wenig. Nur, daß bei Marx „mehr oder weniger bewußte Tendenzen der Commune als bewußte Pläne dargestellt" worden seien – das habe Engels später auch zugegeben (S. 81) - und daß daher an diesem Punkt der Kritik anzusetzen habe (auch wenn diese dann nur indirekt eine Erwähnung findet). So wird es erklärlich, wieso Hill das Stück selbst nur auf dem Hintergrund von Hauptmanns *Die Weber* erwähnt. Es sei „fast so wenig ein Revolutionsdrama" wie das von Hauptmann, die *Commune* scheitere wie der Weberaufstand gescheitert sei, Hauptmann wie Brecht hätten sich um eigene mühsame Forschungen bemüht und, schließlich, seien sie beide darauf gekommen, auf einen individuellen Helden zu verzichten. Es sei Brecht aber nicht gelungen, „weder die dreidimensionale Tiefe der Charakterisierung[10] noch die Dichte atmosphärischer Schilderungskraft" Hauptmanns zu erreichen. Also, nochmals auf den Punkt gebracht, so ist für Hill Brecht als „gläubiger Marxist" zu akzeptieren, auch wenn die Biographin diesen Glauben nicht teilen kann. (Man darf sich allerdings dann nicht darüber wundern, daß Brechts Werk über den Aufstand in Paris als dem Hauptmanns über den Aufstand in Schlesien unterlegen gewertet wird).

Mag sein, daß Hill selbst trotz dieses Urteils Brecht noch einen Rettungsring zuwerfen wollte, indem sie darauf verweist, daß er möglicherweise sein Stück noch verbessert haben würde, hätte er nur lange genug gelebt. . . Nun ist es sicher richtig darauf hinzuweisen, daß Brecht bei diesem Werk keine Gelegenheit mehr gefunden hatte, es während der Proben, ja, selbst nach der Aufführung noch weiter zu entwickeln, wie es in anderen Fällen häufig geschehen ist.[11] Aber an dieser Stelle scheint der Hinweis eher Verlegenheit auszudrücken, als das Bemühen, einer Chronistenpflicht nachzukommen; hatte sie doch selbst eingangs erklärt, die *Commune* sei „das letzte dramatische Werk, das er beendete." (S. 80).[12]

Aber wie hatte es doch in dem Brief an Helene Weigel geheißen? „Das *Kommune*-Stück ist in Ordnung, ich habe noch daran herumgefeilt und es darum noch nicht abgeschickt" (BB Brief Nr. 591 S. 599).

Claude Hill hatte mit ihrem Verweis auf Hauptmann offensichtlich auf die beiden einzigen bisher – in der DDR – erschienenen Untersuchungen zur *Commune* von Hans Kaufmann („Bertolt Brecht. Geschichtsdrama und Parabelstück".) und Günter Hartung („Brechts Stück: *Die Tage der Commune*") Bezug genommen. Beide Arbeiten gehen kurz auf die Bedeutung der *Weber* für Brecht ein (HARTUNG 1972 S. 136; KAUFMANN 1962 S. 74f.). Auch Knopf hält die Anknüpfung an Hauptmann zwar für naheliegend, aber „bisher nicht einleuchtend dargestellt", denn: „Hauptmanns Versuch, möglichst naturalistisch zur Darstellung von Wirklichkeit zu kommen, war für Brecht stets negativer Bezugspunkt, zumal die auf die Bühne gebrachten Massen keine neue Qualität, sondern lediglich eine Quantität darstellten, deren mögliche neue Bedeutung durch einen individualistischen Schluß wieder zunichte gemacht wurde." (KNOPF, 1980 S. 282) Damit weist Knopf den Massendarstellungen bei Hauptmann gerade jenen Platz an, den ihr Kaufmann in seiner Arbeit für die Büchnersche Konzeption zuwies. Leider wird aber dessen Hinweis auf Büchners *Dantons Tod* von Hill nicht aufgenommen. Und so ergänzen wir die hier bisher vorgelegten Biographien abschließend durch Ilja FRADKINs Brecht Monographie „Bertolt Brecht. Weg und Methode.", die, 1965 erstmals in Moskau veröffentlicht, im Jahre 1974 in deutscher Übersetzung und überarbeiteter Fassung auch in deutscher Sprache erschien.

Fradkin spricht von der *Commune* als einem „der letzten Werke" Brechts, macht aber in seinen wenigen Seiten umfassenden Ausführungen von vornherein klar, daß über dessen Entstehung und ihre Datierung noch Unklarheiten bestehen. Er verweist allerdings ausdrücklich auf einen Brief des (Mit-)Herausgebers der Exilzeitschrift *Das Wort*, woraus ersichtlich wird, daß Brecht ihm eine von Margarete Steffin übersetzte und von ihm bereits leicht überarbeitete Übersetzung übergeben habe. - Die „Weisheit des Stückes" findet sich in den „an die einfachen Bürger von Paris gerichteten Worten" des „Helden" Langevin. Sie lautet: „Erwartet nicht mehr von der Kommune als von euch selber" (TC S. 64) und sie sei „für das Deutschland der Jahre 1948/49 von besonders aktueller und erzieherischer Bedeutung" gewesen. (FRADKIN 1974 S. 288ff.)

Fradkin spricht von der *Commune* als einer Chronik von Ereignissen aus der Geschichte der Pariser Kommune, betont jedoch die Verknüpfung dieser mit einer zweiten Chronik, nämlich der von den Ereignissen aus dem Privatleben der Familie Cabet. Der „tragische Konflikt des Stückes" ergebe sich aus dieser Verflochtenheit von Persönlichem und Historischem. Und über diesen Interpretationsbogen kommt er abschließend auf Büchner zu sprechen. „Brechts Drama, eine historische Chronik, deren Handlung sich im wesentlichen auf den Straßen und Plätzen von Paris und im Sitzungssaal der Kommune abspielt, erinnert vom Thema, von den genremäßigen und kompositorischen Besonderheiten her an *Dantons Tod* von Büchner. Überhaupt hat Brecht – in einer Reihe von Werken und besonders in den *Tagen der Commune* – Büchner sehr viel zu verdanken."

Für diesen – auch bei Knopf bestätigten (KNOPF 1980 S. 282) – Einfluß Büchners auf Brecht hier als Beleg noch einen weiteren Auszug aus einem Brief, den Brecht während seines Schweizer Aufenthalts zur Zeit der Fertigstellung der *Kommune* kurz vor seiner Rückkehr nach Berlin an Helene Weigel schrieb. Darin heißt es u.a.: „Danton verrät die Revolution tatsächlich, da er mit der Aristokratie verkehrt, sie beschützt, bewundert, sich von ihr bewundern läßt, überhaupt ein Star wird usw. Ist so schuld an dem nötigen Terror (nötig gegen ihn), einem Terror, der dann auch Robespierre verschlingt." (In: VÖLKER 1971 S. 131, Brief vom 6.3.1949). - Brecht erwog, neben der *Niederlage* von Grieg bzw. der *Kommune*, seinem Gegenentwurf dazu, auch eine Aufführung von *Dantons Tod*. Wilfried Seyferth sollte den Robespierre spielen – und Wolfgang Langhoff (?) den Danton.

Versuchen wir jetzt nochmals, uns einen zusammenfassenden Überblick über den gegenwärtigen Stand der Erkenntnisse zu verschaffen. Wir wenden uns dafür einigen weiteren Arbeiten zu, aus denen wir – der Chronologie der Ereignisse wie auch der Entstehungsgeschichte des Stückes folgend – exemplarische Auszüge wiedergeben.

Für die Zeit der Emigration – auf mögliche Zusammenhänge zwischen dem Thema der *Commune* und den Ereignissen in der Weimarer Republik wird in keiner einzigen Arbeit eingegangen – sagt Martin ESSLIN:

„Auch in der Emigration hatte Brecht nicht die Gabe verloren, einen Kreis um sich zu versammeln. .... Margarethe Steffin übersetzte außerdem das Stück *Die Niederlage* des norwegischen Dichters Nordahl Grieg, der Brecht in Dänemark besucht hatte, ins Deutsche. Die Übersetzung erschien in *Das Wort*. Griegs Stück behandelt das Thema der Pariser Kommune von 1871. Brecht beantwortete die ihm etwas zu pessimistisch und defaitistisch erscheinende Interpretation der Vorgänge durch Grieg in seinem eigenen Stück *Die Tage der Commune*."

(1970 S. 102)

Diese Feststellung ist deshalb bereits von Bedeutung, da auch angenommen worden ist, daß Brecht *Die Niederlage* erst nach seinem Eintreffen in Zürich zur Kenntnis genommen habe. Dies mag darauf zurückzuführen sein, daß es 1947 zu einer Herausgabe der Steffinschen Übersetzung (,,Autorisierte Übertragung aus dem Norwegischen von Margarete Steffin. Mit einem Vorwort von Odd Eidem.") im Verlag Bruno H. Henschel in Berlin-Charlottenburg kam.
Daß es sich dabei nach Auskunft Frederic EWENS um einen ,,ostdeutschen Verlag" handele, ist nur eine der vielen Ungenauigkeiten, aber sie ist typisch gerade für die Darstellungen im Zusammenhang mit der *Commune*. Und so faßt denn die folgende Passage die gegenwärtigen Erkenntnisse wie deren Grenzen exemplarisch so zusammen:

,,Weder Grieg noch seine Übersetzerin Margarete Steffin sollten lange genug leben, Hitlers Ende zu sehen. 1947 gab ein ostdeutscher Verlag die Steffinsche Übersetzung heraus, und vielleicht war es dieses Ereignis, das Brechts erneutes Interesse an der Pariser Kommune veranlaßte. Bibliotheken in Zürich stellten zusätzliches historisches Material zur Verfügung, und Brecht arbeitete zwischen 1948 und 1949 an seiner eigenen Fassung. Mit Recht betrachtete Brecht sein eigenes Stück weniger als eine Bearbeitung, sondern vielmehr als eine 'Gegenerklärung' zu Griegs Stück."

(1973 S. 411)

Es bleibt in der Summe der Darstellung widersprüchlich, ob Brecht die Arbeiten zur *Commune* bereits unmittelbar nach seiner Rückkehr in die Schweiz begann, oder erst, nachdem für ihn eine Rückkehr nach Berlin feststand und eine erste Reise dorthin erfolgt war, während man hingegen ohne Schwierigkeiten erfahren kann, daß Brechts Zimmer einen Blick auf den See und die Berge gehabt habe. Eine exemplarische Zusammenfassung der Zeit des Exils in der Schweiz lautet so:

,,In der Schweiz mietete Brecht ein kleines Haus am Züriberg, von dessen Terrasse man weit über den Züricher See blicken konnte. . . .
Brecht durchforschte die Schweizer Archive nach Dokumenten über den Pariser Aufstand der Commune, über den er noch im gleichen Jahr [demnach 1948 – W.S.] das Stück *Die Tage der Commune* schrieb, und schloß die Zusammenfassung seiner Theatertheorie ab, die er unter dem bescheidenen Titel *Kleines Organon für das Theater* veröffentlichte."

(KESTING 1970 S. 118)

Auf die Frage nach der Entstehungsgeschichte des Stückes wird aber nicht nur deshalb Wert gelegt, weil dazu zumindest in Ansätzen Materialien aufgearbeitet worden sind. Wichtig ist diese Frage auch im Zusammenhang mit der Wertung, die dem Stück selbst beigemessen wird. Wollen wir auch hier über das gegenwärtige *Commune*-Bild Auskunft geben, so darf die 'Gegendarstellung' zu einer These wie der Schumachers, dieses Stück sei eine ,,Morgengabe" an die junge DDR gewesen, nicht fehlen; hier aus der Sicht Kurt FASSMANNs (,,Brecht. Eine Bildbiographie").

„In welches Deutschland würde er gehen? Der eiserne Vorhang hatte sich herabgesenkt, es hieß, sich zu entscheiden.
Brecht wartete. Er wartete geduldig auf eine Einreiseerlaubnis des Alliierten Kontrollrats, die er nie bekam. In der Zwischenzeit, das Jahr 1948 war gekommen, schrieb er, angeregt durch Nordahl Griegs Schauspiel *Die Niederlage* und nach den Unterlagen einer historischen Chronik, sein Stück *Die Tage der Kommune*, das die Entstehung und die Niederlage der Arbeiterdiktatur im belagerten Paris von 1871 schildert. Es ist nicht endgültig redigiert, wohl deshalb, weil es nie zu seinen Lebzeiten gespielt wurde.
Brecht ist in diesem Stück wieder merkwürdig doktrinär. Aber man weiß nicht recht, worauf die Doktrin hinauswill, ob die Schreckensherrschaft verherrlicht werden soll oder nicht; ein unabhängiger Regisseur könnte es nach beiden Richtungen hin inszenieren. Als es im Dezember 1956 in Chemnitz uraufgeführt wurde, konnte es im Osten Deutschlands keine unabhängige Regie geben. In Budapest rauchten noch die Trümmer — das Stück wurde zur Verherrlichung des Terrors auf die Bühne gebracht.
Dieses Drama *Die Tage der Kommune* nimmt die Wahl Brechts vorweg, was seine Heimkehr nach Deutschland betrifft. Er hatte beobachtet, vorgefühlt, die Hand ausgestreckt, auch nach Westdeutschland. Brecht war ein kluger Rechner. Er hätte, das darf man annehmen, lieber einen Wohnsitz im Westen als unter den Fittichen eines argwöhnischen Zentralkomitees gehabt, wie er 1941 die USA der Sowjetunion vorzog. Aber nur der Osten machte ein Angebot — ein Angebot, das der Theatermann Brecht nicht ausschlagen konnte: man bot ihm eine Bühne mit nahezu unbefristeten Subventionen, mit uneingeschränkten Spielmöglichkeiten."

(1958 S. 100)[13]

Vergleichen wir nochmals die bisher angeführten Gesamtdarstellungen miteinander, so fällt auf, daß die Stellungnahme der Biographen zu Brechts Entschluß, in die SBZ und spätere DDR zu gehen, einer bestimmten Art der *Commune*-Interpretation zugeordnet werden kann, daß es da einen Zusammenhang gibt.
Ernst Schumacher etwa, für den es an der Eindeutigkeit dieser Entscheidung Brechts auch nicht den leisesten Zweifel gibt, wertet die inhaltliche Aussage des Stückes in Übereinstimmung mit der Linie der SED aus. So kann es für ihn auch nur konsequent gewesen sein, daß dann die *Commune* 1962 (erneut) auf den Spielplan des Berliner Ensembles gesetzt wird, als nämlich durch „die Aufstellung der Bundeswehr die Bedrohung des ersten deutschen Staates der Arbeiter und Bauern entschieden vergrößert wurde" und vor allem, nachdem am 13. August 1961, „die Staatsgrenze der DDR gegenüber der Bundesrepublik und Westberlin unter volle Kontrolle genommen wurde" (SCHUMACHER 1978 S. 244). Spätestens damit aber wird der von Völker betonte Anspruch Brechts, für das ganze Deutschland da sein zu können, brüchig. Völker hat gezeigt, daß diese Brüchigkeit bereits von vornherein in der Situation nach '45 angelegt war. Er zitiert Brecht, der sich dagegen ausspricht, daß die Literatur sich in den Ostteil zurückziehe, um dort eine von den Russen militärisch und polizeilich verteidigte Musterprovinz aufzubauen. (VÖLKER 1976 S. 366)
Damit will er wohl nicht antikommunistische Agitation betreiben, sondern auf den Wunsch Brechts nach einem vereinten Deutschland hinweisen — und zwar einem nicht durch Waffen vereinten Deutschland. (Was hier vor allem deshalb nochmals betont werden soll, da ja gerade die *Commune* in den Augen vieler als ein Beweis für die maßlose Militanz des Stückeschreibers galt — und immer noch gilt). Völker zitiert auch folgendes von Brecht:

„Wenn Deutschland einmal vereint sein wird — jeder weiß, das wird kommen, niemand weiß, wann — wird es nicht sein durch Krieg."

(VÖLKER 1976 S. 371)

Und er fügt ohne Vorbehalt an, daß dieses Bemühen Brechts vereinbar sei mit dessen Entscheidung, in jenem Teil Deutschlands zu leben, „in dem der Kampf um eine neue, bessere Lebensweise begonnen und fortgeführt wurde"; das sei, so Völker, „nicht ungewöhnlich, sondern naheliegend." (ebd.).

Ist es wohl dieser von vorn herein angelegte Widerspruch, der allzuleicht auseinandergerissen wird, um damit Brecht als den Helden, den Opportunisten oder als den Querulanten herauszustellen?

Ein Beispiel dafür gibt bereits die von Fassmann zitierte Passage. Auch für ihn scheint es 'erklärlich', warum Brecht sich für die SBZ und spätere DDR entschieden hat. Aber, wie anders als etwa Völker, entwickelt er diese 'Erklärung'! Anders als dieser geht er nämlich zunächst einmal davon aus, daß Brecht ja eigentlich viel lieber in den Westen gegangen wäre. Letztendlich habe aber gegenüber solch politisch und persönlich bestimmten Momenten der 'Theatermacher in Brecht', der 'kluge Rechner Brecht' gesiegt.

Um in der Logik Fassmanns zu bleiben, hätte Brecht also auch nach seinem Exil in Skandinavien einen Aufenthalt in der Sowjetunion gegenüber den Vereinigten Staaten bevorzugt, wenn es dort ein eigenes Theater für ihn gegeben hätte?

Aufgrund der von ihm gesetzten Annahmen wie der, daß Brecht eigentlich lieber in den Westen gewollt hätte, ist es ihm von vornherein unmöglich, noch radikalere und wirklich aufklärende Fragen an das Stück und seinen Autor zu richten. Er ergeht sich statt dessen in Vermutungen. Sein Bemühen, aufgrund der von ihm gesetzten Voraussetzungen, eine klare deutliche Sprache zu sprechen (etwa: Brecht ist doktrinär), wird überdeckt von Beobachtungen, die nicht in Fragen umgemünzt werden (etwa: warum vermittelt dieses Stück einen „merkwürdigen" Eindruck?).

Vertritt der Brecht-Forscher und -Interpret weder eine eindeutig ausgewiesene Parteilichkeit im 'östlichen' noch im 'westlichen' Sinn und macht er sich darüberhinaus über die Widersprüchlichkeit der wenigen und unübersichtlichen Materialien seine Gedanken, dann führt das zwar — bestenfalls — weg von jenen heroisierenden oder verteufelnden Darstellungen; es führt aber nicht direkt dazu, daß nun die Brüche als sich gegenseitig belebende und ergänzende Momente einer Interpretation der *Commune* erfahren werden. Anstelle neuer Fragen, die aus solchem dialektischen Vorgehen gewonnen werden könnten, werden wir stattdessen konfrontiert mit einer Vielzahl von Vermutungen.

Die bereits zuvor mitgeteilte Beobachtung, daß das Stück offensichtlich sehr deutlichen Diskussionscharakter trägt und in dieser Diskussion auch gegensätzliche Standpunkte mit aller ihr jeweils zustehenden Deutlichkeit und historischen Tragweite zur Sprache bringt, führt bei Fassmann dazu, von einem Stück zu sprechen, das man „nach beiden Richtungen hin inszenieren" könne. Frage: wenn das stimmt, was hier behauptet wird, warum ist es dann nicht inzwischen öfters als dreimal in der BRD inszeniert worden? Ist es wirklich das Stück, was so ambivalent ist, oder ist es die Haltung des Biographen; eines Autors, der einerseits als Stadthalter der 'Position des Westens' auftritt und dann wiederum 'Positionen des Ostens' bezieht, die selbst bei Darstellungen von Schumacher oder Hecht so direkt nicht vertreten wurden.

Soviel ist sicher: weder im Westen noch im Osten Deutschlands ist die *Commune* als Mittel geeignet, um mit der anderen Seite 'abzurechnen'. Das Kommune-Stück spricht — wie die Analyse des Bauplans zeigen wird — von den „Mühen der Gebirge" *und* den „Mühen der Ebene" (GW X S. 960). Das heißt nicht, daß sich das Stück in beide Richtungen hin inszenieren lassen kann, wohl aber, daß es in beiden Teilen Deutschlands von Bedeutung ist. Der Verweis auf die Schwierigkeiten, die die jeweils andere Seite mit dem Stück hat, spricht nicht gegen, sondern für die *Commune*. Dieses Drama stellt die Alte Zeit in Frage und stellt Fragen an die Neue. Das demonstrative Desinteresse der westlichen Forschung beweist und die Zurückhaltung im Osten unterstreicht dies[14]. Umso wichtiger ist es, zunächst auf jene wenigen Arbeiten einzugehen, die sich zumindest um Teilantworten im Rahmen ihrer eigenen gesellschaftlichen Verhältnisse und Perspektiven bemühen.

DER PHILOSOPH: *Eure Zuschauer erleben sehr komplexe, vielfältige, reiche Vorfälle, die man denen der Hunde des Pawlow vergleichen kann: Fütterungen unter Glockengeläute. Es könnte sein, daß die erstrebten Reaktionen dann bei Vorfällen im Leben eintreten, welche nur bestimmte Elemente der bei euch erlebten erhalten, vielleicht die begleitenden Elemente. Ihr hättet sie dann krank gemacht, wie Pawlow seine Hunde. Aber dies gilt natürlich auch im Leben selber. Auch die echten Vorfälle erlebend, unterliegen die Menschen solchen Irreführungen: Sie lernen Falsches.*

DIE SCHAUSPIELERIN: *Unser Star bittet um ein Beispiel .*

DER PHILOSOPH: *Viele Kleinbürger reagieren auf Revolutionen so, als würden dabei nur ihre Ladenfenster zerschlagen.*

DER DRAMATURG: *Daran ist etwas. Ich erinner mich, daß wir einmal ein Stück über die Kommune aufführten. Es wurde ein Volksauflauf dargestellt. Zuerst zeigten wir realistisch, wie dabei eine Butike zerstört wurde. Dann unterließen wir das, da wir die Kommune nicht als Feindin der kleinen Geschäftsleute zeigen wollten. Der Volksauflauf wurde so sehr unrealistisch.*

DER SCHAUSPIELER: *Schlecht gewähltes Beispiel! Es hätte vollständig genügt, wenn man den Butiker als an diesem „Begleitumstand" uninteressiert gezeigt hätte.*

DER DRAMATURG: *Unsinn. Kein Butiker hätte sich in ihn da eingefühlt.*

DER PHILOSOPH: *Das fürchte ich auch. Nein, solche realistischen Züge müßt ihr streichen.*

Bertolt Brecht

3 Über die bisherigen *Commune*-Untersuchungen

Das „Brecht Handbuch" (BRD 1980): „Daten" und „Analyse" (62); „Deutungen" von „Geschichtsdrama und Parabelstück" (DDR 1962) und „Brechts Stück *Die Tage der Commune*" (DDR 1971) (64) = Die Entstehung des Kommune-Stücks im Überblick und im Beispiel (67) = Hans Kaufmann und Günter Hartung: Widerspruch und Übereinstimmung (71).

Wer sich im Rahmen einer Brecht-Darstellung einen umfassenderen Überblick über *Die Tage der Commune* verschaffen will, dem sei noch am ehesten der erste Band des bereits erwähnten *Brecht-Handbuch*s von Jan Knopf empfohlen. Darin wird der Versuch gemacht, den einzelnen Stück-Analysen und ihren Deutungen ausreichenden Raum zu bieten und durch die Trennung von Analyse und Deutungen jedem Stück die ihm gemäße Würdigung zukommen zu lassen. Anstatt die Darstellungen der Bühnenwerke sofort in das Handgemenge zwischen Richtungen und Interpreten einzubringen, wird zunächst versucht Hintergründe, Vorlagen und Strukturen schärfer herauszuarbeiten. Dazu sollen, so Knopf, objektiv historische Erkenntnisse, die aus dem Wissen und den Möglichkeiten unserer Zeit rekonstruierbare und subjektive Urteile, die der eigenen Zeit verhaftet sind, voneinander geschieden werden (KNOPF 1980 S. 7f.).

Die bei Knopf zusammengetragenen Daten lassen bereits deutlich werden, daß es notwendig sein wird, die Entstehungsgeschichte des Stückes mit einem doppelten Schwerpunkt zu versehen.

Der eine ist der allgemein angenommene aus der Zeit des schweizer Exils. Hierbei wiederum liegt das Schwergewicht auf der Zeit nach der Rückkehr Brechts von seinem ersten Aufenthalt in Berlin, also auf dem März und April 1949. Es ist von dem Abschluß einer ersten, vorläufigen Fassung am 21.4.1949 die Rede. Zugleich wird aber darauf hingewiesen, daß Brecht selbst — zur Einführung der *Commune* als seinen 29. Versuch — die Entstehungszeit auf die Jahre 1948 und 1949 ausgedehnt hat.

An diesem Punkt bleibt auch Knopf auf Vermutungen angewiesen. Der einzige Anhaltspunkt, der ihm bleibt, ist die bereits erwähnte erneute Veröffentlichung der Steffinschen Übersetzung der *Niederlage*, 1947 im berliner Verlag Bruno Henschel und Sohn.

Der zweite Schwerpunkt liegt in der Zeit des dänischen Exils. Es wird vor allem markiert durch die Zeit des spanischen Bürgerkrieges und die Niederlage der Republik. In dem Bündnis der besitzenden spanischen Schichten mit den deutschen Faschisten ließen sich Parallelen, zumindest aber vergleichbare Erfahrungen zur Pariser Kommune von 1871 und deren Niederlage herstellen. Dies geschah zunächst in dem Stück *Die Niederlage* von Nordahl Grieg.[1]

Leider geht Jan Knopf auf diesen zweiten Schwerpunkt nicht weiter ein, das ist umso bedauerlicher, als er sich um eine ausführlichere Gegenüberstellung von *Commune* und *Nederlaget* bemüht. Es findet sich lediglich der Hinweis, daß Grieg im sich ausbreitenden Faschismus in Europa eine „historische(n) Entmachtung der Masse" beobachtet habe und daß er darauf mit der Darstellung der Regierung Thiers „(Vorbild wahrscheinlich Hitler)" habe reagieren wollen (Knopf 1980 S. 284). Wir werden dies vor allem im dritten Teil dieser Untersuchung nachholen.

Auf den ersten Schwerpunkt dagegen kommt Knopf ausführlicher zu sprechen, indem er in einem eigenen Abschnitt auf die aktuellen Bezüge des Kommune-Stücks zur Lage im Nachkriegsdeutschland verweist. Die *Commune* stelle den Versuch dar, „die aktuelle Notwendigkeit einer 'Diktatur des Proletariats' in Deutschland, wenigstens in der Ostzone, am historischen Beispiel zu erweisen." Sie sei in ihrer ideologischen Tendenz radikal gegen die bürgerlichen Werte, „voran aber gegen die bürgerliche (persönliche) Freiheit gerichtet." Brecht habe also, zumindest „bevor es die beiden deutschen Staaten gab, einen 'stalinistischen' Kurs" vertreten. - Auf die Frage, warum gerade in diesem Zusammenhang das Stück dann zu Lebzeiten Brecht keine weitere Bedeutung findet, geht Jan Knopf nicht ein. Er schließt vielmehr seinen Abschnitt, indem er auf die „Neuinszenierung des Stücks zum Mauerbau von 1961 durch das Berliner Ensemble" verweist, denn diese „ließ es in eben der genannten radikalen Weise verwendbar erscheinen." (Knopf 1980 S. 282)

Was die Aufführungen betrifft, so verweist Knopf auf die uns bereits bekannte Eintragung Brechts in sein Arbeitsjournal vom 22.12.1949 und auf die Auffassung Völkers, Brecht habe hier das Zerschlagen einer Ordnung verlangt, die es aber gerade damals aufzubauen gegolten hätte. Von den bisherigen (7) Inszenierungen in der DDR werden allerdings nur die ersten beiden erwähnt, nämlich die Uraufführung in Karl-Marx-Stadt (dem früheren Chemnitz) unter der Regie von Benno Besson und Manfred Wekwerth vom 17.11.1956 und die Premiere des Berliner

Ensembles vom 7.10.1961. Nicht nur, daß die bisherigen drei westdeutschen Inszenierungen nicht nur nicht erwähnt werden: Knopf behauptet: „Von einer Aufführung durch ein Theater im Westen ist nichts bekannt" (S. 292); womit – für ihn – das Kapitel zur *Commune* abgeschlossen ist.

Da das *Handbuch* die Analyse eines Stückes als die „historisch objektivierbare Erkenntnis seines Gegenstandes" versteht, und dabei betont, daß diese „über die bloßen Daten hinaus" geht, soll sie hier ebenfalls vorgestellt werden.

Knopf richtet diese Analyse auf vier Punkte[2] aus:

1. Auf die – später im Zusammenhang mit dem Bürgerkrieg in Spanien erneut anzusprechende – Verbindung zweier Bourgeoisien verschiedener Nationen. Hier sei am historischen Beispiel der Pariser Kommune festgehalten worden, „daß die Klassengegensätze innerhalb einer Nation stets stärker sind als die Gegensätze zwischen verschiedenen Nationen" (S. 286).

2. Auf das „innere Scheitern der Commune", ihre „internen Fehler" (ebd.). Nachdem sich die Commune durch (Androhung von) Gewaltmaßnahmen, überwiegend aber durch „Fraternisieren", etabliert habe, habe man geglaubt, ihre Macht bereits auf demokratischem Wege konsolidieren zu können. Brechts Stück würde in seinem Verlauf zeigen, daß die Kommunarden als der fortschrittlichste Teil des Volkes zwar „über das entsprechende Bewußtsein verfügten", es ihnen aber an der Radikalität gemangelt habe, „die Commune dem Volk allgemein aufzuzwingen und mit terroristischer Gewalt gegen die Bourgeoisie zu verteidigen." (ebd.) – Dabei macht Knopf darauf aufmerksam, daß Brecht das Personal sozial differenziert dargestellt und sich keineswegs auf eine bloße Auseinandersetzung zwischen Bourgeoisie und Proletariat beschränkt habe.

3. Auf den „'positive'(n) Entwurf eines neuen gesellschaftlichen ('sozialistischen') Zusammenlebens" (S. 287). Er erklärt – im offensichtlichen Widerspruch zur Interpretation vor allem des Berliner Ensembles 1961 – daß dabei *nicht* die Geschichte der Familie Cabet vorgeführt werde: Die neuen Bedingungen würden nicht mehr über „persönliche Angehörigkeit", sondern über die gemeinsame Arbeit, „durch Produktivität allgemein", positiv bestimmt; Arbeit und Genuß erscheinen ebensowenig noch länger getrennt, wie die Geschlechter voneinander (und die Kinder von den Erwachsenen). Diese neue Haltung setze anstelle des Gegeneinander das „miteinander arbeiten und genießen". Im Kampf wie in der Liebe seien die bürgerlichen Rollenverteilungen „teilweise beseitigt" worden und der Sexualität wird der bürgerliche Begriff des Unanständigen genommen, „*obszön ist nicht die Liebe, sondern das legalisierte Morden.*" – Allerdings sind die politische Freiheit (Aufhebung der Trennung von Arbeit und Genuß) und die persönliche Freiheit (im Zusammenleben der Geschlechter) parallel zueinander zu sehen und erst teilweise zu realisieren, in der Politik (der Delegierte Langevin trinkt auf „die teilweise" Freiheit - TC S. 52) wie in der Liebe (die Näherin Babette Cherron, sie verprügelt ihre Freundin, die Lehrerin Geneviève Guéricault, die mit ihrem Freund „Backe an Backe" tanzt, nachdem sie zuvor ausgerufen hatte: „Es lebe die Teilung! Wir haben alles, teilen wir!" – TC S. 53).

4. Auf das Fehlen „individueller Helden". Weder gibt es einen individuellen, noch einen kollektiven Helden. Letzteres sei schon vorher unmöglich, weil die Personen im Verlauf der Geschichte (des Dramas) Entwicklungen durchmachten; Brechts Figuren würden weder als „'vereinfachte' Abziehbilder für die Masse" stehen, noch mangele es ihnen an Individualität. Knopf: „*Ihre Persönlichkeit und auch das, was 'kollektiv' zu nennen ist, ergibt sich vielmehr erst aus dem gemeinsamen, nicht spannungslosen Produzieren, aus ihrem Zusammenleben, das intersubjektiv Kollektivität bedeutet, aber ebenso das Individuum das sein läßt, was es ist: unteilbare, nicht zuteilbare Person. Die Teilbarkeit liegt nicht im Persönlichen, sondern in der Produktion, in der das Individuum eine bestimmte Einzelaufgabe übernimmt;* die Freiheit ist nicht als persönliche

vorausgesetzt, sondern Resultat des gemeinsamen Agierens." (S. 287, 288) — Und da es im Falle von „bürgerlichen Helden" wie Bismarck und Thiers nicht darum ginge, ihre „Persönlichkeit" zu würdigen, sondern ihre politische Rolle zu entlarven, könnten sie, nämlich diese „Helden des Bürgertums" durchweg als Karikaturen dargestellt werden.

Von diesen vier Punkten der Analyse setzt Knopf zwei in der DDR veröffentlichte „Deutungen" des Stückes ab: jene von Hans KAUFMANN dessen Buch: „Bertolt Brecht — Geschichtsdrama oder Parabelstück" bereits 1962 (bei Rütten & Loening, Berlin [Ost]) herauskam — es handelt sich dabei um die überarbeitete Habilitationsschrift: „Tragödie, Komödie, Episches Theater. Die Tage der Commune und einige Grundfragen der Dramaturgie Brechts" — und jene von Günter HARTUNG, „Brechts Stück: Die Tage der Commune", die als größerer Aufsatz zehn Jahre später in den „Weimarer Beiträgen 18" 1972 (H. 2 S. 106-144) veröffentlicht wurde.

Während das Material aus diesen Arbeiten, zumal aus der von Kaufmann, für die „Analyse", aber auch die übrigen Abschnitte in Knopfs Darstellung mit Sorgfalt ausgewertet wurde, so bedarf doch die Darstellung dieses Abschnitts einiger Ergänzungen und Korrekturen. Knopf ist hier der Gefahr, die „Deutungen" seinerseits deuten zu wollen, nicht entkommen, und so werden wir es oftmals im folgenden vorziehen, direkt auf die beiden o.g. Bezug zu nehmen.

Das grundlegende Anliegen Kaufmanns wird deutlich; nämlich, daß es das Commune-Drama vermag, „die Geschichte einerseits 'selbst zum Reden zu bringen', andererseits aber auch alle verfremdenden Mittel" wie Lieder, kabarettistische Einlagen, beobachtende Haltung, indirekte Darstellung und Schauspielmetaphorik zu nutzen. Im Gegensatz zu den früheren Stücken sei es Brecht aber hier möglich gewesen, die Mittel der Verfremdung einzusetzen, ohne dadurch den Handlungsverlauf zu zerbrechen, sondern sie vielmehr in diesen zu integrieren bzw. aus dem Geschehen selbst herauszuentwickeln. Kaufmann spricht von einer in die Geschichte eingeschmolzenen, daher also im Sinne des brechtschen „Naiven" (siehe: WEKWERTH 1959, insbesondere S. 33f.) „aufgehobenen Verfremdung".[3]

Es ist aber zu ergänzen, daß, soweit Kaufmanns Arbeit überhaupt zur Kenntnis genommen worden ist, dieses weitgehend unter dramentheoretischen Gesichtspunkten geschah. Es ging darin eigentlich weniger um das Commune-Stück selber, als um die These Kaufmanns, daß dieses Stück als „aufgelöstes Rätsel der Brechtschen Dramaturgie" gelten könne (S. 5). Wichtige Ergebnisse der Analyse, wie wir sie hier — via Knopf — nun erfahren, blieben unberücksichtigt. Das ist aber nicht allein seinen Kritikern vorzuwerfen; die Anlage des Kaufmann-Buches legte es ihnen nahe, sich vor allem auf den zweiten („Parabelstück und Geschichtsdrama") und den dritten Teil („Die 'aufgehobene' Verfremdung") zu konzentrieren; weil erst darin die Dramenanalyse des ersten Teils („Die Tage der Commune") in dem Gesamtzusammenhang der Untersuchung aufgeht. Aus der „persönlichen, im Ganzen einmaligen und unwiederholbaren Leistung Brechts" sollte das herausgearbeitet werden, „was gesetzmäßig ist und darum stilbildend für ein Drama sozialistischen Gehalts sein könnte"; von der Commune ausgehend und durch sie beweisend, will Kaufmann die „überindividuelle Bedeutung" der „künstlerischen Methode Brechts" erörtern (S. 9). Gerade ein Zusammenhang aber wie zwischen dem Commune-Stück und den „genretheoretischen Gesichtspunkten" (MITTENZWEI [2]1969 S. 27) — und das scheint eine grundsätzliche Schwierigkeit eines solchen Brecht-Handbuchs zu sein — wird in einer Darstellung, die „Analyse", „Deutung", „Verfremdung", Stückvergleiche usw. voneinander trennt, nicht mehr deutlich. Auch Kaufmanns Hinweis, sein erster Teil beanspruche „zunächst" „relative Selbständigkeit" löst dieses Problem hier nicht. Er schreibt ausdrücklich: „Zunächst, im ersten Teil, scheint die Analyse von Brechts Drama über die Pariser Kommune relative Selbständigkeit zu beanspruchen." (S. 5 — Hervorhebung vom Verfasser).

Und eine weitere Ergänzung ist notwendig. Knopf, in seiner Deutung ausschließlich auf die These der „'aufgehobenen' Verfremdung" zusteuernd, unterläßt es, auf die historische Tiefe der (des Begriffs der) „früheren Geschichtsdramen" hinzuweisen, die Brecht in der Commune nach Kaufmann, zu einer neuen Qualität weiterentwickelt hat. Bei Knopf werden „vorangehende Geschichtsdramen (*Galilei* z.B.)" mit dem „Parabeldrama Brechts" konfrontiert, wobei die Begriffe auf Brecht beschränkt bleiben. Bei Kaufmann hingegen wird das „Rätsel der Brechtschen Dramaturgie" (S. 5) dadurch gelöst, daß er zeigt, wie sie bis in die Tradition des Geschichtsdramas bei Schiller, Büchner und Hauptmann zurückverweist, diese analysierend beerbt und – Brechts künstlerische Methode darin einbeschlossen – Marksteine für das zukünftige sozialistische Drama zu setzen vermag. Dieser große Bogen, den Kaufmann bereits weit vor Brecht ansetzt und dessen Perspektive ja noch weit über Brecht hinausweisen soll, bleibt unberücksichtigt.

Wenn Knopf in seinem Abschnitt „Verfremdungen" ausdrücklich Kaufmann folgt, so tut er das z.B. unter dem Punkt „Die Lieder" insoweit, als er richtig wiedergibt, daß die Schauspieler selbst - und nicht ein von ihnen getrennter Chor – das Handlungsgeschehen kommentieren; als Vergleichsmaßstab dient ihm aber lediglich das „Vorkriegsdrama" (S. 288). Kaufmann verweist dagegen ausdrücklich auf den Zusammenhang von Brechts Theorie und Praxis der Verfremdung, seiner „Kritik am Theater als einer Institution des bürgerlich-kapitalistischen Staates" und dessen Versuch, dieses „auf eine neue gesellschaftliche Grundlage zu stellen" (S. 115). An dem Beispiel der Lieder und ihrer Gestaltung auf der Bühne will Kaufmann zeigen, wie weit Brecht mit der *Commune* als einem „Gegenentwurf" zum bürgerlichen Theater gekommen ist – und zugleich, wie dieser damit an fortschrittliche Momente bürgerlicher Theatertradition hat anknüpfen können. Das sei hier kurz näher erläutert.

Der Chor, der – hier verkürzt dargestellt – in den Figuren der Handlungsträger auf der Bühne als Verfremdungsmittel „aufgehoben" und doch zugleich als Stilmittel beibehalten wird, „die Vorstellung vom Ensemble der Darsteller als Chor richtig urteilender Menschen, die die wahre Natur des Volkes verkörpern und nur zeitweilig und bedingt die Rollen der dramatischen Personen übernehmen", hat nach Kaufmann „mit Schillers Gedanken und Versuchen zur Erneuerung des Chors wichtige Gemeinsamkeiten." (S. 116). Erst nachdem solche Zusammenhänge zwischen „Parabelstück und Geschichtsdrama" in dem gleichnamigen Buch ausführlich entwickelt wurden – Brechts Verzicht auf Prolog und Epilog, auf „die verschiedenen Formen des Heraustretens aus der Handlung" veranlaßt Kaufmann gar von der „geschlossenen Tragödienform" der *Commune* zu sprechen (S. 240) – geht er auf die Elemente der Verfremdungstechnik und die Zeit nach der Befreiung vom Faschismus ein.

Wiederum bezogen auf den Chor („Grundlage des Brechtschen neuen Dramas war der Chor" S. 241), in dessen Beziehung „zur eigentlichen dramatischen Handlung . . . sich künstlerischpraktisch Brechts Verhältnis zu den Volksmassen" offenbart (S. 243), wird die Intention und Perspektive des Interpretationsbogens deutlich: „Jetzt nämlich (in der *Commune* – W.S.) führt der Chor weder ein negatives Beispiel vor, von dem es Abstand zu gewinnen gilt, noch auch ein Märchen aus der fernen, poetisch resümierten Vergangenheit, sondern er spielt wahrhaftig sein eigenes Stück! Denn die Geschichte von der ersten Diktatur des Proletariats ist schon im engeren Sinn unsere eigene Geschichte." (ebd.)

Erst jetzt wird deutlich – wenn schon nach, vielleicht auch nicht ganz im Sinne von Kaufmann zitiert wird – was bei Knopf mit dem vereinten Auftreten von „Spieler und 'Chor'" (S. 288) gemeint ist: Kaufmann: „In den handelnden Kommunarden realisiert sich ideell und visuell unmittelbar der Begriff des Chors, der die als Masse auftretende Klasse sinnlich faßbar zu machen." (ebd.).

Es ist also Vorsicht geboten bei dem Versuch, Kaufmanns Buch als reine „Materialquelle", sozusagen als Steinbruch zu verwenden, indem einfach datenmäßig abgetragen und dann das Material auch in jedweder anderen Weise verwendet werden kann. Es ist unter ausdrücklicher Einbeziehung des Geschichtsdramas seit Schiller und für die produktive Fortführung des Erbes, Brechts einbeschlossen, in der DDR und für die (Weiterentwicklung des sozialistischen Dramas in der) DDR geschrieben.

Bevor wir aus dieser Gegenüberstellung weitere Folgerungen ableiten, sei in diesem Zusammenhang die zweite knapp zehn Jahre nach Kaufmanns in der DDR veröffentlichte Studie von Günter Hartung einbezogen. Auch hier gehen wir zunächst von den Aussagen des *Brecht Handbuchs* aus, die Hartungs Kritik an Kaufmann an den folgenden zwei Punkten festmacht.

Erstens würde von Hartung, wie auch schon von anderen Kritikern vor ihm, Kaufmanns Einstufung der *Commune* als Tragödie zurückgewiesen. „Während die Tragödie die Notwendigkeit des Scheiterns ohne Ausweg vorführe, bestehe Brecht auf der Darstellung der Alternativen und damit auch der Fehler, die die Commune begangen hat. Die Alternativen aber ließen die Verwendung des Tragödien-Begriffs nicht zu." (KNOPF 1980 S. 290)

So vorgetragen, läßt sich mit Kaufmann leicht auf die 'Kritik' antworten. Gerade der Umstand, daß Brecht mit der *Commune* nach dem Faschismus in eine „neue Periode seines Schaffens" eingetreten ist (KAUFMANN 1962 S. 257) – die sich bereits im *Kaukasischen Kreidekreis* ankündigte (s. S. 242f.) – ermöglicht es ihm die alte Form der Tragödie als eine neue Qualität der Darstellung zu verwenden[4], und zwar unter bewußter Einbeziehung der nunmehr darin „aufgehobenen" Elemente der Verfremdung. Denn, in der Tat, das Scheitern sei – gerade aufgrund der bei Brecht deutlich herausgearbeiteten Fehler – unvermeidlich gewesen[5], wenngleich der noch niedrige Reifegrad der Arbeiterklasse von 1871 aufgrund der im Stück sehr kurz gefaßten Vorgeschichte nicht genügend herauskäme (was im übrigen einer der Gründe für die Veränderungen des Stückes nach Brechts Tod gewesen war; Änderungen, mit deren Begründung insbesondere bei Wekwerth sich wiederum Hartung gleich zu Beginn seiner Arbeit kritisch auseinandersetzt [S. 107]). Kaufmann weist aber zugleich und mehrmals darauf hin, daß es gerade die neue Qualität der von Brecht erstmals verwendeten Form ausmache, daß die Stückhandlung die Perspektive und somit die positive Aussage des Dichters mitgestalte (s. S. 240). Zwar sei der Begriff der „optimistischen Tragödie" nicht für die gattungsmäßige Bestimmung der *Commune* geeignet (s. S. 95 u. 190)[6], dennoch sei zu unterscheiden zwischen dem „*unvermeidlichen* Scheitern . . . der Arbeiterklasse von 1871" und der Tatsache, daß heute aus dem „Überblick über den Gesamtzusammenhang" eben dieses Scheitern „als etwas *für uns Vermeidbares* bewußt gemacht" würde. Dadurch, so Kaufmann abschließend, daß es Brecht gelungen sei, den geschichtlichen Sinn ins ästhetische Empfinden einzuarbeiten, sei es dem Publikum möglich, sich der Kommune verbunden zu fühlen, „ohne den Abstand zu ihr zu vergessen" (S. 256).

Der Umstand, daß Hans Kaufmann aufgrund eines (auch für die „Gestaltung von Gegenwartsstoffen" S. 257) richtungsweisenden Dramas noch keinen neuen Gattungs*begriff* ableiten konnte, ließ ihn ausschließlich im Rahmen der tradierten Begriffe – einschließlich dem der Tragödie – neue Perspektiven entfalten, die denjenigen des Ringens um die Ausgestaltung einer Neuen Zeit adäquat sind. Dieses Bemühen bedarf, um seiner Weiterentwicklung willen, der Kritik. Der Umstand, daß die Kritik vielleicht in ihrer „genretheoretischen Diskussion" das Bemühen, das ihm zugrunde lag, vernachlässigt und damit seine Ergebnisse über Gebühr 'formalisiert' hat, sollte dennoch – auch bei Jan Knopf – kein Grund dafür sein, diese als ausschließlich genretheoretische darzustellen.

Die zweite Differenz zwischen Hartung und Kaufmann wird im *Handbuch* an der These Hartungs festgemacht, »daß das Stück – *im Gegensatz zum Eindruck, den Kaufmann erweckt* – „montiert" (133) sei, also aus lauter künstlich zusammengesetzten Teilen bestehe, die nur auf den ersten Blick den Eindruck „klassizistischer, 'organischer' Gestaltung" erweckten. *Der technische Fortschritt* des Stücks liege darin, daß die Mittel nicht mehr ausdrücklich, durch Bruch und Akzentuierung, sondern durch möglichst große Disziplinierung gehandhabt werden und insofern unauffälliger sind; diese Disziplinierung sei aber weder eine Rückkehr zur „Natur" und naturalistischer Darstellung noch der Höhepunkt einer Entwicklung (133).« (KNOPF, 1980 S. 290, Hervorhebungen vom Verfasser)

Überprüfen wir auch diese Darstellung. Kaufmann geht bei der Analyse der Schaffensweise Brechts in seinem ersten Teil des Buches gleich zu Beginn seines Kapitels „Historizität und Aktualität" davon aus, daß sie als Gegenposition zu der von Nordahl Grieg und seinem Stück *Die Niederlage* zu sehen ist. Während dieser nämlich „die geschichtsphilosophische Verallgemeinerung von außen hineinträgt und so etwas mehr revolutionäre Romantik gibt, als dem Drama zuträglich ist, will Brecht die Geschichte selbst urteilen lassen. Er macht auch die direkt geschichtsphilosophische These zum Teil der Handlung" (KAUFMANN 1962 S. 45) und läßt daher weitgehend die Akten selbst sprechen, um die sozialen Wesenszüge der Kommune „möglichst vollständig, klar und unverfälscht zum Ausdruck kommen" zu lassen. Keine der wesentlichen Maßnahmen, aber auch keine der bei „Marx, Engels und Lenin hervorgehobenen Versäumnisse der Kommune", die bei Brecht nicht zur Sprache gekommen wären (S. 49).

Die Hervorhebung dieser *„eine(n)* Seite der Schaffensweise" dürfe aber *nicht* dazu verführen, „Brecht irgendeine 'naturalistische' Tendenz zu unterschieben", denn die Erfassung des tatsächlichen geschichtlichen Verlaufs (und damit der historischen Wahrheit) bedürfe der kompositorischen Arbeit des Dichters, der die Einzelheiten „durch ihre Anordnung deutet." Ohne diese Arbeit verweigere jedes noch so „photographisch" genaue Detail seine in der *Commune* angestrebte Aussage. (ebd.)

Zum Nachweis dieser These untersucht Kaufmann die Entstehungsphasen des Stücks anhand einiger im Brecht-Archiv eingesehenen Textmappen und eine ausgiebige Nachprüfung dieser Materialien zeigt, daß sich bei den im folgenden zusammengefaßten Ausführungen zur Schaffensweise Brechts bei Kaufmann und Hartung kein grundsätzlicher Widerspruch behaupten läßt.

Mit aller gebotenen Zurückhaltung gegenüber einer Systematisierung des Entstehungsprozesses, können wir folgende Phasen nachweisen:

1) Auseinandersetzung mit den literarischen Vorlagen, insbesondere natürlich Nordahl GRIEGs Kommune-Drama: *Die Niederlage*, aber nicht nur diesem; die eigenen Recherchen machten mit weiteren Dramen und Texten zu diesem Thema bekannt, z.B. von Jules VALLES: „Jacques Vingtras" (1879 Bd. 1 „L'Enfant", 1881 Bd. 2 „Le Bachelier", 1885 Bd. 3 „L'Insurgé,,) und *La Commune de Paris* (geschrieben 1872 – angeblich erstmals[7] – verlegt in Paris 1970) aber auch von deutschen Autoren, Béla Balász, Fritz Meingast und anderen, die insbesondere in der Weimarer Zeit Dramen über die Kommune verfaßten.[8]

2a) Quellenstudium, das über die historischen Voraussetzungen und Entwicklungen Auskunft gibt, das über die Lebensbedingungen der Zeit aufklärt und zeigt, wie die Bevölkerung unter diesen gelebt und zugleich auf sie einzuwirken versucht hat (z.B. die Sammlung von Dokumenten und Berichten von Hermann DUNCKER, Berlin 1931 – siehe Annex).

2b) Auswertung der Sekundärliteratur, die insbesondere Gesamtdarstellungen von Augenzeugen der Pariser Kommune ausmacht (z.B. die von Prosper LISSAGARAY über die „Geschichte der Commune von 1871", erstmals bereits 1876 in Brüssel erschienen[9]), sowie die Analysen bei ENGELS, MARX (z.B. „Der Bürgerkrieg in Frankreich", Leipzig 1871) und LENIN (z.B.: „Staat und Revolution" 1918, Moskau 1919).

3) „Erste Ansätze zur Dramatisierung" (KAUFMANN 1962 S. 50) finden wir dann bei Brecht, als dieser beginnt, längere Auszüge aus den Dekreten der Kommune, aus Zeitungsartikeln jener Zeit und anderen Quellen nicht nur abzuschreiben, sondern dabei/danach auf „Stimmen" zu verteilen. Diese dienen dann später, zusammen mit der griegschen Vorlage, zur Entwicklung und Ausgestaltung der einzelnen Handlungsträger.[10]

4) Gestaltung der Familie Cabet und des Wechselverhältnisses zwischen ihr und den Mitgliedern im Rat der Kommune. Ein Vergleich der Sitzungsprotokolle, die sich Brecht streckenweise ins Deutsche hatte übersetzen lassen und den Sitzungsdebatten, so wie sie von ihm schließlich gestaltet wurden, läßt erkennen, wie nach anfänglicher Vertiefung in die literarischen und hier

vor allem historischen Vorlagen später nur noch das Verwendung findet, was für das Geschehen und dessen Analyse von exemplarischer Bedeutung ist.

Das soll hier an einem Beispiel genauer gezeigt werden. In dem Abschnitt „Quellen" findet sich bei Knopf (S. 282f.) leider kein Hinweis auf die Sitzungsberichte und -protokolle, die Brecht nachweislich und sehr eingehend studiert hat. Bei Kaufmann findet sich zumindest ein Textbeispiel, der Appell der Frauendelegation des 11. Arrondissements an die Mitglieder des Rates der Kommune, bei Brecht in der Szene 11b (TC S. 84f.) verarbeitet, das im „Journal Officiel" vom 14. April und 8. Mai 1871 seinen Ausgangspunkt und Beleg findet.

Wäre Kaufmann den von ihm selbst genannten Materialien noch weiter auf der Spur geblieben, so hätte er feststellen können, daß zusammen mit diesen Sitzungsberichten eine Reihe von – bei Brecht sehr wohl studierten – Problemen verbunden waren, die dann auch in der *Commune*, hier zunächst Szene 9a, eingearbeitet wurden. Es geht um Langevins so gern zitierte Aufforderung: „Erheben wir keinen Anspruch auf Unfehlbarkeit, wie dies alle die alten Regierungen ohne Ausnahme tun. Veröffentlichen wir alle Reden und Handlungen, weihen wir das Publikum ein in unsere Unvollkommenheiten, denn wir haben nichts zu fürchten außer uns selber." (TC S. 69).

Anlaß dieser Erklärung war ein Antrag Beslays auf geheime Sitzung. Beslay hatte im Auftrag der Kommune mit wenig Erfolg beim Gouverneur der Bank von Frankreich um die Herausgabe des Gelds verhandelt; jetzt wurde im Rat die Übernahme der Bank durch die Kommune gefordert. Abgestimmt wird im Verlauf dieser Szene nicht; auch nicht über die noch folgenden Anträge: daß die Kommune ausschließlich mit solchen Werkstätten Verträge abschließe, die sich in den Händen der Arbeiterassoziationen befinden, daß die feindlichen Zeitungen unterdrückt würden und daß endlich auf Versailles, den provisorischen Sitz der geflüchteten alten Regierung, marschiert werde – soweit Brecht (TC S. 68-72).

Schlagen wir bei Lissagaray nach, der hier über große Strecken das Material, ja oft die Formulierungen zur Verfügung gestellt hat, so erfahren wir im Hinblick auf den Gegenstand des Konfliktes zwischen Beslay und Langevin, daß bereits während der Eröffnungssitzung des Rates der Kommune ein Antrag auf „heimliche Sitzungen", also auf Ausschluß der Öffentlichkeit, gestellt und sogleich mit Mehrheit angenommen worden war. Dies, so LISSAGARY, war der erste und tödlichste Fehler; er schreibt weiter:

„Eine unbegreifliche Idee, da sie von Revolutionären und besonders von den Gewählten von Paris ausging. Wie konnte man nur daran denken, sich vor Paris zu verstecken, nachdem man so gegen die Heimlichkeiten der Regierung der Vertheidigung protestirt, nachdem man das Vertrauensvotum vom 26. erhalten hatte? Wenn je Gewählte der Inspiration von Paris bedurften, so waren es diese, deren Mandat so wenig bestimmt war. Man vergaß also, daß das einzige Verdienst der alten Commune von Paris darin bestand, daß sie auf Paris hörte, daß sie beständig seinen Gedanken folgte, daß alles Vorgehen, alle heilsamen Beschlüsse, alle mächtigen Gesichtspunkte, aller Aufschwung, Alles, was man der Commune zur Ehre anrechnet, von den Sectionen, den Clubs, den Volksgesellschaften ausging[11], daß das Volk ihr jeden Augenblick einen Seitenstoß geben, daß es selbst ihre Besten wie Chaumette anfeuern mußte, daß sie ohne jene geisteinhauchenden Rednerbühnen, jenen Strom von Disputationen und Delegationen, der sich unaufhörlich vor ihren Schranken vorüberwälzte, an Entkräftung gestorben wäre. Mehrere Mitglieder des Raths protestirten gegen diese geschlossene Thüre, welche aller Vernunft und den besten Traditionen Hohn sprach und das Stadthaus von Paris isolirte. Man antwortete, man müsse den Schwätzern das Wort abschneiden, als ob das Publikum nicht selbst ein Urtheil abgegeben hätte; der Saal sei zu klein, als ob man an diesen gebunden wäre; gewisse Maßregeln erforderten Discretion, als ob man nicht in ein geheimes Comité hätte zusammentreten können. Der wahre Grund war, daß die ehemaligen Verschwörer noch auf Geheimnißthuerei erpicht waren, daß Andere die Kritik fürchteten und die Masse der Romantiker Alles, was nach Autorität schmeckte, vertrauensvoll beklatschte.

Diese Maßregel machte in Paris einen sehr schlechten Eindruck. Der Rath stieß alle Welt vor den Kopf, ohne sein Ziel zu erreichen, denn indiscrete Collegen erzählten von den Sitzungen, was dann von den reactionären Zeitungen veröffentlicht wurde. Um den Lügenberichten ein Ende zu machen, beschloß man vierzehn Tage später die Veröffentlichung eines Berichts im *Officiel*. Aber diese Öffentlichkeit war eine verstümmelte, ungenügende. Das Publicum hätte anwesend sein, das Volk auf den Tribünen und vor den Schranken sich befinden müssen, um seine Repräsentanten zu inspiriren, zu leiten, sie zum Studium zu zwingen, die Überspannten zurückzudrängen."

(\[1876] 1971 S. 154f.)

Wie das Archivmaterial zeigt, hat sich Brecht gerade mit diesem Problem sehr eingehend auseinandergesetzt. Er hat dazu die von den Stenographen angefertigten – und unter dem Titel „Les 31 Séances – Officielles de LA COMMUNE" noch 1871 in Paris in der „Collection de la Revue de France" erstmals herausgegebenen – Sitzungsprotokolle ausführlich studiert und sich die Niederschrift einer über mehrere Tage dauernden Diskussion um den *Officiel* übersetzen lassen (BBA 362/172ff.). Der Umstand, daß dies die einzige Quelle war, aus der sich die Bevölkerung über die Diskussionen des Rates unterrichten konnte, machte die Frage nach dem Zeitpunkt des Erscheinens, nach dem Preis der Zeitung, nach dem Inhaber der Zeitung (sie blieb bis Ende April in Privathand) und nach einer Übernahme durch die Kommune, besonders prekär.

Brecht ist in der *Commune* nicht direkt auf diese Diskussion eingegangen, dennoch aber hat er nicht auf die Darstellung der hier wiedergegebenen Probleme verzichten wollen. Das betrifft nicht nur die häufiger erwähnte Frage nach dem Verbot bürgerlicher Zeitungen, sondern auch, beispielsweise, die Szene 9b. Darin wird ein Bettler, der entgegen dem Verbot der Kommune einen Zeitungsverkäufer des *Officiel* nach Brot fragt, von diesem am Ende als zweiter Ausrufer und Verkäufer 'eingestellt'. Wäre, wie in der Debatte lebhaft gefordert, der Preis der Zeitung noch weiter gesenkt oder das Blatt gratis verteilt worden, wäre diese Szene so nicht möglich gewesen. Da per Beschluß vom 28. April die Zeitung in die Hand der Kommune übergehen, der neue Verkaufspreis aber auf 5 Centimes festgesetzt werden sollte, wird der Bettler nun für jedes verkaufte Exemplar 1 Centime für sich behalten können (TC S. 73, 75).

Aber auch für die Frage nach der Öffentlichkeit der Ratssitzungen ergeben sich Folgen, insbesondere für die Szene 4, die einzige, in der das Geschehen *vor* und *in* dem Stadthaus noch verknüpft erscheint. Das Zentralkomitee der Nationalgarde hatte Passierscheine ausgegeben, die nur den Mitgliedern den Zugang ermöglichen. Warum dem so ist, fragt der Nationalgardist „Papa" einen Delegierten, „warum läßt man die Leute nicht ein?" Und dieser antwortet mit den bei Lissagaray erwähnten 'Argumenten'[12]: „Der Saal ist zu klein. Und vergessen Sie nicht, Bürger, daß der Feind lauscht", worauf „Papa" entgegnet: „Es ist wichtiger, daß das Volk lauschen kann. Lassen Sie wenigstens die Tür auf." Daraufhin – und dieses läßt sich nicht einfach mit Brechts „Abstraktion vom Historischen" (Kaufmann) erklären – geht das Komiteemitglied hinein „*und läßt die Tür auf*" (Hervorhebung vom Verfasser – Vgl. TC S. 33).

Dieses Beispiel zeigt uns nicht nur einen exemplarischen Einblick darin, wie Brecht die historischen Quellen und Berichte zur Gestaltung der *Commune* hin verdichtet hat, es zeigt zugleich, wie das Bemühen um die historische Wahrheit getragen wird von der Hoffnung, daß gerade das Aufdecken der Fehler Mut machen kann! Mut machen, daß die Widersprüche mit dem Anbruch der Neuen Zeit durch das bessere Argument, durch die „Weisheit des Volkes" (wenn auch noch mit „dem Aberglauben vermengt") zu produktiven Veränderungen der Wirklichkeit führen.

Das entscheidende Kriterium in der Darstellung Brechts ist also bei aller Genauigkeit der Recherche nicht allein das historische Datum, sondern die historische Bedeutung des zu jenem Zeitpunkt Geschehenen. - So wird in diesem Beispiel die Darstellung der Eröffnungssitzung des

Rates der Kommune auf die Verkündung der ersten Dekrete der Kommune hin ausgerichtet. Die Szene 7a *endet* mit der Eröffnung der ersten Arbeitssitzung, in deren weiterem Verlauf dann der Zuschauer erstmals in der oben erwähnten Szene 9a Einblick gewinnt. Die Tatsache, daß Brecht den Beschluß der Ratsmitglieder vom 29. März auf Ausschluß der Öffentlichkeit dem Publikum nicht auch im Verlauf der Sitzung vom 29. März in der *Commune* mitteilt, bedeutet nicht, daß er die historischen Ereignisse gefälscht hat, im Gegenteil: er hat das Problem dieser Entscheidung als so wichtig eingestuft, daß er es gleich auf die Szene 4 (*„19. März 1871. Stadthaus."*) vorzog und im Verlauf der Debatte im Zusammenhang mit entscheidenden weiteren Anträgen in 9a noch einmal aufgriff.

Das doppelte Aufgreifen dieses Problems ermöglicht es Brecht, dessen – auch aktuelle – Bedeutung einmal aus der Perspektive und mit den Worten des Delegierten Langevin (9a) und einmal aus der des Bürgers „Papa" (4) vorzuführen. Die Worte Langevins an „Papa", daß Volk solle ihnen, den Delegierten im Stadthaus „nur keine Ruhe" lassen, „ihr seid immer weiter als wir" (TC S. 38) – die gerne von den Interpreten zitiert werden, um die Gegenwärtigkeit des Stückes zu loben – sind zugleich Schlüssel für die bei Brecht vorgenommene doppelte Darstellung des Problems.

Wenngleich in 9a über den Antrag auf geheime Sitzung noch diskutiert und damit der Gegenrede Langevins noch eine gewisse Perspektive auf Erfolg verliehen wird, so ist am Ende doch klar, daß weder Langevins Entgegnung, noch die anderen (oben genannten) Anträge Aussicht auf Annahme haben. - Das Gespräch zwischen dem Bürger Delegierten und dem Bürger „Papa" gleich zu Beginn des Stadthausbildes in 4 wirkt sich zwar nicht unmittelbar auf die Beschlußlage im Stadthaus selbst aus, das Anliegen von „Papa" und den anderen, das Volk lauschen zu lassen, wird aber erfüllt: Die Tür zum Stadthaus bleibt offen![13] Durch diese Art der Ver-dichtung des Problems bei Brecht wird nicht nur auf dessen Bedeutung hingewiesen, sondern der mit dem Begriff des Negativen belegte Fehler der Kommune wird durch ein Gegen-beispiel des Volkes selbst produktiv in Frage gestellt. Aus den Fehlern lernend, soll für den Betrachter die Tür für eine Lösung offen bleiben – aber nicht nur für den Zuschauer, sondern auch für die Bürger der Kommune: als sie den Delegierten Langevin aus Anlaß der Feier vom 26. März erneut heraus- und in ihr Quartier holen (TC S. 48ff.), als im Stadthaus einer der Delegierten eine Frau mit ihrem Kind berät (TC S. 75), als dort der Appell der Arbeiterinnen aus dem 11. Arrondissement von ihnen selbst vorgetragen wird und als schließlich die Nationalgardisten kommen, um an die Delegierten Waffen auszuteilen, nachdem sich diese soeben noch erneut „gegen Repressalien" ausgesprochen hatten (TC S. 89).

Kaufmanns Formulierung, daß Brecht schließlich alles das abgeschüttelt habe, was „nur historisch ist" (will sagen: weder den Charakter noch die Gegenwartsbedeutung der Kommune erhellt) kann hier so nicht übernommen werden, ebenso die – wenngleich auch sehr einprägsame und eine richtige Abfolge des Entstehungsprozesses zusammenfassende – Aussage, daß sich neben der „Aneignung des Historischen" auch eine „Abstraktion vom Historischen" beobachten läßt.[14]

Brecht versuchte die Ursachen der geschichtlichen Entwicklung in der Geschichte selbst gegenwärtig sein zu lassen und war gehalten – bei aller Vielfalt, Vielschichtigkeit und Genauigkeit der Schilderung von Einzelheiten – auf eine ausreichende Transparenz seiner Darstellung zu achten. Nur dann konnte es gelingen, auch das Leben und Sterben der außerhalb des Rates der Kommune auftretenden Personen (der Begriff der „Familie Cabet" sollte hier auch Personen wie z.B. den deutschen Gefangenen mit einbeziehen) exemplarisch zu schildern. Nicht einmal über die Liebe sollte in diesem Stück etwas gezeigt werden, wenn es keinen politischen Berührungspunkt hat, so Manfred Wekwerth, Brecht in einem *Kommune*-Notat (BBA 1081/43-44) zitierend (bei KAUFMANN 1962 S. 63).

Dieser Einblick in die 'Werkstatt', die Schaffensweise Brechts bestätigt, daß daraus keineswegs der Eindruck einer „naturalistischen Darstellung" abgeleitet werden kann. Vielmehr ergibt sich aus einer solcherart montierten, bzw. wie Kaufmann sagt, „komponierten Darstellung" das Problem, daß der Fortschritt, den Brecht damit bei der Gestaltung handelnder Massen erreichte, mit einer „gewissen Einbuße an historischer und ästhetischer Überzeugungskraft" (S. 85) bezahlt.

Es ist ein großer Fortschritt, daß die *Commune* auf jede Idealisierung, den positiven Helden, das naturalistische Milieu usw., so wie Kaufmann sie in Schillers *Wilhelm Tell* vorfindet, verzichtet. Brecht stellt eben nicht berufene Führer und eine unmündige Masse gegenüber, vielmehr bedeutet seine Beschreibung der Familie Cabet und des Rats der Kommune eine kritische und zugleich poetisch einfühlsame Beschreibung des Mündigwerdens der Masse. Kaufmann leitet diesen Fortschritt gegenüber dem Schillerschen Drama so ab – und versucht damit zugleich bei aller Polemik Brechts gegenüber Schiller doch an der Tradition des Erbes anzuknüpfen –, daß er die „bewegte Volksmasse als Chor" zum Ausgangspunkt des dramatischen Aufbaus der *Commune* erklärt und fortfährt: „die Individualisierung ist dem untergeordnet, sekundär, nachträglich aufgesetzt." (S. 84f.)[15]

Dieser Punkt nun ist es, an dem Hartung tatsächlich der Auffassung Kaufmanns widerspricht. Es fehle in der Darstellung der Straßenszenen keineswegs an individueller Zeichnung. Ein Beleg dafür sei bereits das erste Bild, in dem, so Hartung, mehrere epische ineinander verklammerte Vorgänge schließlich in einen dramatischen einmünden. Die Kollision von Soldaten der Nationalgarde (von einer Regierung in die Schlacht geschickt, die zugleich hinter ihrem Rücken Friedensverhandlungen mit dem Gegner führt) mit einem Geschäftsmann (einem Weizenhändler, so die Archivunterlagen) dem es der Krieg erlaubt seine Geschäfte fortzuführen, diese Kollision sei ein individueller Vorgang, der zugleich über sich hinausweise – nämlich auf den „Marsch der Masse zum Sitz des Staates" (HARTUNG 1972 S. 119). „Die Masse", die durch die bewaffneten Proletarier „revolutioniert" wurde, das sind zunächst die Näherin Cabet und ihr Sohn, der Arbeiter Jean, sowie der Kellner des zum Rekrutierungslokal eingerichteten Cafés. Hartung entfaltet in seiner Darstellung die Persönlichkeit dieser Proletarier, um nachzuweisen, daß die allgemeinen Beziehungen zwischen Volk und Führer bei Brecht in ihrer jeweiligen individuellen Ausprägung vorgeführt und dabei auch in ihrer ganzen Widersprüchlichkeit deutlich gemacht werden. Wenngleich für Hartung letztendlich nicht die Geschichte der Familie Cabet, sondern die des Bürgerkrieges im Vordergrund steht, so habe gerade diese Priorität zur Folge, daß das Allgemeine jeweils auch im Besonderen sichtbar – wie weiter oben gesagt: transparent – werden müsse. Die Individualität der dramatis personae sei soweit entwickelt, als das Stück zur „Einfühlung in lernende Revolutionäre, sogar in das Lernen selber als historischen Prozeß" einlade (S. 127).

An diesem Punkt kommen sich Kaufmann und Hartung wieder sehr nahe. Kaufmann zeigt am Beispiel der Szene 7b – in der der Arbeiter und Delegierte im Rat der Kommune, Pierre Langevin (Hartung: die ins Konkrete gezogene „Inkarnation des Weisen" S. 126), die Lehrerin Geneviève in ihrer Tätigkeit als Delegierte für das Unterrichtswesen einführt – wie der Zuschauer im Verlauf der Szene die Unsicherheit Genevièves bei ihrer neuartigen und schwierigen Aufgabe deutlich mitfühlen kann. Zugleich aber verweist er auf die Haltung des Delegierten Langevin, der zunächst die Schwierigkeiten Genevièves beobachte und damit zugleich den Zuschauer zum Studieren der Situation einlädt.

GENEVIEVE: Warum schauen Sie mich so an, Pierre?
LANGEVIN: Ich studiere, wie Sie mit der Bevölkerung auskommen, Bürgerin Delegierte.
GENEVIEVE: Wir haben kein Geld. Wir sparen mit den Mitteln der Bevölkerung.
BABETTE: Aber wir sind die Bevölkerung.
LANGEVIN *als Geneviève ihn unsicher ansieht:* Lerne, Lehrerin.
(TC S. 63 - zitiert bei KAUFMANN, 1962, S. 249)

Gerade an diesem Beispiel des Lernens wird deutlich, was einen wesentlichen technischen Fortschritt dieses Stückes ausmacht. Die „gestischen Epigramme", wie Hartung sie nennt, sie werden im Grunde schon bei Kaufmann gewürdigt. Ihre „verallgemeinernde Kraft" (Hartung), der „Gestus des Zeigens" (Kaufmann) setzt aber den jeweils besonderen Zusammenhang der Handlung – einschließlich der Möglichkeit des Einfühlens – voraus. Es spricht für die Autoren, daß sie diesen Fortschritt gerade am Beispiel des Lernens zu erläutern versuchen; schade, daß dies bei Jan Knopf nicht vermerkt wird.[16] - Verweisen wir stattdessen abschließend auf eine Notiz Brechts aus den letzten Lebensjahren (etwa 1954) in denen das „Beispiel des Lernens" exemplarisch in seine allgemeinere Bedeutung überführt worden ist

„Der Prozeß des Lernens bei uns ist ein allseitiger, verwickelter, widerspruchsvoller Prozeß. Wir können häufig nicht mit dem Elementarsten beginnen, wenn wir auch nicht versäumen dürfen, es jeweils nachzuholen. Außerordentlich fortgeschrittene Ideen, welche uns ermöglichen, verwickelte gesellschaftliche Umwälzungen zu dirigieren, treffen wir oft in ganz primitiver Form an. Wir müssen alle alles gleichzeitig lernen, das Schwierige und das Leichte, das Alte, das Neue. Die Bücher sind unvollständig, oft irreführend, und wir können ihrer doch nicht entraten. Die Weisheit des Volkes muß in allem das letzte Wort sprechen und doch ist sie vermengt mit Aberglaube. Irgendwo müssen wir anfangen, nirgends dürfen wir aufhören."

(zitiert bei HECHT (Hrsg.) 1978 S. 252)

Teil B
DIE TAGE DER KOMMUNE –
ENTWURF, FABEL, STRUKTUR

*Von den einundzwanzig Szenen des Stücks — die Nummern, die Brecht
gibt, bezeichnen eigentlich „Stationen" der Handlung, weshalb mehrere von
ihnen in Buchstaben a, b und so weiter unterteilt sind — spielen vier auf der
Gegenseite (die Fluchtszene auf dem Bahnhof mitgerechnet), vier haben die
unmittelbare Vorbereitung der Kommune, zwei den Endkampf auf der Barrikade beziehungsweise den Barrikadenbau zum Gegenstand; mehr als die Hälfte, nämlich elf, sind der Gründung, der Arbeit und dem Leben der Kommune gewidmet. Das Bewußtsein der endlich errungenen Freiheit der bisher
Ausgebeuteten, das daraus entspringende neue Lebensgefühl und die großen
Kräfte, die nun in ihnen frei werden, die unendlich gewachsene Verantwortung des einzelnen für das Ganze und schließlich die qualitativ neuen Beziehungen zwischen „oben" und „unten" bilden die wichtigsten Themen dieser
Szenen.
Die Kommune ist die endlich erfüllte Sehnsucht der Volksmassen. Brecht
betont nicht ihre Gier nach Brot, sondern ihre Gier nach der neuen Zeit,
nach der Freiheit, nach dem Ende der Gewaltherrschaft und alles dessen, was
die alte Zeit auszeichnete.*

Hans Kaufmann

*Brechts Stück zeigt den Aufstieg und den Untergang der kleinen Familie
Cabet aus der Rue Pigalle. War das Volk für die bürgerliche Tragödie gut genug, die historischen Ereignisse zu ermöglichen, so betritt hier ein Stück die
Bühne, das die historischen Ereignisse den Bedürfnissen des Volkes unter-
wirft. . . . Die gesichtslose Masse zeigt für 73 Tage ihr Gesicht. Es ist ein
freundliches Gesicht von Persönlichkeiten, den Helden von einst durch Nützlichkeit überlegen.*

Manfred Wekwerth

Die Tage der Kommune – Entwurf, Fabel, Struktur

Entwicklungsstufen und -pläne (78) = Fabeldarstellungen in der Diskussion (81) = Handlungs- und Widerspruchsebenen (87) = Bauplan und -ausführung (91)

In diesem Teil wird ausgehend von den bisher vorliegenden Analysen und Interpretationen versucht, einen eigenständigen Zugang zu dem Kommune-Stück weiterzuentwickeln. Die bisher vorgetragenen Positionen sowie die folgenden Inhaltsdarstellungen der *Commune* von Hans Kaufmann und Manfred Wekwerth werden sich dafür als hilfreich erweisen, denn gerade ihre jeweils unterschiedliche Gewichtung als Geschichtsdrama bzw. als Familiengeschichte bietet Anhaltspunkte für weitergehende Überlegungen. Zuvor aber ist es sinnvoll, anhand der im Brecht-Archiv vorliegenden Stückpläne darzustellen, in welchen Entwicklungsetappen die historischen und literarischen Vorlagen von Brecht selbst aufgegriffen und miteinander in Beziehung gesetzt wurden.

Wenngleich auch eine ausführlichere Darstellung des Archivmaterials einem dazu eigens vorbereiteten Materialienband vorbehalten bleibt[1] so wird hier zumindest am Beispiel der Stückpläne zur *Commune* dem Leser ein weiterer Einblick in die Werkstatt des Autors, die „Werkhalle", wie Peter WEISS sie nannte[2], gegeben. Das Studium der mehr als 20 Mappen war von großem Interesse, weil sich anhand des Materials allmählich der gesamte Entstehungsprozeß des Stückes zu entfalten beginnt. Da finden sich schon die erste Literaturliste (BBA 913/18) ebenso wie Regienotizen zum Stück, die einmal mehr belegen, daß Brecht an eine Aufführung alsbald nach seiner Rückkehr nach Berlin im Jahre 1949 dachte (BBA 206/75). Dazwischen liegen Materialstudien, Textauszüge, Ausarbeitungen zu wichtigen Leitsätzen der Kommune-Rezeption, wir finden Blätter, auf denen Texte dieser Art auf „Stimmen" verteilt sind und parallel dazu beginnt die Einarbeitung von Figuren und Handlungssträngen, die den literarischen Vorlagen entnommen sind; es folgen erste Szenenskizzen und ganze Szenenentwürfe. Dazwischen, ebenfalls auf eine Vielzahl von Mappen verteilt, immer wieder Bruchstücke, in denen Szenenabläufe konzipiert und wieder verändert werden.

Das scheinbare Durcheinander, von Materialien und Entwicklungsstadien[3] unterschiedlichen Reifegrads, das für seine Auswertung zunächst eine Neuerfassung nach den vorgenannten Gesichtspunkten erforderte, erwies sich aber bei der zeitlichen Bestimmung der hier vorgestellten Stückpläne als hilfreich. Da die Mappen so aufgenommen wurden, wie das Material vorgefunden worden ist, sind teilweise Rückschlüsse auf den Entstehungszeitpunkt und inhaltliche Zusammenhänge möglich.

Einer der frühen Pläne[4], der erstmals einen Gesamtüberblick vermittelt, lautet so:

„	1	19.1.	Zug zum Stadthaus
	2	25.1.	Thiers kapituliert
	3	18.3.	Kanonendiebstahl
	4	19.3.	Die Kommune
	5		Flucht der Bourgeoisie
	6	26.3.	Die Wahl
	7		Des Bäckers Rückkehr
	8		Die Bank
	9		Grossmut der Kommune
	10		Bismark & Thiers
	11		Spione
	12		Untergang der Kommune
	13		Thiers triumfiert" (BBA 1922/09)

Er ist gleichsam Beleg für die Aussage, daß die Geschichte des Stückes zunächst auf der Geschichte der Pariser Kommune 1871 gegründet ist und diese erzählt. Der Plan ist bereits soweit fortgeschritten, daß er 13 der späteren 14 Bilder enthält (es fehlt noch das später zwischen 10 und 11 eingerückte Bild, s.u.), andererseits geben die Szenentitel dennoch fast ausschließlich (mit Ausnahme von 7) historische Abschnitte und Schwerpunkte des Geschehens wieder. Der

wesentliche gestalterische Aufgabenbereich war hier durch diese Schwerpunktbildung im Rahmen des historischen Verlaufs gekennzeichnet.
Letztendlich sollten aber in Brechts Stück nicht „die Akten sprechen" (KAUFMANN 1962 S. 46), sondern die Einwohner von Paris. Anonyme „Stimmen", denen zunächst einzelne Quellenmaterialien zugeschrieben wurden, bleiben ein Übergangsstadium der Arbeit. Sie werden entweder zur Darstellung der Sitzungen des Rates der Kommune oder zur Gestaltung des Dialogs zwischen den Bürgern auf den Straßen weiterentwickelt. In den Stadthausbildern werden sie den Delegierten zugeordnet, um darin bestimmte Tendenzen und Haltungen, sowie die dafür charakteristischen Argumente kenntlich zu machen. In den Straßenszenen dienen sie dazu, bestimmte Haltungen und Entwicklungen von Bürgern der Stadt zu kennzeichnen und zu erläutern. Die Weiterbe- und -verarbeitung der „Stimmen" ist sozusagen „von zwiespältiger Art": sie werden entweder in der politischen Debatte zu exemplarischen Stimmen verdichtet oder zur Gestaltung des Lebens auf den Straßen in Dialoge aufgelöst.[5]
Dieser Entwicklungsstand wird im folgenden Plan festgehalten:

„   1   das 101. bewirtet mme Cabet
     2   Thiers schliesst frieden
     3   Mme Cabet verteidigt ihre kanone
     4   das zentralkomitee beschliesst wahlen
     5   Jean Cabet verdammt die kommune
     6   wahlsiegfeier auf montmartre
  7b   Genieves [!] 1. lektion
     8   die bank von frankreich
     9   zerschlagung des staatsapparats
         der überfall
         übernahme und kriegsführung
  10   Bismark leiht truppen
  11   Genieves 2. Lektion
 11b   letzte Sitzung der kommune
  12   barrikadenbau an ostern
  13   die blutige maiwoche
  14   Thiers' triumpf "   (BBA 307/02-03)[6]

Diese Entwicklungsstufe ist gekennzeichnet durch die Einführung der Familie Cabet, d.h. der Personen um Mme. Cabet und „Papa". Die Gestaltung dieser Personen erfolgt auf dem Hintergrund der literarischen Vorlagen, insbesondere der von Nordahl Grieg, aber es ist festzuhalten, daß diese Materialien erst nach bereits fest umrissenen Entwürfen über Anlage und Schwerpunkte des Stückes Verwendung fanden. Zweitens ist keine von ihnen sozusagen als die Verkörperung der Stimme Brechts ausgebildet; und sie sind nicht nur da, um den historischen Ablauf sozusagen zu illustrieren, sondern Beispiele von sich entwickelnden Konflikten und Gemeinsamkeiten, die auf diesen Ablauf zurückwirken, erlebbar zu machen. (Was inzwischen insbesondere in der DDR-Rezeption dazu geführt hat, vom „beispielhaften Verhalten" der „Familie Cabet" zu sprechen, davon, daß der einzelne Held des bürgerlichen Dramas nunmehr von den „Helden der Commune" abgelöst worden sei[7]). Die Personen werden soweit als Persönlichkeiten gestaltet, daß die Geschichte der Kommune wirklich als von Menschen gemacht erkannt werden kann. Andererseits wird dieses Bemühen geleitet von dem Bestreben, zu verhindern, daß die Dominanz der Beispiele einzelner Lebensgeschichten nicht den Gesamtzusammenhang der Ereignisse verdunkelt. Beabsichtigt ist vielmehr das Gegenteil: das Besondere soll auf das Allgemeine verweisen, das Allgemeine auf seine Wurzeln im Besonderen.

Als Ergebnis dieser Entwicklung liest sich der folgende Plan so:

„ 1 19.1.71
die grossen und die kleinen geschäfte Mme Cabet bringt kokarden
gegen wen muss paris verteidigt werden. nationalgardisten sprechen mit einem beleibten herrn
das 101. bataillon speist Mme. Cabet der die kokarden nicht mehr abgenommen
werden
neue mitglieder der nationalgarde
der zug vors stadthaus.
2 25.1.71
m. Thiers seinen morgenkaffee schlürfend verspürt keine lust am krieg mehr.
3 18.3.71
die frauen von montmartre vereiteln M. Thiers kanonendiebstahl.
vor dem bäckerladen anstehend besprechen 4 frauen die ordnungsmassnahmen der
regierung.
Jean und Francois feiern wiedersehen mit Philippe.
froh des befehls der bäckerin schiesst Phillipe nicht auf seinen bruder.
4 19.3.71
die kommune konstituiert sich in einem zu kleinen raum.
eine abordnung der neuen bataillone verlangt den marsch auf versailles.
die kommune scheut den bürgerkrieg und schreibt wahlen aus.
5 die bourgeoisie begibt sich nach versailles. mit zofen und hutschachteln. die gros-
se furcht.
Jean versucht Philippe an der eskortierung des ersten zugs zu hindern. bekommt
ein blaues auge und verlässt die kommune.
Genieve spricht sich für den frieden aus. und tritt der kommune bei.
6 26.3.71.
Jean und Francois träumen. und paris feiert den wahlsieg.
ein zwischenfall
- - ein pferd wird ermordet.
verlesung des programms in erwägung . . . . .
7 Eröffnung der kommune durch Beslay
Genieve und Pierre übernehmen das Unterrichtsministerium.
8 Die Bank von Frankreich
9 Ablehnung des Bürgerkriegs durch die Kommune
10 Favre und Bismark
11 Pierre belehrt Genieve über die Prinzipien der K.
Ablehnung der Diktatur
3 Verhaftung Lussacques [. . .]
1 der Untergang [. . .]
2 M. Thiers triumfiert [. . .]“   (BBA 1787/05-06)

Dieser Plan ist deshalb von besonderem Interesse, weil er — sozusagen als Gegenpol zur ersten
Vorlage — sein Über-Gewicht auf das jeweils Persönliche legt. Nicht nur, daß den Straßen-
szenentiteln weit mehr Platz eingeräumt wird, selbst den Vertretern der politischen Linien werden Namen und „Haltungen" zuerkannt („Thiers . . . verspürt keine lust am krieg mehr.").
Hier ist etwas Persönliches dazugekommen, das nicht nur zur Animation der einzelnen Figuren
führt, sondern zugleich zu einer kritischen Aufklärung über ihren gesellschaftlichen Standort.[8]

Interessant ist, daß auf dieser Stufe der Gestaltung die Verbindungslinien sowohl zwischen den Straßenszenen und denen des Rates der Kommune weiter herausgearbeitet wurden (insbesondere durch die Ausgestaltung der Figuren von Geneviève, von Langevin und ihrer Wechselbeziehungen), als auch jene zwischen der „Familie" (im erweiterten Sinne) und dem Gegner in Versailles (insbesondere durch Philippe und Lussacques, später dann: Guy Suitry). Einerseits wird das Arrangement der Figuren noch enger durch die Verknüpfung individueller Lebensgeschichten sozusagen privatisiert (Langevin als der Schwager von Mme. Cabet ist; Geneviève als Freundin Babettes — und François', dessen Zimmerwirtin Mme. Cabet ist; Philippe als Bruder von François; Guy als Verlobter von Geneviève) andererseits werden durch eben diese Verknüpfungen zugleich die eigene als auch die entflohene Regierung in den unmittelbaren Zusammenhang der Straßenszenen eingebunden.

Um zu zeigen, wie diese Zusammenhänge zwischen Lebensgeschichte der Figuren und der Geschichte der Kommune schließlich gestaltet wurden, reicht es nicht auf weitere Pläne — selbst wenn noch späteren Datums — zu verweisen. Vielmehr empfiehlt sich hier, nach einem Vergleich untereinander, nunmehr die Pläne auf das gedankliche und gestalterische Zentrum der Handlung zu beziehen. Dazu — und zugleich zu einer weiteren Hinführung auf den Inhalt des Stückes selbst — die folgende Darstellung Hans KAUFMANNs (1962 S. 36ff.). Er gibt das Drama wie folgt wieder:

> Die Nationalgardisten „Papa", Coco und Francois kommen aus dem Kampf, den sie vor den Toren von Paris gegen die Preußen geführt haben, in ein Café, um zu verschnaufen. Sie treffen Madame Cabet, die Wirtin François', die die von ihr genähten Kokarden nicht mehr los wird. Die Nationalgardisten geraten in Streit mit einem Bourgeois, der für Kapitulation ist, weil mit dem Krieg keine Geschäfte mehr zu machen sind. Während der Bourgeois wütend abzieht, schließen sich „Papa", Coco und François, begleitet von einem deutschen Kürassier, dem Zug an, der vor dem Stadthaus gegen die arbeiterfeindliche Regierung demonstriert. (Szene 1)
Thiers, zitternd vor der Nationalgarde, dem Volk in Waffen, will nichts als Kapitulation. (Szene 2)
Der Arbeiter Jean und der Student François bewachen die Kanonen der Nationalgarde und unterhalten sich über Mädchen. (Szene 3a)
Während gegen Morgen die Frauen nach Weißbrot anstehen, über dessen gute oder üble Bedeutung sie reden, kommen Regierungstruppen, um die Kanonen der Nationalgarde wegzunehmen. Frauen und Nationalgardisten verhindern das ohne Blutvergießen, da die Soldaten, unter ihnen der Bäckergeselle Philippe, nicht auf die eigenen Leute schießen. „Papa" eilt weg, um dafür zu sorgen, daß die verhafteten Generale Lecomte und Thomas erschossen werden. (Szene 3b)
Der Bäckerladen wird wieder geschlossen, aber die Lehrerin Geneviève spricht vom „neuen Zeitalter". Die Generale sind, wie „Papa" berichtet, erschossen worden. (Szene 3c)
Im Stadthaus wird die Wahl der Kommune vorbereitet. Die Bürgermeister der Stadtbezirke kehren dem Volk den Rücken. Das Zentralkomitee der Nationalgarde beschließt die Wahl der Kommune, aber nicht, wie von einigen gefordert, den zur raschen Vernichtung Thiers' nötigen Marsch auf Versailles. (Szene 4)
Vom Ensemble wird die „Resolution" gesungen.
Auf dem Bahnhof beeilen sich Bourgeois und Aristokraten, nach Versailles zu fliehen. Der Gouverneur der Bank bleibt jedoch, um die Stellung zu halten. Jean versucht, den Abtransport der Kassen zu verhindern, und wird dabei festgenommen. Der Gouverneur de Plœuc will seine Verschleppung nach Versailles veranlassen, aber einige Soldaten ma-

chen da nicht mit, so daß Jean freikommt; die Kassen jedoch werden abtransportiert. (Szene 5)

Im Cafe an der Straße wird die Wahl der Kommune gefeiert. François schwärmt von der neuen Zeit. Jean und Babette lieben sich. Die rote Fahne wird herausgehängt und freudig begrüßt. Langevin, Mitglied der Kommune und Schwager der Witwe Cabet, kommt und spricht von der großen Arbeit, die bevorsteht; er hat auch Sorgen wegen der militärischen Lage. „Papa", in festlicher Stimmung, schiebt die Bedenken beiseite. Vorbeiziehende laden zum öffentlichen Fest ein, aber die Anwesenden bleiben, singen und machen sich über Thiers und Bismarck lustig. (Szene 6)

Die Kommune faßt auf einer ihrer ersten Sitzungen wichtige Beschlüsse über die Abschaffung des stehenden Heeres, über die Absetzbarkeit aller Inhaber öffentlicher Ämter sowie über die Organisierung der kollektiven Arbeit in Fabriken und Werkstätten. (Szene 7a)

Die Lehrerin Geneviève, nun Beauftragte für das Schulwesen, kommt mit Langevin in das Innenministerium, um Unterlagen für ihre Arbeit zu suchen. Der Pförtner sucht sie zu hindern. Babette und Philippe kommen mit ihren Sorgen wegen der Schneiderinnenlöhne und der Bäckerarbeit und bringen die unerfahrene Geneviève in Verlegenheit. (Szene 7b)

Der Gouverneur der Bank verspricht Thiers die gewohnten Geldsendungen, die er ihm über die Priester zukommen lassen will, und versteht es, dem Delegierten der Kommune, Beslay, mit formaljuristischen Ausreden die Geldauszahlung zu verweigern. Beslay weist auf die Macht hin, wendet sie aber nicht an, sondern gibt sich zufrieden. (Szene 8)

Beslay wird deswegen in der Kommunesitzung heftig angegriffen. Man kann sich nicht einigen. Die Unentschlossenheit der Mehrheit und die Fülle der zu beratenden ökonomischen und militärischen Aufgaben verhindern die Annahme der klaren Anträge Varlins und Ranviers, die energisch fordern, die Bank in Besitz zu nehmen und endlich auf Versailles zu marschieren. (Szene 9a)

Ein Ballon der Kommune steigt auf, um über dem Lande Flugblätter abzuwerfen. Ein Bettler läßt sich die Besichtigung des Ballons bezahlen. (Szene 9b)

In gefährlicher militärischer Situation beschließt die Kommune die Trennung von Kirche und Staat. Ein verwundeter Offizier berichtet über Mängel der militärischen Organisation, die den Kampf hemmen. Man ist mißtrauisch gegen den bürgerlichen Offizier, der das soziale Wesen der Kommune nicht versteht. Ranvier sucht zu vermitteln. (Szene 9c)

August Bebels Solidaritätserklärung mit der Kommune wird in der Kommunesitzung verlesen. (Szene 9d)

Bismarck bewilligt Thiers' Beauftragtem Favre die Freilassung von Kriegsgefangenen und den Zahlungsaufschub für die Kontributionen, fordert aber dafür rasche Beseitigung der Kommune. (Szene 10)

Langevin spricht mit Geneviève über die Fehler, die die Kommune begangen hat. Ihre Losungen und Taten geben ihren Feinden Spielraum. (Szene 11a)

Delescluze, jetzt Delegierter für das Kriegswesen, erstattet Bericht über die bedrängte militärische Lage und die Demission des Kommandierenden Rossel, dessen Befehle nicht ausgeführt wurden. Eine Frauendelegation fordert energische Maßnahmen. Varlin und Rigault wollen, die Wirkung des Appells der Frauen ausnutzend, Beschlüsse durchsetzen, um auf die Abschlachtung gefangener Kommunarden durch die Versailler mit Gegenterror zu antworten und gegen Spitzel und Saboteure vorzugehen. Sie kommen aber gegen die Mehrheit nicht durch. Man stimmt gegen Repressalien. Dann werden Gewehre ausgeteilt, und man diskutiert über eine Kommission für Frauenbildung. (Szene 11b)

Das Ensemble singt: Keiner oder alle.

Im Gespräch beim Barrikadenbau will François gegen Jean das Überlaufen Philippes in Schutz nehmen. Madame Cabet bringt Ostergeschenke. Guy, der Verlobte Genevièves, kommt, als Nonne verkleidet, um zu spionieren. François und Madame Cabet verhindern seine Erschießung. Auf die Barrikade wird ein Spruchband gestellt, das die Versailler auffordert, nicht gegen die Arbeiter zu kämpfen; man glaubt aber nicht recht an den Erfolg. (Szene 12)

„Papa" und die anderen bereiten sich hinter der Barrikade auf den Endkampf vor. Langevin kommt und berichtet über den Tod Cocos und über furchtbare Metzeleien dort, wo die Versailler vorgedrungen sind. Madame Cabet wird, während sie Suppe austeilt, verwundet. Die Versailler rücken vor, nacheinander fallen Babette, François, Jean, der deutsche Kürassier, Geneviève. (Szene 13)

Bourgeois und Aristokraten betrachten von Versailles aus den Untergang der Kommune. Man lobt die Straßenbegradigungen Hausmanns und jubelt Thiers zu, der in Begleitung seines Adjutanten Guy kommt. (Szene 14)«

(1962 S. 36ff.)

Diese Inhaltsangabe Kaufmanns hat zur Besonderheit, daß sie versucht, den roten Faden des Handlungsverlaufs des Dramas unter Einbeziehung der lebensgeschichtlichen Komponenten herauszuarbeiten, ohne sich dabei zu sehr in Einzelheiten bestimmter persönlicher Beziehungen und Widersprüche zu verlieren: Sie seien zwar von Wichtigkeit, zumal im Falle der Aufführung des Stücks – „so die Verpfändung von François' Mikroskop durch seine Wirtin, Madame Cabet, die ihre Miete dringend brauchte; Jeans anfängliches Abseitsstehen von der Nationalgarde, die ihm zu gemäßigt war; die Neigung François' zu Geneviève; die Unsicherheit 'Papas' wegen seiner Teilnahme an der Erschließung der Generale" (Kaufmann 1962 S. 40) – sie würden aber nicht auf das Zentrum des Stückes hinführen.

Das Spannungsfeld zwischen Entpersönlichung und Individualisierung, in der Brechts Auseinandersetzung mit dem Kommune-Stoff stand, wirkt so auf den Versuch der zusammenfassenden Wiedergabe des Stückes selbst ein. Während der hier vorgetragene Ansatzpunkt Kaufmanns deutlich auf das Konzept eines Geschichtsdramas verweist, bemühten sich etwa zur gleichen Zeit die Brecht-Schüler Tenschert und Wekwerth, den Zusammenhang „zwischen Privatem (Familie) und Öffentlichem (Commune)"⁵ derart darzustellen, daß die Fabel des Stückes „von der Familie her" erzählt werde (S. 93 – WEKWERTH: „Es ist ein verbreiteter Irrtum, Brechts Stück zerfalle in die Geschichte der Familie Cabet und in die Geschichte der Commune. Es ist *nur* die Geschichte der Familie, die für viele steht"⁹ – 1967 S. 99). Unbestritten aber auch hier die Interdependenz von Besonderem und Allgemeinem. Damit nämlich der Zuschauer „den Verfolg der Geschichte der Commune und ihre Größe . . . als das Werk der kleinen Familie Cabet" entdecken könne, müsse jeder ihrer Charakterzüge „episch" sein, d.h. „über das Individuelle hinaus Auskunft geben über die Historie" (S. 97). In seinem Bericht über das letzte Gespräch mit Brecht in Buckow im August 1956 stellt Wekwerth die Schwierigkeiten des Erzählens der *Commune*-Fabel dar: denn die Sache selbst soll erzählt werden, nicht eine Meinung darüber; jede Einzelheit im Stück will vom Gegenüber beurteilt werden können, unter der Fülle des Vorgefallenen ist eine kunstvolle Auswahl zu treffen, „die den Zuhörer in den Zustand der produktiven Konsumtion versetzt."

Und so wird die Fabel des ersten Bildes, „die Geschichte der Mme. Cabet verfolgend" bei Wekwerth so erzählt:

„In dem belagerten Paris 1871 florieren die großen und die kleinen Geschäfte nicht mehr. Ein beleibter Herr beklagt sich beim Garçon des kleinen Cafés, das nun der Nationalgarde als Rekrutierungslokal dient, über die momentane Unergiebigkeit des Krieges, und Mme. Cabet, die Näherin mit dem arbeitslosen Sohn auf dem Hals, wird ihre Kokarden nicht mehr los. Glücklicherweise entdeckt sie in einer Gruppe Gardisten, welche eben aus der Ausfallsschlacht kommen, ihren Untermieter. Mit fiskalischer Unerbittlichkeit gibt die Getretene den Tritt nach unten weiter: sie verlangt im Namen der Regierung umgehend die rückständigen Mieten. Aber François kann nicht zahlen, sein Sold reicht gerade noch für ein Gläschen Wein; dabei ist er verwundet. Seinen Kameraden gelingt es, Mme. Cabet mit einem Huhn zu bestechen, welches der vor den Gardisten geflüchtete feine Herr zurückließ. Mme. Cabet erwähnt, daß sie zufällig gerade nichts Richtiges gegessen habe, während ihr Sohn Jean die Zeremonie des Verspeisens beeinträchtigt: man habe da drinnen die Kokarden nicht mehr abgenommen, weil die Regierung nicht noch mehr Arbeiter in Waffen wünsche. Mme. Cabet muß das Huhn halbverspeist in den Korb legen, denn die Gardisten erkennen in ihr einen Bundesgenossen gegen die verräterische Regierung. Sie brechen zur Demonstration vor dem Stadthaus auf. In Regierungskreisen ist man nach dieser Demonstration empfindlich gegenüber Marschschtritten. Hals über Kopf will man den Frieden mit den Preußen unter Dach und Fach bringen. Der offene nationale Verrat mobilisiert das Proletariat, das nun die Waffen umkehrt. Der nationale Kampf wird in den sozialen umgewandelt. Die Revolution . . ."

Hier unterbricht Brecht:

„'Stop, nicht so schnell', meldete Brecht seine Ansprüche an, 'das verstehe ich nicht. Wer wandelt da um? Die Proletarier sind bewaffnet in der Nationalgarde und folgen den nationalen Losungen der Bourgeoisie. Als die Bourgeoisie die Verteidigung sabotiert, halten die Proletarier in Demonstrationen der Bourgeoisie eben diese Losungen unter die Nase, nationale Losungen. Wie erfolgt der Umschlag in den sozialen Kampf? Ihr müßt da etwas ausgelassen haben.'"

(WEKWERTH 1960 S. 26f.)

Wekwerth erläutert die Schwierigkeiten des Erzählens, des „eins nach dem andern" einer nackten Fabel für jene, die meinen, sie schon „in- und auswendig" zu kennen. Und er kommt, zusammen mit Brecht, am Ende seines Berichtes wieder auf dieses Problem zurück.

„wir hätten vorhin die Fabel der ersten Bilder nicht naiv erzählt, sondern ironisch. Ob sich denn Ironie und Naivität völlig ausschlössen, versuchten wir unsere Fragen anzubringen. Gerade politische Stücke verlangten naive Darstellung, fuhr er fort, unsere Frage überhörend. Die Fabel müsse direkt erzählt werden, nicht indirekt:

Die Näherin, Mme. Cabet, bringt wie jeden Tag Kokarden in das Rekrutierungslokal der Nationalgarde/ihr Sohn Jean, ein arbeitsloser Lokomotivführer, weist eine Kommission von einem beliebten Herrn zurück/eine Gruppe Nationalgardisten, aus der Ausfallsschlacht kommend und auf dem Wege zur Demonstration vor dem Stadthaus, muß erfahren, daß ihr Sold kaum mehr zu einem Glas Wein langt/der beleibte Herr empört sich über die Gardisten, die im patriotischen Kampf an ihren Sold denken. Er entflieht/Mme. Cabet sind die Kokarden nicht abgenommen worden; sie steht vorm Ruin/Mme. Cabet entdeckt unter den Gardisten ihren Untermieter, den verwundeten François, und verlangt von ihm die rückständigen Mieten/usw."

(1960 S. 35f.)

Hans Kaufmann greift diese Darstellung Wekwerths auf und weist darauf hin, daß eine solche Aneinanderreihung von Vorfällen und Situationen nicht das ergebe, was Brecht im *Kleinen Organon für das Theater* selbst die Fabel genannt habe, nämlich: „'die Verknüpfung der Begebenheiten' das 'abgegrenzte Gesamtgeschehnis'". In der oben erwähnten Darstellung sei es dagegen um die Wiedergabe der „Fabel" entsprechend den Forderungen eines Regisseurs gegangen, „um von den Gruppierungen, Gesten und so weiter eine genaue Vorstellung zu erhalten." (KAUFMANN 1962 S. 41)
Die *eigentliche* Fabel dagegen enthülle die treibenden Momente und Motive der Handlung und sage in anschaulicher Weise „unmittelbar den Sinn des Dramas" aus. Die Verknüpfungspunkte der Stoffelemente, der Ursprung der Bewegung des Stoffes selbst, sie seien in der *Commune* nicht dadurch zu finden, daß der Erzähler und sein(e) Gegenüber „von der allgemeinen Inhaltsangabe zu den einzelnen Episoden hinab-, sondern indem" sie „zu dem geschichtlichen Zusammenhang hinaufsteigen", zu jenem geschichtlichen Zusammenhang, „wie er sich im Handeln der Personen manifestiert." (ebd.)

Hans Kaufmann also findet und erzählt die Fabel der *Commune* indem er „gewisse Abstraktion(en) vom Einzelschicksal" vornimmt:

„Das Volk von Paris, nachdem es bei seinem opferreichen Verteidigungskampf gegen Preußen entdeckt hat, daß seine bürgerliche Regierung fortgesetzt nationalen Verrat übt, vertreibt die Regierung ,wählt die Kommune und feiert die neue Zeit. In ihrem Eifer, die neue, freie Gesellschaft zu errichten, glücklich, die Ausbeuter und die ganze alte Gesellschaft los zu sein, beschäftigt sich die Kommune mit friedlichen Maßnahmen zur Organisierung der befreiten Arbeit und zur Beseitigung der Klassenprivilegien. Die Mehrheit verhindert, daß die Schwäche des Gegners ausgenutzt, die Bank von Frankreich besetzt, die Macht gebraucht wird. Noch beim beginnenden Einmarsch der Versailler in Paris weigert sich die Kommune, Repressalien zu ergreifen, und die Kämpfer auf der Straße lassen einen Spitzel laufen. Unterstützt von Bismarck, der bäuerliche Kriegsgefangene freiläßt, erobern die Versailler Paris. Kommune-Mitglieder und einfache Kämpfer fallen auf der Barrikade. Frankreich gehört wieder den alten herrschenden Klassen." (1962 S. 41f.)

Um diese beiden unterschiedlichen Auffassungen bei Wekwerth und Kaufmann in den Griff zu bekommen, geht Monika MEHNERT von einer doppelten Funktion des Fabelbegriffs bei Brecht aus: dem der „Fabel als Sinnganzes" (so wie bei Kaufmann erzählt) und dem der „Fabel in ihren Vorgängen" – auf diese Weise versucht sie das Verhältnis von Allgemeinem und Besonderem aufdecken zu können. Gleichwohl lehnt sie es ab, mit Kaufmann einen Unterschied danach zu machen, ob die Fabel in ihrer Anwendung auf ein Stück Literatur oder in Bezug auf eine Inszenierung hin erzählt wird. Bei einer Unterscheidung des Vorgehens Brechts bei der Fabelerzählung „in literarische- und Regiemethode zu unterteilen", würden „wesentliche Gestaltungsmethoden Brechts verloren gehen, bzw. in ein falsches Licht geraten." Die oben zitierte Darstellung käme denn auch eher der Erzählung eines geschichtlichen Vorgangs gleich, als der einer Fabel. Ihr Vorschlag lautet so:

„Während des Krieges der Deutschen gegen Frankreich florieren die Geschäfte der französischen Bourgeoisie, nicht die der kleinen Leute wie z.B. Mme. Cabets Geschäft. Aus der Erkenntnis dieser Tatsache und der verräterischen Haltung der Regierung der nationalen Verteidigung fassen einige Nationalgardisten, aus der Schlacht kommend unter Führung 'Papas', einem Arbeiter, den Entschluss, an die Regierung einige Fragen zu stellen.
Von Bismarck unterstützt, übernimmt Thiers die Regierungsgeschäfte Frankreichs in der Absicht, die Nationalgarde wieder zu entwaffnen.
Dieser Versuch scheitert, da die Pariser Bevölkerung, unter anderem auch die Familie Cabet, die Kanonen verteidigt.
Bevölkerung und Soldaten verbrüdern sich, gemeinsam nehmen sie die Macht in ihre Hände. 'Papa' und Langevin, der Schwager Mme. Cabets, berichten von den Ereignissen.
Während das Zentralkomitee sich von den verräterischen Bürgermeistern trennt und Wahlen ausschreibt, fordert 'Papa' im Namen des Volkes von Langevin, der Angehöriger des Zentralkomitees ist, nach Versailles zu marschieren und den Feind, solange noch möglich zu vernichten. Man ist uneinig.
Ein Teil der Bourgeoisie flieht, durch die Ereignisse veranlasst nach Versailles, aber die entscheidenden Leute, wie z.B. de Ploeuc, Gouverneur der Bank von Frankreich, bleiben in Paris.
Die Familie Cabet feiert mit Langevin, dem neuen Communemitglied, den Wahlsieg der Pariser Arbeiter. 'Papa' und Jean wollen Langevin die Angst nehmen, nicht zur rechten Zeit, am 18. März, nach Versailles marschiert zu sein.
In der ersten Communesitzung werden die neuen Rechte proklamiert.
Noch nicht vertraut mit der Führung von Regierungsgeschäften und durch die Vielzahl der zu lösenden Aufgaben beim Aufbau eines neuen Staates, ist es schwer, die im Augen-

blick wichtigsten Massnahmen zu treffen. Auch Geneviève, der Lehrerin, gelingt es nur mit Hilfe der anderen, ihre neuen Aufgaben im Unterrichtsministerium zu erfüllen.

Beslay, dem es durch seine Kompromissbereitschaft nicht gelungen ist, die Bank von Frankreich in die Hände der Communarden zu bekommen, wird von Varlin und Rigault, den fortgeschrittensten Arbeiterführern, heftig angegriffen.

Doch [Durch] die Uneinigkeit der Communarden in puncto: Bürgerkrieg oder nicht, gelingt es Versailles, Paris anzugreifen.

Während sich in Paris die Bevölkerung auf den Barrikadenkampf vorbereitet, und sich Geneviève und Langevin klar darüber werden, dass gegen Gewalt nur Gewalt hilft, handelt Favre, Delegierter der Versailer Regierung, mit Bismarck die Provisionen und Kapitulationsbedingungen aus.

Obwohl die Commune sich gegen Repressalien auch angesichtes des Gegners ausgesprochen hat, gehen alle mutig in den Kampf, auch die Familie Cabet. Sie alle haben gelernt, dass es heisst: einer für alle, alle für einen, so wie Geneviève, die sich von ihrem Verlobten, der zum Spitzel Thiers wurde, lossagt.

Im Glauben an die Zukunft fallen auch die Bewohner der Rue Pigalle wie Tausende andere in Paris.

Noch einmal hat die Aristokratie und Bourgeoisie einen blutigen Sieg errungen."

(MEHNERT 1964 S. 45ff.)

Aufbau und Intention dieses Fabel-Gegenentwurfs werden deutlich: nicht ein Hinaufsteigen zum geschichtlichen Zusammenhang ist hier angestrebt, sondern ein Hinabsteigen zur Geschichte der Familie Cabet „die im Verlauf des Stückes zu ihrer Existenz die Commune benötigt, um am Ende, nach dem Versagen der Commune, wieder auf sich allein, auf die Barrikade, gestellt zu sein." (WEKWERTH 1967 S. 93). Die in den *Versuchen* erstmals gedruckte Fassung wird bereits aus dem Blickwinkel jener für das Berliner Ensemble bearbeiteten erzählt – und also verworfen. MEHNERT: „Volk und Commune [werden] als Regierung nicht immer in ihrer Wechselwirkung gezeigt", sondern nebeneinander existierend. „Das Problem der Gestaltung von Allgemeinem und Besonderem wird also nur ansatzweise gelöst. Die Commune tritt noch zu sehr in den Vordergrund, die Geschichte der Familie Cabet wird nicht in ihrer ganzen Plastizität gezeigt, sondern nur in einzelnen Skizzen." (S. 48) Mit dieser Formulierung lehnt sie sich offensichtlich an die wekwerthsche Formulierung an, daß man das Stück als „Skizze über einen der schwierigsten Vorgänge der neueren Geschichte" zu betrachten und durch die „Auffüllung mit Leben" zu einem vollwertigen Drama erst noch auszugestalten habe (WEKWERTH 1967 S. 91f.)

Während Wekwerth immerhin noch von einem „der schönsten revolutionären Vorwürfe(n) in der dramatischen Literatur" spricht, ist Brecht nach Ansicht Arthur ADAMOVs an einer von beiden Klippen, die sich zwangsläufig einem Autor in den Weg stellen, der sein Stück in der Geschichte ansiedelt, gescheitert: „Ces deux écueils, les voici: Prendre les événements historiques comme toile de fond et faire apparaître surtout les aventures individuelles; ou réduire celles-ci au minimum pour ne laisser apparaître que l'Histoire." (In: *La nouvelle critique* No. 123, Fév. 1961 S. 10). Sich sehr wohl davor in acht nehmend, daß die Geschichte nie nur zur Staffage der Geschichte der individuellen Begebenheiten (hier der „Familie Cabet") wird, habe er, Brecht, in seiner Fassung zu sehr die Historie hervortreten lassen. Und somit wählt Adamov nicht den Weg des Umarbeitens des Stückes, sondern entschließt sich seinerseits zur Gestaltung eines Gegenentwurfs.

Hans Kaufmann greift dessen kritische Beobachtungen insoweit auf, als er im Falle der *Commune* von einer „Fabel ohne individuelle(r) Verwirklichung spricht" (so die Überschrift zum 4. Kapitel des ersten Teils – S. 67). Er nimmt aber im Verfolg seiner Untersuchung die Beobachtung, daß das geschichtliche Ereignis „gewissermaßen selbst zur Fabel wird" (LIEBICH 1959 S. 87, zitiert bei KAUFMANN 1962 S. 67) zum Anlaß, die Vorteile einer solchen Anlage des

Stückes herauszuarbeiten, zu zeigen, daß „die Volksmasse wirklich a l s M a s s e Träger der Handlung ist." (S. 68). Dies sei nicht nur eine Frage des Stoffs, sondern zugleich des Gestaltungsprinzips. Und er bemüht sich um nähere Aussagen dazu, indem der die Frage nach der Gestaltung der „Massen" in der *Commune* mit einem ausholenden Rückblick auf die Tradition und aktuelle Bedeutung des „Geschichtsdramas heute" verknüpft.

Wenngleich sowohl Kaufmann als auch Wekwerth in ihren Darstellungen jeweils auf die Gestaltung des Zusammenhangs von Persönlichkeit und Geschichtlichkeit hinweisen, so ergeben sich für ihre Auffassungen über das Gestaltungsprinzip doch Unterschiede. Wir haben gesehen, daß auch für Kaufmann im Verlauf der Gestaltung des dramatischen Aufbaus des Stückes die Absicht Brechts, die Volksmassen selber zu gestalten [„die unmittelbare Teilnahme breitester Massen an den staatlichen Angelegenheiten" – (LENIN, nach Kaufmann S. 69)] eine Einengung der „Möglichkeiten emotionaler Wirkung, vielseitiger Identifizierung mit den positiven Gestalten" zur Folge hatte. Und er empfiehlt, daß in diesem Fall die Inszenierung einer guten Aufführung auf Mittel der marionettenhaften Entpersönlichung und „Unterkühlung" leicht verzichten könne. Mag auch „die letzte Feile" fehlen, so sei die Behauptung, das Stück sei „nicht spielfertig" weit über das Ziel hinausgeschossen (KAUFMANN 1962 S. 85).[10]

Eben dies ist aber die Meinung Wekwerths; das Stück sei in dieser Form nicht auf die Bühne zu bringen[11] und Brecht selbst hätte, wenn er noch länger gelebt hätte, das Stück erheblich, und zwar zum Elisabethanischen hin, umgebaut; zumal der Zusammenhang zwischen Privatem und Öffentlichem, zwischen der Familie und der Commune wäre noch stärker herausgearbeitet worden. Und in diesem Sinne habe man sich entschlossen, die Fabel der *Commune* „von der Familie her zu erzählen" (WEKWERTH 1967 S. 93).

Soweit nochmals die beiden Positionen, an denen sich auch die nachfolgenden Arbeiten im wesentlichen orientiert haben; hier als Beispiel genannt wurden die von Hartung, die eher auf Kaufmann zurückgeht und jene von Mehnert, die eine weitgehende Übernahme der Auffassungen Wekwerths darstellt.

Soweit auch die Auffassungen über die Gestaltung eines Dramas über die Pariser Kommune von einander abweichen, so weitgehende Konsequenzen auch daraus gezogen worden sein mögen – von einer das Persönliche betonenden Spielweise, über eine veränderte, die Geschichte der Familie Cabet betonende Erzählweise, bis zur Gestaltung eines „Gegenentwurfs" – ihnen allen liegt eine Betrachtungsweise der *Commune* zu Grunde, die die Struktur des Stückes in Anlehnung an die beiden Pole – oder auch „Klippen", wie Adamov sich ausdrückt – „des Besonderen und des Allgemeinen ", des Individuellen und des Geschichtlichen, analysiert.

Ausgehend von diesem Beziehungsfeld werden wir im folgenden danach fragen, ob damit bereits alle Handlungsebenen des Stückes erfasst sind. Die genannten Darstellungen gingen im wesentlichen davon aus, daß die eine Ebene, in denen das jeweils „Besondere" gezeigt wird, die der Straßenszenen ist, während die zweite Ebene, die das jeweils „Allgemeine" betont, durch die Stadthausszenen markiert wird. Dabei mögen detailliertere Interpretationen durchaus vermerken, daß Brecht den Versuch macht, auch in den Stadthausszenen nicht vergessen zu lassen, daß die Geschichte von einer Vielzahl von Einzelpersonen gemacht wird. Und auch andersherum mögen sie in den Straßenszenen erhellen, daß die Initiative des Individuums von geschichtsträchtigen Folgen sein kann. Wir aber fragen hier danach, ob sich das Stück tatsächlich auf ausschließlich diese beiden Handlungsebenen gründet.

Was ist beispielsweise mit den Figuren von Thiers, Favre und Bismarck – da sie 'nur' als Karrikaturen gezeichnet werden, fallen sie damit aus diesem Beziehungsfeld heraus? Oder, wieso kommt es, daß sich bei den viel abstrakter gezeichneten Rollenträgern der Bourgeoisie zugleich viel deutlichere Anzeichen emotionaler Regungen finden lassen (siehe den o.g. Plan BBA 1787/ 05-06, wo Brecht vor allem die Rollen der Bourgeois 'privatisiert', z.B. wenn er von Thiers' Unlust am Krieg spricht, von der großen Furcht der nach Versailles Fliehenden etc.). Reicht es also, einfach von *dem* Privaten und *dem* Öffentlichen zu reden? Wie unterscheiden sich die Furcht des Steuereinnehmers (TC S. 42) und die Befürchtungen Jeans (TC S. 100)?

Bild V: Auf dem pariser Nordbahnhof drängen sich die Bürgerfamilien, Nonnen und Beamten auf der Flucht nach Versailles; „die große furcht" notiert Brecht in seinem Plan. Unter ihnen der „Herr Steuereinehmer", „inmitten seiner Familie". Er kritisiert die Zeitungen der eigenen Couleur, weil sie die Bedrohungen durch das Zentralkomitee unterschätzen, er kritisiert seinen Sohn, weil er sich nicht geradezuhalten versteht; er kritisiert seinen Prokuristen Bourdet, der ihm das zum Leben nach der Flucht nötige Geld überbringen soll, der aber nicht erscheint. Ohne Geld kein Leben in Versailles. Die Frau des „Herrn Steuereinnehmer" wiederholt die Kritik an dem Kind und fordert ihren Mann auf, solange zurückzubleiben, bis man an das Geld gekommen sei. Ihr Mann darauf ihr Ansinnen wiederholend: „‚Mußt du zurückbleiben', das ist kennzeichnend. Man mag mich an die Wand stellen, wenn nur das Geld . . . Seine Frau darauf: Werde nicht sentimental. Du wartest auf Bourdet. Alphonse, zuck nicht mit den Schultern. *Ab ohne den Mann, der wartet.*" (TC S. 42f.)

In wenigen Strichen zeichnet Brecht hier das Auseinanderfallen einer bürgerlichen Familie. Wir wissen nicht, ob es ein Wiedersehen geben wird, zwischen den Dreien. Nach der hier gezeigten Episode haben wir aber auch kein besonderes Bedürfnis, etwas über ihre Zukunft zu erfahren. Sie wird bereits sinnfällig, indem Brecht auf das Kind verweist – und darauf, wie die Eltern es behandeln. In der Tat, zu Sentimentalität gibt es keinerlei Anlaß. Und für den Herrn Steuereinnehmer? Sein Klagen über sein persönliches Geschick – gibt sein Berufs‚geheimnis' preis: Hauptsache, das Geld kommt (rein). Und dennoch hat seine Furcht zugleich einen begründeten Anlaß „215 Bataillone, diese Leute können alles machen." (ebd.)

Ganz anders stellt sich das nämliche Verhältnis von Privatem und Öffentlichem im Fall der jungen Familie Jean und Babette dar.

Bild XII: Auf dem Place Pigalle arbeiten – neben anderen Mitgliedern der (erweiterten) „Familie Cabet" – Jean Cabet und Babette Cherron an der Verteidigungsanlage.

Auch diese Szene wird, nach einem Lied von Geneviève, eingeleitet von einer 'Familiengeschichte'. Und auch hier geraten Frau und Mann in einen Streit, aber was für ein schöner Streit, und was für ein neugieriges, wißbegieriges, freches und sensibles Publikum: die Kinder.

„DAS ANDERE KIND *zu Jean:* Du und Babette, schlaft ihr miteinander?
JEAN: Ja.
DAS KIND: Sie ist hopps von dir, eh?
JEAN: Hm. Da sie sich in mich verliebt hat.
BABETTE: Du hast dich in mich verliebt.
JEAN: Wie immer das war, ihr wißt, sie hat damit angefangen.
BABETTE: Wieso? Ich sagte kein Wort, du warst es.
JEAN: Nein, ich weiß. Aber deine Augen.
BABETTE: Und deine?" (TC S. 92f.)

Anlaß dieses Hin und Her sind nicht die Widrigkeiten, die sich dem Paar bei seiner Flucht aus Paris stellen, sondern die Fragen von Kindern. Und doch wird sogleich auch dieses Thema – abgehandelt aufgrund der erneuten 'Flucht' des jungen Philippe – erneut eingebracht (und zwar scheinbar ohne Bezug zu dem eben angesprochenen Streit direkt anschließend). Philippe war sozusagen genausowenig bereit, seinen Kopf für die Kommune – die „Familie Cabet" – zu riskieren, wie der Steuereinnehmer für seine Familie. Jean hingegen weiß, daß, wenn er in Paris bleibt, ihm genau das geschehen wird, was der Herr Steuereinnehmer gefürchtet hatte. Man wird ihn und seine Familie, die „Familie Cabet" und alle, die mit ihr sind „an die Wand stellen." (TC S. 42).

Beispiele dieser Art gibt es mehrere, selbst in dem so engen Themenbereich der Furcht vor dem Sterben – eine weitere Variante bietet der Vergleich zwischen der zum Genuß des Publikums auf der Opernbühne extrem ausgestellten Sentimentalität der 'sterbenden' „Altmann" (10. Bild) und der schwerverwundeten Frau (13. Bild) an der Barrikade. Worauf hier aufmerksam gemacht werden soll, ist, daß dieses bipolare Beziehungsfeld seinerseits in Abhängigkeit zu einer weiteren Komponente, der jeweiligen Klassenlage und -interesse der Figuren steht und damit in Beziehung gesetzt werden muß.

Die Geschichte von Jean und Babette und ihres Kindes [siehe zum Beispiel die Geste von Mme. Cabet, die Babette ein Osterei überreicht, das „für dich und eigentlich schon für jemand anderen", ihr Kind nämlich, gedacht ist (TC S. 94)] läßt sich nicht ausschließlich aus dem Beziehungsfeld des Besonderen zum Allgemeinen ableiten[12]. Die neuen gesellschaftlichen Beziehungen der Menschen untereinander, sie werden nicht nur im Rat der Kommune als Aufgabe und Wille verkündet, sie werden nicht nur, wie in diesem Beispiel, in der privaten Sphäre gelebt, dieses bipolare Beziehungsfeld wird erlebbar unter dem Einwirken einer dritten Komponente: der teils zurückgedrängten, teils überwundenen, aber nie ganz zerschlagenen Macht der Bourgeoisie.

Die Bedrohung der Kommune – und damit das Wirken dieser dritten Komponente – setzt ja nicht erst mit der versailler Freigabe der Stadt zur Beschießung ein, sie ist vielmehr durch die Ausgangsvoraussetzungen und die Bewußtseinslage der Menschen in jener Zeit durchgehend gegenwärtig. Die Fehler, die gemacht wurden, mußten gemacht werden, um diese als Fehler erkennen zu können; und die Erkenntnisse über das Wesen der bürgerlichen Gesellschaft waren abhängig von den Erkenntnissen über sich selber – und umgekehrt.

Langevins: „wir haben nichts zu fürchten außer uns selber" (TC S. 69) hat hier seinen Ausgangspunkt. Sein Plädoyer auf Veröffentlichung der Debatten des Rates der Kommune betrifft nicht nur dessen Verhältnis zur Bevölkerung („Erwartet nicht mehr von der Kommune als von euch selber" – TC S. 64), sondern wird zugleich geprägt durch die Auseinandersetzung mit der Bourgeoisie – vor den Toren von Paris, in der eroberten Stadt, in den eigenen Reihen und bei sich selbst (KOMITEEMITGLIED : . . . Und vergessen Sie nicht, Bürger, daß der Feind lauscht./ „PAPA": Es ist wichtiger, daß das Volk lauschen kann." – TC S. 33).

Die besondere Bedeutung – manche sprechen hier auch von der Tragik – der Kommune liegt darin, daß ihre Fehler von zu vielen erst als Fehler erkannt wurden, als es für die, die sie verantworteten, keine Möglichkeit ihrer Korrektur mehr gab. Die Geschichte der Kommune zeigt aber auch, daß trotz der Fehler des Rates die Bevölkerung unter Einsatz des Lebens ihre Kommune zu verteidigen bereit war. Das Bemühen um die sofortige und vollständige Ausgestaltung neuer historisch bedeutsamer Verhaltensweisen, die ebenso illusionären wie schönen Bemühungen, das Leben nach seinen eigenen Wünschen einzurichten, konzentrierte den Blick zu sehr auf das Zukünftige, ohne wahrhaben zu wollen, daß die Macht der alten Zeit noch keineswegs endgültig gebrochen war.

An dem Höhepunkt der Kommune erhebt „Papa" sein Glas auf die Stadt Paris, und das bedeutet: auf sie, die Anwesenden! Er spricht so: „Das ist es, was diese Stadt gewollt hat und für das sie gebaut worden ist; was sie vergessen hat unter den Peitschenhieben und an was sie erinnert wurde durch uns." – Doch sein Toast wird unterbrochen, besser gesagt: ergänzt: „Nur eins", sagt Langevin, „manchmal denke ich, wir hätten besser am 18. März zugeschlagen. Wir fragten: die Wahlen oder den Marsch auf Versailles! Die Antwort war: beides." (TC S. 52). Brecht will sagen: Die gleichzeitige Auflösung der alten Widersprüche allein durch den Versuch einer umfassenden Lösung der neuen mußte scheitern. Während „Papa" sein Glas auf die Zukunft der Stadt Paris erhebt, spricht Langevin über diese Zukunft bereits in der Vergangenheitsform. Ein Überleben dieses „Neuen Paris" hätte die endgültige Niederlage des „Paris des Thiers" zur Voraussetzung gehabt. Der Wunsch nach vollständiger, nach sofortiger Freiheit für alle geriet, gerade durch seine verführerische Nähe zur Wirklichkeit, zum Grabspruch der Kommune.

In dem Moment, als die Zukunft mit der Wirklichkeit vermählt zu sein scheint, erhebt Babette das Glas, um auf die Freiheit, „Die vollständige" zu trinken. Langevin erhebt sein Glas und antwortet: „Ich trinke auf die teilweise.", denn (nur) „sie führt zu vollständigen." – Selbst in jenem Moment, wo die Bedürfnisse eines jeden in der Gemeinschaft der Bedürftigen, wo Öffent-

liches und Privates in ihrem „dialektischen Zusammenhang" (WEKWERTH 1967 S. 93) vollständig aufgegangen zu sein scheinen, verweigert sich Langevin dieser Formel – trinkt aber gleichwohl mit: „eine historische Illusion, aber eine schöne" (Brecht).
Der Pariser Frühling von 1871 war nicht länger eine Illusion mehr, die Sehnsucht nach einer Neuen Zeit, in so vielen Kämpfen immer wieder beschworen und in Frage gestellt, sie schien Wirklichkeit geworden zu sein. Die überwältigende Freude über dieses neue Zeitalter half den geschwächten Kämpfern erneut auf und gab ihnen die Kraft einer kollektiven Ermutigung – und doch versperrt sie zugleich den gerade in diesem Moment so notwendigen politischen Weitblick. Die sich daraus ergebenden Fehler werden nicht verheimlicht, sie werden einschließlich ihrer Ursachen gezeigt: es war eine Illusion zu glauben, daß die Maßnahmen der Kommune schon auf der Grundlage einer vollständigen Befreiung vom inneren und äußeren Gegner getroffen werden konnten.
Bei Jean und Babette finden die Maßnahmen der Kommune in ihrer Liebe sinn(bild)liche Entsprechung, aus der Perspektive Langevins bedeutet diese so schöne Verwirklichung in Freiheit, aber noch nicht die Garantie für eine freiheitliche Verwirklichung der Kommune.

   „GENEVIEVE: Und die vollständige, die sofortige (Freiheit – W.S.), das ist eine Illusion?
   LANGEVIN: In der Politik." (TC S. 53)

Der Hinweis auf die Notwendigkeit, die Analyse des Stücks über das bipolare Beziehungsfeld des Allgemeinen und Besonderen hinauszuführen, entspringt jenem hier im Drama gezeigten und bei Langevin am schärfsten entwickelten Blick, der selbst in Momenten der Verschmelzung innerer Widersprüche nie den Bezug zu den noch ungelösten Antagonismen außer acht läßt.
Wenn Langevin auf dem Höhepunkt der Kommune bereits von jenen Fehlern spricht, die ihr Ende eingeleitet haben, dann heißt das nicht, daß dieser durch solcherart 'Entmutigung' das Ende der Kommune herbeigeführt habe. Er argumentiert politisch, aus seiner Erfahrung, die ihn lehrte, daß ihnen, wenn sie sich dieser Erfahrungen nicht allgemein bemächtigten, am Ende der Kommune nichts als der Mut der ohnmächtigen und zugleich kämpferischen Verzweiflung bleiben würde. Als er im letzten Kommune-Bild (nicht *Commune*-Bild!) XIII an die Barrikaden nach Montmartre zurückkommt, berichtet er von den bereits andernorts gefallenen Delegierten, und: „Die Schlächtereien am Nordbahnhof sind so, daß Frauen auf die Straßen stürzen, die Offiziere ohrfeigen und sich selber an die Mauer stellen." (TC S. 101) Der Appell der Frauen vom 11. Arrondissement, ihre politische Weitsicht findet hier ihre fürchterliche Bestätigung.
Daß in dem Kommune-Stück weitgehend darauf verzichtet wird, dem Betrachter diese offene Konfrontation zwischen den Kommunarden und der Bourgeoisie vorzuführen, verführt vielleicht dazu, bei der Interpretation die ständige Präsenz dieses Konfliktes zu wenig deutlich herauszuarbeiten. Der Gegner wird 'nur' als Bedrohung erfahrbar, seine Präsenz 'nur' mittelbar spürbar und doch ist es nicht erst das Donnern der Kanonen, das an seine Existenz erinnert: es ist der Alltag des befreiten Paris selber, in dem neben den wunderbaren Tugenden der Neuen auch noch die anachronistischen Laster der Alten Zeit fortwirken. Die Bourgeoisie, das sind nicht nur die als Karikatur gezeichneten Statthalter der Macht, das sind auch die Laster, von denen sich zu befreien die Kommunarden mehr Zeit benötigt hätten, als für die Revolution selbst nötig gewesen war.
Die Konflikte zwischen den Kommunarden in und mit der Kommune schließen immer auch eine dritte Komponente mit ein: die Auseinandersetzung mit der Bourgeoisie. Es ist denkbar, daß in den vorliegenden DDR-Interpretationen, aus ihrer besonderen gesellschaftlichen Lage heraus, die Auseinandersetzung mit den im bipolaren Beziehungsfeld erfaßten 'Mühen der Ebenen' im Vordergrund stand. Ein folgender Blick auf den Bauplan des Stückes aber zeigt, daß die *Commune*-Analyse dennoch von drei Handlungsebenen ausgehen sollte.

Kürzer noch als in der Fabel lassen sich die behandelten Ereignisse in drei große Zeit-Abschnitte einteilen: in den Teil 1, der die Vorgeschichte und den endlich erfolgreichen Aufstand zum Gegenstand hat (Bilder I - III), den Teil 2, der das Leben und Arbeiten[13], die Errungenschaften und Fehler der Kommune benennt (Bilder IV-XI) und den Teil 3, der von ihrem Fall sowie den Lehren spricht (Bilder XII-XIV). Die Gegenüberstellung der Chronologie der Ereignisse und derjenigen des Drama (im Annex) zeigt uns, daß die erste die zweite maßgeblich, aber nicht ausschließlich bestimmt. Immer dann, wenn es darum geht, die besondere Bedeutung eines Ereignisses herauszuheben und in seinen Folgewirkungen deutlich zu machen, wurde die reine am historischen Verlauf orientierte Chronologie durchbrochen und dafür andere, in diesem Zusammenhang weniger wichtige Geschehnisse ausgelassen. Eben durch diese Eingriffe treten die zeitlichen Abschnitte noch stärker in Erscheinung; unterstützt wird diese Untergliederung noch durch den Einbau der Lieder „Resolution" (allerdings nicht zwischen den Bildern III und IV, sondern zwischen IV, das sozusagen den Abschluß des Aufstandes zeigt, und V) und „Keiner oder Alle" (zwischen den Bildern XI und XII).
Bereits das Beispiel der Anordnung der Lieder zeigt aber, daß sich die Stückchronologie nicht nach rein linearen Größen, wie den historischen Ereignissen und ihren Periodisierungen allein entwickeln läßt. Und ob die Entscheidungen, in der Fassung des Berliner Ensembles die „Resolution" (TC S. S. 33ff.) tatsächlich ein Bild vorzulegen, oder aber alle Stadthausszenen anders als bei Brecht mit genauen Daten zu versehen, wirklich der Historizität des Stückes förderlich sind, wäre noch zu diskutieren[14].
Hier jedoch geht es zunächst einmal um die Analyse der Struktur des Kommune-Stückes, so wie es Brecht selber fertiggestellt hat, und zwar nunmehr um seine vertikale Struktur, auf der die zuvor dargestellte Zeitachse des Dramas errichtet ist. Diese vertikale Struktur soll – eingedenk des von Langevin geübten politischen Blicks – aus den Handlungsorten abgeleitet werden. Diese Handlungsorte werden aber nicht nur geographisch, sondern auch politisch bestimmt sein und können so durch die folgenden *drei* Ebenen getrennt und eben dadurch in ihrem Bezug zueinander herausgearbeitet werden.
Das Beziehungsfeld zwischen den Figuren des Stückes vollzieht sich auf 3 Ebenen. Auf der ersten Ebene finden sich alle pariser „Straßenbilder", sie dominieren den Beginn, die Mitte und das Ende des Stückes. Auf der zweiten Ebene erheben sich darüber die pariser „Stadthausbilder", sie dominieren mit elf von insgesamt 21 Szenen vor allem das zweite Drittel, den Teil 2. Denen gegenüber steht eine dritte Ebene, auf deren Präsenz im Verlauf des gesamten Stückes immer wieder eingegangen wird, es sind dies „Abbildungen der Bourgeoisie".
Die einzelnen Ebenen sind mit ihren Orten der Handlung so verknüpft:
Alle Szenen der 1. Ebene spielen auf den Straßen des pariser 18. Arrondissements Montmartre: „vor einem kleinen Café", „in der Rue Pigalle" und „auf der Place Pigalle". Sie handeln vom Alltag, vom Leben und Sterben desjenigen Teils der pariser Bevölkerung, der als die „Pariser Kommunarden" in die Geschichte eingegangen ist (wo dieser Ehrenname – der für das bürgerliche Publikum zumeist „Namenlosen" – im Sinne eines Schimpfwortes gebraucht wurde).
Alle Szenen der 2. Ebene spielen im „Hotel de Ville de Paris", im pariser „Stadthaus", wie es bei Brecht heißt. Einzige Ausnahme davon ist das Haus des Innenministeriums in 7b. Sie handeln von dem Bemühen einer eigenständigen neuzuschaffenden Organisation des Lebens in dem von innen wie von außen von Feinden bedrohten Paris.
In allen der Bourgeoisie gewidmeten Bildern – und mit ihr, dem Besitzbürgertum und seinen Beamten, hier vereint die hohe Geistlichkeit und die alte Aristokratie – wird ihr Fluchtweg vor dem deutschen und alsbald dem französischen Feind von „Bordeaux" über den „Gare du Nord" bis (zurück nach) „Versailles" vorgeführt, dirigiert durch das Wechselspiel der Achse Paris („Bank von Frankreich") – Frankfurt („Oper").
Unter Berücksichtigung der horizontalen Zeitachse gliedert sich insgesamt das Stück in die Ebenen 1 bis 3 so auf:

1. Ebene: Straßenbilder (Paris, Montmatre)

I   „Vor einem kleinen Café auf dem Montmatre, in dem ein Rekrutierungslokal der Nationalgarde etabliert ist."

III „In der Rue Pigalle. Auf der Straße steht eine Kanone."
a   „1 Uhr nachts."
b   „5 Uhr früh. Vor einem noch geschlossenen Bäckerladen"
c   „8 Uhr früh. Die Bäckerin legt wieder die Eisenstangen vor die Ladentür."
VI   „Vor einem kleinen Café auf dem Montmatre . . . das geschlossen gewesen ist."
XII „Place Pigalle . . . an einer Barrikade" arbeitend . . .
XIII „. . . auf der Place Pigalle. An der Barrikade schußbereit . . ."

2. Ebene: Stadthausbilder (Paris)

IV   „Treppenaufgang vor dem Sitzungssaal des Zentralkomitees der Nationalgarde."
VIIa „Rote Fahnen. Im Sitzungssaal werden Tafeln (mit den Grundrechten der Kommune – W.S.) . . . festgehämmert. Eröffnungssitzung der Kommune."
b   „Ministerium des Innern. . . . Regen."
IXa „Sitzung der Kommune"
b   „Wandelgang im Stadthaus."
c   „Nachtsitzung der Kommune."
d   „Sitzung der Kommune"
XIa „Es ist spät in der Nacht. Der Saal ist geleert."
b   „Sitzung der Kommune."

3. Ebene: Abbildungen der Bourgeoisie

II   „Bordeaux". Wohnung Thiers'.
V   „Gare du Nord."
VIII Paris. „Büro des Gouverneurs der Bank von Frankreich. . . . . Regen."
X   „Frankfurt. Oper, während einer Aufführung von 'Norma'."
XIV „Von den Wällen von Versailles aus . . ."

Dieses in drei Ebenen aufgegliederte Beziehungsgefüge schafft die Voraussetzungen, um nachzuvollziehen, wie Brecht in diesem Drama in der Lage war, den Umschlag des nationalen Kampfes gegen die deutschen Truppen in den sozialen Kampf gegen die Bourgeoisie des eigenen Landes zu zeigen. In einer Gegenüberstellung der unversöhnlichen Haltungen der Figuren der Ebenen 1 und 3 – sowohl zu Beginn, als auch zu Ende der *Commune* (siehe I : II : III und XII + XIII : XIV) – weist er deutlich auf die Grundlage der Historie und der Geschichte seines Dramas hin: den Klassengegensatz zwischen der (sich von der Vorherrschaft der Aristokratie befreienden) Bourgeoisie und dem (sich im Schoß der bürgerlichen Gesellschaft entwickelnden) Proletariat. Bemühen sich einige von ihnen dennoch um versöhnliche Austragung der aus diesem Gegensatz entspringenden Konflikte – wie der Gouverneur der Bank, Marquis de Plœuc in Bild VIII oder die Näherin Mme. Cabet in Bild XII – so erweist sich ihr Erfolg alsbald als ein Grund mehr für den Mißerfolg der Kommune. Die Konflikte, die im befreiten Paris über diese Fragen auszutragen bleiben, sind in den Ebenen 1 und 2 angelegt. Sie werden sowohl innerhalb dieser als auch zwischen ihnen beiden ausgetragen. Soweit sie aber zwischen beiden zur Sprache gebracht wird, geschieht dies mit dem Duktus eines gegenseitigen Interesses an ihrer gemeinsamen Überwindung. Darin unterscheiden sie sich grundsätzlich von denen zur 3. Ebene, sind aber von diesen nie ganz befreit.

Um den Zusammenhang zwischen den drei Konflikten- bzw. Handlungsebenen herauszuarbeiten, ist – bis auf drei Ausnahmen – der Szenenablauf so angelegt, daß sich jeweils Bilder der gleichen oder benachbarten Ebene anschließen. Andererseits wird in drei Fällen diese Abfolge unterbrochen und auf die Ebene 1 der „Straßenbilder" folgt unmittelbar die 3. Ebene, „Abbildungen der Bourgeoisie" zeigend. Diese Sprünge (im folgenden mit einem „:" markiert) finden statt: in der Abfolge der Bilder I:II:III (S$_1$), zwischen den Bildern V:VI (S$_2$ - hier folgt umgekehrt unmittelbar auf die Ebene 3 die 1.) und XII:XIV[15] (S$_3$) Die Ebenenabfolge lautet demnach: 1:3:1, 2, 3:1, 2, 3, 2, 3, 2, 1, 1:3 – die doppelte Brechung zu Eingang des Stückes liegt darin begründet, daß die 'Einleitungsbilder' I und II nochmals von dem Beginn der Geschichte des erfolgreichen Kommuneaufstandes in Bild III abgesetzt werden sollen[16].

Eine genauere Untersuchung dieser drei Bruchstellen würde den bereits bei Hartung herausgestellten Montagecharakter des Stückes und die Selbständigkeit der Szenen voneinander[17] bestätigen. Wir wollen aber hier danach fragen, wie es gelingt, daß trotz dieser Sprünge zwischen einander entgegengesetzten Konflikt- bzw. Handlungsebenen ein Fortgang und Zusammenhang der Fabel erkennbar bleibt. Könnte dies nicht auf das Auftreten von Rollenträgern zurückzuführen sein, die als *Verbindungspersonen* zwischen den entgegengesetzten Ebenen in Erscheinung treten? Die Analyse der Bruchstellen bestätigt diese Vermutung.

Gleich zu Beginn des Stückes, also mit dem I. Bild, ist diese 'Verbindungsperson' „der beleibte Herr." Durch ihn wird nicht nur der Gegensatz zwischen den Ebenen 1 und 3 manifestiert, mit seiner Flucht aus dem Café kündigt sich zugleich die Flucht der ganzen bürgerlichen Klasse aus Paris, in Bild V, an – ebenso wie sich Ende von Bild I mit dem Marsch auf das Stadthaus die in III von Erfolg 'gekrönte' Entschlossenheit der bewaffneten Bürger ankündigt, eben dieser Klasse die Macht aus den Händen zu nehmen – aber, noch ist es nicht soweit. Der Aufstand schlägt fehl (was Brecht nicht zeigt) und der beleibte Herr kann in II auf die Realisierung der in I angekündigten Geschäfte hoffen. Im Bild II berichtet der Außenminister Favre seinem politischen Freund Thiers von Bismarcks Plan, Paris nach dem Waffenstillstand erneut mit Lebensmitteln zu beliefern, die berliner Firmen aber im Zaume zu halten, sobald von der Stadt die Auslieferung der Waffen verlangt werde. Bis dahin, so scheint es, werden die Geschäfte des beleibten Herren mit dem Krieg noch einmal aufblühen können: „Preise, Prozente, Provisionen! Nun, das ist der Krieg, jeder trägt in seiner Weise dazu bei." (TC S. 7.)

Nicht einmal zwei Monate später sind die Transaktionen abgeschlossen. Die Frauen des Viertels stehen vor einer Bäckerei in der Rue Pigalle Schlange und warten auf „das Weißbrot der Regierung" (Szene 3b – TC S. 25). Aber Mehl kam weder aus deutschen noch aus französischen Landen, es kommt aus den Speichern von Leuten wie dem beleibten Herren. Die Frauen, die über den Krieg sprechen, haben eine Ahnung von dem, was da vorgegangen ist: „Weißbrot von Papa Thiers! Das soll seinen Schandfrieden schmackhaft machen. . . . Und nicht ein Zug eingelaufen, das Mehl lag hier!" (ebd.)

Die den Sprung zwischen den Bildern V und VI verknüpfende 'Verbindungsperson' ist der Bäckergeselle Philippe. Er wird denn auch in der hier genannten Szene 3b erstmals von Brecht eingeführt; Anlaß seines Erscheinens ist aber weder die Wiedereröffnung der Bäckerei, noch sein Bruder François, sondern ein Befehl an die Linientruppen, denen er angehört, die Kanonen nach Versailles zu verschleppen („Ich bin kein Bruder und kein Bäcker, meine Damen. Ich bin im Dienst." – TC S. 28). Im Bild V kehrt Philippe nach Versailles zurück, nachdem er von der Bäckerin wegen 'Verrats' entlassen worden war. Hinter sich her schleppt er, unter Aufsicht eines Beamten, zusammen mit Jean Cabet eine eiserne Kiste. Darin sind „die Register und Kassen der Bürgermeistereien" (TC S. 43). Während Jean erfolglos versucht, diesen zweiten Verschleppungsakt zu vereiteln und nur mit knapper Not selber einer Verschleppung nach Versailles entgeht, kehrt Philippe der Kommune den Rücken, auch wenn ihn ein Kriegsgerichtsverfahren erwartet. Aber er braucht das Geld (den Sold), damit die Sachen seines Bruders François wieder ausgelöst werden können. Jeans Mutter, Mme Cabet, hatte sie als Ersatz für die Untermiete verpfändet, die ihr François schuldig blieb, weil ihm die alte Regierung den Sold noch nicht ausgezahlt hatte und Mme. Cabet konnte ihm nicht stunden, da man ihre Kokarden für die Uniformen weiterer Bataillone der Nationalgarde nicht abgenommen und also auch nicht bezahlt hatte;

die alte Regierung hatte 'Wichtigeres' zu tun, als weitere Bataillone auszuheben, die sich gegen sie zu richten drohten: sie war bemüht, mit dem Erzfeind Frieden zu schließen. Diese Geschichte des Philippe bindet schließlich die Bilder V und VI (die nach Versailles Flüchtenden und die Kommunarden) dadurch zusammen, daß nach seiner Rückkehr auch in Versailles der Sold nicht ausgezahlt werden kann, während die Kommune ihn auszahlt und die Pfänder zurückgibt. Also wechselt Philippe erneut die Fronten. Unter diesen neuen – ja, von ihm selber, entgegen seinem Befehl, mit herbeigeführten – Umständen lohnte sich das Risiko eines möglichen Kriegsgerichtsverfahrens nicht mehr. Er geht zurück (zu seinen Eltern und von dort aus) nach Paris. Er trifft dort ein, als die Wahlen zum Rat der Kommune gefeiert werden (Bild VI).

Eben diese „Bewegungsfreiheit", die für die Bourgeoisie zwangsläufig notwendig geworden war, stellt ein wesentliches Problem für die Kommune dar. Während Brecht sozusagen davon 'profitiert', in dem er mittels der Figur des Philippe immer wieder die Fronten wechseln und damit die Verbindungslinien zwischen den Ebenen 1 und 3 aufrechterhalten kann, weist er zugleich angesichts dieser Möglichkeit eines solchen Verhaltens von Philippe auf die Fehler solcher Freizügigkeit hin, die die Kommune zu vertreten hat.

> „LANGEVIN: Aber wie bist du durch die Linien gekommen?
> PHILIPPE: Es hat mich niemand aufgehalten.
> LANGEVIN: Das ist nicht gut. Das ist der Leichtsinn der Kommune!" (TC S. 55)

Während die Diskussion über das Verhalten Philipps im XII. Bild wieder die Dominanz der 1. Ebene trägt – für Jean z.B. wäre es unmöglich Paris zu verlassen, selbst wenn er dies in Erwartung seines Todes bedauert (s. S. 93) – erreicht es Brecht im VI. Bild durch die Zusammenführung der Figuren von Langevin und Philippe *beide* die Zukunft der Kommune bestimmenden Widerspruchsebenen in Erwähnung zu bringen.

Gleichwohl bleibt dieses Problem in seiner doppelten Konfliktebene auch im XII. Bild erhalten, und zwar durch die Einführung jener Figur, die die 'Verbindungsperson" des dritten Szenensprungs abgibt, des Verlobten Genevièves: Guy Suitry. Während im Falle des wankelmütigen Philippe sein Verhalten in Konsequenz jeweils veränderter ökonomischer Tatbestände dargestellt wird und dabei immer positiv auf die Geschichte seiner Familie und die der „Familie Cabet" bezogen bleibt, hat die Wiederbegegnung von Geneviève und Guy Suitry einen endgültigen Bruch zwischen den beiden zur Folge. Wenngleich auch durch ein Eheversprechen (formal) stärker aneinander gebunden als Jean und Babette – Jean gibt denn auch schon in der Szene 3a weit weniger darauf als der Seminarist François („Übrigens ist sie verlobt. Er ist kriegsgefangen, ein Lieutenant. Ihre Brüste sind das beste." – TC S. 21) – so erweisen sich doch die jeweiligen Beziehungen „des Allgemeinen und Einzelnen" (Wekwerth) als so unterschiedlich, weil durch einen sozialen Konflikt getrennt, daß die Einzelbeziehung zerreißen muß. Der Gefangene Guy, an den in Deutschland „die Hetzer" ja nicht herangekommen waren (TC S. 80)[18], war von Bismarck – nach Absprachen mit und Zahlungen durch die versailler Regierung – zusammen mit zweihunderttausend weiteren Kriegsgefangenen vorzeitig freigelassen worden, um nunmehr zur Eroberung von Paris durch die Franzosen (!) auf seine Weise beitragen zu können. Er schleicht sich wie viele andere auch mit Unterstützung der katholischen Kirche wieder in Paris ein, als Nonne verkleidet. Seine Verlobte sucht er aber erst auf, als er in Not gerät: sein Bart macht ihn als 'Nonne' unglaubwürdig. Er sucht jetzt bei Geneviève Unterstützung, die ihm aber verweigert wird. Selbst nachdem er seine Braut mit dem Revolver bedroht hatte, wird er von den „Kindern der Kommune" („'PAPA' *mißmutig*: . . . bedank dich bei den Kindern, die bestimmen hier in Paris." – TC S. 98) vor dem Erschießen bewahrt. - In dem dem Tod der Kommunarden folgenden Bild finden wir ihn wieder, jetzt nicht mehr auf der 1., sondern auf der 3. Ebene des Stücks: an der Seite Thiers! (s. TC S. 104)

Als 'Verbindungspersonen' zwischen den Brüchen der Ebenen 1 und 3 wurden von Brecht also Figuren verwendet, die sich durch ihre relativ größte Nähe zur Ebene 3 definieren lassen. Ihr Auftreten verweist, in Abhängigkeit zu diesen Sprüngen, auf die Wichtigkeit der jeweiligen Straßenszenen (1, 3b, 6, 12) und sorgt dafür, daß bei der vielfältigen Ausgestaltung der Konflikte zwischen der Ebene 1 und 2 der Grundwiderspruch zwischen den Kommunarden und der Bourgeoisie nicht nur nicht vergessen wird, sondern: daß in den übrigen Konflikten besser erkannt werden kann, wie und wieweit diese zu einer Überwindung dieses Grundwiderspruchs in der Praxis des 'neuen Zeitalters' beitragen.

Weiten wir die Frage nach den 'Verbindungspersonen' nunmehr auch auf die Beziehungen zwischen der Ebene 3 und 2 aus, so stoßen wir unmittelbar auf einen der entscheidenden politischen Wendepunkte des Stückes: das Bild VIII *Büro des Gouverneurs der Bank von Frankreich*.

Bis zu diesem Moment war das Geschehen in der Kommune noch von einem durchweg optimistischen und kraftvollen Denken und Handeln bestimmt. Selbst die Schwierigkeiten, das Regieren zu lernen, erschienen überwindbar. Unmittelbar vor Beginn der Bankszene stehen in den Räumen des Innenministeriums Delegierte und weitere Kommunarden beisammen; Philippe erklärt sich bereit, die Aktenschränke aufzubrechen, um Zugang zu den Akten der alten Stadtverwaltung zu bekommen und Langevin bringt eine große stillstehende Standuhr wieder zum Gehen, indem er sie aufzieht und dem Pendel einen kleinen Stoß versetzt, *„so daß er wieder schwingt. Alle sehen auf die Uhr und lachen.*

LANGEVIN: Erwartet nicht mehr von der Kommune als von euch selbst." (TC S. 64).

In dem langen, vier Szenen umfassenden Folgebild XI jedoch zeigt sich erstmals deutlich die Gefahr, daß die Verwirklichung der richtigen Erkenntnisse und Entscheidungen der Kommune mehr Zeit in Anspruch nehmen könnte, als ihr noch zur Verfügung stehen wird. Erst die Szene 9d deutet als Ganzes nochmals eine Ermutigung an: die Erklärung August Bebels im deutschen Reichstag. Und: auch hier findet sich bei Brecht eine 'Verbindungsperson' zwischen den Ebenen 3 (hier dem Abgeordneten der Sozialdemokratischen Arbeiterpartei Deutschlands) und 1 (den Nationalgardisten der Pariser Kommune): der deutsche Kürassier, zunächst als Kriegsgefangener nach Paris geschleppt, wird ein Deserteur, der mit den 'Hetzern' gemeinsame Sache macht, zum Ende des VI. Bildes auf Bebel und Liebknecht das Glas erhebt und in XIII an der Seite „Papa"s („er versteht nur meine Sprache" – TC S. 101) die Kommune auf der Barrikade verteidigt.[19]

Doch zurück zum Bild VIII. Es gehört zusammen mit dem V. Bild zu jenen Szenen der 3. Ebene, die in Paris selber angelegt sind, die Verbindung zwischen ihnen beiden wird durch den Gouverneur der Bank hergestellt, von dem wir bereits aus V wissen, daß er für die Transferierung der Gelder nach Versailles verantwortlich ist, und wenn de Plœuc zu Beginn von VIII davon spricht, daß weitere 10 Millionen Francs „auf dem gewohnten Wege nach Versailles gehen", wissen wir, was damit gemeint ist. Wenngleich auch nicht die letzte – die Anwesenheit des Procurateurs des Erzbischofs bei de Plœuc zeigt dies deutlich – so ist der Gouverneur doch die wichtigste 'Verbindungsperson' zwischen der Bank von Paris und der geflohenen Regierung[20].-

Welcher Ebene ist die Bank von Paris aber zuzurechnen? Diese Frage und damit eine der wichtigsten Weichenstellungen für die Zukunft der Kommune, oder aber der von Versailles, wird in VIII besprochen: zwischen den „Ehrenmännern" Beslay, der den Procurateur unbeschadet gehen läßt, nachdem er ihm auch noch seine Visitenkarten überreicht hat (TC S. 65), anstatt ihn samt dem Erzbischof verhaften zu lassen, wie es Rigault fordert (TC S. 86) und de Plœuc, der ebenfalls seine Festnahme erwartet. Der Gouverneur weiß, worum es geht, darum erwartet er seine Verhaftung, denn in 'seiner' Bank „liegen 2 Milliarden und 180 Millionen" Francs: „Das ist der Lebensnerv; ist er durchschnitten, haben diese Leute gesiegt, was immer sonst geschieht." (TC S. 64)

Beslay ihm gegenüber sieht dies nicht. Er war von dem Rat der Kommune mit der Aufgabe versehen, Verbindungsperson zwischen der Bank und der Kommune zu sein – Vermittlungsperson *wollte* er sein und nicht etwa im Auftrag des bewaffneten Volkes die Macht der Bank in den Dienst der Kommune stellen. Während „Papa" schon im I. Bild gemeinsam mit den Kindern

„Nieder mit dem Gouverneur" (TC S. 9) skandiert, während im XI. Bild Langevin vergeblich nach dem Recht der Kommune, die Bank von Frankreich zu besetzen („welche den Reichtum birgt, den wir mit unseren nackten Händen gehäuft haben" – TC S. 82)[21] fragt („Mit diesem Geld hätten wir alle Generäle und Politiker bestechen können, die unseren und Herrn von Bismarck!" – ebd.), verhandelt Beslay im Sinne der Mehrheit der Kommune, so wie sie bei Geneviève am Schluß der oben genannten Szene 7b zum Ausdruck kommt: angesichts der verschlossenen Aktenschränke konstatierte sie: „Die Bank von Frankreich liegt einige Blocks weit weg. Die Schwierigkeiten liegen hier." (TC S. 64) - Daß die Ursachen dieser Schwierigkeiten in den – gegenüber der Kommune und dessen Vertreter Beslay – verschlossenen Geldschränken liegen, war der Mehrheit der Mitglieder des Kommune-Rats nicht beizubringen. So bleibt de Plœuc ein freier Mann. Während er zusammen mit Beslay nach einem „legalen Ausweg" sucht, transferiert er mehr als 250 Millionen Francs nach Versailles. Während Beslay sich rühmt, zwar nicht die Bank, wohl aber ihren Gouverneur „auf unsere Seite gebracht zu haben" ist das Ergebnis von VIII, daß es der 3. Ebene zuzurechnen bleibt und Beslays Funktion endgültig 'umgedreht' wird: als 'Verbindungsperson' der Bank von Frankreich zur Kommune!

Interessant ist hier ein Szenenvergleich zwischen dem Bild VIII und der griegschen Vorlage in *Die Niederlage*. Darin wird der Konflikt noch in weit höherem Maße dramatisiert: der Gouverneur ist gerade dabei, nicht nur 10, sondern 100 Millionen Francs zu transferieren (Debrun, ein Gesandter Thiers': „Noch nie hat eine Summe, die von der Bank von Frankreich zur Verfügung gestellt wurde, dem Vaterland größere Dienste geleistet als diese; sie hilft, eine Armee zu organisieren, die den Sozialismus zerschmettern wird." – DN S. 309) und während er mit Beslay verhandelt („Später einmal, unter glücklicheren Umständen, würde ich mich freuen, wenn Sie kämen und bei mir angelten. Wir müssen jetzt nun einmal oft anderer Meinung sein, aber ich habe gelernt, Ihre unbestechliche Rechtschaffenheit zu achten. Ich verspreche Ihnen einen guten Fisch." - DN S. 317) rückt für Beslay unerwartet vor den Toren die Nationalgarde an, um die Bank zu besetzen ... er ordnet den Rückzug an. (KAPITÄN DER NATIONALGARDE: Und wenn ich nicht gehorche? / BESLAY: Dann müssen Sie auch mich töten. KAPITÄN DER NATIONALGARDE: Ich mache Sie dafür verantwortlich, Bürger Beslay. / BESLAY: Ich übernahme die Verantwortung." – DN S. 319). Als Beslay danach gegenüber dem Gouverneur zu erkennen gibt, daß er abzutreten gedenke, redet dieser ihm eindringlich zu: „Sie haben kein Recht, sich Ihren Bürgerpflichten zu entziehen! . . . Ich kann Sie einfach nicht entbehren!" (DN S. 320)

Eine Überprüfung der Quellen und Berichte (siehe LISSAGARY [1876] 1971 S. 184ff.) ergibt, daß eine solche Besetzung niemals eingeleitet worden war. Die Dramaturgie der Szene widerspricht hier deutlich den historischen Gegebenheiten; auch will Brecht verhindern, daß man meinen könne, die Nicht-Besetzung der Bank sei nur der Fehler eines Mannes gewesen. Der Gegenentwurf der *Commune* korrigiert solche Eindrücke deutlich und bemüht sich um eine weit indirektere Charakterzeichnung der Figuren. Läßt sich dadurch aber nicht dennoch erkennen, was der Gouverneur bei Grieg ausdrücklich sagt: „Dieser Alte ist ein prächtiger Mann, der eine gerechte Welt aufbauen will – aber er ahnt nicht, was eine Milliarde ist. Er nennt sich Sozialist, aber er besitzt nicht die Phantasie, die notwendig ist, um eine Gesellschaft zu stürzen" (DN S. 311)?

Dieser gegenüber Brecht seit der Uraufführung des Stücks in allen Variationen immer wieder erhobene Vorwurf, daß die Anlage und Ausgestaltung der Handlung in der *Niederlage* viel bunter und bewegender sei, bezieht sich aber nicht nur auf die Figuren der zweiten, sondern vor allem auf die der 1. Ebene („Brecht stützt sich auf diese Vorlage, ohne sie überwinden zu können; denn es bleiben bei ihm überwiegend nur kluge und nützliche Gedanken, Worte und Zitate, auch einzelne schlagkräftige Szenen, doch das Ganze nicht verschmolzen zu teilnehmbaren menschlichen Konflikten in einer vom Menschen her interessierenden durchgehenden Handlung." – Heinz HOFFMANN: „'Erwartet nicht mehr als von euch selber.' *Die Tage der Kommune* von Bertolt Brecht in Karl-Marx-Stadt." – *National-Zeitung* vom 23.11.1956).

Betrachten wir daraufhin nochmal die Anlage der 1. Ebene in Bezug auf die Handlungsorte, so zeigt sich der ebenso einfache wie maßgebliche Tatbestand, daß keine einzige Szene über das Leben und Arbeiten der Kommunarden in einem geschlossenen Raum, geschweige denn in einer Wohnung, dem Innbegriff des Privaten, spielt. Dabei macht Brecht an vielen Orten immer wieder auf die Bedeutung der Wohnungsfrage aufmerksam, sei es durch die Diskussion um die Mietzahlungen, sei es durch einen Blick auf das Fenster des Zimmers der Liebenden. Dennoch haben wir ausschließlich auf den Straßenszenen Einblick in das 'Familien-Leben' der Kommunarden. Aber erfahren wir nicht dennoch von ihren 'privatesten Geheimnissen'? Blicken wir unter diesem Aspekt nochmals auf das Bild XII.

Zu Beginn des Bildes XII wird gezeigt, wie unter der Mitarbeit von Kindern Mörtel angerührt und eine Mauer errichtet wird; und doch wird hier nicht eine Hauswand gezogen, sondern eine Barrikade errichtet. Die Barrikaden sind notwendig zur Verteidigung der Häuser („nach unseren Barrikaden unsere Häuser, nach unseren Häusern unsere Minen" – so die Frauen des 11. Arrondissements in ihrer Erklärung vor dem Kommune-Rat – TC S. 85). Und während dieser Arbeiten singt die Lehrerin und Delegierte der Kommune ein letztes Mal das Lied von den Vergnügungen und der Zukunft „Für Opapa, Kegel und Kind." Alsbald wird von der Zukunft der „Familie" Cabet geredet, von der Liebe zwischen Jean und Babette, von den Fragen der Kinder usw. Nach einer Diskussion zwischen Jean und François über das Verhalten Philippes, wird dieses Thema erneut aufgegriffen. Babette will mit Jean zusammenziehen und sie fragt Geneviève, mit der sie bislang zusammenwohnte, ob sie nach ihrem Auszug in der Lage wäre, die gesamte Zimmermiete allein zu tragen. Geneviève, nach einer Pause, „Ja Babette". (TC S. 94)

Diese Pause sagt vieles. Sie erinnert an die Probleme und Verwicklungen, die dadurch entstanden waren, daß François seine Zimmermiete damals, bevor sie die Kommune erkämpft hatten, nicht bezahlen konnte, wir denken an sein „Handwerkszeug" (TC S. 43), das ihm daraufhin die Cabets hinterrücks verpfändeten, wodurch, um es wieder auszulösen, Philippe gezwungen gewesen war, erneut nach Versailles zurückzukehren (s.o.). Sie erinnert aber auch daran, daß sie als Delegierte des Kommune-Rats kaum mehr verdient hatte, als jener Pförtner im Innenministerium, zu dessen Aufgaben nicht einmal das Ölholen für die Lampen des Gebäudes gehörte. Und bedauert sie nicht auch den Auszug ihrer Freundin; ist es für sie erstrebenswert, alleine zu wohnen?

Jean unterbricht uns schnell beim Nachdenken: „Oh, verdammt. Müßt ihr Weiber immer von der Zukunft sprechen?" Und Geneviève, vielleicht sogar besser auf dem laufenden als Jean selber, antwortet ihm leise: „Sie muß, Jean." Was soviel heißt wie: „Ja, Jean. Sie erwartet ein Kind!" - Geneviève spricht mit ihm, wie wenn sie in einem Zimmer wären, leise, privat. Und doch sind sie alle auf der Place Pigalle, er steinesetzend, sie sandsäckenähend.

Kaum aber, daß Geneviève wieder ihr Zimmer für sich hat, kommt derjenige zurück, mit dem sie es gerne in Zukunft geteilt hätte, ihr Verlobter Guy. Aber es kommt anders als sie es sich erhofft hatte, denn er kommt als ein anderer zurück. Was ist aus ihm geworden, nach sieben Monaten Gefangenschaft, fragt sie sich und fragt sie ihn. Warum er Nonnenkleidung trüge? Er will ihr antworten, aber nicht auf der Straße. Immer wieder drängt er, ins Haus eingelassen zu werden („Kannst du uns in dein Zimmer führen?" – Guy kommt nämlich nicht alleine, sondern in Begleitung einer zweiten 'Nonne'; „ich erkläre dir alles, in deinem Zimmer" – aber das geht nicht, weil ja noch Babette mit ihr zusammen wohnt) „Wir können das nicht auf der Straße abmachen" drängt Guy, aber Geneviève erkennt in ihm jemand anders, den „Spion des Henkers Thiers" (alle Zitate TC S. 95). Sie sagt sich von ihm als Verlobten *und* von ihrem Glauben los – und dies in aller Öffentlichkeit. „GUY: Eine schöne Bescherung! Und alles auf der Straße! / GENEVIEVE: Die Straße ist ein guter Ort, wir schicken uns an, unsere Wohnungen auf der Straße zu verteidigen." (TC S. 96). Dort, wo sich Geneviève „in Sicherheit" weiß, fühlt Guy sich bedroht; wird er erkannt, dann als derjenige, der die Sicherheit von Geneviève bedrohlich gefährdet. Also bedroht er Geneviève mit der Waffe, um so schließlich doch ins Haus zu gelangen. Aber „Papa" kommt ihm zuvor. „*Er legt sein Gewehr an*". Mit der Waffe in der Hand verteidigt er das Haus und seine Bewohner(in). Das Haus soll den Liebenden, der „Familie", den Freunden vorbehalten bleiben.

Das einzige *Commune*-Bild, das tatsächlich in einer Privatwohnung spielt, ist weder auf der 1., noch auf der zweiten Ebene angelegt (wobei hier anzumerken ist, daß wohl auch der Begriff *Stadt-Haus* für „Hotel de Ville" mit Bedacht ausgewählt worden ist). Das einzige Mal, wo wir Einblick in das Interieur einer von jeglicher Öffentlichkeit abgeschirmten Umgebung nehmen können, erfahren wir, daß gerade diese Abschirmung des Privaten allernotwendigste Voraussetzung ist, um über Angelegenheiten von größter öffentlicher Tragweite zu sprechen. Das geschieht in dem 'Einführungsbild' der 3. Ebene. Das Gespräch zwischen Thiers (*noch im Bademantel. Er kontrolliert die Temperatur seines Badewassers und läßt durch den Kammerdiener heißes und kaltes Wasser zuschütten.* – TC S. 16) und dem Außenminister Jules Favre wird im Bild II protokolliert. Als man sich über die Voraussetzungen und Modalitäten des Friedensschlusses mit den Deutschen geeinigt hat, wird selbst der Kammerdiener („THIERS: . . . er kann ruhig zuhören, Hyppolite ist Patriot" – TC S. 18) hinausgeschickt, denn es soll jetzt, nach den Kriegsentschädigungen, auch über die Provisionen für die deutschen Firmen, vor allem aber den berliner Privatbankier Bismarcks, Gerson von Bleichröder[22] geredet werden. Thiers im Bademantel über Politik redend, mehr noch: Politik machend, das ist mehr als eine bloße Karikatur. Es stellt die Verhältnisse zwischen Öffentlichem und Privatem erst einmal aus der Sicht und Praxis der Bourgeoisie dar, umreißt die Ausgangsbedingungen, denen die Kommunarden dann die private Öffentlichkeit der Straße entgegensetzen. Während Langevin forderte, daß im Stadt-Haus jegliches 'Privatisieren' zu verhindern sei, selbst und gerade, wenn über die Bank von Frankreich gesprochen wird, wird im Hause Thiers', als man über die Provision des berliner Bankiers Bleichröder zu sprechen beginnt, selbst der Patriot Hyppolite vor die Tür geschickt. Dies ist eines der Beispiele einer entscheidenden und im Stück nachvollziehbaren Umkehrung der Verhältnisse: dem 'Privat'-Bankier Bismarcks sollen die Öffentlichen Gelder Frankreichs („mit unseren nackten Händen aufgehäuft" – TC S. 82) – in einem Blumenbouquet transferiert – via Versailles übereignet werden; den Eignern des Geldes wird ihr Anspruch, darüber verfügen zu wollen, öffentlich streitig gemacht. Anstatt das Anrecht auf die öffentliche Verfügung durch die Macht der Öffentlichkeit zu erstreiten, kommt es zu einem privatistischem tête-à-tête zwischen den Delegierten der alten und der neuen Öffentlichkeit. Man könnte den Eindruck haben, im Bild VIII habe der in Paris zurückgebliebene Teil Thiers' mit seinem 'Botschafter bei der Kommune' gesprochen.

Am 11. Mai, so berichtet die „Chronik der Ereignisse der Pariser Kommune", wurde ein Dekret über die Zerstörung des Hauses Thiers' und die Beschlagnahme seines Vermögens erlassen. „Die Crapule ist bereit, alles in die Luft zu sprengen – nun, es gehört ihr nicht" – so Thiers im II. Bild. Aber die Bank, in der das vom Volk erwirtschaftete Geld gehortet wurde, bleibt unbeschadet. Prosper LISSAGARAY:

> „Die Festung des Capitals zählte in Versailles keine eifrigeren Vertheidiger als im Stadthaus. Hätte man noch gesagt: 'So besetzen wir wenigstens die Bank'. Aber nicht einmal dazu konnte sich die Executivcommission aufraffen, sondern sie begnügte sich, Beslay abzuordnen. Die Plœuc empfing den Biedermann mit offenen Armen, brachte ihn im nächstgelegenen Cabinet unter, wies ihn sogar sein Nachtquartier auf der Bank [!] an, behielt ihn als Geisel und athmete wieder auf." [1876] 1971 S. 185). -

Anstatt die Bank als das rechtmäßige Eigentum des Volkes zurückzugewinnen, bleibt Beslay der einzige Vertreter des Volkes, dem es gelang, sich dort einzurichten. – Welch doppelte Verkehrung des Öffentlichen und Privaten!

Diese Aufschlüsselung des Dramas nach den insgesamt 3 Ebenen macht es nunmehr möglich, die wirkliche Tiefe der Dimension jener These zu erfassen, daß auch das Privatleben des Politikers zu einer öffentlichen Angelegenheit werden kann. Die Tatsache, daß Frankreich für Thiers' Gesundheit zittert (so Favre) und dieser, sich seiner nationalen Verantwortung bewußt, die Morgenmilch ohne mit der Wimper zu zucken herunterquält, obwohl er dieses Getränk verabscheut (so bei Brecht am Schluß des zweiten Bildes, TC S. 20f., geschildert), ist der eine, aber nicht der einzige Aspekt dieser These. Ihr ganzer Zusammenhang eröffnet sich erst in der Opposition der neuen und der alten Widersprüche. Favre, noch ärger als Thiers, kann sich nicht einmal in dem Schutze von dessen Wohnung dem kleinen Vergnügen einer Tasse Kaffee oder eines Glases Milch hingeben (THIERS: ,,Ah, Favre, wenn wir noch Mägen hätten! Und der Appetit bleibt!" – TC S. 16). All diese Askese: Privatmaßnahmen zum Wohle des Staates. - In der Rue Pigalle dagegen geht es um das leibliche Wohl ihrer Anwohner, um das Glas Wein, das weiße Brot, das gebratene Huhn und das ,,Extra", den Schnittlauch im Salat, dessentwegen es notwendig ist öffentlich zu fordern, was nur gemeinsam durchgesetzt werden kann: der Kampf um die Macht im Staate.

Die Forderungen Thiers' dagegen werden unter jeglichem Ausschluß der Öffentlichkeit erwogen und vorgetragen, beispielsweise jene an Bismarck gerichtete, die erste Rate der Kriegsentschädigungen erst zu kassieren, wenn die ,,Pazifizierung" von Paris abgeschlossen sein wird (THIERS: ,,Das Wort Pazifizierung möchte ich übrigens etwas häufiger gebraucht haben, es ist eines der Worte, die alles erklären." – TC S. 20). Dadurch nämlich würde das Interesse der deutschen Bourgeoisie an dem Sieg über die Kommune noch verstärkt werden.

Und auch die Antwort Bismarcks an Favre erfolgt in einer Umgebung privatester Art, die sich gerade in ihrer scheinbaren Nähe zur Öffentlichkeit von dieser besonders gut abschließt: die Privatloge Bismarcks in der Frankfurter Oper. ,,BISMARCK: Ich habe Ihnen zugestanden, daß Sie mit der Kriegsentschädigung erst nach der Pazifizierung von Paris [!] anfangen, also bringt gefälligst etwas Dampf dahinter." Das Geld, mit dem die Soldaten aus der deutschen Gefangenschaft freizukaufen waren, hatte inzwischen aus der Bank von Frankreich abgezogen werden können. In Erwartung, daß der ,,Erbfeind" damit nun ,,die Genossen in Paris zur Ader lassen" wird, kann Bismarck mit Hingebung dem triumphalen Tod der ,,Norma" auf den Brettern der Frankfurter Oper lauschen.

Rückblickend auf die Ebene 1 im XII. Bild zeigt sich auch hier: gerade weil die Szenen jede für sich stehen, reicht ihre Interpretation im zeitlichen Nacheinander des Geschehens allein nicht aus. Erst in ihrem Miteinander und Gegenüber der Ebenen entwickeln sie sich in ihrer Komplexität. Also: Ebenso wie Jules Favre in seinen Unterredungen mit Thiers und Bismarck sich Orte von möglichst intimer Privatheit aussuchte, bemühte sich auch der zum Spion gewordene Guy Suitry gegenüber Geneviève um einen solchen. Ihm wird dieses Begehren versagt. Und doch überlebt auch er: dank der Großmut der Mme. Cabet (Ebene 1), dank der Weigerung des Rates der Kommune, Gegenmaßnahmen gegen den Verrat und die Spionage zu ergreifen (Ebene 2), dank des Zusammenspiels der französischen und der deutschen Bourgeoisien (,,Nach der Melodie: 'Ach Theodor, du alter Bock, greif mir nicht vor den Leuten untern Rock'" – TC S. 79) (Ebene 3).

Mit diesem hier vorgestellten und illustrierten Bauplan des Kommune-Stücks ist der Versuch unternommen worden, für die im Westen bislang unterbliebene Rezeption einen ersten Grundstein zu legen – auch dann, wenn er ggf. als Stein des Anstoßes zum Widerspruch anregen würde. Darüberhinaus ist es zu wünschen, daß auch nach den wenigen bisherigen veröffentlichten Arbeiten in der DDR neue Ansätze zur *Commune* vorgestellt würden, in denen stärker die Auseinandersetzung der Kommunarden mit der Bourgeoisie *und* den anachronistischen Lastern in ihren eigenen Reihen zur Sprache käme.

Im weiteren Fortgang dieser Arbeit werden wir, in Erweiterung der vorangegangenen Betrachtungen, eine ganz andere Blickrichtung offenzulegen versuchen. Wir wollen darauf aufmerksam machen, daß die Entstehungsgeschichte der *Kommune* weiter zurückweist, als jenes Datum 1948/49 es vermuten läßt. Diese Jahre markieren nicht nur Brechts Rückkehr nach Deutschland (erstmals im Oktober 1948 und dann – endgültig – zu Pfingsten 1949), sondern sie stehen zugleich für das Ende eines fünfzehnjährigen Exils. Wir fragen: sind die *Tage der Kommune* nicht ebenso deutlich geprägt von den Erfahrungen dieser Zeit der Niederlagen?

Warum ist beispielsweise die erwähnte Verknüpfung und Verkehrung des Privaten und Öffentlichen bei Brecht bislang nicht unter diesem Aspekt untersucht worden? Gibt die *Kommune* – als Parabel gelesen – doch eine spiegelverkehrte Darstellung der Exiljahre: Die Wohnungen wurden nicht auf der Straße, sondern gegen den Druck der Straße verteidigt, die Barrikaden standen nicht am Ende, sondern am Anfang eines Kampfes, der alsbald für alle fortschrittlichen Kräfte des deutschen Volkes den Tod oder aber die Flucht zur Folge hatte. Die weitere Gestaltung der Straßenszenen wurde vom Führerhauptquartier diktiert, eine Diskussion des Verhältnisses von unten und oben fand nicht statt, sie galt als „schlecht", weil sie in die „falsche Richtung" führte. Wer diskutierte, wurde diffamiert; wer – geschickt genug – diffamierte, dessen Ruf war über jeden Zweifel erhaben. Der Zweifel und der Versuch seiner produktiven Fruchtbarmachung blieb den Geflüchteten vorbehalten. Ihrem Anspruch, die wirklichen Vertreter des deutschen Volkes zu sein, sollte durch die Aberkennung der Staatsbürgerschaft entgegengewirkt werden. Während im Inneren des Landes jeder Rest an unangepaßtem Privatleben als Zeichen des Widerstandes gegen den Öffentlichkeitsanspruch der Straße ausgelegt werden konnte, wurde vielen Exilierten der Mangel an Öffentlichkeit zur Qual. Eine erfolgreiche Rückkehr in das vom eigenen Feind besetzte Land bedingte nicht den Rückzug in die intimste Privatheit, sondern die Öffnung gegenüber den nahe lebenden aber durchaus nicht immer nahestehenden Kameraden. Nicht an den 'Mägen' fehlte es den oft aus Not Hungernden, aber sie konnten sich große Appetite nicht leisten – höchstens auf dem Papier. Den großen Appetit hatte sich die deutsche Bourgeoisie im Innern des Landes aufbewahrt – vom 'Stadthaus' in Berlin aus sollte eines Tages der ganze Erdball verschlungen werden – nur, daß der „wahnsinnig gewordene(r) Bierstudent" (TC S. 16) nicht mehr länger Bismarck hieß. . .

Daß die Kommunarden ihre Heimat auf der Straße organisieren, erleben und verteidigen, daß all ihre Aufenthaltsorte unter freiem Himmel liegen, daß die Züge, die von ihrem Bahnhof abfahren, nicht mehr zurückkehren, daß die „Blattläuse" eher überleben werden als die Blätter eines entwurzelten Baumes, daß ein Stück von der roten Fahne den Stoff für einen Schlips abgibt, alle diese und viele weitere Mosaiksteine der *Commune* erhalten unter diesem politischen Blickwinkel eine zusätzliche Farbe und Bedeutungen, denen es nachzuspüren gilt. Und so werden wir im folgenden untersuchen, wie weit sich daraus ein weiteres, bislang noch unbekanntes *Commune*-Bild zusammensetzen läßt; dies geschieht in der Hoffnung, daß sich in nachfolgenden Arbeiten dann beide Blickrichtungen, jene in Bezug auf die Neue Zeit und jene in Bezug auf die Exilzeit, zu einem stereoskopen Bild zusammensetzen lassen werden. Dann würden diesem Stück, auch auf der Bühne, neue Dimensionen abgewonnen werden: nationale und inter-nationale.

Teil C
DIE TAGE DES EXILS –
DIE *KOMMUNE* ALS GEGENENTWURF

ZIFFEL: Dann kämen wir zu Frankreich. La patrie. Ich bin froh, daß ich kein Franzose bin. Sie müssen zu patriotisch sein für meinen Geschmack. . . .
KALLE: Die Liebe zum Vaterland soll dort so geschätzt sein, daß sie sofort nach der Liebe zum Essen kommt. Und die ist dort höher entwickelt als sonstwo, hör ich. Aber das schlimmste ist, daß sie die Leute nur ganz selten Patrioten sein lassen.

Bertolt Brecht

1 Abschied von Deutschland

Reiseerfahrungen in den Nachbarländern (106) = Frankreich-Exkurs: „Genüsse als Klassen-kampf" (108) = Exilerfahrungen: nach der Niederlage die Verluste (111) = Exil- und *Kommune*-Thema: nationale und soziale Identität (115).

„Nach mancherlei Enttäuschungen, die ihnen innere und äußere Feinde bereitet hatten, entschlossen sich die Kleinbürger meiner Heimat, die sehr zahlreiche Kaste der Kleingewerbetreibenden, Schullehrer, Ladenbesitzer, Subalternoffiziere, Anstreicher, Studenten und so weiter, nunmehr große Taten zu verrichten. ... Diese Entwicklung der Dinge, die von einigen kleinen Zwischenfällen begleitet war, machte meinen Aufenthalt im Lande problematisch. Von Natur unfähig, mich großen und mitreißenden Gefühlen vertrauensvoll hinzugeben und einer energischen Führung nicht gewachsen, fühlte ich mich recht überflüssig, und vorsichtig Umfragen in meiner näheren Umgebung sowie einige Besuche machten mich darauf aufmerksam, daß, wie dies mitunter im Leben der Völker geschieht, nun wirklich eine große Zeit angebrochen war, wo Leute meines Schlages nur das große Bild störten. Man versprach mir zwar, mich vor der Wut des Volkes in einem der eigens dazu errichteten Lager zu schützen und mich sogar im völkischen Sinne zu erziehen, aber ich fühlte doch, daß aus solchen Angeboten keine wahre Liebe zu mir und meinesgleichen sprach. Da ich außerdem meine Studien über menschliche Fortschritte und Gesittung fortzusetzen wünschte, verließ ich das Land und begab mich auf Reisen." (GW XX S. 182 ff.)

Am Morgen nach dem Reichstagsbrand, am 28. Februar 1933, verlassen Bertolt Brecht und Helene Weigel zusammen mit ihrem Sohn Stefan die Stadt Berlin[1]. Als am 10. Mai 1933 deutsche Studenden „wider den undeutschen Geist" marschieren und die ihn repräsentierenden Bücher verbrennen, haben sie bereits ihren ersten Zufluchtsort, Prag, hinter sich gelassen und versuchen in den im Süden an Deutschland anschließenden deutschsprachigen Regionen Fuß zu fassen.
Aber in Wien, der Heimatstadt der Familie Weigel, findet Helene Weigel keine Möglichkeiten als Schauspielerin zu arbeiten. Und Brecht reist, zunächst alleine, in die Schweiz weiter.[2]

„Auf dieser Reise kam ich zuerst nach Wien. ... Zur Zeit sprach alles von den Vorgängen in meiner Heimat. Die Judenverfolgungen und die Bücherverbrennungen erregten Entsetzen. Die Ansichten stimmten darin überein, daß ein neues Zeitalter der Barbarei heraufziehe. ... In einem Teil der Menschheit, vielleicht dem jüngeren oder dem ungebildeteren, schien ein ganz besonderer kriegerischer Geist zu schlummern, der, wenn immer er erwachte, sogleich den Erdteil in ein Schlachthaus verwandelte. Allerdings gab es auch Schuldige. Gewisse viel vermögende Leute und Parteien hatten nicht genug getan, diesen Geist zu bannen und einen edleren an der Macht zu halten. Ihre Schwäche und Korrumpiertheit wurde allgemein erkannt und beklagt. Wenn man aber auch die Folgen der Revolution der Kleinbürger so in der schwärzesten Farbe ausmalte und ihnen eine lange Herrschaft voll von Greueln prophezeite, war man doch allgemein der Überzeugung, daß auch jetzt wieder, wie schon während des großen Krieges vor 19 Jahren, einzelne Stimmen der Vernunft in einigen Kaffeehäusern weiter ertönen würden, die sanften und erhabenen, die unbestechlichen Stimmen der Menschlichkeit. Diese Stimmen, hieß es, seien niemals und durch keine Gewalt der Erde völlig zum Schweigen zu bringen. Einige Besitzer solcher Stimmen hatten sie schon jetzt vorsorglich ins Ausland gebracht, damit sie weiterhin ertönen könnten. Auch ich wurde von einigen erkannt und meiner Abreise wegen beglückwünscht."

(GW XX S. 184 ff.)

Aber ebensowenig, wie ihm *der* wiener Literaturtreffpunkt, das Kaffeehaus, eine neue Heimat zu bieten vermochte, findet er sie in den Theatern in der Schweiz. Deren Furcht vor einer erhöhten Gefährdung des Landes durch die Aufführungen von Stücken eines Autors wie Brecht nimmt ihm jede Hoffnungen, in der neutralen, aber teuren Schweiz von den Einkünften aus Tantiemen leben zu können, zumal, soweit seine Stücke in Deutschland noch zur Aufführung kamen, dieses Geld von den Nationalsozialisten kassiert wurde. In der Schweiz, so Brecht Ende der dreißiger Jahre in den *Flüchtlingsgesprächen*, habe man zwar die Freiheit, eine Überzeugung zu haben, nicht aber, sie zu äußern:

»Sie haben recht, es ist verdächtig, wenn so viel von Freiheit die Rede ist. Es ist mir auf-gefallen, daß so ein Satz „bei uns herrscht Freiheit" immer kommt, wenn jemand sich über Unfreiheit beschwert. Dann heißt es sofort: „Bei uns ist Meinungsfreiheit. Bei uns könnens jede Überzeugung haben, die Sie wünschen." Das stimmt, indem das überall stimmt. Nur äußern könnens Ihre Überzeugung nicht. Das wird strafbar. Wenns in der Schweiz was gegen den Faschismus sagen, was mehr ist als nur, daß Sie ihn nicht lieben, was keinen Wert hat, heißts sofort: „Diese Überzeugung darf man nicht äußern, weil sonst unsere Freiheit bedroht ist, denn dann kommen die Deutschen."«

(GW XIV S. 1444)

Die Deutschen aber kommen, weil sie die Versprechungen des Nationalsozialismus auf ein tau-sendjähriges Reich der Freiheit noch nicht durchschaut haben. Brecht, etwa zum gleichen Zeit-punkt, zur Frage, ob das Ideal der Freiheit veraltet sei: „Ein Blick auf die deutsche Geschichte rechtfertigt jede Skepsis, die jemand empfinden kann, wenn er hört, daß die Deutschen jetzt die Freiheit wollen." (GW XX S. 256)

Während in den folgenden Monaten die Gewerkschaften aufgelöst und ihr Vermögen beschlag-nahmt, die Sozialdemokratische und die Kommunistische Partei verboten werden, geht Brecht nach Paris.[3] Dort schreibt er — was zunehmend selten werden wird: im Auftrag — seine erste Exilarbeit: *Die sieben Todsünden der Kleinbürger* (!) — ein Ballett. Diese Wendung ist symp-tomatisch: die rein verbale Ausdrucksweise tritt zurück und reiht sich ein in ein Ensemble von Musik und Tanz. Der Text beschreibt den Handlungsverlauf, das Libretto. Das Geschehen er-klärt und verdichtet sich im Lied. Soweit Brecht nicht für die Schublade zu schreiben beginnt — Helene Weigel hat inzwischen ein Angebot der dänischen Schriftstellerin Karin Michaelis (durch die sie zur Bühne gekommen ist) angenommen und bereitet eine Übersiedelung der ganzen Fa-milie nach Thurö auf der Insel Fünen vor — werden seine zur Veröffentlichung geplanten Ar-beiten deutlich von den neuen Bedingungen des Exils und seines Publikums geprägt. Die Verän-derungen sind zunächst davon bestimmt, daß mit dem endgültigen Verlassen nicht nur von Deutschland, sondern auch des deutschen Sprachraums, die Gefahr einer zunehmenden Entfrem-dung von der eigenen Sprache einsetzt, auch dann, wenn Brecht sich weigert, in den Folgejahren in einer der Sprachen der Exilländer, insbesondere in Dänisch oder Englisch, zu schreiben.[4] Sie greifen aber noch weit darüber hinaus, bestimmen die Wahl des Sujets, seine formale Ausgestal-tung — Veränderungen, die dann vor allem in der Realismusdebatte zum Ausdruck kommen werden — und geben der Suche nach anderen Darstellungswegen und -medien weiteren Auftrieb. So hoffte Brecht während der Arbeit an dem Ballett in Paris an einen Auftrag für einen Film herankommen zu können. Im September trifft er Carl Koch und Jean Renoir, die beide an ei-nem gemeinsamen Filmprojekt beschäftigt sind. Die dieser Begegnung folgende Erzählung *Eß-kultur* weist auf einen weiteren Verlust hin, den das Verlassen der Heimat mit sich gebracht hat: die gewohnte, ja, geliebte heimische Küche. Wie Frederik Martner berichtet, soll Brecht nur ungern etwas anderes gegessen haben, als das, was er in Augsburg zu essen gewohnt war (bei ENGBERG [1966] 1974 S. 98). Ausnahmen davon machten wohl nur das dänische Smørre-brød — und die französische Küche. Brecht:

„Der Braten war ausgezeichnet, ein Gedicht. Ich hielt mich eben noch zurück, das auszu-sprechen, weil ich fürchtete, sie würden mich sofort fragen, ob ich ihnen ein einziges deut-sches Gedicht nennen könnte, das ein Braten genannt zu werden verdiente." (GW XI S. 339)

Als Brecht sich gegenüber seinen Gastgebern mit einem Kompliment, den Braten und dessen Zu-bereitung betreffend, zurückhält, gibt er vor, daß ihm ein solches Gedicht, das es wert wäre, ein Braten genannt zu werden, nicht eingefallen sei. Wieder nach Deutschland zurückgekehrt, kurz vor seinem Tode, schreibt er ein solches Gedicht, in dem er dazu auffordert: fröhlich vom Fleisch zu essen — auch dessen eingedenk, daß er selber ein schlechter Esser sei.[5]

FRÖHLICH VOM FLEISCH ZU ESSEN

Fröhlich vom Fleisch zu essen, das saftige Lendenstück
Und mit dem Roggenbrot, dem ausgebackenen, duftenden
Den Käse vom großen Laib und aus dem Krug
Das kalte Bier zu trinken, das wird
Niedrig gescholten, aber ich meine, in die Grube gelegt werden
Ohne einen Mundvoll guten Fleisches genossen zu haben
Ist unmenschlich, und das sage ich, der ich
Ein schlechter Esser bin.

(GW X S. 1031)

Sein Lob des niedrigen Materialismus, des Vergnügens am Essen und Trinken, bedeutet einen Teil der Erfüllung jener Wünsche, die die Zeit des Exils geprägt haben. Es eröffnet sich ihm wieder die Möglichkeit, von den Speisen seiner Heimat nicht nur zu träumen, sondern sie zu genießen. Aber im Grunde soll nach dem Ende des Exils dieser Genuß nicht nur ihm, sondern all jenen zuteil werden, für deren Interesse er sich vornehmlich als Schriftsteller einzusetzen versuchte: die Arbeiter, die kleinen Leute, die, für die er zuallererst sein Kommune-Stück geschrieben haben wollte. Dieses Stück kann wie ein Versuch gelten, seine Forderungen, die er im Exil aufgestellt hatte, zumal die Verknüpfung des nationalen und des sozialen Engagements, endlich zur Verwirklichung zu bringen. Zeigen wir am Beispiel der „Eßkultur" exemplarisch diese Verbindung, bevor wir uns weiteren Verlusten zuwenden, die das Exil für Brecht mit sich gebracht hat.

Dieser Text, *Eßkultur* überschrieben, entsteht am Ende der Zeit des skandinavischen Exils, es ist ein Text über die „schwache Begabung" der Deutschen „für den Materialismus", es ist zugleich „eine kleine Detektivnovelle" (Brecht - Notat vom 26.1.1940. In: GW XI S. 5 der Anmerkungen) über die selbstmörderische Großmut seines kriegsverpflichteten Kochs, der „im Zivilberuf ein kleiner Fischhändler in Marseille" (GW XI S. 341) war; es ist eine in (der Nähe von) Paris angelegte Geschichte für Deutsche, ein Homage an die wirklichen Kulturträger — und es liest sich gelegentlich wie eine Vorstudie zur Geschichte der *Commune*.

Sitzt Brecht noch mit seinen Gastgebern „auf den strohgeflochtenen Stühlen im Eßzimmer eines der köstlichen alten Landhäuser in der Umgebung von Paris"[6] so haben die pariser Kommunarden im Frühjahr 1871 ihre Wohnungen auf die Straße verlegt. Mitten in der Stadt eine ähnlich lebensbejahende Ambiance — und während der Vorbereitungen zum Fest auf dem Montmartre, werden die Strohstühle von François Faure auf die Straße herausgetragen (TC S. 46; s.a.: 3. Bild, S. 21).

Der Gastgeber ist Jean (!), ein Maler, der „seiner Leibesfülle wegen 'der Berg' genannt" wird und „ein mächtiges Rinderstück" brät. Die Allusion zielt zunächst auf den 'Maler der Kommune', Gustave Courbet.

„Seine Frau . . . bereitet in einer riesigen Schüssel den Salat zu, mit den hübschen Bewegungen, die ihre allabendlichen Zuhörer am Boul Miche [Boul'Mich — W.S.] entzückten, wenn sie ihnen damit eines ihrer pikanten Chansons zubereitete." - Und das Fest in der *Commune* beginnt mit Liedern von Geneviève Guéricault, in dem die Trommeln der Nationalgarde das Fleisch um ein Vierfaches im Preis sinken lassen und von Babette Cherron, die vom „Extra" singt, für das man lebt, vom „Schnittlauch für'n Salat" (TC S. 51) zum Beispiel.

Auch der ganze folgende Diskurs des Malers über die deutsche Philosophie, die überhaupt nur dazu da sei „zu lehren, wie man es macht, nicht zu leben", die Freude am Essen zu vergessen und die „armlose" („harmlose"!) Liebe zu einer „Gemütsbewegung" verkümmern zu lassen, findet sich wieder in dem Gespräch zwischen Jean (jetzt: Cabet) und François.

> „FRANÇOIS: . . . Geneviève ist keine Materialistin.
> JEAN: Die kleine Lehrerin? Nein, sie ist nichts als Geist, und das ist es, warum du sie ins Bett nehmen möchtest.
> FRANÇOIS: Ich möchte sie nicht ins Bett nehmen." (TC S. 21)

Der Maler Jean regt sich so sehr auf über den deutschen Materialismus „mit 6 fleischlosen Tagen!", daß er seine Aufmerksamkeit vom „großen ‚fettriefenden Rinderstück" zu sehr abwendete und Gefahr läuft, mit dem deutschen Materialismus „auch unsere Materie, das Rinderstück zu vernichten." (GW XI S. 338)

Der Aufzeichnung dieses Gesprächs des Flüchtlings Brecht bei Paris folgt kurz danach ein weiterer Text, der seinen Wunsch nach Gedichten, die wie ein Braten seien,[7] bekräftigt. Der folgende Auszug aus den *Flüchtlingsgesprächen* läßt zugleich erkennen, daß das zunächst in der Erzählung dargestellte Vergnügen an der französischen Küche über das spezifisch Französische hinausgeht. Es geht um die Lehren, die aufgrund dieser Erfahrungen für die eigene Lage und die eigene Heimat gezogen werden können: so wie auch das historische Beispiel der Ereignisse zur Zeit der Pariser Kommune in den *Tagen der Commune* ins Parabelhafte verdichtet und damit in seiner Bedeutung für die eigene Situation anwendbar gestaltet werden sollte.

Ziffel fragt Kalle:

> „Ich hab mich oft gewundert, warum die linken Schriftsteller zum Aufhetzen nicht saftige Beschreibungen von den Genüssen anfertigen, die man hat, wenn man hat. Ich seh immer nur Handbücher, mit denen man sich über die Philosophie und die Moral informieren kann, die man in den besseren Kreisen hat, warum keine Handbücher übers Fressen und die andern Annehmlichkeiten, die man unten nicht kennt, als ob man unten nur den Kant nicht kennte! Das ist ja traurig, daß mancher die Pyramiden nicht gesehen hat, aber ich finds beklemmender, daß er auch noch kein Filet in Champignonsauce gesehen hat. Eine einfache Beschreibung der Käsesorten, faßlich und anschaulich geschrieben, oder ein künstlerisch empfundenes Bild von einem echten Omelette würd unbedingt bildend wirken. Eine gute Rindssuppe geht mit dem Humanismus ausgezeichnet zusammen. Wissen Sie, wie man in anständigen Schuhen geht? Ich mein in leichten, nach Maß, aus feinem Leder, wo Sie sich wie ein Tänzer fühlen, und richtig geschnittene Hosen aus weichem Material, wer kennt das schon von euch? Das ist aber eine Unwissenheit, die sich rächt. Die Unwissenheit über Steaks, Schuhe und Hosen ist eine doppelte: Sie wissen nicht, wie das schmeckt, und Sie wissen nicht, wie Sie das bekommen können, aber die Unwissenheit ist eine dreifache, wenn Sie nicht einmal wissen, daß es das gibt."

GW XIV. S. 1393

Wie die von Manfred Wekwerth aufgezeichneten „letzten Gespräche" mit Brecht zeigen werden, sind wir damit im Zentrum der *Commune*. Ein Streit zwischen Brecht und Eisler, in dem die Lieder des 6. Bildes eine wichtige Rolle spielen, bewegt Brecht zu einer aufschlußreichen Stellungnahme. WEKWERTH überliefert dieses so:

> „. . . Wir waren am 8. August 1956 mit der Arbeit an der *Commune* ganz gut vorangekommen, und Brecht schlug vor, die Zeit bis zum Mittagessen noch ein bißchen mit Reden herumzubringen. Eisler, der auch anwesend war, begrüßte es; denn es hatte vorher gerade einen Streit über die Verwendung der Musik in der *Commune* gegeben; und Eisler hatte geäußert, daß es Brecht zum ersten Mal in der *Commune* gelungen sei, ‚kulinarische Genüsse' ohne Polemik zu beschreiben. (Brecht ärgerte sich zunächst über

Eislers Behauptung.) Eisler nannte das Lied vom Père Joseph und seinem Verlangen, auch als armer Hund auf dem Schnittlauch zum Salat zu bestehen, ohne welchen ihm das Essen keinen Spaß machen würde. Eisler lachte und sagte, nun sei der Weg zum wirklichen Klassiker offen, denn zu ihm gehöre nicht Unachtsamkeit und Flüchtigkeit gegenüber den sinnlichen und fleischlichen Genüssen, sondern ihre Philosophie. Die Dialektik des Speisens. Der Materialismus des Trinkens. Eisler zitierte auswendig Gespräche zwischen 'Goethinger' und Eckermann, worin Goethe große Erinnerungen an Festessen darlegt. Nur die Klasse habe gewechselt; denn bei Brecht beanspruche ein armer Hund diese Genüsse, wodurch sie revolutionär würden.

Brecht war sich bei Eisler immer nicht ganz sicher, ob er es ernst meinte. Deshalb war auch seine Antwort vorsichtig. Er müsse sich wirklich etwas darum kümmern, daß man sein Theater nicht als Ort 'geistiger' Genüsse betrachte. Oder gar als einen Ort des 'Denkens'. Man müsse wieder Genüsse beanspruchen, damit niemand auf den Gedanken käme, die neue Klasse sei etwa sparsamer oder rationalistischer oder denkerischer. Sie biete gerade soviel an Gedanken auf, wie sie brauche, um gut zu leben. Sie strenge sich nur an, um Genüsse zu erlangen. Und wenn sie ihr verwehrt würden (wie in den letzten zehntausend Jahren), dann müsse sie sich zur Revolution entschließen. Und da dies sehr lange daure, käme man auf den Gedanken, die Klasse sei überhaupt nur da, um 'für die Menschheit' sich anzustrengen, nachzudenken, Revolution zu machen. In Wahrheit täte sie es für sich. Und weil sie zum ersten Mal entdeckte, was man alles für sich tun könne, falle für die anderen etwas dabei ab. Die Arbeiterklasse müsse vor allem sich selbst befreien, um die anderen um so gründlicher befreien zu können.

Sie dürfe sich selbst gegenüber keinesfalls asketisch sein. Brecht gefiel der Gedanke von der 'verschwenderischen' neuen Klasse so gut, daß er meinte, man müsse das in Zukunft beschreiben:

Genüsse als Klassenkampf, Luxus als Revolution, Schnittlauch am Salat als Klassenbewußtsein. Dabei sei es zunächst nicht so wichtig, solche Genüsse sofort materiell zu befriedigen, sondern sie als Genüsse überhaupt kennenzulernen."

(1973 S. 76ff.)

Einige Jahre nach dem Tode Brechts wird Hanns EISLER von Hans Bunge über deren Zusammenarbeit ausgefragt. Sie sprechen über die Arbeiten Brechts und Eisler nimmt Stellung gegen jene, die nach den Exilwerken, dessen letztes die *Commune* ist, „noch mehr" Stücke von ihm erwartet hätten. Seine Antwort liest sich wie eine Reflektion auf das Gespräch vom 8. August 1956. Er sagt:

„Und wenn ein Mensch achtundfünfzig Jahre alt geworden ist und das abgeliefert hat — genügt mir. Ich brauche nicht mehr.
Wir Marxisten müssen jetzt dafür sorgen, daß unsere Leute etwas Kultur bekommen, ob sie wollen oder nicht.
Wir Marxisten müssen den Leuten die Kultur in den Mund hereinstopfen [!], verstehen Sie.
Das ist dringend notwendig."

(1970 S. 243)

Mit diesen Äußerungen Eislers, die in bitterem Humor von der Kulturversorgung der Bevölkerung wie von einer Art Zwangsernährung sprechen, kommen wir wieder zurück auf die Bedingungen, unter denen diese Stücke, um deren Vermittlung es geht, in den Jahren des Exils entstanden sind.

Hanns EISLER, der eine Zeit seines Exils ebenfalls in Skandinavien verbrachte, und zwar in der unmittelbaren Nachbarschaft Brechts, berichtet unter anderem:

„Wir schreiben nützliche Dinge, und deswegen machen wir es. Ich erinnere mich an gewisse Winterzeiten an der dänischen Küste auf der Insel Fünen, wo vormittags ich meinem Haus — 'wie ein Wilder' sagt man in Wien — komponierte und Brecht 'wie ein Wilder' Verse schrieb.
Hoffnungslos!
Hätte ein Spießbürger uns gesehen, hätte er gesagt: die beiden Herren sind reine Wahnsinnige.
Wir glaubten nicht nur an uns, wir glaubten an die Sache.
Wir hatten nichts für uns, außer die Einsicht in die Entwicklung der Zeit.
Sie müssen zugeben, 1934 Werke anzufangen, die dann 1950 oder 1960 bei Brecht — vielleicht erst bei mir 1970 — gespielt werden, dazu gehört ein langer Atem."

(1970 S. 193)

So geht dem deutschen Autor seine Heimat in noch einer weiteren Dimension verloren: Heimat als Ort, wo seine Arbeiten angenommen, diskutiert werden, wo sie in der Praxis auf dem Theater ausprobiert werden können und so auf seine weitere Arbeiten und Pläne zurückwirken. Heimat als der Ort auch, wo am ehesten noch Wirkungen dieser Arbeit erwartet und befördert werden können und sollen.[8]
Als Brecht mit der Schweiz auch den deutschen Sprachraum verlassen hatte,[9] hatte er sich auch der Möglichkeiten begeben, noch eine alsbaldige Umsetzung seiner Werke auf dem Theater zu erleben, selber in einer von ihm gewünschten Weise als Regisseur oder auch als Dramaturg darauf Einfluß zu nehmen und damit seine Arbeit an ihren Wirkungen zu überprüfen. Seit der Umsiedlung nach Fünen Ende des Jahres 1933 schrieb Brecht mehr und mehr für die Schublade. (Was dazu nicht im Widerspruch steht, daß Brecht auch und gerade in der Zeit des Exils ums Nichtvergessen-werden geschrieben hat.) In einem Vortrag, den er 1939 in Stockholm über experimentelles Theater hält, muß er auf Beispiele zurückgreifen, die 10 Jahre und länger zurückliegen. Erst in den vierziger Jahren sollte es zumindest eine Bühne geben, die sich dem neuen Werk Brechts annahm: das Schauspielhaus in Zürich (mit *Courage, Galilei, Sezuan* und *Puntila/Matti*, 1941 - 1948). Und die Uraufführung von *Die Tage der Kommune* Ende 1956 in Karl-Marx-Stadt wird — wenn auch in aller Kürze — vom *Neuen Deutschland* als erste Uraufführung eines Brecht-Stückes auf deutschem Boden seit 1933 vorgestellt (ND vom 21.11.1956).
Trotz allen Glaubens „an die [dritte] Sache" (Brecht/Eisler), so bedeutete die Zeit des Exils für Brecht doch vor allem auch die Zeit des Getrenntseins von jenen, für die er sich insbesondere engagiert hatte, von den Arbeitern und von ihrer Partei. Brecht hat alsbald deutlich gemacht, daß diese räumliche Trennung, der Abbruch der so notwendigen Kontakte nicht auch eine Loslösung von ihrer Sache, die er als Schriftsteller vertreten wollte, bedeutete. „Fliehend unter das dänische Strohdach / Ging ich doch nicht von euch" schreibt Brecht in Svendborg. Und seine Liebe zu Magarete Steffin, die ihm in das Exil alsbald gefolgt war, war ihm umso mehr wert, als sie für ihn geradezu *die* Repräsentantin der Arbeiterschaft in Deutschland, so wie er sie sich gewünscht hatte, geworden ist. Ganz deutlich sagt er es in der Folge seines Gedichtes *Die gute Genossin M.S.*:

„Und eine von euch / Habt ihr mir mitgegeben. / / Daß sie prüfe / Alles, was ich sage; daß sie verbessere / Jede Zeile von nun an / Geschult in der Schule der Kämpfer / Gegen die Unterdrückung." (GW IX S. 595).

Die Steffin, so meint z.Bsp. Hans-Joachim Bunge, habe Brecht gewissermaßen durch ihre Mitarbeit die Kenntnisse der Berliner Arbeiterschaft, in der Wohnküche vermittelt.

Wie wichtig für Brecht die besondere Bedeutung seiner Beziehung zu Margarete Steffin war, enthüllt er — trotz seines Bemühens private Spuren soweit als möglich zu verwischen — selber einen kurzen Moment lang in einer Eintragung aus Hollywood, nach dem Tod seiner Geliebten und Lehrerin auf der Flucht vor den Nazis durch die UdSSR in die USA. Er schreibt im Arbeitsjournal am 1.8.41:

> „fast in keinem ort war mir das leben schwerer, als hier in diesem schauhaus der easy going. das haus ist zu hübsch, . . . , wenn ich gehe, gehe ich auf wolken wie ein rückenmärkler. und gerade hier fehlt grete. es ist, als hätte man mir den führer weggenommen gerade beim eintritt in die wüste."

(AJ I S. 210)

Und in dem Gedicht *Nach dem Tod meiner Mitarbeiterin M.S.* lesen wir:

> „Seit du gestorben bist, kleine Lehrerin
> Gehe ich blicklos herum, ruhelos
> In einer grauen Welt staunend
> Ohne Beschäftigung wie ein Entlassener." (GW X S. 827f.)

Die Umstände und der Zeitpunkt des Todes haben sicherlich diesen bestürzenden Ausdruck von Heimatlosigkeit noch verstärkt, indem sie zugleich auch die ganze politische Dimension des Geschehenes grell beleuchteten. Brecht spricht in dem Gedicht von „unsere(r) Genossin Steffin", die in der „roten Stadt Moskau" verstarb, während er selbst so schnell als möglich zur Weiterreise gezwungen ist, um von Wladiwostok aus, eine Woche vor dem Angriff Deutschlands auf die Sowjetunion, noch ein Schiff in das Land des easy going, Amerika, zu erreichen.

> „Flüchtend vom sinkenden Schiff, besteigend ein sinkendes —
> Noch ist in Sicht kein neues —, notiere ich
> Auf einem kleinen Zettel die Namen derer
> Die nicht mehr um mich sind.
> Kleine Lehrerin aus der Arbeiterschaft
> *Margarete Steffin*. Mitten im Lehrkurs
> Erschöpft von der Flucht
> Hinsiechte und starb die Weise."

So beginnt *die Verlustliste* Brechts (GW X S. 829) und in all diesen Texten ist der Verlust der Heimat verbunden mit dem Verlust von ans Herz gewachsenen Freunden. Während zu gleicher Zeit Brecht mit verzweifelter Kritik gegen den Personenkult um den großen Lehrmeister Stalin in dessen Metropole des Proletariats anzugehen versucht, enthüllen seine Texte über seine „kleine Lehrerin" ein selten vernommenes Maß an persönlicher Hingabe.

Während viele der anderen emigrierten deutschen Literaturschaffenden in die Sowjetunion geflohen waren — Brecht soll auf seiner letzten Durchreise u.a. noch Willi Bredel, Hans Rodenberg, Gustav von Wangenheim, Theodor Plievier (der sich seit seiner Emigration „Plivier" nannte), Adam Scharrer und andere getroffen haben — so war es ihm in keiner Weise ein Trost, daß er nun Margarete Steffin in Moskau, in der „roten Stadt" zurückließ — wohlwissend um ihr nahes Ende. Brechts letzte Zeilen in *Nach dem Tod*. . .

„Heim
Kann ich nicht gehen: ich schäme mich
Daß ich entlassen bin und
Im Unglück."   (GW X S. 828)

Blicken wir nochmals auf das Gedicht *Die gute Genossin M.S.* von 1937 zurück, so macht es uns jetzt in besonderer Weise deutlich, wie sehr die Trennung von Margarete Steffin auch ein noch ärgeres Getrenntwordensein von den Arbeitern für ihn bedeutete. „Zu euch", so schrieb er, „Zu euch kam ich als Lehrer ... " Doch dann wurden sie, vor allem durch die „gute Genossin", zu seinem Lehrer. Und Brecht sucht weiter den Kontakt mit ihnen, auch als die kleine Lehrmeisterin von ihm gegangen war: „unsere [!] Genossin Steffin", sagt er ausdrücklich. – Und so wirkt ihr Tod „In der roten Stadt Moskau" umso schmerzlicher, als sich Brecht wohl aus guten Gründen nicht dazu entschließen will, die Sowjetunion, die 'Heimat des Proletariats', als seine Exil-Heimat anzuerkennen.

Der Lehrer, der selber zu lernen bereit ist[10] und so seine geistige Heimat findet, in der er zu bleiben sich entschlossen hat; eine Heimat allerdings, die ihrerseits wieder durch die Ergebnisse des Lernens in Veränderung begriffen ist. Diese Idee dringt bis in die *Commune* hinein, auch wenn dort andere historische Voraussetzungen gelten und die Rollen von Mann und Frau in Bezug auf Brechts Verhältnis zu Margarete Steffin vertauscht sind. Hier ist es die Lehrerin Geneviève, die zur Delegierten für das Unterrichtswesen ernannt worden ist, und die nun dem Arbeiter und Kommuneratsmitglied Langevin gegenübersteht, ihn unsicher ansieht und als Antwort auf ihren fragenden Blick die Aufforderung erhält: „Lerne, Lehrerin." (TC S. 63)

Der Begriff des Lernens, die Aufforderung zu lernen, findet sich noch in anderem Zusammenhang in der *Commune* wieder. Und auch hier können wir diese als Rückwirkung, als eine Spiegelung einer weiteren Ebene verstehen, die die Lage des Exils ausgemacht hat: Die Schwierigkeiten, vom Feind lernen zu können.

Nicht nur von seinen Lesern, den parteilichen Schriftstellerfreunden und den Arbeitern ist Brecht getrennt, selbst die Auseinandersetzung mit seinen Feinden und Gegnern findet nicht mehr in der unmittelbaren Anschauung dessen statt, was sie tun und wie sie es tun. Die Flucht vor ihnen entzieht ihm zugleich die Möglichkeit der unmittelbaren Anschauung. Vielmehr ist Brecht auch hier angewiesen auf die Berichte von Besuchern, mit denen er immer wieder um die Analyse jener „vergilbte(n) Bücher" und „brüchige(n) Berichte" (GW IX S. 631) ringt, derer er habhaft werden konnte. Als Opfer von Veränderungen haben die Flüchtlinge „nichts als Veränderungen zu studieren".[11] Und da die Quellen für solche kleinen Anzeichen von Veränderungen, die „auf die größten Vorkommnisse" hin interpretiert werden müssen, noch am ehesten die der Herrschenden sind, also die des Gegners, ist er doppelt zu studieren: als Gegner und als Vermittler der wirklichen Lage. „Wenn ihre Gegner siegen, rechnen sie [die Flüchtlinge – W.S.] aus, wieviel der Sieg gekostet hat, und für die Widersprüche haben sie ein feines Auge." Der Gegner ist zu studieren, damit im Widerspruch zu ihm die eigenen Positionen herausgearbeitet werden können, seine Widersprüche sind zu studieren, damit die Chance zur Durchsetzung eigener Positionen ermittelt werden kann. „Die Dialektik, sie lebe hoch!" (GX XIV S. 1462). Und: seine Praxis ist zu studieren, damit die gegenwärtige und zukünftige Praxis auch die Durchsetzung und Bewahrung der eigenen Positionen gewährleistet: „Wenn wir niedergeworfen werden, dann wegen unserer Milde, was ein anderer Ausdruck für Nachlässigkeit ist, und wegen unserer Friedlichkeit, was ein anderer Ausdruck für Unwissenheit ist. Bürger, wir beschwören euch, lernen wir endlich vom Feind!" So Varlin in der Schlußphase der Debatten des Rates der Kommune. (TC S. 86)

Aber dieses Abgetrenntsein vom Gegner bedeutet zugleich die Möglichkeit – und für Brecht die Verpflichtung – aus der erfahrenen Niederlage, die das Exil überhaupt erst zur Folge gehabt hatte, zu fragen: wurden die Arbeiterbewegung und ihre Verbündeten niedergeschlagen, weil sie dort, wo sie eine Position der Stärke hätten vertreten können, aus dem Bedürfnis, milde sein zu wollen, zu schnell aufgaben, was Ausdruck ihrer Nachlässigkeit wäre? Sehnten sie sich nach einer friedlichen Regelung der Widersprüche aus Unwissenheit, in dem Glauben, daß ihre moralischen Wertmaßstäbe auch die ihrer Feinde seien, oder zumindest doch – Dank des eigenen Beispiels – werden könnten?

Der Gedanke an die Auseinandersetzung mit dem Gegner, die Aufforderung, ihn zu studieren und von ihm zu lernen, beinhaltete immer auch die Aufforderung, seine Überwindung mit vorzubereiten. Denn erst die Niederlage des Gegners bedeutet die Überwindung der eigenen Niederlage. Erst seine Vernichtung erlaubt die eigene Rückkehr dorthin, wovon der Flüchtling nur träumen darf, in die Heimat. Der Wunsch, den Gegner zu besiegen, ist verbunden mit dem zur Wirklichkeit drängenden Traum von einem Zuhause, das ein anderes werden soll, als jenes, das man hat verlassen müssen.

Im Vergleich zu dem Schicksal anderer in Deutschland verbrannter und aus diesem Land verbannter Dichter war, bei all den Belastungen, die die Zeit dieses Exils mit sich brachte, die Situation Brechts immer noch eine relativ privilegierte.[12]

Für eine Reihe von Jahren hatte er auf Fünen in Dänemark sein eigenes (Stroh-)Dach über dem Kopfe, er hatte mit seiner Familie zusammenbleiben können, er fand weiterhin Freunde und Mitarbeiter(innen),[13] seine finanzielle Lage erlaubte es ihm immer 'zu überleben', und er hatte Zeit, Zeit zum erneuten Lernen und zum Schreiben. Er hatte Lehrer, die ihm wichtig und freundlich gesonnen waren (z.B. Steffin, Korsch), er hatte auch immer wieder Gesprächspartner, die ihn besuchten (z.B. Benjamin, Eisler, Grosz, Pflanzelt u.v.a.), und es gab immer wieder Leute, die für ihn den Kontakt herstellten zu seiner Umgebung, der gegenüber er sich eher distanziert als offen verhielt. Die Kontakte, die er unterhielt, galten in der Tendenz eher seinen Landsleuten, von denen viele wie er in das Exil vertrieben worden waren. Gerade seine Begegnungen mit ihnen in Kopenhagen, als auch in Paris, ließen ihn wohl auch selber nicht im unklaren, wie vorteilhaft seine Lage – trotz allem – immer noch war.[14] Schon in einem seiner Briefe an Johannes R. Becher vom 28. Juni 1933 stellt er im Zusammenhang mit seinem Aufenthalt in der Schweiz die bedrückende Lage dar, in der sich viele befanden:

> „Ich habe beinah überall stärkste Entmutigung und Verwirrung angetroffen. Getrennt vom Proletariat, mehr und mehr beschäftigt, ihren nackten Lebensunterhalt zu verdienen, was nur durch Kompromisse in allen entscheidenden Dingen möglich ist, dazu über eine Reihe weit auseinanderliegender Städte verstreut, werden die proletarischen Schriftsteller ihre revolutionäre Produktion nur sehr schwer weiterführen können."

(BB Brief Nr. 173 S. 166)

Wir können auf jeden Fall feststellen, daß die meiste Zeit des Exils über, die bedrückende Lage, in der er sich selbst empfunden haben mag, relativiert wurde durch seine Kenntnis und Teilhabe an dem Schicksal anderer, denen es noch weit schlechter ging.[15]

Es ist auch nicht verstiegen zu behaupten, daß ihm diese Schicksale zusätzlich Kraft für jene Verpflichtung vermittelten, sich für die Sache der Unterdrückten und Entrechteten weiterhin einzusetzen.

Auch wenn Brecht von sich selbst verlangt haben mag, nicht zu sehr den Einflüssen fremder Länder und Lebensweisen, den Erfahrungen, die er dort machte, zu unterliegen, so haben diese doch im Zusammenspiel mit den bisherigen Erinnerungen an Deutschland seine Arbeit wesentlich mit beeinflußt.[16]

Wichtiger, als hier ein „schlechtes Gewissen" über seine noch relativ gute Lage herauszubiographieren, ist in diesem Zusammenhang aber etwas anderes: Sein und vieler anderer Auszug aus dem bekämpften wie geliebten Land bedeutete ein zwangsweise herbeigeführtes Eingeständnis in die mangelnde Stärke einer Idee, einer Bewegung, einer Klasse, der er sich verbunden fühlte.

Mag es dafür auch historisch nachvollziehbare und in ihrer Kraft damals in Deutschland übermächtige Einflüsse gegeben haben, denen trotz aller Anstrengungen nicht beizukommen gewesen war, so konnte doch all dies den Eindruck nicht verhindern, eine Niederlage erlitten zu haben. Die Begegnung mit alten und auch manchen neuen Freunden hatte auch immer dies mit zum Gegenstand: die Auseinandersetzung mit den Gründen ihrer Vertreibung, der Kampf gegen jene, die sie vertrieben hatten, die schmerzliche Erfahrung, daß sie aus Deutschland von Deutschen vertrieben wurden, und daß sie sich zur Wehr setzen müssen gegen diesen Zustand. Gleichwohl wurde gleichzeitig, also schon im Exil, darüber nachgedacht, was das für ein Deutschland sein könne, wo Deutsche nicht mehr auf Deutsche schießen, und wo diese barbarische Aufgabe nicht mehr von den Herrschenden auf die Beherrschten übertragen werden kann, so wie dies Thiers 1871 mit den französischen Bauern und Kriegsgefangenen machte, um die Kommune zu stürmen.

Das Exil als unausweichliche Konfrontation mit einer politisch weitreichenden Niederlage und gleichwohl als Ort, an dem der Kampf um die Fortsetzung des Kampfes vorbereitet wird – soweit dazu neben dem Kampf um die eigene Existenz, das eigene Überleben Zeit und Kraft blieb – das könnte eine der entscheidenden Beweggründe für eine Beschäftigung mit dem Werk Nordahl Griegs, wie der Geschichte der Pariser Kommune gewesen sein.
Er, der sich zunehmend mit der Aufgabe auseinandersetzte, selber zu einem Lehrer des Proletariats – auf seinem Gebiet und mit seinen Mitteln – heranzuwachsen, hatte wie viele andere miterleben müssen, wie diese ihre Tätigkeit eine Verkehrung der sozialen Frage durch eine falsch gestellte nationale Frage in eine die Klassen scheinbar wiedervereinigende braune Volksgemeinschaft, ihre Qualifizierung durch die mörderische Disqualifizierung einer zur Rasse erhobenen Glaubensgemeinschaft, nicht verhindern konnte. All dies forderte geradezu Themen heraus, in denen die sich durchdringenden Widerspruchsebenen von nationaler und sozialer Frage vorgestellt, als Spiegel zur Gegenwart erlebbar und in ihren politischen Konsequenzen auf dem Hintergrund der historischen Erfahrungen vermittelbar gemacht werden konnte.
Zugleich galt es auch in einem weiteren Zusammenhang der Verkehrung der Werte, wie sie die bürgerliche Herrschaft verschuldet hat, auf den Grund zu gehen. Es war dies die Frage nach der Möglichkeit, 'gut' sein zu wollen, in Beziehung gesetzt zu den ökonomischen Voraussetzungen, die dies dem „gütigen Bäckergehilfen" oder dem „leutseligen Metallarbeiter" eigentlich verbieten müßten.
Nicht ohne Grund findet sich gerade in den *Flüchtlingsgesprächen* eine Konversation „Über den Begriff des Guten", der deutlich auf diese Verkehrung der Werte abzielt und zugleich Kritik übt an der Leutseligkeit des Metallarbeiters und der Güte des Bäckergehilfen.
Brecht schreibt:

„Die Textilarbeiter kleiden uns, die Bauernknechte nähren uns, die Maurer und Metallarbeiter hausen uns, die Brauer tränken uns, die Setzer bilden uns – "

(GW XIV S. 1434)

– Damit sind sowohl jene Personen(-gruppen) angesprochen, die in der *Commune* handlungs- und geschichtsbestimmend wirken werden, als auch der sich durch das ganze Stück hinziehende Konflikt, ob die Verwirklichung der eigenen Ideen von Güte und Menschlichkeit auch angesichts eines noch nicht militärisch und ökonomisch wirklich niedergeschlagenen Gegners (schon) möglich ist.
Während für Kalle Winter das Wort „gut" 'nur' einen „häßlichen Beigeschmack" hat, erläutert ihm der Physiker Ziffel, daß es für die Amerikaner ein Wort gibt („sucker"), mit dem die Miß-

achtung für einen Menschen ausgedrückt wird, weil er ein guter Mensch zu sein versuchte und – als Ergebnis davon – den anderen auf den Leim ging.

Brecht läßt diese Beobachtung durch Kalle fortspinnen und zugleich auf den Grund bringen, auf den ökonomischen Grund. „Gut sind nur diejenigen im großen Maßstab, die man nicht die besseren Leute nennt." Denn nur sie verrichten produktive Arbeit – aber, wie Kalle hinzufügt: „alles gegen ein bekannt schäbiges Entgelt, so was von Selbstlosigkeit kennt nicht einmal die Bergpredigt."

Also, sind sie gut, weil sie produktive Arbeit leisten und sie sind es doch wiederum nicht, weil sie nicht nach den Gesetzen zu leben vermögen, die ihnen weitaus mehr, ja alles von dem zu verbrauchen zugestehen, was sie selbst produziert haben – gemeint sind hier die Gesetze der christlichen Lehre bzw. die der politischen Ökonomie.

Das Risiko, gut zu sein, „ist zu gewaltig", solange der Bäckergehilfe und der Metallarbeiter und sie alle nicht der Gewalt dieser Verhältnisse ein Ende gesetzt haben; denn, wir wiederholen noch einmal, „so was von Selbstlosigkeit kennt nicht einmal die Bergpredigt." (Alle Zitate: GW XIV S. 1434f.)

Mit diesen beiden Fragen sind zugleich die beiden wesentlichen Themenschwerpunkte benannt, auf die wir im weiteren wieder zurückkommen werden. Sowohl das Problem des Verhältnisses von nationaler und sozialer Frage, als auch das der Gewaltanwendung, ständig durch den Wunsch nach Güte in Frage gestellt, haben für die Zeit des Exils eine wesentliche Bedeutung. Und zwar in dem doppelten Aspekt: zum einen sollten die Gründe für die der Arbeitbewegung widerfahrenen Niederlagen herausanalysiert werden und zum zweiten, die Lehren aus dieser Analyse für eine Neue Zeit nach der Niederlage des Hitlerfaschismus in Deutschland ausgewertet und auf eine neue Praxis hin nutzbar gemacht werden.

Auch wenn wir dabei im folgenden immer wieder den einen oder den anderen Schwerpunkt besonders herausarbeiten, den einen oder den anderen Aspekt besonders betonen werden, so sind doch immer beide in ihrer Interdependenz nicht aus den Augen zu verlieren. Die Analyse des Alten bleibt bezogen auf die Hoffung auf eine Neue Zeit, die Beschäftigung mit den Niederlagen ist zugleich Voraussetzung ihrer Überwindung.

Die besondere Bedeutung von Brechts *Die Tage der Commune* ist es, daß sie im Schnittpunkt dieser Zusammenhänge steht und nur in Anknüpfung an diese analysiert werden kann – eben dies macht aber auch eine besondere Schwierigkeit bei der Beschäftigung mit diesem Stück, seinem Stoff, seiner Zeit und dem Anliegen Brechts aus.

> „Der Besiegte will die Ursache seiner Niederlage, der Sohn die künftigen Klippen, die socialistische Partei die Feldzüge ihres Banners in allen Ländern kennen. Die Commune von 1871 war nur ein Vorspiel. In den Kämpfen des Kaiserreichs künden sich die großen socialen Kämpfe an. *Wenn der Streiter von morgen die gestrige Schlacht nicht von Grund aus kennt, so wartet dasselbe Blutbad auf ihn.*"
>
> (LISSAGARAY [1876] 1971 S. 5 - Hervorhebung vom Verfasser)

SONETT VOM ERBE

Als sie mich sahn aus alten Büchern schreiben
Saßen sie traurig mürrisch bei mir, die Gewehre
Auf ihren Knien und folgten meinem Treiben:
Gehst du bei unsern Feinden in die Lehre?

Ich sagte: Ja. Sie wissen, wie man schreibt.
Und zwar die Lüge, sagten sie, die Lüge.
(Und standen auf.) Ich freute mich der Rüge
Und sagte hastig (und erschrocken): Bleibt.

Das sind die Leute, die uns
Die uns das Brot in dünne Scheiben schneiden
Und ihres Volkes Schlägern raten: Schlagt es!
Was können die dich lehren? Sagte ich: Zu schreiben.
Und was zu schreiben? Sagte ich: Ihr sagt es:
Sie schneiden euch das Brot in dünne Scheiben.

Bertolt Brecht

2 Aus dem Erbe schöpfen: schöpferisch erben.

Kultur(elles Erbe) als Heimat, oder als Vorort von Veränderungen? (120) = Zwei Wege in der Volksfrontdiskussion – auf dem Wege zu einer Einheitsfront (121) = Veränderungen an der „Kulturfront" und die Reaktion Brechts (126) = Der pariser Schriftstellerkongreß von 1935 und die Pariser Kommune von 1871 (129) = Die *Commune* als eigenständige Antwort auf die Exilsdiskussion (132) = Künstler und Regierung im Dialog mit dem Volk (134).

Die hohe Wertschätzung, die dem kulturellen Erbe im Verlauf der Volksfrontdiskussionen entgegengebracht wurde, zeigt, in welchem Maße Kultur die Bedeutung von „Heimat" erhielt. Wenn schon nicht unmittelbar, dann sollte doch die Verteidigung der Heimat zumindest mittelbar erfolgen, durch die Verteidigung ihrer kulturellen Werte: Indem diejenigen, die die geistigen Repräsentanten dieser Kultur darstellten, selber zur Teilnahme an der Volksfrontbewegung aufgerufen wurden, fühlten sie sich gleichzeitig als verantwortliche Träger dieser Ersatz-Heimat angesprochen. Damit war ihnen zweifelsfrei eine große Anerkennung ausgesprochen und damit eine Aufmerksamkeit zuteil geworden, die gerade in der Zeit des Exils für die meisten selten geworden war.

Dies wiederum hatte zur Folge, daß unter dem Banner der Bewahrer des Erbes der „Kulturgüter der letzten zweitausend Jahre" dieses notwendige und wichtige Anliegen ein solches Eigengewicht bekam, daß damit andere Tendenzen in der kulturpolitischen Diskussion immer mehr zurückgedrängt wurden. In den mehr als bewegten Zeiten des Exils hatte man eine Plattform nötig, die Halt und Orientierung bot und die sich in ihrem Rückbezug auf die leninsche Kulturauffassung darüber hinaus in ihrem fortschrittlichen Charakter bestätigt wissen konnte.

Mit dem Begriff des „Erbes" sollte dieser Halt markiert, mit der Formulierung: „Befreiung des Erbes" zugleich eine Dynamik dieses Begriffes signalisiert werden. Wie weit bedeutete diese Dynamik aber wirklich eine Möglichkeit, daß Erbe seinerseits in den Zeiten des Exils in Bewegung zu bringen? Schlössen sich nicht beide Kategorien ab einen bestimmten Punkt in ihrer Anwendung gegeneinander aus? Beim pariser Schriftstellerkongreß von 1935, auf dem diese Formel der „Befreiung des Erbes" gewissermaßen den Tenor der Veranstaltung abgab, setzte sich sehr schnell eine Auffassung durch, die dann in der ersten Nummer der in Paris verabschiedeten Exilzeitschrift *Das Wort* so erläutert wurde: Aufgabe der emigrierten Schriftsteller sei es, das „deutsche Wort" nach der Niederlage des Faschismus dem deutschen Volk als ein von ihnen „wohlbehütetes Erbe" „rein und klar" zurückzugeben (DW 1. Jg. [1936] H. 1 S. 4)

Wie aber, so lautete die Frage einer Minderheit bei der Diskussion um die Plattform, könne eine solche konservierende Funktion einem Schriftsteller aufgetragen werden, der sich selber im Wandel der Zeiten befinde, für den das zu bewahrende Alte nicht ohne die Erfahrungen der neuen Exilsituation und der Hoffnungen auf eine Neue Zeit in Deutschland zu begreifen und anzuwenden ist?[1] Wird das Erbe nicht benutzt, ja ausgebeutet werden müssen? Nicht nur, um darin ein Stück seiner verlassenen Heimat wiederzufinden, sondern auch, um in seiner Anwendung für die Rückkehr in die Heimat zu kämpfen. Wie weit verhindert nicht gar eine ungebrochene Identifikation mit dem Erbe seine Verwendung in diesem Sinne?[2] Welches sind die Folgen, wenn die Bewegungen und Veränderungen der eigenen Situation und der Bedingungen, die sie prägen, zusammenstoßen mit dem Anspruch auf ein „wohlbehütetes Erbe"? Wenn das Erbe als unveränderlich bewahrt werden soll, sei es dann nicht vor jedem Pulsierenden, Dialektischen, Beweglichen und Widerspruchsvollen[3] der Theorie und gesellschaftlichen Praxis fernzuhalten, ja, kann eine solche Theorie und Praxis unter dem Primat der Bewahrung des Erbes überhaupt noch geduldet werden?[4]

Diese Fragen suchen nach einer tieferen Klärung der Widersprüche, zugleich ist es aber die Verunsicherung durch diese, die eine noch verstärkte Tendenz zur Bewahrung des Erbes als Wiederherstellung einer verlassenen Heimat in der Literatur zur Folge hat. Die abrupte Veränderung der Lebensbedingungen ebenso, wie die abgerissenen Kommunikationsmöglichkeiten mit der gewohnten Umgebung und schließlich das vage Wissen um deren Gefährdung durch das fortschreitende Eingreifen der neuen faschistischen Machthaber bis in die kleinsten Winkel des ehemaligen Zuhauses, das alles läßt für viele den Wunsch nach „stabilen Verhältnissen" in eine terminologiebildende Kategorie umschlagen. Die unsichere und unerwartete politische Zukunft, die für viele zeitweise keine Zukunft mehr in sich zu tragen schien, sollte für die verunsicherten Schriftsteller auf dem Boden der Erbe-Plattform ertragbar gemacht werden.

Allein, bei Autoren wie Brecht, konnte ein solches Erbe-Verständnis keineswegs volle Zustimmung finden. Hans Kaufmann weist in seinen „Zehn Anmerkungen über das Erbe, die Kunst und die Kunst des Erbens" deutlich darauf hin, daß Brechts Art, die Widersprüche offen auszutragen, dazu Anlaß gibt, darüber nachzudenken, was die Begegnung mit überlieferter Kunst für den Schaffensprozeß des Schriftstellers bedeutet. Eine Frage, die unter den besonderen Bedingungen des Exils von noch größerer Wichtigkeit wird, zumal, wenn diese überlieferte Kunst bis zum Tage ihrer „Befreiung" möglichst unberührt bleiben soll, weil sie durch den Verlust der Heimat eine besondere Bedeutung erfahren hatte. Hans KAUFMANN:

„Ein Schriftsteller, der, wie die treffende Redensart lautet, 'etwas zu sagen hat', hat etwas Eigenes, Einmaliges, noch nicht Gesagtes zu sagen und sieht sich doch zugleich dem Vorgefundenen gegenüber, dem, was schon vor ihm künstlerisch vergegenständlicht, Form geworden ist, was — als Form anderer Inhalte — der neuen Aussage nicht vollkommen gemäß sein kann. Das Werk, das Eigenes und Neues enthält, kann folglich nur im Ergebnis eines Widerstreits von Aneignung und Abstoßung entstehen. Innerhalb des Schaffensprozesses ist die Erbfrage ein Teil der Dialektik von Inhalt und Form."

(1974 S. 261)

Dabei, so erklärt Kaufmann weiter, sei diese Dialektik nicht auf die Auseinandersetzung mit den formalen Mustern beschränkt, sondern sie beziehe vielmehr auch die berühmten Motive, Sujets und Figuren in sich ein. Seinem ersten Beispiel, Brechts Widerstreit mit Goethes Ballade „Der Gott und die Bajadere"[5], folgt ein zweites: Nordahl Griegs *Die Niederlage*.

„Sein Stück *Die Tage der Commune* nannte er einen 'Gegenentwurf' zu Nordahl Griegs Kommune-Drama *Die Niederlage*. Und etwas von einem 'Gegenentwurf' trägt — bei einer unendlichen Zahl möglicher Varianten im einzelnen — jede künstlerisch-schöpferische Auseinandersetzung mit dem Erbe an sich."

(1974 S. 261f.)

Wie bekannt, wurde der uns vorliegende Text zur *Commune* erst in der Schweiz und in Hinblick auf die Rückkehr nach Deutschland schriftlich fixiert. Dennoch scheint es uns aus dem hier genannten Aspekt des „Gegenentwurfs" lohnenswert, noch ausführlicher auf diese Periode der Volksfront und die Bedeutung der Erbe-Diskussion einzugehen. Die These von der *Commune* als einem Exildrama findet bereits in dieser Zeit Material für ihre Begründung.

Wenn auch nicht gegenüber der Idee einer Volksfront selber, so haben sich doch innerhalb der Bewegung Differenzen — wie in der Frage nach der Bedeutung des Erbes — abzuzeichnen begonnen. Auch wenn diese eine durchaus unterschiedliche Gewichtung erfahren sollten, sollen sie hier dennoch gleichermaßen zur Sprache gebracht werden. Dies deshalb, weil sie im Verlauf der Debatte allzuschnell in den Verdacht gerieten, als sich gegeneinander ausschließende aufgefaßt zu werden, oder weil ein solcher Ausschließlichkeitsanspruch formuliert oder aber zumindest doch indirekt behauptet wurde. Das wiederum machte es in einer ganz besonderen Weise schwer, die Gemeinsamkeit des Anliegens zu betonen (was bis heute des öfteren zu mißlichen Überbetonungen des „Einheits"-Gedankens führt[6]) und zugleich die in der Unterschiedlichkeit innewohnende Dynamik des Widerspruchs im Sinne der Bewegung nutzbar zu machen.
Der eine Weg war gekennzeichnet durch das Bemühen, den Verhältnissen, die nicht so waren, wie man es von ihnen erhofft hatte, ihren wahren Entwicklungsgründen auf den Grund zu gehen und sie mit dem ganzen zur Verfügung stehenden wissenschaftlichen Instrumentarium zu ana-

lysieren. Der andere Weg war diesem insoweit gleichgerichtet, als auch er in dem Versuch bestand, das Vergangene auf das Zukünftige hin zu überprüfen; nur, und dieses „nur" wog schwer, sollte sich dieses Bemühen ausschließlich oder zumindest weitgehend an den literarischen und sonstigen künstlerischen Hervorbringungen dieser Gesellschaft orientieren, ihre (deutschen) klassischen und (russischen) revolutionären Vorbilder sollten die 'Basis' für die Verständigung der Geistesschaffenden über ihre eigene Lage bilden.

Die Frage war: ist es möglich, die aus Deutschland Vertriebenen durch das Bemühen um eine gemeinsame Analyse der Verhältnisse, die zu ihrer Vertreibung geführt hatten, zusammenzuführen, oder bedeutete eine solche Analyse, die die Einbeziehung der ökonomischen, sozialen und politischen Kräfteverhältnisse und Entwicklungen voraussetzte, in ihrer Konsequenz die Unmöglichkeit, die Exilierten noch in einer Einheitsfront zusammenzufassen? – Anders gefragt: wäre es nicht möglich, gerade dieses Bemühen um die umgeschminkte Wahrheit durch eine gemeinsame Anstrengung voranzubringen, oder war Gemeinsamkeit, zumal zwischen den deutschen Geistesschaffenden im Ausland, nur möglich, wenn auf solche tiefergehenden und weiterführenden Bemühungen, aus den Niederlagen zu lernen, (teilweise sogar bewußt) verzichtet wurde?

Wenngleich auch versucht werden sollte, in der Volksfront der Vertriebenen – an ihre Erfahrungen der Veränderungen und der Veränderbarkeit der Verhältnisse anknüpfend – für eine Alternative zu den in Deutschland herrschenden Verhältnissen zu arbeiten, so waren es gerade die gesellschaftlichen Alternativen, die weitgehend aus der Diskussion der Volksfront herausgehalten werden sollten.

Brechts Wunsch, in der Zeit des Exils mit seinen Schriftsteller„kameraden" so diskutieren, schöpferisch tätig sein und leben zu können, wie es die von ihm studierten Begriffe in Hegels *Die große Logik* miteinander vermochten (und bedurften!), blieb eine Utopie. Wo und wie war sie zu finden, die Lebensweise „dieser schlüpfrigen, unstabilen, verantwortungslosen Existenzen"? Wo und wie wäre es möglich, daß „sie einander beschimpfen und mit dem Messer bekämpfen und sich dann zusammen zum Abendessen setzen, als sei nichts gewesen?" (GW XIV S. 1461)

Die politischen Entwicklungen, die in Deutschland – und, phasenverschoben auch in Frankreich – zur Bildung einer Volksfrontbewegung geführt haben, spiegeln aber deutlich den Mangel des Vermögens solcher Betrachtungsweise wider.

Noch im Parteiprogramm der KPD von 1930 wurde ebenso gegen die Sozialdemokratie mobilisiert, wie gegen die Faschisten. Den Parolen für ein „Sowjetdeutschland" (!) und für die „Diktatur des Proletariats" glaubte man offensichtlich nur auf diese Weise Glaubwürdigkeit (schon das Wort ist bezeichnend) verleihen zu können. Als dagegen zwei Jahre danach in den Parolen zur Antifaschistischen Aktion zu einer „roten [!] Einheitsfront mit den sozialdemokratischen und allen [also auch den unorganisierten – W.S.] Arbeitern" aufgerufen wurde, galt weder die „Diktatur des Proletariats" noch ein zukünftiges „Sowjetdeutschland" als Perspektive. „Gegen Faschismus – für Sozialismus" hieß es stattdessen.

In den Resolutionen der Brüsseler Parteikonferenz der – inzwischen in den Untergrund gedrängten – KPD (deren Konferenz ja auch nicht in Brüssel, sondern in Wirklichkeit in der Nähe von Moskau stattgefunden hat), wird schließlich weder auf den Faschismus, in Bezug auf die Sozialdemokratie, noch auf den Sozialismus, als Ziel des Kampfes gegen den Faschismus, Bezug genommen. Die beiden Schlußparolen lauteten vielmehr: „Es lebe die Einheitsfront und Volksfront gegen die Hitlerdiktatur!" und: „Es lebe der Freiheitskampf des werktätigen deutschen Volkes!"[7]

Selbst in den aktuellen Darstellungen dieser Entwicklung der Partei hin zur Volksfrontpolitik, so im folgenden ein Beispiel vom DDR-Fernsehen aus dem Jahre 1980, ist man bemüht, diese Entwicklung als kontinuierliche und in sich widerspruchsfreie zu schildern, indem – erneut – ausschließlich der bürgerlichen Politik der Sozialdemokratie die 'historische Schuld' daran zugeschoben wird, daß eine Einheitsfront mit den Kommunisten nicht (eher) hat zustande kommen können.

„1. SPRECHER: Wilhelm Pieck stellte [auf der Brüsseler Konferenz – W.S.] fest, daß die KPD als einzige Partei schon vor 1933 entschieden gegen den Faschismus gekämpft und für die Einheit der Arbeiterklasse eingetreten war.

2. SPRECHER: Die historische Wahrheit ist, daß nicht die KPD, nicht der Kommunismus, nicht der Weg der proletarischen Revolution versagt haben, sondern der Weg der SPD, der Weg ihrer Klassenzusammenarbeit mit der Bourgeoisie, der Weg ihrer Koalitionspolitik.

1. SPRECHER: Die Parteikonferenz von 1935 orientierte darauf, die Aktionseinheit aller Teile der deutschen Arbeiterklasse herzustellen. Sie beauftragte alle kommunistischen Organisationen, auf neue Art an die SPD heranzutreten. In den Mittelpunkt sollten Forderungen gestellt werden, bei denen Übereinstimmung bestand.

Zugleich entwickelte die KPD-Konferenz Grundsätze für die künftige politische und organisatorische Einigung der Arbeiterbewegung. Die Einheitsfront war notwendig, um eine breite antifaschistische Volksfront zu schaffen und zu leiten [!]."8

Dies ist für uns vor allem in folgendem Zusammenhang von Interesse: Einerseits der Versuch, die deutliche Abgrenzung, ja Verurteilung der Sozialdemokratie bis in die dreißiger Jahre hinein als berechtigt und ausschließlich durch jene selbst verschuldet zu verteidigen, und zugleich andererseits der Versuch, dadurch die Entwicklung der politischen Linie der Partei als kontinuierliche, sprich widerspruchsfreie nachzuzeichnen und auszuweisen.

Der Widerspruch besteht jedoch darin, daß es der KP eben nicht früher opportun schien, sich bei allen Beschimpfungen und dem Kampf aufs Messer, mit der Sozialdemokratie zusammenzusetzen und über die Veränderungen zu reflektieren. Über jene Veränderungen, die sich in Folge des Kampfes zwischen ihnen ergeben haben ebenso, wie über jene, die sie beide im gesamtpolitischen Kräftefeld in Deutschland betrafen.

Als sich dann allerdings die KPD zur Schaffung und Leitung einer Volksfront entschließt und sich in Folge dieses, zunächst in Moskau verabschiedeten, neuen Kurses bereitfindet, sich mit der Sozialdemokratie an einen Tisch zu setzen, ja, allzu plötzlich, gemeinsame Sache zu machen und all die vorher hervorgehobenen Differenzen vergessen zu lassen, da vermengen sich 'bürgerliche' Vorbehalte gegen sie mit Mißtrauen gegenüber einer Partei, die es vermag, zuvor als unüberwindlich betonte Widersprüche plötzlich per Beschluß als nicht länger von Bedeutung auszuräumen. – Gerade der zuvor so betonte Widerstand der Kommunistischen Partei gegen jede Form der „Bürgerlichkeit", also auch, im übertragenen Sinne, des sich am Abend der Weimarer Republik an-einen-Tisch-setzens, zwingt sie bei der Zurückstellung dieses Widerstandes und der Betonung des Gemeinsamen noch verstärkt zu einer Aufgabe wesentlicher Positionen – und sei es aus taktischen Gründen. Bleiben die Beschimpfungen aus, weil einem der Mund verboten wurde, wird das Messer versteckt, anstatt auf den Tisch gelegt. So mag dieser neue Versuch von Gemeinsamkeit der veränderten politischen Lage Rechnung tragen, und doch bleiben die Widersprüche erhalten.

Diese Entwicklung hat ihre Lichter und Schatten auch auf die kulturpolitischen Auseinandersetzungen geworfen.

Dies läßt sich exemplarisch an den verschiedenen Entwürfen zu einem Programm des Bundes proletarisch-revolutionärer Schriftsteller ablesen. Aus den Kommentaren zu dem in der Sammlung *Zur Tradition der deutschen sozialistischen Literatur* (1979 Bd. 4 S. 62ff.) abgedruckten Programmfassung von 1932 geht hervor, daß bereits ein Jahr zuvor Lukács einen ersten Entwurf dazu verfaßt hatte. Aber die kommunistische Fraktion des Bundes, wie auch später die moskauer Leitung des Internationalen Verbandes Revolutionärer Schriftsteller (IVRS) lehnten diesen wegen ihres 'linken Charakters' und aus anderen, damit zusammenhängenden Gründen ab. Anstatt des geplanten Abdrucks kam es so zu Überarbeitungen. Zunächst durch Andor Gabor, der sowohl einzelne Formulierungen als auch Passagen inhaltlich veränderte. Bezeichnend die beiden folgenden: „Er setzte an manchen Stellen zum Beispiel für 'proletarisch-revolutionäre Literatur' 'Unsere Literatur' ein . . . und vermied z.B. die Verwendung des Begriffs 'Sozialfaschismus' bei der Charakterisierung der Politik der SPD". (ebd.) Später nimmt dann Johannes R. Becher eine weitere, zweite Überarbeitung vor. Dabei kommt es auch zur Herausarbeitung eines eigenen Abschnitts über „Das große proletarische Kunstwerk". Dieses soll „ – ohne auch nur einen Augenblick die Aufgaben der Tagespolitik zu vernachlässigen – . . . den proletarischen Alltag im Wechselwirkung mit dem Leben der anderen Klassen so allseitig und tief erfassen, daß in diesem Alltagsleben die großen treibenden Kräfte der gesellschaftlichen Entwicklung sichtbar und sinnfällig werden." (*Zur Tradition*. . . 1979 Bd. 1 S. 432)

Wenngleich auch aus eben dieser Zeit bereits Bechers deutliche Abgrenzung gegenüber Tretjakow und dessen „Unfug", den er vor den „linksbürgerlichen Schriftstellern"[9] in Berlin erzählen würde, stammt (genau gesagt: aus dem Artikel „Unsere Wendung" aus der Nr. 10 der *Linkskurve* des Jahres 1931, mit dem eigentlich der neue – dann als zu 'links' [!] zurückgewiesene – Programmentwurf des Bundes veröffentlicht werden sollte), ließe sich unter dessen Formulierungen durchaus noch eine gemeinsame Plattform für Becher *und* Brecht ableiten, zumal im Hinblick auf Bechers Verweis auf Lenins Satz: „Die Selbsterkenntnis der Arbeiterklasse ist untrennbar verbunden mit der absoluten Klarheit . . . über die Wechselbeziehungen *sämtlicher* Klassen der modernen Gesellschaft."

Brechts *Commune* nimmt in ihrem Aufbau deutlich Bezug darauf. Aber, im Fortgang der von Becher wesentlich mitbestimmten kulturpolitischen Diskussion wird deutlich, daß sich Brechts Weg, die „großen treibenden Kräfte der gesellschaftlichen Entwicklung" im Spiegel des proletarischen Alltagslebens „sichtbar und sinnfällig" zu machen, zunehmend von der Linie der von Becher angekündigten „großen Wendung" entfernt; das heißt, daß er diese (Kehrt-) Wendung nicht und nicht in dieser Form mitmachte. Die Abkehr von der Sozialfaschismustheorie und die Hinwendung an fortschrittliche und namhafte Kreise des Bürgertums kam zwar sicherlich Brechts Positionen zugute, dadurch aber, daß diese Umorientierung zugleich nunmehr eine mangelnde Flexibilität gegenüber 'linken' Positionen zur Folge hatte, ließ Brecht – bei allem gegenseitigen Bemühen um einen solidarischen und gemeinsamen Kampf gegen die Kriegsgefahr und die Überwindung des Nationalsozialismus (Brecht: und seiner ökonomischen Quellen!) – erneut in eine Minderheitenposition abweichen. Diese erneuten und veränderten Widersprüche entwickelten sich in der Exildiskussion mit zunehmender Deutlichkeit, wenngleich auch die Bedingungen des Exils selber immer wieder dazu führten, daß die Divergenzen und Brüche vertagt oder verschleiert wurden. Anstatt die Widersprüche auf ihre Ursachen hin zu überprüfen und aus ihnen zu lernen zu versuchen, ging die Tendenz eher dahin, das Gemeinsame, diese Art Ersatz-Heimat, zu betonen. Nur so könne die Einheitsfront gewahrt werden, die bedroht würde von jenen Kräften, die mit ihrem „Geschwätz von der Auflösung der Kunst", dem „Ersatz der Kunst durch die Wissenschaft bis zur Neuen Sachlichkeit", die mit ihren „falschen Reportagetheorien" den „schematischen Ausspielungen der Publizistik gegenüber der Dichtung usw. usw." dazu beitrügen („in Verbindung mit solchen Argumenten wie 'Die Literatur im technischen Zeitalter [Radio etc.] hat keine Bedeutung mehr"), „daß sich der Schriftsteller eine depressive Stimmung bemächtigt hat" – so Johannes R. BECHER in seinem Reisebericht durch die Exilzentren Prag, Zürich und Paris Ende 1934. (In: *Zur Tradition*. . . 1979 Bd. I S. 813)

Kurz, es gehe darum, solch „defaitistische" Einstellung der Schriftsteller zu überwinden, um ihnen wieder die „hohen Aufgaben der Literatur etc. etc." nahezubringen. Die entmutigenden Veränderungen, die die Niederlage von 1933 zur Folge hatte und noch haben würde, wurden zum Anlaß, ja zum Beweis genommen, um jene Autoren zu diskreditieren, die in besonderem Maße die Möglichkeiten von neuen Techniken und Inhalten in ihrem eigenen literarischen Schaffen erprobt und vertreten hatten. – Das Bemühen Bechers und anderer, bei den Exilierten trotz dieser Niederlage – im Spiegel eines persönlichen Verantwortungsbewußtseins oft noch verstärkt empfunden – den Glauben an die „Macht des Wortes" wiederzuerwecken ging so weit, daß den Werken ihrer 'linksbürgerlichen' Freunde und Kollegen die eigentliche Verantwortlichkeit für die „depressive Stimmung" der übrigen angelastet wird.

Dies wird in der Attacke gegen Brecht, Benjamin und andere nicht explizit gesagt, aber Äußerungen wie diese zum Konflikt über die 'richtige' Volksfrontpolitik – und in jenem Zusammenhang stehen sie letztendlich – müssen auf dem Hintergrund des historischen und mehrschichtigen Geschehens interpretiert und gelesen werden. Bevor wir auf den Volksfrontaspekt und Brechts Position darin weiter eingehen, seien einige weitere dieser Ebenen hier nochmals zusammenfassend dargestellt.

O. Zu kaum einer Zeit war die Wechselbeziehung und -wirkung zwischen Literatur und Politik so unmittelbar spürbar und von solcher Virulenz wie zur Zeit der Mobilisierung gegen den Faschismus und des Exils. Aber auch selten war die Verunsicherung, die diese Unmittelbarkeit der Beziehung zur Folge hatte, so deutlich spürbar.

1. Bereits der Ton und uneinsichtige Ignoranz der Ablehnung bei Becher macht deutlich, daß hier offensichtlich im Rahmen der Debatte über Fragen der Literatur zugleich eine Reihe weiterer Fragen mit angesprochen, aber nicht als solche offen ausgesprochen wurden.

2. Die fehlende Klarheit und Entschiedenheit der Analyse, die gerade Brecht so bedauert hatte, hat hier offensichtlich eine Funktion. Sie 'erlaubt' es, sowohl mit den außerordentlichen Veränderungen und den sich dadurch noch verstärkenden Unklarheiten zumindest umgehen zu können. Sie 'erlaubt' eine scheinbare Gemeinsamkeit; der Wunsch danach hat sich durch den Verlust der Heimat noch erheblich vergrößert.

3. Der Wunsch nach Gemeinsamkeit spiegelt zugleich die Sehnsucht nach Heimat wider. Diese Sehnsucht wird durch existenzielle Fragen noch verstärkt. Zu ihnen gehört aber nicht nur das Problem, einen gültigen Paß, ein ausreichendes Einkommen zu erhalten, die Frage nach der Trennung von Angehörigen, Freunden – und den Lesern. Diese Sehnsucht bedeutet auch den Wunsch, entlassen zu werden aus der politischen Verantwortung, in die sich der Schriftsteller durch seine Situation – der Vertreibung aus dem Kontemplativen – gedrängt sieht.

4. Das wiederum verstärkt das Bedürfnis nach einer Ersatz-Heimat. Die Kunst, das kulturelle Erbe, erfüllen zunehmend diese Funktion. Schriftsteller, die von der „Auflösung der Kunst" etc. sprechen, bedeuten damit eine Gefährdung dieser Ersatz-Heimat und damit wiederum der Idee und der Funktion der „literarischen Volksfront".

5. Der Verweis auf das kulturelle Erbe, die Aufforderung „diese Pamire des geistigen Erbes" zu erobern (Johannes R. Becher) deutet daher auf die Strategie, das Gespür des Schriftstellers für seine politische Verantwortung aufzugreifen, ohne durch die Aufklärung und Bewußtwerdung dessen, was diesem Gespür zugrundeliegen könnte, zusätzliche Unruhe in das bereits labile Bündnis zu bringen. Der Verweis auf das Erbe bedeutete auch einen Hinweis auf eine weniger unruhestiftende Möglichkeit, seine Verantwortung gegenüber der Geschichte zu dokumentieren – indem man Geschichte auf die Kunst-Geschichte begrenzte.

6. Das Bemühen um eine „literarische Volksfront" im Exil war nämlich bereits seinerseits Ausdruck und Konsequenz des Scheiterns einer wirklichen politischen Volksfront. Wenn wir hier vom Scheitern der Volksfront sprechen, dann beziehen wir uns auf die Niederlage, die die Kommunisten und Antifaschisten bereits 1933 erfahren haben, zu einem Zeitpunkt, als die Bündnisfrage (mit den Sozialdemokraten, bürgerlichen Mittelschichten und insbesondere der bürgerlichen Intelligenz) noch keineswegs offiziell zugunsten einer breiten Öffnung entschieden war, geschweige denn, durch eine politisch wirkungsvolle Praxis hätte beantwortet werden können.

7. Eine solche Praxis wäre nur möglich gewesen, wenn sie sich, wie Brecht es ausgedrückt hat, an der Lebensweise der hegelschen Begriffe orientiert hätte, wenn sich die Kommunisten unter ausdrücklicher Anerkennung und fortdauernder Austragung der Gegensätze am Vor-Abend der Weimarer Republik mit den tendenziell antifaschistischen Kräften zusammengerauft und nicht gewartet hätten, bis schließlich, 1935, die Politik der Volksfront endgültig in Moskau als neue Strategie verabschiedet worden war.

„Gewisse Unsicherheiten gibt es zunächst noch in der Bündnisfrage", so heißt es im Vorwort zum ersten Band der Textsammlung *Zur Tradition der deutschen sozialistischen Literatur* „bis der VII. Weltkongreß der Kommunistischen Internationale 1935 eindeutig auf die Einheits- und Volksfrontpolitik orientiert. Aber," so heißt es dort weiter, „schon 1933 und dann noch einmal 1934 bereist Johannes R. Becher im Auftrag der Internationalen Vereinigung revolutionärer Schriftsteller die Exilzentren Prag, Paris und Zürich, um sich mit der Lage der dort lebenden Emigranten vertraut zu machen und das Zustandekommen einer literarischen Volksfront zu unterstützen." (1979 S. 37).

Wir haben diese DDR-Darstellung mit einbezogen, weil sich darin in aller Deutlichkeit nachzeichnen läßt, daß die Äußerungen Bechers zu Fragen der Kultur und Literatur als Hinführung und Bestätigung der offiziellen sowjetischen kulturpolitischen Position gesehen werden.[10] Sie bestand im wesentlichen darin, dem Anspruch der deutschen Faschisten, sich als „Sachwalter und nationaler Vollender der klassischen bürgerlichen Kulturnation" präsentieren zu können (BRÜGGEMANN 1973 S. 185), entgegenzutreten, indem von Seiten der Volksfront ein Gegenanspruch auf das kulturelle Erbe angemeldet wird; und das Grundsatzreferat Georgi M. Dimitroffs auf dem VII. Weltkongreß der Kommunistischen Internationale in Moskau, 1935, wird hierzu als Markstein dieser Politik gewertet.

Hier sind jedoch zwei Anmerkungen vonnöten, die die Politik und die Person des Redners betreffen. Wenngleich auch Dimitroff zurecht als *der* Propagandist der Volksfront heute seinerseits propagandistisch herausgestellt wird, so sollte dabei folgendes nicht übersehen werden: Erstens: Er gehörte zu den ganz wenigen in der Führung der Kommunistischen Internationale, die bereits Jahre zuvor diese Position innehatten und zu vertreten suchten (s.a.: FISCHER 1970). Selbst wenn dies noch in Frageform geschehen mußte, so wie in seinem Memorandum an die den VII. Weltkongreß vorbereitende Kommission: („Ist es richtig, die Sozialdemokratie in Bausch und Bogen als Sozialfaschismus abzuqualifizieren? ... Ist es richtig, alle linken sozialdemokratischen Bewegungen in allen Fällen als Hauptgefahr zu betrachten?" – DIMITROFF In: *Beiträge zur Geschichte.* .. 1963 H. 3 S. 282ff.). Und es kam denn auch Mitte 1934 (!) „zu heftigen Diskussionen über die Stellung der Kommunisten zur Sozialdemokratie." (DUHNKE 1974 S. 96 Anm. 126)

Zweitens: Als sich Dimitroff mit seinem beharrlichen Bestreben durchzusetzen begonnen hatte und der gemeinsame Kampf *aller* Arbeiter in das Blickfeld der politischen Perspektive der organisierten Kommunisten wieder zurückgeholt worden war, begann die so zunächst durchgekämpfte Position ihrerseits zunehmend in dogmatischer Weise ausgelegt zu werden. Damit soll und kann nicht die dann im prager Treffen von Seiten der SPD vorgebrachte borniert Haltung 'entschuldigt' werden; aber es bleibt für die Politik der KPD ihrerseits festzuhalten, daß sie einerseits sich nicht weit genug zu öffnen bereit war, um alle mit dem Nazi-Regime Unzufriedenen, „die guten Willens und vernünftigen Geistes sind" (BECHER, In: *Zur Tradition.* .. 21967 S. 592) wirklich ansprechen zu können, sie andererseits aber um eben dieser Öffnung willen jegliche innerparteiliche Kritik erneut zu unterbinden versuchte.

Diese Anmerkungen sollen darauf aufmerksam machen, daß auch die Ausführungen DIMITROFFs nicht ausschließlich unter dem Blickwinkel der Positionen von Johannes R. Becher gesehen werden sollten. Sicherlich, die Rede markiert deutlich eine Position, die die Kultur selbst eine scheinbar überhistorische, unveränderbare Größe bleiben läßt, um die die politischen Kräfte im Streit liegen; auch wird darin ausdrücklich auf die Wichtigkeit des Erbens hingewiesen und dieser Prozeß in einem direkten Zusammenhang mit dem nationalen Interesse daran verknüpft. Aber aus seiner Rede geht auch hervor, daß „*Nur die proletarische Revolution* ... den Untergang der Kultur abwenden", daß nur sie es zur höchsten Blüte „als wirkliche Volkskultur, *national der Form und sozialistisch dem Inhalt nach*" – bringen kann. „Das revolutionäre Proletariat kämpft für die Rettung der Kultur des Volkes, für ihre Befreiung von den Fesseln des verwesenden Monopolkapitals, von dem barbarischen Faschismus, der sie vergewaltigt." (1957 S. 165)

Danach ist auch einer Position Brechts, auch wenn sie eine Minderheitenposition war und bleiben sollte, die Plattform zumindest nicht entzogen. Auch dann nicht, wenn Becher eben dies auf dem Gebiet der Literaturkritik versuchte. Brecht hingegen war seinerseits, auch gegenüber Becher, Thomas Mann und anderen bemüht, bei den anstehenden Konflikten sich einer Zusammenarbeit nicht gänzlich zu versagen und also auch persönlich versucht, das zu realisieren, was er von den anderen auf dem Gebiet der Kultur oder der Politik forderte: die produktive Anwendung der Vernunft und der Dialektik.

Brecht hatte sich mit Nachdruck für eine Begegnung der in das Exil vertriebenen Schriftsteller bereits aufgrund seiner schweizer Erfahrungen – auch bei Becher – eingesetzt. Nach seinem Eindruck läge es vor allem jetzt daran, auch und gerade die noch dem bürgerlichen Lager verhafteten Schriftsteller mit den wirklichen – politischen und ökonomischen – Ursachen ihres augenblicklichen 'Schicksals' vertraut zu machen. „Die These, daß man sie im Grund in Ruhe lassen muß, um ihre Sympathie nicht zu verscherzen, war nie falscher als jetzt" schreibt er. „Wenn überhaupt jemals, dann würden sie jetzt für eine wirkliche politische Schulung zu haben sein." (BB Brief vom 28. Juni 1933 Nr. 173 S. 167) Es reiche also nicht, wenn sich die Partei die Namen der emigrierten Schriftsteller für irgendwelche Manifeste ausborge, gerade jetzt habe sie auch zu ihrer Organisation, Schulung und zum Widerstand gegen den Hitlerfaschismus beizutragen. (Vgl. MITTENZWEI 1978 S. 103ff.)

Wenngleich auch mit anderer Vermittlungsabsicht, so wird diese Beobachtung und Erfahrung Brechts auch in der bereits zitierten Textsammlung Zur Tradition . . . bestätigt. Im Vorwort zum ersten Band wird zu den unter der Überschrift: „Am Beginn von Illegalität und Exil" zusammengefaßten Texten erklärt: „Sie belegen, daß in den Reihen der kommunistischen Künstler weder Verwirrung noch Resignation vorherrschen, Erscheinungen, die unter bürgerlichen und kleinbürgerlichen Intellektuellen weit verbreitet sind . . ." (1979 Bd. I S. 34).[11]

Ein Unterschied ergibt sich dagegen, wenn es um die Frage geht, auf welche Weise diese noch im bürgerlichen Lager verhafteten Schriftsteller angesprochen werden sollten. Brecht geht davon aus, daß die persönlichen Erschütterungen gerade diesen Personen den Anstoß geben könnten, auf die Ursachen dieser Entwicklungen, die solch große und eingreifende Veränderungen bewirkt haben, einzugehen. Der Zwang der Verhältnisse selber, die in das Leben des Einzelnen so nachdrücklich eingegriffen haben, machte es notwendig und möglich, als Antwort darauf das eingreifende Denken zu lernen.

„Erkannt zu haben, daß das Denken was nützen müsse, ist die erste Stufe der Erkenntnis", schreibt Brecht. Aber die „Mehrheit derer, die diese Stufe erreicht haben, gibt angesichts der Unmöglichkeit, eingreifend zu denken, das Denken (das nur spielerische Denken) auf." (GW XX S. 158)

Exil und/oder Illegalität haben den bürgerlichen Schriftsteller, den „Dichter und Denker" aus seiner kontemplativen Rolle herausgerissen und ihn fragen lassen, warum er mit seiner Arbeit keinen größeren Nutzen habe stiften können. Jetzt aber, aus der Heimat vertrieben oder in ihr entfremdet, erkennt er, daß er schon früher mit seinem Denken hätte versuchen sollen, einzugreifen. Gleichzeitig scheinen ihm aber die Verhältnisse nunmehr unmöglich zu sein, mit seinen Arbeiten noch eingreifen zu können; dies macht es ihm aber wiederum unmöglich, sich von den idealistischen Illusionen über diese Verhältnisse zu befreien.

Was Brecht unter solchen Bedingungen für erforderlich hält und von den „Kopfarbeiter(n)" fordert: Die Verhältnisse als kapitalistische zu bejahen. „Sie bejahen den Kapitalismus noch nicht." schreibt Brecht. Solange sie diese „Hemmungen" aber nicht überwinden, wird sich in ihrem Denken auch keine Perspektive (zumindest: spielerisch) zur Überwindung des Kapitalismus entwickeln lassen. Sie würden vielmehr stattdessen – weil sie die Ware, die sie sind, nicht sein wollen – mit der Illusion leben wollen, keine Ware zu sein. „Der Kommunismus als Wider-

spruch im *kapitalistischen Feld*", sagt Brecht. (GW XX S. 171)
Diese Auseinandersetzung mit und *in* diesem Feld ist zugleich eine Auseinandersetzung mit sich selbst. Gerade die Zeit des Exils drängt diesen doppelten Konflikt auf und Brecht drängt zunächst auf einen Klärungsprozeß im Rahmen und Verlauf dieser Auseinandersetzungen — denn dieser ist seinerseits Voraussetzung für die Überwindung der in diesem Feld wirksamen Bedingungen.

> „In Wirklichkeit denkt der von der Wirtschaft Geknebelte aber nur dann frei, wenn er sich in Gedanken befreit, und zwar von der Wirtschaft. Und dies kann er nur, wenn sein Denken die Wirtschaft verändert, also die Wirtschaft von sich abhängig macht, also von der Wirtschaft abhängt." (GW XX S. 158)

Als Brechts Aufforderung: „Kameraden, sprechen wir von den Eigentumsverhältnissen" (GW XIV S. 266) auf dem „Erste(n) Schriftstellerkongreß zur Verteidigung der Kultur gegen den Krieg und Faschismus" vom 21. - 25. Juni im „Palais de la Mutualité" in diesem Bemühen um einen Klärungsprozeß — gerade bei den bürgerlichen — Schriftstellern vorgebracht wurde, konfrontierte er sie damit zwangsläufig mit einer zweiten Konzeption, die der im Titel vorgestellten zu widersprechen schien, sie aber tatsächlich auf den Grund der Dinge zu bringen versuchte.
Aus dem bereits erwähnten Bericht Johannes R. BECHERs über seine Reise an verschiedene Exilstationen deutschsprachiger Schriftsteller, die gleichzeitig auch der Vorbereitung dieses Kongresses diente, geht dieser Widerspruch bereits mit aller Deutlichkeit hervor. So schreibt er beispielsweise in Bezug auf seine Begegnung mit Thomas Mann in Zürich, daß dieser offen zugegeben habe, „vollkommen desorientiert und unsicher" zu sein und „daß er das, was in Deutschland vorgehe, überhaupt nicht mehr richtig verstehe; daß alles sei vollendeter Wahnsinn usw." - „Natürlich", so fügt Becher hinzu, „wäre eine Einflußnahme auf ihn absolut möglich. Bisher haben wir alles unterlassen, ihm bei einem Klärungsprozeß behilflich zu sein." – Damit steht Becher im Gegensatz zu Brecht. Zwar betonen beide die Beziehung von Altem und Neuem, von Erbe und Zukunftsentwurf, und doch sind die Gewichtungen und Strategien unterschiedlich. Während Brecht auf die *Ursachen* des Faschismus als der höchstentwickelten Form bürgerlicher Herrschaft zu sprechen kommt, verweist Becher auf die *Ursprünge* der Errungenschaften einer bürgerlichen Kultur, die beim Übergang in eine höherentwickelte Gesellschaftsform nach der Zerschlagung der Barbarei des Faschismus mit 'herüberzuretten' sind und solange von den Schriftstellern als den Statthaltern dieses Erbes aufzubewahren.
Diese Strategie in der Erbe-Frage hatte zumeist Erstaunen und alsbald vielfältige Zustimmung im Kreise der bürgerlichen emigrierten Schriftsteller gefunden. Thomas Mann, so Becher, habe früher „nie etwas davon gehört, ganz im Gegenteil" (diese und die vorangegangenen Zitate bezüglich Thomas Mann: In: *Zur Tradition*. . . 1979 Bd. 1 S. 817) und in der Zusammenkunft in Prag mit Kurt Hiller, Manfred Georg u.a. wurde, so Becher: „unsere Stellung zur Erbfrage direkt als eine Offenbarung empfunden. Daß wir wirklich *für* Literatur sind und nicht nur für politische Tagesdichtung schien den meisten unbekannt zu sein, und besonders Ku[rt] Hi[ller] war freudig von dieser neuen Wendung überrascht." (a.a.O. S. 808)
Die Diskussion der Frage des Erbes spielte nicht nur hier eine entscheidende Rolle, sie war die Schlüsselfrage überhaupt, denn durch sie konnte es gelingen, bislang noch Fernstehende oder schon Sympathisierende näher an die Kommunistische Partei heranzuführen. Auf dem Boden und aufgrund der Initiative der Kommunisten sollte weniger das einzelne Selbstverständnis in Bezug auf die in Deutschland herrschenden Kräfte und ihre Ursachen gefördert werden, sondern vielmehr ein über Parteigrenzen hinweggehendes 'gemeinsames' Selbstverständnis; nicht die gesellschaftliche Verpflichtung im Kampf gegen die „Barbarei" stand im Vordergrund, sondern die moralische: „zur Befreiung des Erbes aus den Händen derer, die es widerrechtlich in Besitz genommen haben" — so Johannes R. Becher in seinem Aufruf an die Schriftsteller (*Zur Tradi-*

tion. . . 1979 Bd. I S. 854). „Die Einigung von Autoren verschiedener politischer Richtungen konnte am ehesten hier ihren Ausgang nehmen", so Hans-Albert WALTER in seiner Sammlung *Deutsche Exilliteratur* (1972 Bd. 1 S. 24) – aber auch deren Aufklärung?

Die Losungen, die der inzwischen in Paris niedergelassene Hauptvorstand des „Schutzverbandes Deutscher Schriftsteller" (SDS) zum Zwecke der Sammlung der Literaturschaffenden entwickelt hatte, sprechen eine deutliche Sprache: die Sammlung der Geistesschaffenden sollte auf einer ausschließlich geistigen, moralischen Basis vonstatten gehen: „Für die Verteidigung des Geistes", hieß die erste Losung und „Für die Sammlung aller fortschrittlichen Kräfte in der Literatur" die letzte. Die Literaturen aller Länder sollten miteinander zusammenarbeiten, geschaffen sollte eine „Weltliteratur" werden, in der das große Erbe „der Literatur aller Zeiten und Völker" (!) aufbewahrt werden solle. Der zukunftsweisende Aspekt wurde in den folgenden beiden Losungen zumindest angedeutet: „Für eine Literatur der Wahrheit, des Friedens und der Freiheit" und „Für die Macht der Literatur". (*Zur Tradition.* . . 1979 Bd. I S. 826)
Brechts Aufsatz im *Pariser Tageblatt* vom 12. Dezember zeigt, daß er mit seiner Aufforderung „Dichter sollen die Wahrheit schreiben" keinesfalls außerhalb dieser Sammlungsbewegung steht, betrachten wir aber die Themen, zu denen dann auf Betreiben des SDS durch die „Vereinigung revolutionärer Schriftsteller und Künstler" (AEAR) eingeladen wurde (in Zusammenarbeit mit den Initiatoren des „Comité de Vigilance des Intellectuels Antifascistes"), so wird deutlich, daß Brechts Bemühen um die Wahrheit über die dort gesteckten Grenzen hinausgreifen würde. Eine Entwicklung, die sich fast zwangsläufig ergeben mußte, nachdem die französiche Schriftstellerorganisation sich gleichfalls – Ende 1934 – von ihrer aggressiven, militanten Konzeption des proletarischen Klassenkampfes verabschiedete, zugunsten einer „Volksfront" mit allen fortschrittlichen kleinbürgerlichen Kräften.[12]

Spätestens die Themen des Schriftstellerkongresses zur Verteidigung der Kultur machten klar, daß Brechts Bemühen um seine Wahrheit eine Außenseiterposition zur Folge haben mußte. Die Grundsatzreferate und Arbeitsgruppen waren nämlich wie folgt gruppiert: „das kulturelle Erbe, der Humanismus, Nation und Kultur, das Individuum, die Würde des Geistes, die Rolle des Schriftstellers in der Gesellschaft, die literarische Schöpfung, die Aktion der Schriftsteller zur Verteidigung der Kultur."
Brecht spricht aber, und das mag zunächst erstaunen, weder in dem Themenzusammenhang: „Schriftsteller und Gesellschaft", noch: „die Aktion des Schriftstellers". Vielmehr spricht er zum Tagesordnungspunkt: „Das Individuum". Er spricht über seine Schwierigkeiten, die Schwierigkeiten seiner Aktionen und seines Selbstverständnisses in der Gesellschaft.
Brecht fragt: Wie weit geht die Macht des Literaten, der mit großem literarischen Talent und mit echtem Zorn die Greuel des Faschismus zu schildern versucht, angesichts der Tatsache, daß die Untat des Faschismus kommt, „wie der Regen fällt." Sein Zorn soll ihm nicht nur dazu dienen, das Erlebte zu beschreiben und in der Beschreibung den Faschismus zu denunzieren, der Zorn und die geistige Kraft des Literaten müssen dazu genutzt werden, daß er sich selber fragt, welches die Ursachen der Erscheinungen sind, die er beschreibt. Denn nur die Erkenntnis dieser Ursachen macht es auch wiederum möglich zu erkennen, daß die Roheit nicht durch die Roheit kommt, genausowenig wie der Wunsch des Dichters nach dem Sieg der Güte durch seine Güte vorangebracht werden wird. Die Menschen sind roh, weil ihnen die Roheit hilft, Geschäfte zu machen, und die Güte des Menschen braucht eine Leibwache, um sich gegen diese Geschäftemacherei zu wehren. – Die Menschen können immer nur so gut sein, wie der gute Mensch von Sezuan! [Brecht: „Eine vollständige Schilderung aller Umstände und Prozesse, von denen ein Mann betroffen wird, der einen Tabakladen aufmacht, kann ein harter Schlag gegen die Diktatur sein. Jeder, der ein wenig nachdenkt, wird finden, warum." – („Fünf Schwierigkeiten beim Schreiben der Wahrheit.") GW XVIII S. 237]

Brecht macht klar, daß es nicht reicht, gegen die Barbarei zu sprechen, um damit die Kultur zu retten. Damit allein sei im Kampf gegen die Reaktion noch nicht viel ausgerichtet. Die Beschwörung der „unvergänglichen Begriffe: Freiheitsliebe, Würde, Gerechtigkeit" schärft keine Waffen gegen den Faschismus. Um sich als zuverlässiger Kämpfer gegen den Faschismus zu erweisen, muß man die Quelle stopfen, von der er – und damit seine Grausamkeiten, zu denen er sich demonstrativ bekennt – genährt wird: den Privatbesitz an Produktionsmitteln.

Mit dieser Analyse und seiner Aufforderung: „Kameraden, sprechen wir von den Eigentumsverhältnissen" – die ihm nicht gerade Verständnis und breite Zustimmung auf der Tagung eingebracht hat (vgl.: MAYER 1961 S. 75) – holt er den sozialistischen Aspekt wieder hinter dem so betonten nationalen hervor und macht zugleich deutlich, daß die humanistischen Anliegen, die gerade von Seiten der Schriftsteller so hoch bewertet werden, nicht ohne die Einbeziehung den sozialen (und das heißt auch der ökonomischen) Grundlagen überprüft und erkämpft werden können. Nur über diesen Weg könne der Kunstschaffende für eine Politik eintreten, die dem Menschen nützt. Erst wenn die Menschen wieder in ihre demokratischen Rechte eingesetzt sind, bzw. sie sich diese erkämpft haben, ist auch eine Kultur wert, verteidigt zu werden. Denn die Kultur ist für den Menschen da und nicht der Mensch für die Verteidigung der Kultur (,,Eine notwendige Feststellung im Kampf gegen die Barbarei" - GW XVIII S. 241ff.)

Mag ihn auch manch einer noch nicht verstanden haben oder verstehen wollen, spätestens in der *Commune* stellt Brecht dies in aller Schärfe heraus. Die Parole von der Ausrottung des jüdischen Untermenschen noch im Ohr, dreht er den 'patriotischen' Kampf gegen eine Rasse wieder zurück auf den wirklichen in der Idee des Sozialismus herausgearbeiteten Klassen-Konflikt:

> „THIERS: . . . man muß sie ausrotten. Man muß diese ungewaschenen Mäuler auf das Pflaster schlagen, im Namen der Kultur. Unsere Zivilisation begründet sich auf dem Eigentum, es muß geschützt werden um jeden Preis." (TC S. 18)

Auch Thiers weiß sich als Verteidiger einer großen abendländischen Kultur und als ihr Bewahrer. Als er durch das unaufhaltsame Vordringen der bewaffneten Gegenkräfte zum Ausweichen gezwungen ist, flieht er aus Paris, ohne dadurch seinen Anspruch auf die Alleinvertretung des großen Erbes aufzugeben. Es muß gegen den Feind – das Volk von Paris – verteidigt werden. Aber als der Feind diesen Rückzug als Schwäche wertet, als der Feind sich auf seine Güte mehr verläßt als auf seine „Leibwache", die diese Güte braucht (im Glauben an die Güte seines Gegners, der inzwischen im versailler Exil seinen militärischen Gegenschlag vorbereitet) ist es verloren. Die Kommune wird in einem „Meer von Blut" erstickt werden, weil sie in ihrem freudigen Entdecken und Entwickeln einer neuen Lebenskunst vergaß, die (ökonomischen) Grundlagen jener Wahrer der abendländischen Kultur zu zerschlagen. Während sie dabei war, durch ihre eigene Praxis von sich selber und über sich selbst zu lernen, vergaßen sie Aufständischen vom Feind zu lernen. Und doch waren diese Lehren bereits in der Ideologie des Bürgertums gegenwärtig. Thiers ließ keinen Zweifel daran: die Frage nach der Zukunft des Menschen ist zunächst einmal die Frage nach der Zukunft der Verfügungsgewalt über das Eigentum.

Will der Kulturschaffende sich für die Verteidigung seiner Kultur und ihrer Traditionen einsetzen, dann muß er sich für die Erringung der „Macht der Literatur" in der Weise einsetzen, daß er sich für die Erringung der Macht über die Eigentumsverhältnisse einsetzt. Will er in Aktion treten gegen die Grausamkeiten der Machthaber, dann muß er eintreten für die Beseitigung der Wurzeln der Übel dieser Grausamkeiten. Er muß sein Talent und seinen Zorn einsetzen, um über die Ursachen dieses Übels nachzudenken. Damit ist, in Zeiten des Exils, bereits viel getan.

Und auf eine weitere Beziehung zur späteren *Commune* sei hier hingewiesen; und damit zugleich zurückgekehrt zu dem Hinweis auf die Tatsache, daß Brecht ausgerechnet zum Punkt „Das Individuum" mit einer für seine Verhältnisse außerordentlich langen Rede Stellung bezieht. „Reden wir nicht nur für die Kultur!" so forderte er, sondern zuförderst von den Menschen. „Erbarmen wir uns der Kultur, aber erbarmen wir uns zuerst der Menschen!" Die vordringlichste Aufgabe der Exilzeit sei es, sich um die Existenz jedes Einzelnen zu sorgen. Nur wenn dies geschieht, sorgten sich die Schriftsteller auch um die Wahrung und Zukunft ihrer Kunst. „Die Kultur ist gerettet, wenn die Menschen gerettet sind." (GW XVIII, S. 241ff.) Diese Aufforderung ist wirklich ein Gegenentwurf zu der Aufforderung Thiers, eines der barbarischsten Menschenopfer jener Zeit im Namen der Kultur vorzubereiten und zu 'veranstalten'. Und sie ist zugleich eine Mahnung, der unmenschlichen Barbarei nicht mit Appellen an die Menschen zu begegnen, Übermenschliches zu leisten.

Hier wird die ganze Dimension der unterschiedlichen Auffassung Brechts im Gegensatz zu Becher deutlich. Becher läßt im Interesse der Durchsetzung einer bestimmten kulturpolitischen Konzeption Thomas Mann während seines Besuches bei ihm absichtlich im unklaren, während Brecht aufzuzeigen versucht, wie sehr dieses Bemühen einem jeden Einzelnen von ihnen gelten muß. Diese Nähe zum Einzelnen macht es aber – auf dem Hintergrund der gesellschaftlich-ökonomischen Analyse – zugleich notwendig, davor zu warnen, von ihm nichts Unmögliches zu verlangen. Und es ist unmöglich, von einer (Welt-)Literatur, von dem großen Kulturerbe zu verlangen, was der Einzelne nicht für sich selber zu erfüllen bereit und in der Lage wäre. Gerade die so abstrakt scheinende Rede Brechts hat eine sehr persönliche Aufforderung zum Gegenstand, eine Aufforderung, die Langevin in der *Commune* wie folgt zum Ausdruck bringt: „Erwartet nicht mehr von der Kommune als von euch selber." (TC S. 64)

Die Verknüpfungspunkte zwischen dem pariser Schriftstellerkongreß von 1935 und der Pariser Kommune von 1871 gehen also sicher über den gemeinsamen Ort hinaus. Daß beide in eine gemeinsame Tradition gestellt werden (sollten), manifestierte sich bereits mit der Gründung einer eigenen Monatszeitschrift, so wie sie auf der Tagung der AEAR vom 21. März 1933 beschlossen worden war; ihr Titel *Commune;* er ermöglichte – bei allen historischen Differenzen – eine recht genaue Zusammenfassung des proletarisch-kämpferischen aber auch kleinbürgerlich-humanistischen Charakters dieser Revue. Wenngleich auch zu Beginn, im Juli 1933, noch ihrerseits gegen Rechts- und Linksfaschismus (also auch die Sozialdemokratie) in aller Schärfe stellungnehmend, ist doch von vornherein der Begriff der *proletarischen Kultur* (so wie er sich noch in der *Linkskurve* des Bundes Proletarisch Revolutionärer Schriftsteller [BPRS] findet) durch den der *sozialistischen Kultur* ersetzt worden. Mit dem Hinweis auf die Kommune von 1871 wird damit zugleich an eine schon proletarische, aber auch noch kleinbürgerliche Bewegung angeknüpft – und damit den bürgerlichen Schriftstellern eher der Zugang zu einer gemeinsamen Plattform gegen den Faschismus ermöglicht.

Um zu zeigen, wie weit die Zusammenhänge zwischen dem Schriftstellerkongreß und der *Commune* reichen, verweisen wir auf das 15. und letzte Heft der *Versuche*, an dessen Zusammenstellung Brecht noch bis kurz vor seinem Tode gearbeitet hatte und das dann 1957 nach seinem Ableben bei Suhrkamp in Berlin erscheint. Das Inhaltsverzeichnis dieses letzten Bandes spricht eine deutliche Sprache. Hauptbestandteil dieser Ausgabe, der 29. Versuch, ist die erste vollständige Wiedergabe des Typoskriptes der *Kommune*.

Im gleichen Heft erscheinen Notate über „Die Dialektik auf dem Theater" (!) zu denen es im Vorspruch heißt: das epische Theater sei als Bezeichnung für das gemeinte und praktizierte Theater zu formal, es sei eine notwendige Voraussetzung, aber unzureichend, denn es „erschließt allein noch nicht die Produktivität und Änderbarkeit der Gesellschaft" – dieses aber: Produktivität und Änderbarkeit der Gesellschaft seien diejenigen Quellen, aus denen die Darstellung ihr Hauptvergnügen schöpfen müsse. [GW XVI S. 869 (*Versuche 29/37* H. 15 1957 S. 79)]

Die Redaktion des Heftes war jedoch damit nicht abgeschlossen. Der Verweis auf die Notwendigkeit und das Vergnügen (die Notwendigkeit des Vergnügens) einer Dialektik auf dem Theater wird im Anschluß an die *Commune* ergänzt durch eine nicht vorwärts, sondern rückwärts gerichtete Perspektive: durch den Abdruck der Reden Brechts für den Schriftstellerkongreß von

1935 in Paris und 1937 in Madrid. Deutlicher kann der Zusammenhang zur *Commune* kaum noch herausgestellt werden. Die Kulminationspunkte dieser beiden Reden sind zugleich die beiden Schwerpunkte des Stückes: die Interdependenz von nationaler und sozialer Frage („Kameraden, sprechen wir von den Eigentumsverhältnissen!" – GW XVIII S. 246) *und* von geistiger und materieller Gewalt („Die Kultur, lange, allzulange nur mit geistigen Waffen verteidigt, angegriffen aber mit materiellen Waffen, selber nicht nur eine geistige, sondern auch und besonders sogar eine materielle Sache, muß mit materiellen Waffen verteidigt werden." – GW XVIII S. 250) (Vgl.: *Versuche* a.a.O. S. 141 *und* 144)

Brechts *Commune:* ein Gegenentwurf. Bislang war in den Darstellungen, in denen auf den Begriff des „Gegenentwurfs" eingegangen wurde, ausschließlich von Nordahl Griegs *Nederlaget* die Rede. Bevor wir jedoch darauf eingehen, haben wir zeigen wollen, daß diese Idee, die mit dem Begriff des Gegenentwurfs zum Ausdruck gebracht wird, sehr viel weiter reicht. Sie stellt die *Commune* in den Zusammenhang der Volksfrontdiskussion und bemüht sich um einen Gegenentwurf zu dieser. Während in der offiziellen DDR-Geschichtsschreibung der Volksfrontbegriff als im Grunde genommen immer der gleiche seit seier 'Verkündung' bis heute präsentiert wird, haben wir versucht aufzuzeigen, daß die Auseinandersetzung um die Notwendigkeit und Strategie einer Volksfront in der Zeit vor der Machtergreifung eine andere war, als während des Exils und daß nach der Rückkehr aus dem Exil sich die Frage nach einer Volksfront in Deutschland erneut stellte, aber erneut unter veränderten Bedingungen.[13]

Dadurch, daß bislang immer die *Commune* als Gegenentwurf zu Griegs *Nederlaget* von 1937 als die eine Sache und die Entstehung des Stückes in der Schweiz, sozusagen auf dem Rückweg nach Deutschland, als eine andere damit nicht weiter zusammenhängende Sache angesehen wurde, hatte es bislang unmöglich bleiben müssen, weiterführende und tiefergehende Zusammenhänge zwischen der *Commune*, Brechts Rückkehr nach Deutschland *und* der Exilzeit herzustellen. Wir aber können jetzt sagen, daß die Exilduskussion, ja selbst der Anlaß für die Notwendigkeit, ins Exil gehen zu müssen, von wesentlicher Bedeutung für die Schaffung eines Dramas über *Die Tage der Commune* waren. Brechts Zusammenstellung seines 15. und letzten Bandes seiner *Versuche* ist weiterer, beredter Hinweis dafür.

Davon ausgehend, greifen wir einige der zuvor angesprochenen Aspekte der Volksfrontdiskussion nochmals auf und stellen sie in jenen Bezug, in den Brecht offensichtlich auch die *Commune* selbst gestellt wissen wollte.

Die *Commune* als Versuch, den sozialen und ökonomischen Aspekt wieder hinter dem zunehmend in der Volksfrontdiskussion betonten nationalen Aspekt herauszuholen. Dieses Bemühen greift als Reaktion zurück bis auf die Zeit, in der plötzlich versucht werden mußte, den zuvor als sozialfaschistisch verurteilten politischen, sozialdemokratischen Gegner zu einem Bundes 'genossen' im Kampf um Deutschland werden zu lassen. Die *Commune* zeigt, als Gegenentwurf dazu, wie eine nationale Bewegung schließlich aufgrund der auseinanderklaffenden ökonomischen Interessen in eine soziale Bewegung umschlägt. Der 'Erbfeind' verbündet sich mit den aus Paris geflohenen Kräften der Reaktion, so daß sich alsbald danach Franzosen und Franzosen an den pariser Barrikaden gegenüberstehen. Die fortschrittlichen Kräfte Deutschlands dagegen, soweit nicht im eigenen Land ermordet oder untergetaucht, mußten ihre Barrikaden außerhalb ihrer Heimat errichten.

Die, die ins Ausland haben fliehen können, kommen zusammen, um über die Antworten zu sprechen, die sie auf diese Gewalt, die ihnen und ihrem Volk angetan wird, geben können. Brechts Aufforderung, selber zur Waffe zu greifen, entspricht den Bedingungen der Zeit, und doch weist sie – nicht zuletzt an der Person Brechts selber – die Grenzen auf, die für einen Schriftsteller bestehen. Nordahl Grieg ist mit der Waffe in der Hand in den spanischen Bürgerkrieg gezogen, und als er zurückkam, schlug sich seine Enttäuschung über die Niederlage im Kampf gegen die Faschisten deutlich in seinem Drama über die Pariser Kommune nieder. Brecht dagegen weigert sich, auch nur zur Teilnahme am zweiten Schriftstellerkongreß in das besetzte Madrid zu fliegen; andererseits ist es Brecht der sich zu einem Gegenentwurf zu Griegs Drama entschließt. Er will auf die zukünftige Bedeutung dieser Niederlage hinweisen, ohne dabei die Fehler, die zur Niederlage führten, zu verschweigen.

Im Gegenteil. Die *Commune* ist ein Versuch, sich gerade mit den Fehlern der „Volksfront von Paris" auseinanderzusetzen. Brecht läßt in seinem Stück über die *Commune* keinen Zweifel darüber aufkommen, wo die Fehler dieser Bewegung in Paris gelegen haben. Man hatte bei allem Bemühen um eine alternative Lebensform und -kultur — oder anders gesagt, bei allem Bemühen um menschenwürdige Lebensverhältnisse — zu wenig an die Eroberung der materiellen Basis dieser Verhältnisse gedacht.

Was man erreicht hatte, war, sich erfolgreich für die Verbesserung der Einkommensverhältnisse einzusetzen; sei es, daß es neue Arbeit gab, sei es, daß die Arbeit neu organisiert wurde, sei es, daß die Arbeit besser bezahlt war, und, sei es auch, daß man sich zu einer Streichung überhöhter Einkommen bereitgefunden hatte. Als es aber darum ging, über den eigenen Horizont hinausblickend, die Frage nach der Verfügungs-Gewalt über die Eigentumsverhältnisse zu stellen, wurden die Grenzen dieser Volksfront deutlich. Die Aufforderung an die „camarades", darüber zu sprechen, basiert auf der Geschichte von 1871, die 1935 (ebenso wie nach 1945) eine erneute Aktualität gewinnen sollte.

Mit diesem von Brecht neu aufgearbeiteten Stoff wurde es möglich, eine Bewegung, die sich im Widerstand gegen ihre eigene Bourgeoisie und Aristokratie befindet, als eine nationale *und* als soziale Bewegung zu beschreiben. Wenngleich die Bewegung auch an der mangelnden Kenntnis über die ökonomischen Zusammenhänge scheitern wird, wird zugleich dieser — auch und gerade in der Zeit des Exils notwendigen — Analyse, der Lebenswille und die Lebenskunst dieser Bewegung gegenübergestellt.

Auf dem Hintergrund der historischen Dokumente und ihrer wichtigsten Analysen, auf aktuelle literarische Vorlagen ebenso bezugnehmend wie in der Absicht, als Denkender in die aktuelle politische Perspektivendiskussion eingreifen zu wollen, interpretiert Brecht die Geschichte der Kommune als die Geschichte der Kommunarden. Brecht untersucht und betont darin die Bedeutung der Rolle jedes Einzelnen innerhalb wie außerhalb dieser Gemeinschaft, jede ihrer spezifischen Eigenschaften und Entwicklungen. Er versucht dies vor allem dadurch zu erreichen, indem er sie in Widersprüche verwickelt, die in gleicher Weise aus ihnen selbst wie aus der Situation, in der sie sich befinden, erwachsen. Das jeweilige Ringen um diese Widersprüche eröffnet uns Einblicke in Bezug auf die jeweilige Person ebenso, wie auf die Verhältnisse, in denen sie lebt. Dieser differenzierte und vielschichtige Zugriff verhindert weitgehend jegliches monolithische Persönlichkeitsbild. Die Verantwortlichkeit, die die Handlungsträger an ihrer eigenen Geschichte haben, kann nicht an ihre charakterlichen Eigenschaften, seien sie nun feige oder heldenhaft, delegiert werden.

Eine solche Darstellung und Entwicklung der Figuren ist nun aber weit entfernt von den Auffassungen, wie sie von Dimitroff und Becher im Verlauf der Konzeptionsfindung für die Volksfront der Literaturschaffenden vorgeschlagen worden sind,[14] und was die Frage des „proletarischen Helden" betrifft, wohl sogar ihnen entgegengesetzt; ein Gegenentwurf. Brecht bemüht sich in der *Commune* deutlich um den Entwurf des Bildes von einem *kollektiven* Helden, wenn dieses Bild des Helden überhaupt Verwendung finden soll. Die Helden, das ist die Gemeinschaft der kämpfend Lebenden und der um ihr Leben Kämpfenden. Und das Vorbild besteht darin, daß sie das Proletariat und fortschrittliche Bürgertum dazu ermuntern sollen, eine neue Volksfront zu etablieren — aber nicht, indem man sie nachahmt, sondern, indem man aus ihrem Handeln, von ihren Stärken und von ihren Schwächen, lernt.

Das was Brecht in Ansätzen in der Pariser Kommune von 1871 als Bewegung vorgefunden hatte, war dagegen für Becher bereits verwirklicht: in der Sowjetunion. Von dort aus erkannte er auch, (nach Auskunft des *Lexikons sozialistischer deutscher Literatur*), daß nach dem „Sieg des Faschismus", nach der „furchtbare(n) Niederlage der deutschen Arbeiterklasse" und nach dem Verlust der Heimat, „der sozialistische Dichter nur dann seiner Aufgabe gerecht werden wird, wenn er sich zum Sprecher der ganzen unterdrückten Nation [anstatt ihrer?] erhebt. . ." (1973 S. 93f.)

Die Volksfront stärken, das sollte für den Schriftsteller in erster Linie bedeuten, Heldenschicksale zu (be-)schreiben und dadurch vorbildliche Gefühle beim Leser zu erwecken.[15] Brecht geht auf diese Forderungen ein, indem er sich mit ihnen auseinandersetzt. Er fragt, ob es wirklich die so einflußreichen Namen der „Großschriftsteller" sein können, die im Falle einer 'richtigen' Anwendung der Volksfrontkonzeption auf ihre Literatur, die entscheidende Wende im Kampf gegen die „Hitlerbarbarei" herbeiführen können. Selber Berufsschriftsteller und darum bemüht, sich in der Öffentlichkeit einen Namen zu machen (wenn auch nicht um jeden Preis), gilt seine Hoffnung vor allem dem Einsatz und dem Kampf der vielen „Namenlosen", denen er in der *Commune* exemplarisch ihre Sprache zurückgegeben hat.

Anstatt allein in ihrem Andenken die alten Schätze der deutschen Literatur über den Krieg hinüberretten zu wollen, wird der Krieg selber zum Thema der Literatur. Und anstatt das Heldenpathos des Krieges in die Literaturdebatte als Markstein übernehmen zu wollen, bemüht sich Brecht, den heldenhaften Kampf eines unterdrückten Volkes zugleich als das Resultat dieser Unterdrückung zu erklären, ihm das Pathos zu nehmen und damit die Einsicht in seine Gefühle zu ermöglichen.

Brecht versucht sich in der Zeichnung des Bildes eines Helden allenfalls dort, wo es ihm unter der Hand zu Karikatur des Bildes des bürgerlichen Helden werden muß. Solange die politische Macht in den Händen des Volkes liegt, gerinnen die Darstellungen der politischen Persönlichkeiten ins lächerlich Monströse. Besonders interessant an Brechts Versuch ist, daß er dieser Bearbeitung des Problems der Darstellung von Helden des Bürgertums (hier Bismarck und Thiers) gleich zwei Ebenen der Verfremdung gegenüberstellt. Die, die er selber gewählt hat (in den Bildern II und XX) und die, die er die Kommunarden wählen läßt (Ende Bild VI). Angesichts der deutschen Heldenträume, die sich durch Hitler in eine todbringende Realität verwandeln ließen, war für Brecht jeglicher Versuch eines positiven Heldenschicksals unmöglich, auch ein Anknüpfen an die bechersche Begründung von der Notwendigkeit, „Heldenschicksale der revolutionären Bewegung zu schaffen". Gegenüber dieser Konzeption mußte die *Commune* zum Gegenentwurf geraten.

So verzichtete Brecht auf die Übernahme der Darstellung des sogleich heldenhaft redenden und dann vor dem Angriff der Preußen wenig heldenhaft fliehenden „Großkünstlers" Courbet. Die bei Grieg eine wichtige Rolle spielende Figur ist bei Brecht ersatzlos gestrichen. Künstler tauchen in seinem Stück als Rollenträger überhaupt nicht auf, weder als Helden, noch als Feiglinge. Hier schaffen nicht einige große Künstler die Vor-Bilder einer neuen proletarischen Kultur, in deren Nachahmung das Volk sich finden soll. In dem Vorbild der „Pariser Volksfront" beginnt sich ein kollektiver 'Held' eine neue Lebenskultur durch die Möglichkeiten einer neuen Lebenspraxis zu schaffen. Um diese zu erringen und zu verteidigen, ist jeder in unterschiedlicher Weise heldenhaft und ängstlich zugleich.

Kultur als Lebenskunst. Wenngleich auch Brecht die Figur des Künstlers als eigenständigen Handlungsträger aus seinem Stück verbannt hat, so sind damit die 'Eigenschaften' des Künstlers: auf ein gutes Leben zu bestehen und sich das „Extra" wofür man lebt (TC S. 51), auch zu verschaffen, keineswegs verloren gegangen.[16] Es wird vielmehr in der *Commune* der Versuch unternommen, nicht mehr den einzelnen Künstler zu verstehen, sondern zu beschreiben, wie allmählich die Bevölkerung von Paris sich in der Folge ihres Kampfes neue Perspektiven, leben zu können, die Lebenskunst zu genießen, erobert hat. Das Weißbrot, daß Thiers zurückgehalten hat, um das Volk kapitulationsbereit zu machen, kann nunmehr jeder brechen, der Widerstand geleistet hat; der Wein, der zuvor zu teuer war für jene, die ihr Blut für ihr Vaterland zu geben bereit waren, wird nunmehr vom Kellner, der quasi Patron werden konnte, ausgeschenkt.

> « MME. CABET: Nimm ein Glas, Pierre [Langevin — W.S.]
> KELLNER: Der Wein ist vom Patron, der Patron ist in Versailles, bedienen Sie sich, Monsieur.
> LANGEVIN: Sie haben 6000 Kranke zurückgelassen, für die Beleuchtung der Straßen ist niemand da, das bedeutet Arbeit.
> *Jean und Babette schieben eine rote Fahne aus dem Fenster.*
> „PAPA": Ah, ein Glas auf die Schönheit. Geliebt und gefürchtet! Die Verfolgte, die Furchtbare! Die Freundliche, die mit dem Sturm zusammen auftritt.
> MME. CABET: Ja, die schafft es. Nehmt von den Broten, Pierre und „Papa", und wo sind die Kinder? Die Bäckerin von gegenüber hat sie uns auf die Gasse gebracht, als wir das Tuch vorübertrugen; ja, als wir das Tuch mit der bestimmten Farbe vorübertrugen, hat die Bäckerin, die saure, uns die Brote aufgedrängt.« (TC S. 48)

In dem sich anschließenden Lied erzählt die Lehrerin Geneviève von den Wirkungen, die das heldenhafte Standhalten des Volkes von Paris mit sich gebracht hat: Fleisch und Sellerie sind um das Vierfache billiger geworden und die Miete um die Hälfte. Ein menschenwürdiges Zuhause; Essen und Trinken, das sich genießen läßt; Lieben und Geliebt-werden, das dem All-tag seine schönste Gestalt verleiht; die Freiheit, ein Stück des Tuchs mit der bestimmten Farbe als Kravatte zu verschenken — der kollektive 'Held', die Bevölkerung von Paris, ist nunmehr auf dem Weg, zu einem kollektiven Lebenskünstler zu werden. Brecht läßt das Volk jene „Extras" (TC S. 51) erobern, die dem Bild des Künstlers angedichtet sind. Dem Künstler dagegen kommen wichtige politische Aufgaben zu. Brecht läßt, direkt im Anschluß an das Lieder der Lehrerin, einen Trupp von Männern und Frauen mit Kokarden auftreten, die die Anwesenden einladen, auf der Place Vendôme dem Vortrag des berühmten Malers Courbet zuzuhören „über die Notwendigkeit, die Vendôme-Säule Napoleons umzustürzen, gegossen aus dem Erz von 1200 eroberten europäischen Kanonen. Ein Monument des Krieges, der Bejahung des Militarismus und der Barbarei.
„PAPA": Vielen Dank. Wir billigen das Projekt und kommen zur Ausführung." (TC S. 49f.)[17]
Brecht spricht sowohl von den Aktivitäten der Mitglieder der „Fédération artistique" und deren Solidaritätsveranstaltungen „au bénéfice des veuves, blessés, orphelins et nécessiteux de la Garde nationale" (*Journal Officiel* vom 19. April 1871 — TC S. 81) als auch von den Vorhaben der „Fédération des artistes", hier in Vertretung ihres Vorsitzenden Courbet. Dennoch tritt Courbet als Figur selber nicht in Erscheinung. Nicht er ist der Held, nicht sein Verhalten ist heldenhaft, es ist die Bevölkerung von Paris, die die Regierungsgewalt übernommen und die sich nunmehr als Gegenregierung zu beweisen hat.
Ein Gedicht aus der Zeit des skandinavischen Exils, „Die Regierung als Künstler", zeigt, daß diese Idee — wenngleich noch nicht in ihrem Gegenentwurf — bereits während der Volksfrontdiskussion für Brecht von Interesse war. Das Gedicht seinerseits fordert geradezu einen Gegenentwurf heraus; zum Bild des Künstlers, der nicht aus Deutschland in die Emigration hat flüchten müssen ebenso, wie der Regierung, die Geld ausgibt zu Lasten des hungernden Volkes.

> „I
> Für den Bau von Palästen und Stadien
> Wird viel Geld ausgegeben. Die Regierung
> Gleicht darin einem jungen Künstler, der
> Den Hunger nicht scheut, wenn es gilt
> Seinen Namen berühmt zu machen. Allerdings

Ist der Hunger, den die Regierung nicht scheut
Der Hunger der andern, nämlich
Des Volkes."

„IV

Erstaunlich beim Künstler
Ist die Erfindungsgabe. Wenn man der Regierung zuhört
Bei ihren Schilderungen der Zustände, sagt man
Wie sie erfindet! Für die Wirtschaft
Hat der Künstler nur Verachtung übrig, ganz so auch
Verachtet die Regierung bekanntlich die Wirtschaft. Natürlich
Hat sie einige reiche Gönner. Und wie jeder Künstler
lebt sie davon, daß sie
Sich Geld pumpt."   (GW IX S. 714f.)

Der einzige Vorschlag eines Künstlers, von dem in der *Commune* die Rede ist, ist der des Malers Courbet, das Denkmal des napoleonischen Erbes, die Vendôme-Säule, zu stürzen und mit
ihm das eherne Abbild des Helden Napoleon, das auf seiner Spitze angebracht worden ist. Ein
wahrlich 'destruktiver' Vorschlag zur Aneignung eines klassischen Erbes. Und doch ein gleichwohl notwendiger, um sich aus seinen Fesseln zu befreien und frei zu machen für dessen produktive Verwendung.

Während die pariser Bevölkerung Metallgegenstände aller Art und ihre letzten Sous ('Pfennige')
spendete, damit weiter Kanonen gefertigt werden konnten im Kampf gegen den nationalen Gegner, die Preussen, blieb die Siegessäule Napoleons, „gegossen aus dem Erz von 1200 eroberten
europäischen Kanonen" (TC S. 49) unangetastet. Zur Ader gelassen wurden die Hungernden,
ihr Wille zur Verteidigung der Heimat war stärker als jener der Regierenden. Jene nämlich, nachdem die neuen Kanonen gegossen und in den Arrondissements aufgestellt worden waren, wollten am 18. März mit Hilfe ihrer Linientruppen die Geschütze in die Vorstädte abtransportie-
ren — und zwar in jene, die schon der Gegner besetzt gehalten hatte. Im Sinne der Herrschenden
eine logisch fortschreitende Entwicklung. Brecht: „die B[ourgeoisie] ist bereit, das land auszu-
liefern, wenn sie nur ihre geschäfte weiterbetreiben kann. / die B[ourgeoisie] fürchtet den inneren feind mehr als den äußeren" (aus: BBA 206/56) – aber als sich das Volk gegen die anrückenden Soldaten erfolgreich erhebt und sie an der Ausführung ihrer Befehle hindert, indem es
sie nicht ohne Witz auf die Widersprüchlichkeit ihrer Lage hinweist, beginnt die Entwicklung
überraschend zu springen. Die Auflösung der Ordnung der Truppen, ihre Verweigerung des Befehls, auf die eigenen Landsleute zu schießen, ist Anlaß einer Entwicklung, in deren Folge sich
eine neue Ordnung zu etablieren beginnt – wobei das Proletariat zur Erringung der dieser Ordnung innewohnenden Freiheit nur dann in der Lage sein werde, wenn es sich selber, „um die
diktatur auszuüben, unter strengste disziplin stellt." (ebd.)

So behält das Volk nicht nur seine Kanonen, sondern erobert durch ihre Verteidigung schließlich die Verfügungsgewalt über die Stadt, die Hauptstadt Frankreichs.

Als das Denkmal des napoleonischen Erbes von seinem Sockel gestürzt wird, wird damit nicht
nur ein Mythos einer überwunden geglaubten Epoche ins Wanken gebracht. Die Säule wird zugleich – ihres Materialwertes wegen – für die „große Produktion", den Aufbau der neuen Ordnung, brauchbar.[18]

Der Vorschlag zu dieser Form des 'konstruktiven Erbens' stammt von einem Künstler, hier dem
Maler COURBET, der sich gegen den Krieg, die „Bejahung des Militarismus und der Barbarei [!]"
ausspricht (TC S. 49). In der in Folge seines Aufrufs vom 6. April („La revanche est prise, Paris
a sauvé la France du déshonneur et de l'abaissement") und in einer ersten Generalversammlung
der pariser Maler, Bildhauer, Architekten, Grafiker und Dekorateure wird von den folgenden
Aufgaben der „Regierung der Künstler" gesprochen:

„Ce gouvernement du monde des arts par les artistes a pour mission : La conservation des trésors du passé; La mise en œuvre et lumière de tous les éléments du présent; La régénération de l'avenir par l'enseignement." (NOEL 1971 S. 162)[19]

Daß dieser Vorschlag angehört, angenommen und ausgeführt werden konnte, hatte zur Voraussetzung, daß die Künstler mit der Bevölkerung in einem Dialog standen und diese um Vorschläge ersuchten („Le Comité invite tout citoyen à lui communiquer tout proposition, projet, mémoire, avis . . . Il appelle l'opinion publique à sanctionner toutes les tentatives de progrès, en donnant à ces propositions la publicité de l'*Officiel des Arts.*" - ebd. S. 163).

Bei Brecht wird die Bedeutung dieses Dialogs nicht auf der Ebene der Künstler, sondern auf der der Regierung selber abgehandelt. „Man verhandelt über die Bedürfnisse des Volkes", läßt er Rigault sagen, „warum hört man nicht auf seine Vorschläge? Es wünscht, sofort überall einzugreifen. Vertrauen wir uns doch jener Kraft an", die, in Erfahrung und im Rückblick ihrer Geschichte (1789, 1793, 1830, 1848, 1868), am 18. März 1871 „die Hand zerschmettert, die sie erdrosseln will. Was können wir hier haben gegen das persönliche Eingreifen des Volkes?" (TC S. 70f.).

Dabei zeigt Brecht im Verlauf der *Commune*, wie schnell selbst in jener kurzen Zeit der Dialog zwischen „Volk" und „Regierung" erlahmt. Für die Zeit der unmittelbaren „Machtübernahme" durch das Zentralkomitee der Nationalgarden galt noch jener Satz LISSAGARAYs:

„Ja, die Arbeiter hatten das Recht, durch den Mund des Central-Comité's zu erklären, daß die Stunde für sie geschlagen habe, die Leitung ihrer Angelegenheiten selbst in die Hand zu nehmen" ([1876] 1971 S. 108).

In dem Bild IV *Stadthaus* wird bereits ein neues Oben und Unten erkennbar. „Papa", der Nationalgardist, fordert den Sturm auf den Feind in Versailles, Langevin, Mitglied des Zentralkomitees spricht von dem Aufbau der Kommune. Der Dialog ist auf der ganzen Breite offen. Aber schon hier wird die Forderung Langevins, weiterhin Vorschläge zu machen („es ist gut, daß ihr uns auf dem Nacken sitzt. Gebt uns nur keine Ruhe, ihr seid immer weiter als wir" – TC S. 38) nicht mehr im Sinne des dringenden Appells verstanden („seien wir zufrieden. Schließlich müssen die es wissen." – ebd.).

Und im Bild IX, wo Rigault die Forderung auf das Eingreifen des Volkes und damit auch nach dem Angriff auf Versailles wiederholt, hat sich der Schwerpunkt der Diskussion bereits ganz auf den Kampf zwischen den Regierungslagern verschoben. Bis hin zur Karikatur läßt Brecht eine Szene folgen, in der der Abstand des Dialogs von Oben und Unten noch vergrößert ist, IXb:

Ein Delegierter spricht mit einem Bettler, der ihm – gegen Geld – etwas zeigt, was jedermann sehen kann: den Aufstieg eines Freiballons, mit dem Flugblätter über dem Land ausgestreut werden sollen. Der Bettler schilt ihn deswegen einen Dummkopf, den Ballon dagegen lobt er, weil er ihm 10 Centimes eingebracht hat. Der Delegierte nennt ihn einen Feind, weil er, wenngleich durch die Entlassung von seinem Großgrundbesitzer zum Betteln gezwungen, diesen verteidigt, („Nun, Monsieur, er hält das Seine zusammen." – TC S. 74) Eine Verständigung zwischen dem „Monsieur" Delegierten und dem verelendeten Landarbeiter ist nicht mehr möglich. – Dagegen gelingt dem „Mann aus dem Volk", dem Zeitungsausrufer das, wofür der Delegierte und der Ballon eingesetzt worden sind. Er verweist den alten Bettler anfangs der Szene darauf, daß das Betteln verboten sei, als dieser ihn um ein Stück Brot bittet. Nachdem es gelungen ist, von einem Volksvertreter Geld zu erbetteln, bietet er ihm an, ebenfalls Zeitungen zu verkaufen („Du bekommst 1 Centime für das Blatt" – TC S. 75). Und der Bettler akzeptiert die Arbeit. Jetzt ruft er, wie sein 'Arbeitgeber', auf zur Mobilisierung aller Bürger vom 17. Lebensjahr an: Die nach Versailles geflüchteten Regierungsmitglieder haben – mit Hilfe der Bevölkerung des flachen Landes und den von den Preussen freigekauften französischen Kriegsgefangenen – den Gegenan-

137

griff auf Paris begonnen. An diesem entscheidenden Punkt, der Frage nach der Anwendung der Gewalt auf drohende Gegengewalt, war den Vorschlägen des Volkes nicht gefolgt worden, so daß schließlich auch Kämpfer wie „Papa" wankelmütig geworden waren. Bild VI:

> LANGEVIN: Thiers sitzt in Versailles und sammelt Truppen.
„PAPA": Pah, ich spucke darauf. Paris hat alles entschieden. Diese halbtoten Greise wird man erledigen wie nichts. Truppen! Wir werden uns verständigen mit ihnen wie am 18. März über die Kanonen.
LANGEVIN: Ich hoffe. Es sind Bauern.< (TC S. 52)

„Man verhandelt über die Bedürfnisse des Volkes; warum hört man nicht auf seine Vorschläge?" – Diese Frage war umso entscheidender, als die Voraussetzungen nicht nur den Dialog auch weiterhin ermöglicht hätten, sondern auch die Bedingungen gegeben waren, die Vorschläge Wirklichkeit werden zu lassen. Weder ein Angriff auf die fliehenden Großbourgeoisie und Aristokratie und deren Gefolge auf Versailles, noch die Besetzung der Bank von Frankreich hätten kurz nach der Eroberung der Macht in Paris – vom militärischen Standpunkt aus – der Kommune bzw. der Nationalgarde größere Schwierigkeiten bereitet. Die entscheidend mangelnde Voraussetzung schließlich war, daß das Volk die militärische und politische Macht in Paris ausübte, nicht aber die entscheidenden Zentren der ökonomischen und militärisch-politischen Macht, die Bank von Frankreich und die „Versailler" in ihre Verfügungsgewalt brachte. Damit sind mit den zwei Schwerpunkten der *Commune*, das Verhältnis von nationaler und sozialer Frage, sowie die, nach der Gewalt, zugleich die wichtigsten Fehler benannt, an denen die Kommune scheiterte.

Brecht übte Kritik gerade auch da, wo er selber Anlässe zur Ermutigung schaffen wollte. Und als ihm die Verhältnisse selber so ermutigend schienen, daß jede Kritik, jedes Vermerken der entscheidenden Fehler, sich nur als eine Hilfestellung für den weiteren Weg erweisen sollte – nach seiner Rückkehr nach Berlin – entschied er sich, das Thema der Kommune in seinem Drama *Die Tage der Kommune* vorzustellen. Die Voraussetzungen schienen ihm dafür geeignet – auch wenn dem halben deutschen Volk in der SBZ und späteren DDR die Macht sozusagen von den Sowjets verliehen und nicht durch seine eigene Kraft erkämpft worden war. Fertig geschrieben und zur Aufführung vorbereitet werden konnte das Stück erst, als die Volksfront, von der im Exil soviel gesprochen worden war, eine Chance auf Verwirklichung hatte; durch das Eingreifen des Volkes selbst.

Was aber, als diese Voraussetzungen noch nicht gegeben waren und sich nur wenige Anzeichen für ihre Verwirklichung aus der aktuellen Lage ergaben?

Während die Schriftsteller im Exil über die Bedingungen und Perspektiven ihrer Volksfront diskutierten und „die Bewahrer des Erbes sich zusammenfanden und sich in Übereinstimmung brachten mit den Kräften der revolutionären Bewegung und jenes Bündnis abschlossen, das seitdem in der Literatur wieder den Begriff einer Weltliteratur geschaffen hat [sic!]" (Johannes R. BECHER: „Nach einem Jahr. Rede auf dem Meeting zum 1. Jahrestag des Pariser Kongresses zur Verteidigung der Kultur." In: *Deutsche-Zentral-Zeitung* vom 23.6.1936) gab es in ganz Mitteleuropa keine aktuellen Vorbilder, in denen diese Voraussetzungen hätten realisiert werden können. Selbst die erste, der Dialog mit dem Volk, wurde durch das Exil weitgehend unmöglich gemacht. Dadurch kam dem Wunsch nach dem Gespräch untereinander eine noch verstärkte Bedeutung zu.[20]

Wenn ERPENBECK in *Das Wort* gar die Volkstümlichkeit zum „praktische(n) Zentralproblem unseres künstlerischen Schaffens überhaupt" erklärt (DW 3 H. 7 [1938] S. 128) dann weist gerade diese vermeintliche — verbale — Nähe zum Volk auf den enormen Abstand hin, auf das Fehlen jeglicher Voraussetzungen, mit dem Volk in seiner Heimat in einen fruchtbaren Dialog zu treten. Also davon träumen?

Brecht tritt dieser Sichtweise in seinem „Volkstümlichkeit und Realismus" überschriebenen Text (GW XIX S. 322ff.) deutlich entgegen und macht klar, daß „die herrschende Ästhetik, der Buchpreis und die Polizei immer eine beträchtliche Distanz zwischen Schriftsteller und Volk gelegt" haben. Dieser Tatbestand wird durch den Umstand, daß die Exilliteratur fast ausschließlich im Ausland gedruckt — und gelesen — wird, daß der Dichter für ein Volk schreiben soll, in dem er nicht lebt, besonders erhellt. Seine Erfahrungen mit Arbeitern (aus der Weimarer Zeit) haben ihn gelehrt, daß gegenüber einem solchen Publikum auch kühne und ungewohnte Dinge dargestellt werden können, wenn sie mit ihrer Wirklichkeit zu tun haben. Und jene, die solche Avantgarde zurückdrängen wollten mit dem Hinweis: „Das versteht das Volk nicht" — würden vom Volk nicht geduldet. Brecht: „Aber das Volk schiebt ungeduldig diese Leute beiseite und verständigt sich direkt mit den Künstlern" (a.a.O. S. 329). Und wir ergänzen: wie zum Beispiel in den Tagen der Kommune von Paris im Jahre 1871.

Brecht versucht in seinen Arbeiten — unter ausdrücklicher Einbeziehung bürgerlicher Autoren — mit Hilfe der Analysen von Sozialisten und Kommunisten ebenso, wie seiner Freunde und Gesprächspartner, die er auch in der Emigration um sich zu sammeln bemüht war, den unendlich langen Weg der Revolutionsgeschichte aufzuzeigen: „daß unter verschiedensten Zeitaltern immer wieder die Revolutionskeime entstanden, sich erweiterten und zu großen Erfolgen führten und wieder stoppten. . ."; so Peter WEISS, („Seine Entwicklungsgeschichte in den Rahmen der Weltläufte stellen." In: *Frankfurter Rundschau* vom 24. Nov. '79).

Aber letztendlich bleiben sowohl das Caesar-Projekt als auch seine Arbeit über Engelbrekt (unter dessen Leitung sich Bauern und frühes Bürgertum im 15. Jahrhundert gegen den schwedischen Adel erhoben hatten — in der übrigens ebenfalls der Kampf um eine belagerte Stadt von zentraler Bedeutung ist) unfertig, Fragmente. Es eröffneten sich keine Möglichkeiten zur Aufführung, die nach Skandinavien einzurücken drohenden Truppen verhinderten längerfristige Arbeitsperspektiven und es ist zu fragen, ob nicht Brecht bei der Erarbeitung dieser historischen Aspekte aus dem Leben des Volkes die exemplarischen Anlässe und Verbindungen der alten Stoffe zur gegenwärtigen Politik vermißte. Auch das Kommune-Thema gehörte hierzu, dessen Bearbeitung vor allem dem Einfluß seiner „Lehrerin" aus dem Proletariat, Margarete Steffin, zu verdanken ist. Aber auch hier: seine Realisierung als Theaterstück blieb einer Zeit vorbehalten, in der der „Traum", nach Deutschland zurückkehren zu können, Wirklichkeit wurde und die Diskussion über Realismus und Volkstümlichkeit realistisch und mit dem Volk geführt werden konnte.

Brechts Aufsatz über „Volkstümlichkeit und Realismus", eben zur Zeit der Arbeiten an diesen historischen Themen 1938 geschrieben, wird nicht veröffentlicht, ebensowenig wie seine übrigen umfangreichen Ausarbeitungen, die die Diskussion dieser Exiljahre — vor allem in der Zeitschrift *Das Wort* — betreffen. Ob dies allerdings wirklich daran gelegen hat, daß Brecht von sich aus auf eine Veröffentlichung verzichtete, aus Besorgnis über den weiteren Verlauf der Diskussion, in der sonst die fehlerhaften Analysen ihm gegenüber in noch größerer Schärfe wiederholt werden würden (Vgl. dazu: SCHILLER 1972 S. 17), wäre zu überprüfen.[21] (Brechts Text erscheint erstmals in Heft 4 von *Sinn und Form* im Jahre 1958, also ein Jahr nach der *Commune*). Aber auch in seinen Vorschlägen, die Brecht schon während des Exils an seine Schriftstellerkollegen gerichtet hatte, war seine Haltung deutlich zum Ausdruck gekommen. Und in seinen Worten waren bereits jene Schwerpunkte angeklungen, die an der Kommune für ihn von Interesse waren. Brechts Antwort auf die Fragen nach den nationalen Ansprüchen und sozialen Auswirkungen des deutschen Hitlerregimes war weit grundsätzlicher und entschiedener als jene De-

finition Bechers: antifaschistische Dichtung *ist* die deutsche Dichtung („Das bedeutet unbedingt, . . . Daß wir in dieser Dichtung zeigen, daß wir auf diesem Gebiet nicht nur 'bessere Deutsche', sondern die 'besten Deutschen' sind, daß wir 'Deutschland' mehr lieben als die, die diese Liebe gepachtet zu haben vorgeben usw." - In: *Zur Tradition*. . . 1979 Bd. I S. 812).
Er, Brecht, forderte dazu auf, die ökonomischen Ursachen der Kriegstreiberei in Deutschland zu untersuchen. Und zwei Jahre später erklärt er − im Namen des Rechtes der Völker auf Widerstand in Deutschland, in Italien und dann in Spanien − der Gewalt der Einzelnen wie der privilegierten Klasse den Krieg. Ihnen müsse „die volle zerschmetternde Gewalt des Volkes entgegengesetzt werden." (GW XVIII S. 249)
Rigaults Worte: „Man verhandelt über die Bedürfnisse des Volkes; warum hört man nicht auf seine Vorschläge?" (TC S. 70) und seine Aufforderung „Terror gegen Terror, unterdrückt oder werdet unterdrückt, zerschmettert oder werdet zerschmettert!" (ebd.), die Brecht allzugern und allzuschnell zur Last gelegt worden sind, ja, die ganze damit im Zusammenhang stehende Gewaltdiskussion, wird allzu kurzsichtig rezipiert, wenn nicht der Ursprung der sich dahinter verbergenden Erfahrungen mit berücksichtigt wird: der not-wendige Kampf gegen den Faschismus.

*Die Commune und Spanien, die ungeheure Bestialität der Bourgeoisie —
nie soll unser Haß vergehn!*

Peter Weiss

3 An den Kämpfen teilhaben wollen – Nordahl Grieg und Bertolt Brecht

Niederlagen, die zur Wahrheitssuche zwingen (144) = In die Kämpfe eingreifen oder „eingreifendes Denken"? (146) = Zum Beispiel Brechts *Gewehre der Frau Carrar* (148) = Grieg bei Brecht – Begegnung und Entgegnungen (152) = Zum Beispiel Nordahl Grieg: der Künstler als Augenzeuge, Parteipolitiker oder Historiker? (156) = Griegs *Niederlage* und sein Abbild des kämpfenden Künstlers (159).

Welches ist die Rolle, die Aufgabe und das Vermögen des Schriftstellers im antifaschistischen Kampf? Diese Frage stellt sich auf zwei Ebenen. Erstens geht es darum, welche Literatur in diesen Zeiten zu verfassen, zu lesen und zu „bewahren" ist. Zweitens ist an einen jeden von ihnen die Frage nach der gesellschaftlich relevanten Praxis des Schriftstellers gestellt.

Eine Gegenüberstellung der Dramatiker Grieg und Brecht wird exemplarische Gegensätze sowohl im Werk (hier der Stücke *Nederlaget* und *Die Tage der Commune*) als auch in ihrer Person (insbesondere dargestellt an den Reaktionen auf die Ereignisse in Spanien zur Zeit des Bürgerkriegs) aufzeigen. Sie dürfte aber nicht vergessen machen, daß, bei all ihren Unterschieden und Differenzen, es sich um zwei Autoren handelt, die sich — jeder nach seinen Einsichten und Möglichkeiten — als Kämpfer für die Arbeiter und ihr Volk begriffen und sich, sei es in ihrer Literatur, sei es in ihrer Lebensgestaltung, für diese zu engagieren bemühten. Weiterhin ist ihnen gemein, daß sie von ihrer Herkunft her nicht in jener Klasse aufgewachsen waren, für die sie sich später einzusetzen begonnen hatten. Die Begründungen dieses Schrittes und seine Konsequenzen schlagen sich zunehmend deutlich in ihren Arbeiten nieder und so stoßen beide — bei allen thematischen, formalen und politischen Differenzen — auf eine durchweg einheitlich heftige Reaktion von Seiten der etablierten Kulturpolitik. In der dänischen Zeitung *Nationaltidende* beispielsweise, wird Brecht nicht nur mit Stalin, sondern auch mit Grieg in Beziehung gebracht und so das königliche Nationaltheater unter Druck gesetzt, weil es Stücke beider Autoren auf dem Spielplan hatte („Die Königl. Nationalbühne ein bolschewistisches Versuchstheater?" — so die Titelüberschrift am 22. November 1936). Wir wollen hieraus einen Auszug zitieren (auch, um dem Leser klar zu machen, wie diese „Öffentlichkeit" reagierte, als die im eigenen Land totgeschiegenen Schriftsteller endlich in Dänemark eine Möglichkeit zur Aufführung der eigenen Werke fanden):

„Man wird da entdecken, daß der kommunistische flüchtling Bert Brecht keineswegs ein neuling am Kongens Nytorv ist. Längst hat man sein stück kommunistischer propaganda *Die heilige Johanna* angenommen und ein annahmehonorar dafür gezahlt — angeblich gehört es zu dem härtesten, was dieser königlich konfirmierte kommunist zur welt gebracht hat.[1]
Gefolgt ist man der linie getreulich durch die aufführung des russischen schauspiels *Brot*, Nordahl Griegs kommunistischem propandastück *Unsere ehre und unsere macht*, der alkoven-oper *Katerina-Ismailowa* und Brechts kommunistischen reim-ballett *Die sieben Todsünden*."

Später wird dann die hier so zunächst behauptete Mesalliance von Brecht und Grieg mit dem königlichen Theater noch direkter angegriffen, und jene dazu, die diese beiden Autoren auch noch zu verteidigen wagten:

„Selbst wer Bert Brechts kommunistisches propaganda-gewäsch im Königl. Theater am rechten platz sieht, muß wohl über eine solche erklärung stutzen. Darf man fragen, ob herr Brecht und die übrigen königl. sowjetagenten etwa keine meinung haben, und Nordahl Grieg auch nicht?"

Es gehe nicht an, so der Autor SHAMROCK weiter, daß die Bürgerschaft ihr Theater erst zweimal, also über die Steuern und dann erneut über das Eintrittsgeld bezahlen solle, um dann „sich und ihre eiten von hergelaufenen politischen flüchtlingen [gemeint ist hier Brecht — W.S.] oder heimlichen salonkommunisten [gemeint ist hier Grieg — W.S.] durch den schmutz ziehen zu lassen." (Zitate bei ENGBERG [1966] 1974 S. 172f.)
Fünf Tage später wird in Deutschland auch der Kunstkritik der Mund verboten, durch Goebbels, was in der gleichen Zeitung sofort und auf der ersten Seite mitgeteilt und von triumphierenden Kommentaren begleitet wird.

Bertolt BRECHT:

„FRAGEN NACH EINER NIEDERLAGE

I

Wieso ist es eine Niederlage? Welche Hilfsmittel, Stellungen und so weiter wurden verloren? Bestehen innerhalb des Proletariats noch Illusionen? Ist die Niedergeschlagenheit zu groß? Zu unbestimmt? Bestehen diesbezüglich Unterschiede zwischen Partei und Proletariat? Innerhalb der Partei? Sind Irrtümer zutage getreten? Können sie liquidiert werden, stimmungsgemäß und technisch? Bietet die Niederlagesituation Ausnutzbares im Sinne der Stärkung der Partei? Gibt es Kräfteverschiebungen in der Partei? Wären solche wünschenswert?

1

Ist die politische Schwäche des Proletariats durch die Krise verschuldet? Wird die Krise andauern? Wenn ja, kann es hier einen Umschlag geben? Hat im Fall eines Krieges das Proletariat die Hand an der Gurgel der Produktion? Ist das Proletariat allein imstande, unter bestimmten Umständen eine Revolution zu machen? Wenn ja, wie kann es solche Umstände herbeiführen (helfen)? Genügt es, wenn die kleinbürgerlichen und bäuerlichen Klassen enttäuscht sind?

3

Wann werden diese Schichten enttäuscht sein? Was will der Bauer? Unter welchen Umständen kann er es erhalten? Unter welchen Umständen sieht er ein, daß er es nicht erhalten kann? (So, daß er keine Revolution macht, weil die auch nichts ändern würde – seiner Meinung nach.)

4

Kann das Proletariat die Landfrage lösen? In der russischen Form oder in einer andern? Als diktierende Partei?

5

Welche sozialistischen Maßnahmen kann der Faschismus durchführen?

6

Wie lange und wodurch kann er einen Krieg vermeiden? Kann er in einem Krieg siegen?"

(GW XX S. 97f.)

Brecht – wie Grieg – hatte Grund genug, rückhaltlos über noch kaum verarbeitete Niederlagen nachzudenken. Das Scheitern der Weimarer Republik war auch ein Scheitern der deutschen Arbeiterbewegung. Aber nicht genug damit. Es folgte, spätestens mit dem Zusammenbruch des Widerstands gegen den Aufstand Francos und seinen (italienischen wie deutschen) Verbündeten ein neuer Schlag für alle, die mit der Sache der Demokratie sympathisierten; angesichts der großen Verluste in den eigenen Reihen mußten die, die überlebt hatten, schon von 'Glück' reden. Und hatten schon viele die Zurückhaltung Moskaus in Bezug auf die spanische Volksfront nicht verstehen können, spätestens im Verlauf der moskauer Prozesse schien es vielen, daß nun selbst im Heimatland des Sozialismus die Arbeiterbewegung eine Niederlage erlitten hatte.
Bei aller notwendigen Ausdifferenzierung der späteren aus dem Thema: Pariser Kommune hervorgegangenen Stücke, wäre zunächst einmal festzuhalten, daß eben dieses Thema für beide eine angemessene Antwort auf die Niederlagen des letzten Jahrzehnts zu sein schien. In Weimar, Spanien, auch in der Sowjetunion; für jede dieser Niederlagen hält die Pariser Kommune eine „Antwort auf die Gegenwart" bereit, sie ist behilflich für eine Bestandsaufnahme, zur Ermutigung und als Ermahnung jener, die sich auf sie berufen. Geschichte wird so „auf den Plan der Gegenwart gebracht" (Peter WEISS)[2] und an ihr die Gegenwart überprüft. Sie ermöglicht auch noch Naheliegendes alsbald in die Analyse und die Überprüfung an der Geschichte einzubeziehen. Und sie ermöglicht es nur dadurch, auch aus den aktuell noch lähmend wirkenden Niederlagen dennoch Perspektiven zu entwickeln, bzw. wiederzufinden.

Auch wenn Brecht später auf den Grieg'schen Kommune-Entwurf antwortet und damit zeigen will, daß nunmehr, nach Kriegsende zumindest in einem Teil Deutschlands Voraussetzungen zu herrschen schienen, die es erlauben würden, die Geschichte der Pariser Kommune als ein Ereignis darzustellen, das Anlaß zur Ermutigung sein kann, dann darf dies nicht vergessen machen, daß in der Zeit des Exils, nach der Niederlage in Spanien und dem Zusammenbruch der Volksfrontbewegung in Frankreich und während der moskauer Prozesse es Brecht war, der für den Abdruck dieses Stückes in der Exilzeitschrift *Das Wort* gesorgt hatte.

In jenen Tagen stellte sich die Möglichkeit, entweder für die Schublade zu schreiben und dabei zu versuchen, auf die Ursachen des Faschismus einzugehen und in Parabelform Perspektiven zu formulieren,[3] oder aber zu versuchen, als Schriftsteller in unmittelbarer Nähe des um seine Freiheit ringenden Volkes unterstützend einzugreifen. Diese Nähe konnte aber örtlich und/oder zeitlich sein. Eingreifen konnte der Schriftsteller durch sein Werk und/oder seine Präsenz.
Brecht hatte sich um beides bemüht. Wir verweisen hier exemplarisch auf die Fragmente eines Stückes über Julius Caesar und über den Schweden Engelbrekt. Wie Peter Weiss in dem Band 2 von *Ästhetik des Widerstands* berichtet, fehlte es Brecht bei diesen Themen — wenngleich von großer Bedeutung für den Versuch, die Geschichte als eine Geschichte von Klassenkämpfen zu verstehen und so auch die aktuellen Entwicklungen in diesem historischen Zusammenhang transparenter werden zu lassen — in jenen Tagen an Ausdruckskraft, durch die sich ein unmittelbar wirksamer und eingreifender Gegenwartsbezug hätte herstellen lassen können. Von welcher Kraft das Thema und seine Gestaltung sein mußte zeigt deutlich Brechts Aufforderung 1937 an den zweiten Schriftstellerkongreß, die Kultur nunmehr selbst unter Einbeziehung der materiellen Waffen zu verteidigen. (GW XVIII S. 247-250)
Brecht selber stellte sich dieser Forderung, indem er sich in Dänemark an den Entwurf eines Dramas zur Unterstützung und Ermutigung des Kampfes des spanischen Volkes macht. Er verweigerte sich ihr aber dort, wo es darum gegangen wäre, selber in diesen Kampf einzugreifen. Und sei es dadurch, daß er der Einladung des Schriftstellerverbandes, die Tagung 1937 im besetzten Madrid fortzusetzen, nicht folgt.

„Sollte man ihn ruhig für feige erklären, die Abenteuerlust eines Hemingway blieb ihm als Schriftsteller fremd. Wenn er Gefahr spürte, mußte er sich in Sicherheit bringen, an die literarische Produktion war dann überhaupt nicht mehr zu denken. Für ihn war es einfach unvorstellbar, wie man in einem Madrider Hotel, das täglich an die dreißig Geschoßtreffer erhielt, wohnen und nebenbei dort noch ein Schauspiel verfassen konnte."

(VÖLKER 1976 S. 260)

So schrieb Brecht — zum Ärger seiner Freunde, insbesondere von Kolzow und Berlau — seinen erwähnten Aufruf zur bewaffneten Gegenwehr von Dänemark aus. Stattdessen ersuchte er Ruth Berlau um Material für ein neues Stück (nachdem sie seinen Wunsch, mit ihm gemeinsam nach Dänemark zurückzukehren, ausgeschlagen hatte), sammelte dort selber Material aus allen deutschen, dänischen und englischen Zeitungen, deren er habhaft werden konnte[4], und lud (stattdessen) ehemalige Spanienkämpfer zu sich in sein Haus ein, deren Gespräche er dann von Margarete Steffin mitstenographieren ließ.[5]
Auch Grieg sollte später so Eingang in sein Haus finden, vorerst aber war dieser noch selber in Spanien. Es war dessen Wunsch, den Kämpfen so weit als möglich von 'innen' beiwohnen zu können und an ihnen praktisch, selber handelnd, beteiligt zu sein. Die Entschiedenheit, mit dem er dies umzusetzen sich bemühte, führte ihn wiederum um das zu nahe an das Geschehen heran, was Brecht an Abstand zu viel eingenommen hatte. Das Bemühen, „etwas von den Zusammen-

hängen entdecken" zu können, prägte zwar das Bemühen beider, aber eben doch auf ganz unterschiedliche Weise. Der Wunsch Brechts nach ausreichendem Abstand war für ihn von ebenso großer Bedeutung wie der Griegs nach möglichst großer Nähe; verstand Brecht seinen Kampf für die Sache der Arbeiterklasse zunächst als eine Sache des Denkens, so war sie für Grieg zunächst eine des Handelns.

„Und was sind schon diese Gedanken, sagte er [Grieg – W.S.], was sind schon diese Sprüche, die wir niederschreiben, gemessen an den Taten, die ringsum vollbracht werden. Wir raffen uns auf zu einem Bericht, wir berufen uns auf die humanistische Verantwortung, wir lassen unsern Unwillen, unsre Verzweiflung laut werden gegenüber dem Unrecht, den Leiden, die wir mitansehen, hier aber werden die Verletzten, die Sterbenden in den Armen getragen und gebettet, hier werden die Wunden, die Krankheiten mit einem Nichts an Medikamenten, an Instrumenten und mit einem Übermaß an Hingabe, an Zuspruch behandelt. Zur Erleichterung unseres schlechten Gewissens, weil in ganz Europa nicht genügend getan wird, um dem spanischen Volk, das für uns alle kämpft, Beistand zu leisten, zur Entschuldigung für unsre Unzulänglichkeit sind wir hier, fahren herum in dieser Verwüstung, und schicken unsre Berichte aus, die weniger wert sind als die kleinste Handreichung im Schützengraben oder an der Verbandsstelle."

(WEISS Bd. I ^{2}1976 S. 284)

Dieser so plastische und die Haltung Griegs so einfühlsam wie deutlich darstellende Text ist weder eine historische Quelle, noch ein Originalzitat. Er ist vierzig Jahre nach dem Spanienkrieg geschrieben und hier Nordahl Grieg, nach einer minutiösen Aufbereitung der eigenen Erfahrungen wie des historischen Materials, von Peter Weiss als Zitat zugeschrieben. Die Äußerungen Griegs sind eher so zu lesen, wie die des Malers Courbet bei Grieg oder die Langevins bei Brecht, wobei die Roman-Zitate Griegs bei Peter Weiss mir noch weniger „vom Historischen abstrahiert" (Kaufmann) scheinen, als die bei Brecht oder gar bei Grieg in ihren Dramen über die Geschichte der Kommune.[6] Gleichwohl bleibt auch bei Weiss die räsonierende Distanz zur offiziellen Geschichtsschreibung – etwa hier der Komintern – spürbar. Sie gibt Raum für eine teilweise bewundernswerte Präzision kritischer Einfühlung, für einen großen Atem der in all seiner Kraft des Ausdrucks Luft läßt für die Ausdeutung von Widersprüchen bis ins Detail.

Wenn wir also auch Peter Weiss hier zitieren, dann nicht nur, weil seine „Charakterzeichnungen" zugleich als präzise Miniaturen den Blick auf den historischen Rahmen erhellen, sondern weil ihm im Roman auf weite Strecken gelungen ist, was Grieg und dann vor allem Brecht in ihren Dramen angestrebt haben: „Ansätze von Wahrheit aus den Deformierungen herauszuschälen." Diese „Deformierungen", von denen Weiss spricht, sind aber nicht allein jene Zustände, die durch die Herrschaft eines faschistischen Regimes zu verantworten sind, sie finden sich auch (noch) bei den Kämpfern gegen dieses Regime wieder; Weiss spricht von den Begrenzungen, denen die antifaschistischen Frontkämpfer unterworfen waren, von ihren Schwächen, die sie an sich selbst und an anderen kritisierten und von der Gefahr übereilter Schlußfolgerungen, denen sie unterlagen. – Gerade von daher seien Dichter wie Grieg von großer Bedeutung und Weiss fragt, ob sich ihre Qualität eines kämpferischen Humanismus wirklich nur durch die Handreichungen im Schützengraben oder am Verbandsplatz erweise – käme es nicht gerade auf die von Grieg so gering geschilderten Berichte an, könnten nicht gerade durch ihren Blick von außen her Zusammenhänge erkenntlich werden, die den unmittelbar Beteiligten verborgen bleiben (müssen)? (a.a.O. S. 284f.)

Wie weit ist die Distanz des Dichters zum aktuellen Geschehen eine Notwendigkeit, gibt es eine distanzierte Haltung, die nicht der Feigheit, sondern der Klugheit entspricht? Peter Weiss läßt Grieg von einer mit Schande bedeckten Humanität sprechen: „Allzuviele, die ständig den Humanismus, den Pazifismus im Mund führen, die das Unrecht wohl sehn, für eine Veränderung aber nicht kämpfen wollen, sind, in ihrer Diskretion, nichts anderes als Apologeten der herrschenden Klassen." (ebd.) Ist dies eine „Selbstanklage", eine Klage, eine Anklage – auch gegen Brecht? Was bedeutet das wirklich, wenn in der Sekundärliteratur von den Differenzen zwischen Grieg und Brecht betr. der „dramaturgischen Techniken" (Völker), „Formfragen" (Martner), usw. die Rede ist?

In Brechts Texten „Über den Realismus" findet sich eine interessante Formulierung, die sowohl das Einverständnis mit einer Stellungnahme zur notwendigen Kampfbereitschaft des Schreibenden unterstreicht, als auch die Distanz zum Anliegen Griegs erklärt. Er schreibt, daß die in der Emigration Lebenden in Wirklichkeit jenes Volk verträten, das vom faschistischen Deutschland *„der Form nach"* vertreten würde. Die Tatsache, daß die, die der Form nach keine Deutschen mehr sind (Brecht wurde die deutsche Staatsbürgerschaft Mitte 1935 aberkannt), vertrieben wurden, läge eben darin begründet, daß *sie* das unterdrückte Volk eben nicht nur der Form nach unterstützt hätten. Jetzt, im Exil besonders, seien für den Schriftsteller die Verführungen zum Formalismus nicht geringer geworden: Brechts Beispiel, das zugleich seine eigene Situation mit einbeschließt, lautet so: „Es genügt nicht, zu protestieren und im übrigen seiner Beschäftigung nachzugehen. Das wäre ein schlimmer Formalismus." (GW XIX S. 319)

Gegen eine solche Form der Distanzierung ließe sich wohl Einverständnis zwischen Grieg und Brecht herstellen; die folgenden Sätze lassen sich zugleich wie eine Erklärung für das Verhalten Griegs lesen:

> Natürlich entfaltet der Kampf um das volle Menschentum in den kämpfenden Menschen wieder die Menschlichkeit, aber das ist ein komplizierter Prozeß, und er findet nur bei den Kämpfenden statt."

(GW XIX S. 316)

Die Entscheidung eines Dichters wie Grieg für die aktive Beteiligung am antifaschistischen Kampf ist zugleich auch Ausdruck einer entscheidend mit der persönlichen Lage verbundenen Suche nach Menschlichkeit in diesem Kampf. Die Distanz, die Grieg zu den Kämpfenden, wie zu seinem Ziel im Verlauf dieser Kämpfe erfährt, bedauert er auf seiner Suche nach Menschlichkeit als Nachteil, anstatt sie in Übereinstimmung mit seinem spezifischen Können zu nutzen. Grieg konnte diesen komplizierten Prozeß, von dem Brecht spricht (die „Verworrenheit", wie Weiss sie nennt – S. 285), nicht mangels Distanz, sondern in Ermangelung ihrer Nutzbarmachung, nicht durchschaubar genug werden lassen – für sich selbst nicht und nicht in seinem Drama.[7]

Titel wie Anlage des Kommune-Stücks von Grieg, *Nederlaget*, – das Grieg nach seiner Rückkehr aus Spanien noch in seiner Heimat hatte verfassen können – bekommen unter diesem Aspekt eine wesentliche zusätzliche Dimension. *Die Niederalge* der Kommunarden ist für Grieg eine wirkliche Niederlage der Kämpfenden, deren zukunftsweisende Dimension der Menschlichkeit im Schlußkapitel durch das Erklingen von Beethovens Neunter sozusagen wieder hinzugefügt werden mußte. Und auf dem Hintergrund dieser These gewinnt die Tatsache noch an Bedeutung, daß Grieg am Beispiel der Figur des Malers Courbet ebenso ausdrücklich wie selbst-anklagend auf die Rolle des Künstlers in und seine Flucht aus der von der Niederlage bedrohten Kommune eingeht.

Bevor wir darauf aber näher eingehen, muß festgehalten werden, daß auch bereits Grieg eine gewisse Abstraktion von den von ihm selbst erlebten Ereignissen versucht, in dem er nicht Spanien selbst, sondern die Pariser Kommune von 1871 zum Gegenstand seines Dramas macht. Und zuvor noch gilt es zu zeigen, wie Brecht – selbst eine Reise nach Spanien aus Anlaß eines Schriftstellerkongresses verweigernd – sich andererseits intensiv um Material über den Verlauf der Kämpfe und dessen Analyse bemüht, um so in möglichst großer zeitlicher Nähe seine solidarische Unterstützung als Schriftsteller den Kämpfenden zum Ausdruck bringen zu können. Sein Eingreifen und 'Helfenwollen' ist nicht durch seine persönliche Präsenz am Ort des Geschehens bestimmt, sondern durch ein Theaterstück über diesen Ort.

Es sollte zunächst heißen: *Die Generäle von Bilbao.*

Bei der Herstellung dieses Stückes geht Brecht ähnlich wie bei der *Kommune* vor. Er sucht die historischen Dokumente, bemüht sich um die Berichte der Augenzeugen, stellt diese in einem Kreis von Gesprächspartnern zur Diskussion und entwickelt in ihrem Verlauf schließlich die eigene dramatisierte Stückfassung einer Fabel. Peter WEISS beschreibt aus seiner eigenen Anschauung diesen Prozeß so:

> „Das Zusammenrufen von Sachverständigen, das Lauern wie in einem Schalltrichter, das Vorschnellen zum Aufnehmen von Informationen, der Prozeß des Umschmelzens der Impulse, dies schien zu seiner Arbeitsmethode zu gehören. Das kollektive Wissen, das er in sich einsog, verlieh allem, was er niederschrieb, eine allgemeingültige, politische Bedeutung. Doch war das Politische hier so zu verstehen, daß es seine Wirkung aus dem Bereich des Zusammenlebens der Menschen bezog. Mit scheinbarem Hochmut fing er die Schwankungen in den Ansichten auf, und es war mir, als sei das Hämmern zu hören, mit dem er aus dem Konträren eine Kette von Folgerichtigkeit herstellte. 'Wie aber,' so fragt er, 'ließ sich diese politische Fähigkeit in solchem Maß auf das Medium der Dichtung übertragen, daß dieses die Eigenschaft erhielt, ganz in der gegenwärtigen Zeit zu stehn, und zugleich eine völlige Autonomie zur Geltung zu bringen?"

(Bd. II 1978 S. 168f.)

Hier spielt, neben den historischen Dokumenten, den Berichten der Augenzeugen, dem Zusammenrufen der Sachverständigen noch ein weiterer, die Arbeitsmethode bestimmender Faktor eine Rolle: die Praxis des Gegenentwurfs. Die Fabel der *Generäle in Bilbao* beruht auf der Figurenkonstellation und dramatischen Form von John Millington Synges: *Riders to the Sea* (*Reiter ans Meer*; 1902 geschrieben, 1935 von W. Wolff ins Deutsche übersetzt). Und auch noch nach Erscheinen der nach dem März 1937 überarbeiteten Fassung unter dem Titel *Die Gewehre der Frau Carrar* besteht Brecht auf der Nennung von Synges Einakter als Vorlage (siehe GW III S. 1186). Durch diese Gestaltung als Gegenentwurf konnte Brecht seinem ganz auf die aktuellen Ereignisse bezogenen Stück „eine klassisch/literarische prägung geben" (ENGBERG [1966] 1974 S. 182).

Während Nordahl Grieg selber nach Spanien reiste, um an den Kämpfen teilzunehmen, erarbeitet Brecht in Dänemark seine Stellungnahme gegen die Auffassung, daß sich – die Westmächte wie die Schriftsteller – nicht in diesen Konflikt einzumischen hätten. Der Kampf um Spanien ist ein anderer als jener gegen das Meer. Bei Synge reagiert die Mutter auf den Tod ihres Sohnes, der auf offener See ertrinkt, so: „Kein Mensch kann für immer leben, und wir müssens' zufrieden sein." (SYNGE, bei VÖLKER 1976 S. 256).

Brecht nimmt dem Stück die Nähe zur griechischen Tragödie und betont in der Haltung der Mutter ihr Bestreben, ihren Glauben an den Pazifismus auch dann aufrechtzuerhalten, nachdem bereits ihr Mann im Kampf um die Republik gefallen ist („wenn ich mich still verhalte und meine Heftigkeit bekämpfe, dann lassen sie uns vielleicht verschont" – GW III S. 1220); dann aber stirbt ihr Sohn, zum Fischfang aufs Meer gefahren, unter den Kugeln der Faschisten.

> „ERSTER FISCHER: Es war einer von ihren Fischkuttern mit Maschinengewehren. Sie haben ihn im Vorbeifahren einfach abgeschossen. . . .
> *Die Mutter kommt mit Juans Mütze, die der Junge hereingebracht hat, nach vorn.*
> DIE MUTTER *einfach*: Schuld war die Mütze.
> ERSTER FISCHER: Wieso?
> DIE MUTTER: Sie ist schäbig. So etwas trägt kein Herr.

ERSTER FISCHER: Aber sie können doch nicht auf jeden losknallen, der eine schäbige Mütze aufhat?
DIE MUTTER: Doch. Das sind keine Menschen. Das ist ein Aussatz, und das muß ausgebrannt werden wie ein Aussatz. *Zu den betenden Frauen, höflich*: Ich möchte euch bitten zu gehen.

(GW III S. 1227f.)

Die betenden Frauen – noch der Abglanz der Idee der Klageweiber der griechischen Tragödie hängt an ihnen – müssen gehen. Als sie gegangen und „Der Durchbruch" von einem hastig hereinstürzenden Arbeiter gemeldet wird, teilt die Mutter das fertig gebackene Brot aus und mit ihm die Gewehre, die sie bis dahin zurückgehalten hatte, ihrem pazifistischen Anliegen folgend. Dann verläßt auch sie das Haus, um selber, mit den anderen, am Kampf teilzunehmen: für ihren Sohn: Juan.

Anknüpfungspunkte für Brechts *Kommune*-Entwürfe auch hier: die Mutter, Mme. Cabet, hat aus den Ereignissen der Kommune gelernt. Sie unterstützt ihre „Kinder", das sind ihr leiblicher Sohn Jean[8] aber auch all die anderen, die an der Barrikade gegen den Einbruch der Linientruppen die Waffen erhoben haben – indem sie ihnen zu essen macht. Auch hier haben die Mützen, die „Käppis", die sie als Kämpfer für die Kommune auszeichnen, eine entsprechende Bedeutung. Ihre Träger werden von den Mitrailleusen der vereinten Kräfte der deutschen und französischen Bourgeoisie erschossen werden.

„MME. CABET: Kinder, ihr müßt was essen, aber sie [die Suppe – W.S.] hat keinen Schnittlauch. Und wozu müßt ihr die Käppis aufhaben, wenn es alles nichts hilft, werdet ihr nur daran erkannt. Du mußt vom Schöpflöffel ess. . . *Jean den Schöpflöffel reichend, fällt sie zusammen.* " (TC S. 101f.)

Selbst die Idee, daß die neue Zeit ihre Waffen „immer zuerst den Hyänen der alten" gibt (TC S. 100 – Vgl. BBA 308/26, 28, 30, 86), beruht auf einer bereits im Zusammenhang mit der *Carrar* notierten Überlegung: „Mit dem Tank und dem Flugzeug wollen die Herren den Holzpflug und den Fischkutter verewigen. Elend und Sünde kommen vom Holzpflug und Fischkutter, und die Unterdrückung hat Flugzeuge und Tanks." (BBA 617/25 – zitiert nach MITTEN-ZWEI [1959] [4]1977 S. 219). Damals hießen die „Herren" nicht Bismarck und Thiers, sondern Hitler und Mussolini und ihre unter gemeinsamem Befehl eingesetzten Bombenflugzeuge hatten einen entscheidenden Anteil an der Niederlage der spanischen Republik.

Während Brecht die *Kommune* im historisch-analytischen Rückblick schreiben und ihre Niederlage zugleich als Aufforderung gestalten kann, in der neuen Zeit nach 1945 – unter Ausmerzung ihrer Fehler – es den Kommunarden nachzutun, ist er hier, 1937, in seiner Absicht, unmittelbar eingreifen zu wollen, gezwungen, sich auf die jeweils wechselnde politische und strategische Lage der Kämpfe einzustellen. Auch die Konzeption des Stückes als Gegenentwurf läßt dieses nicht vermeiden.

Bald nachdem die – zusammen mit Margarete Steffin erstellte – erste Fassung von *Generäle über Bilbao* fertiggestellt ist (danach haben die Republikaner mit der Eroberung Madrids einen vorläufigen Sieg errungen), wird das belagerte Bilbao – am 20. Juli 1937 – von den Truppen der Faschisten erobert. Als es am 16. Oktober im Salle Adyar in Paris unter der Regie von Slatan Dudow zur Uraufführung des Stückes unter der Schirmherrschaft des SDS (Schutzverbandes Deutscher Schriftsteller) kam, wurde zwar noch in Spanien gekämpft, aber Brecht und mit ihm Ruth Berlau waren zu einer deutlichen Umarbeitung angehalten. Die sich abzeichnende Niederlage verschärfte noch die Entwicklung der Fabel: die Mutter sah sich zu einem noch hartnäckigerem Stillhalten veranlaßt und zugleich wurde der Ruf nach Waffen noch dringlicher (jetzt auch erhält das Stück seine neue Überschrift *Die Gewehre der Frau Carrar* – siehe dazu auch die Hinweise von KNOPF 1980 S. 151).

Brecht bemühte sich, in den Kampf des spanischen Volkes und der internationalen Brigaden einzugreifen, indem er die ihm sonst so wichtigen Techniken der epischen Darstellung zu Gunsten einer aristotelischen Form zurückstellte (wenngleich er das Epische dabei keinesfalls vollständig aufhebt). Die deutschen Exilierten, die im Publikum saßen, waren ergriffen. Die Aufführung ein voller Erfolg. Ihr sollten, so war geplant weitere Einakter folgen „über den Freiheitskampf des deutschen Volkes (nur, dieses hier behandelt den Freiheitskampf des spanischen Volkes)", so Wolf FRANCK in seiner Kritik in der *Deutschen Volkszeitung* Paris, vom 24.10.1937 (zitiert bei WYSS [Hrsg.] 1977 S. 178)

Dieser Erfolg und Hinweis bei Franck ist hier von Interesse, weil sich so zeigen läßt, daß Brechts Position in der Volksfrontdiskussion durch die jeweiligen Notwendigkeiten und Möglichkeiten bestimmt und also von ihnen beeinflußbar und keineswegs dogmatisch war. Zweitens kann hier nicht ausgeschlossen werden, daß Brecht als ein weiteres Stück in dieser Aufführungsreihe auch ein Stück über den Freiheitskampf des französischen Volkes von 1871 vorbereiten wollte.

Verfolgen wir die Aufführungsgeschichte des Stückes weiter, so findet sich ein interessanter Hinweis, der diese Vermutung bestätigen könnte und zugleich deutlich werden läßt, warum dann das Thema *Kommune* bis nach dem Krieg zurückgestellt wurde.

Unter der Regie von Ruth Berlau und einer aktiven Mitarbeit Helene Weigels[9], wird *Die Gewehre der Frau Carrar* am 19. Dezember erstmals in Dänemark aufgeführt. Diesmal aber nicht am königlich dänischen Staatsschauspiel, sondern in einer deutschsprachigen Laienbühne, im „Theater der Arbeiter". Am 14.2. des folgenden Jahres kommt es zu einer Sonderaufführung in der kopenhagener Hochschule des Pädagogen Johan Borup, in der Helene Weigel die Rolle der *Carrar* übernimmt. Brecht vergleicht die Gestaltung der Hauptrolle durch die beiden Schauspielerinnen. Die Aufgabe, die er für die Fortentwicklung der Darstellungsmöglichkeiten der Laiendarstellerin dabei entwickelt, lautet: „Sie muß, wenn sie eine Proletarierin spielt, nicht nur eine solche sein, sondern zeigen, wodurch sich eine Proletarierin von einer Bürgerin oder Kleinbürgerin unterscheidet." Eine gerade im Hinblick auf ein *Kommune*-Projekt entscheidende Aufgabe. (GW XVII S. 1102)

Als es zur Aufführung des Stückes auf der Freien Deutschen Bühne in Stockholm Ende Mai 1939 kommen soll, wird es durch weitere Eingriffe Brechts noch enger in diesen Zusammenhang von gegenwärtiger Zeit und völliger Autonomie (Weiss) eingebunden. Die Spanienkämpfer sind geschlagen und auf der Flucht vor den Truppen des Franco-Regimes, Hitler hat sich inzwischen gen Osten gewandt und Ende 1938 die Tschechoslowakei ohne größeren Widerstand annektiert. Brecht versucht, durch einen Prolog und einen Epilog das Stück zu einer „historischen Parabel" zu machen (und nähert es damit immer mehr der später in der *Kommune* weiterentwickelten Form an – siehe z.B. dazu besondere Funktion der Bilder I und XIV, also des ersten und letzten Bildes).

Harald Engberg schreibt dazu:

> „Das tema . . . ist dasselbe, das sich auch durch Griegs *Niederlage* zieht: Wenn die großen in der klemme sitzen, öffnen sie einem fremden eroberer die tür und machen lieber gemeinsame sache, als daß das volk triumfiert. Der wachtposten meint, kämpfen sei sinnlos. Die Tschechen hätten nicht gekämpft, sie wurden geschlagen. Die spanier hätten gekämpft, sie wurden auch geschlagen."   ([1966] 1974 S. 184f.)

Bei Brecht redet der Wachtposten eines französischen Internierungslagers mit einem spanischen Arbeiter, der auf der Flucht die französische Grenze überquert hatte, so:

> „DER WACHTPOSTEN: Vielleicht hat es überhaupt keinen Zweck zu kämpfen, die Tschechen haben nicht gekämpft, da sind sie natürlich geschlagen worden. Aber ihr habt gekämpft, nun, ihr seid auch geschlagen. Wozu also kämpfen? . . .

DER ARBEITER: . . . die beste Antwort könnte euch die Frau dort geben, aber sie versteht eure Sprache nicht. . . . Sie stellte ebenfalls die Frage: Wozu kämpfen? Sie fragte das nicht bis zuletzt, aber sehr lange, fast bis zuletzt, und wie sie stellten diese Frage 'Wozu kämpfen?' viele ihresgleichen sehr lange, fast bis zuletzt. Und daß sie diese Frage so lange stellten, das war einer der (Haupt-)[10] Gründe dafür, daß wir geschlagen wurden, seht ihr."[11]

Daß Brecht Prolog und Epilog zur *Carrar* nicht in die Veröffentlichung der *Versuche* mit einbezog, hat nicht nur damit zu tun, daß diese Texte kurzfristig aufgrund der veränderten Situation entstanden waren, er aber mit ihrer literarischen Gestalt noch nicht zufrieden war. Vielmehr wurde in den Begegnungen mit Augenzeugen, die den Rückzug der geschlagenen republikanischen Truppen über die Grenze nach Frankreich mitverfolgt oder zu diesen gehört hatten, alsbald deutlich, daß selbst ein Gespräch zwischen einem Spanienkämpfer und einem französischen Wachtsoldaten in dieser bei Brecht geschilderten Weise kaum möglich gewesen wäre. Anstatt Aufnahme und Beistand zu erhalten, wurden sie von den Franzosen verhöhnt, beschimpft und schikaniert. Ihre Behandlung entsprach der von Kriegsgefangenen und in vielen Fällen wurden sie nicht einmal als solche geachtet.

„Die Flüchtenden vorm spanischen Faschismus wurden begrüßt vom Faschismus in Frankreich. Was jetzt begann, sah Brecht, gehört nicht mehr in den Raum eines Kammerspiels, sondern in die ungeheuren Landschaften der Dullen Griet oder des Triumphs des Todes, wie sie von Breughel gemalt worden waren."[12]

(WEISS Bd. II 1978 S. 147)

Ein *Kommune*-Projekt — wie weit es auch ausgereift gewesen sein mag — mußte unter solchen Zuständen zurückgestellt werden. Im Gegensatz zu Grieg war es nicht die Absicht Brechts, die Ereignisse der Pariser Kommune zum Anlaß zu nehmen, um über die im Exil erfahrenen Niederlagen zu verzweifeln. „Die Welt", so schreibt er 1938, „ist nicht zur Sentimentalität verpflichtet. Aber man darf aus Niederlagen, die festgestellt werden müssen, nicht die Folgerung ziehen, daß keine Kämpfe mehr stattfinden sollen." (GW XIX S. 305) Die Kommune sollte erst dann als Thema präsentiert und effektiv gemacht werden, wenn ihre Niederlage nicht als Anlaß zur Verzweiflung, sondern als Ansporn zum Lernen interpretiert werden kann. Während für Grieg der Aufstand der Kommune den Anfang des Endes repräsentiert — eines Endes, das er selber mit der Niederlage in Spanien erleben mußte — stellt für Brecht das Ende der Kommune zugleich einen Aufruf dar, dort weiterzumachen, wo das Volk von Paris gescheitert sei. Dieser Aufruf wird erst nach dem Kriege geschrieben und verstanden werden können, die Haltung Griegs dagegen ist unmittelbarer Ausdruck der bedrückenden Erfahrung des Krieges selber. Bei Brecht bietet das Kernstück des Dramas „die Schilderung der *neuen*, von den Ausbeutern befreiten Gesellschaft, des *neuen* Staates, der *neuen* Aufgaben und Beziehungen, die zwischen März und Mai 1871 in Paris keimten . . . Brecht schreibt nicht in erster Linie ein Stück der Abrechnung, sondern ein Stück der Ermutigung." (KAUFMANN 1962 S. 32f.). Grieg dagegen „schrieb sein Schauspiel unter dem Eindruck zunehmender faschistischer Machtentfaltung und zeigte an den Fehlern der Kommunarden, daß inkonsequentes Handeln zur Niederlage führt." (Horst BIEN: Nachwort zu: Ders. [Hrsg.]: Nordahl GRIEG: Dramen. 1968 S. 383).

„Griegs Werk war mir nicht bekannt. Ich versuchte, etwas von dem, was er geschrieben hatte, von seinem Gesicht abzulesen. Es war ein helles, glattes Gesicht, mit gradlinig geschnittener Nase, ebenmäßigem Mund, aufmerksamen Augen, hoher breiter Stirn, darüber dunkelblondes gescheiteltes Haar. Unter den festen, gesammelten, geschlossenen Zügen aber lag noch ein anderer Ausdruck, der sich schwer einfangen ließ und manchmal ein

Enttäuschtsein, fast Trauer zu sein schien. Er war von hünenhafter Gestalt. In seinem langen, grauen Pullover, der locker wie ein Kettenpanzer hing, hätte er an einen vorzeitlichen nordischen Krieger erinnern können, wäre nicht dieses ständige Nachdenken in ihm gewesen, das seiner Stärke etwas mühevoll Gewonnenes gab. Und so, wie er zuerst harmonisch, in sich ruhend wirkte, und sein Blick dann doch diese Schattierung einer Schwermut annehmen konnte, so waren die Gesten seiner Hand, mit denen er Ausgesprochnes unterstrich, von etwas Zaghaftem, Gebrechlichem geprägt."

(WEISS Bd. I 21976 S. 284)[13]

„Brecht war kleiner, schmächtiger, als ich ihn mir vorgestellt hatte. Sein Gesicht war käsig bleich. Er trug eine kragenlose braune Jacke aus geschmeidigem Leder. . . . Brecht saß in einem tiefen Sessel, die Hand hinters Ohr gelegt. Das braune venezianische Leder seiner Jacke, voll waagerechter schwarzer Falten, verschmolz in den Konturen mit dem dunkelroten Leder des Lehnstuhls. Das Gesicht leuchtete beinern aus der Höhlung, beschirmt von flacher Mütze. Steil fielen die Schultern ab. Dünner Hals trug den Kopf. . . . Hinter den dicken Gläsern der Hornbrille hatten seine rotgeränderten, eng aneinanderliegenden Augen einen starren, leicht tränenden Blick, der hin und wieder von einem heftigen Blinzeln unterbrochen wurde. Die Asche der Zigarre, an der er saugte und kaute, schlug er ab in eine große Kupferschüssel."

(WEISS Bd. II 1978 S. 145/168/145)

Wir haben eingangs gesehen, wie sich die bürgerliche Presse gegen diese beiden Männer mit all den ihr zur Verfügung stehenden Mitteln zur Wehr gesetzt hat, diese als Salonkommunisten, Sowjetagenten usw. zu diskreditieren bemüht war. Dabei zeigt es sich, daß solche Tiraden schon nichts mehr mit einer Kritik zu tun haben, die auf die jeweiligen Werke der beiden Persönlichkeiten wirklich eingegangen wäre. Solch ein Antikommunismus macht blind, Schilderungen der Werke, Portraitskizzen wie die hier zitierten sind unter solchem Vorzeichen nicht mehr möglich. Ein differenziertes und genaues Beobachten ist aber die Voraussetzung dafür, daß auch die Unterschiede herausgearbeitet werden können, wie sie spätestens in der ersten und einzigen Begegnung zwischen Brecht und Grieg offen zutage getreten sind. Wir werden im folgenden einige dieser Indizien hier zusammentragen. Damit sollte sich aber nicht jener leicht aufdrängende gegensätzliche Schluß einstellen, daß die Gemeinsamkeit zwischen den beiden Autoren ausschließlich auf dem Hintergrund der gegen sie erhobenen feindlichen Angriffe festgestellt werden könne.

Zunächst sei nochmals erinnert an den Hinweis bei Klaus Völker, den wir bereits in dem Überblick über die Brecht-Biographien aufgenommen hatten. Er spricht davon, daß Brecht von der *Nederlaget* Griegs wenig begeistert gewesen sei, daß Margarete Steffin das Stück aus dem norwegischen (dennoch) übersetzt habe und daß der Autor, Grieg, kurz in Skovbostrand aufgetaucht sei, und sich dort „ein brillant formuliertes Kolleg über dramaturgische Techniken" habe anhören müssen (VÖLKER 1976 S. 288).

Aber, auch wenn Brecht mit der *Nederlaget* in der ihm vorliegenden Form so nicht einverstanden gewesen sein mag, wenn er an ihrer Aussage Kritik zu üben hatte, so scheint es, daß er dennoch sich intensiver mit dem Stoff auseinandergesetzt hat.

So wird er wahrscheinlich nicht nur bei der Übersetzung von Martin Andersen-Nexös „Erinnerungen" dabeigewesen sein, sondern auch, als Griegs Drama ins Deutsche übersetzt und für die Veröffentlichung in *Das Wort* vorbereitet wurde.

Denn, nicht nur, daß Brecht Grieg kaum mit so 'treffenden' Argumenten hätte beikommen können, wenn er sich nicht intensiver mit seinem Drama auseinandergesetzt hätte, die Beschäftigung mit seinem Stück findet auch noch auf andere Weise ihren unmittelbaren Ausdruck; in einem jener Gedichte, in denen er von dem Sujet einer Schauspielerin in ihrer Garderobe ausgeht. Gemeint ist hier nicht das berühmt gewordene Gedicht über „Die Schauspielerin im

Exil", sondern das „Selbstgespräch einer Schauspielerin beim Schminken" (GW IX S. 788f.) überschriebene. Die Rolle, auf die sich die darin beschriebene Schauspielerin vorbereitet, könnte ohne weiteres aus Griegs *Nederlaget* entlehnt sein und sich auf die dort im Ersten Akte/Erste Szene auftretende Madame Lasalle (DN S. 236ff.) beziehen.[14]

„SELBSTGESPRÄCH EINER SCHAUSPIELERIN BEIM SCHMINKEN
Ich werde eine Trinkerin darstellen
Die ihre Kinder verkauft
In Paris, zur Zeit der Commune.
Ich habe nur fünf Sätze.

Aber ich habe auch einen Gang, die Straße hinauf.
Ich werde gehen wie ein befreiter Mensch
Ein Mensch, den außer dem Sprit
Niemand befreien wollte, und ich werde
Mich umsehen, wie die Betrunkenen, die fürchten
Daß man sie verfolgt, ich werde mich
Nach dem Publikum umsehen.

Ich habe meine fünf Sätze geprüft wie Dokumente
Die man mit Säuren wäscht, ob nicht unter den offenkundigen Schriftzügen
Noch andere liegen. Ich werde jeden einzelnen
Sprechen wie einen Anklagepunkt
Gegen mich und alle, die mir zusehen.

Wäre ich gedankenlos, dann schminkte ich mich
Einfach wie eine alte Säuferin
Eine verkommene oder kranke, aber ich werde
Als eine schöne Person auftreten, die zerstört ist
Mit gelber, einst weicher Haut, nun verwüstet
Einst begehrenswert, nun ein Abscheu
Damit jeder fragt: Wer
Hat das gemacht?"   (GW IX S. 788f.)

Harald ENGBERG kommt im Verlauf seiner Untersuchung: „Brecht auf Fünen" zu dem Ergebnis, daß die Niederschrift der *Kommune* in Übereinstimmung mit der allgemeinen Auffassung zwar auf 1948/49 datiert werden könne, aber er fügt zugleich hinzu, daß die Idee zu diesem Stück aus der fünischen und französischen Zeit, also aus den Jahren 1936/37 stamme. Für ihn ist dieses Stück als Reaktion auf die Niederlage der Volksfrontbewegung in Spanien (und, so fügen wir hinzu, in Kenntnis des Zusammenbruchs einer 'von oben aus' zustandegekommenen französischen Volksfront) entstanden und gleichzeitig jedoch als Reaktion auf Griegs *Nederlaget* zu verstehen.

„Statt den kampfesmut zu stärken, mußte es jetzt die niederlage kommentieren – so wie Griegs *Niederlage* die pariser commune. Das heißt jedoch nicht, die dichter wären sich in ihren auffassungen von zeit und teater einig gewesen. Im gegenteil. Das treffen zwischen Brecht und Grieg in dem fünischen bauernhaus wurde kein erfolg. Nordahl Grieg mußte nahezu flüchten, ehe dieser deutsche teoretiker seine einfachen begriffe vom dramaschreiben ganz verdrehte."

([1966] 1974 S. 185)

Auch Eberhard HUMMEL ist in seiner kurzen Abhandlung „Zu einigen Problemen der dramatischen Gestaltung der Pariser Kommune durch Bertolt Brecht und Nordahl Grieg" dieser Begegnung, ihrem Verlauf und Ergebnis nachgegangen, auch wenn er sich im wesentlichen auf einen Vergleich der beiden Stücke beschränkte (,,Noch einmal sei es gesagt: Griegs Stück ist ein Ringen um den richtigen Weg mit der Erkenntnis, daß die Güte nur mit Gewalt siegen kann und daß unversöhnlicher Kampf nötig ist. Brecht will als Lehrer zeigen: Man kann nicht über Humanität sprechen, wenn der Feind Kanonen sprechen läßt."). Den einzigen zusätzlichen Hinweis, den er uns gibt, können wir einigen Worten Ruth BERLAUs entnehmen, die in einem Brief an Hummel bekanntgibt, daß sie es gewesen sei, die Grieg mit Brecht in Verbindung gebracht habe. ,,Wegen Nordahl Griegs *Niederlage*, schreibt sie, ,,da war für uns wenig drin. N.G. habe ich zu Bertolt Brecht gebracht, auch er wurde überzeugt, daß in seinem Stück zu wenig von den Lehren enthalten war, die die Communarden uns gegeben haben." (BERLAU 20.1.1959 Briefzitat bei HUMMEL 1963 S. 49)

Demgegenüber ist die Darstellung Frederik MARTNERS, der Brecht als junger Journalist in Dänemark kennengelernt hatte und dann viel mit ihm zusammenarbeitete, wiederum sehr viel deutlicher, was die Reaktion Griegs vor allem betrifft. Er war es, der Brecht mit dem Buch bekanntgemacht hatte – und zwar dadurch, daß er es seinem Sohn Stefan mitbrachte. Brecht soll dann aber alsbald selber darin gelesen haben, da, wie er schreibt, das Norwegische dem Dänischen sehr ähnlich sei. (Womit er indirekt auch darauf verweist, daß Brecht zumindest gegen Ende der Zeit seines dänischen Exils zu einer oberflächlichen Lektüre eines skandinavischen Textes hat in der Lage sein müssen). Außerdem weist er darauf hin, daß Grieg zunächst wohl einen Aufenthalt von mehreren Wochen vorgesehen hatte, allerdings nur solange, bis es zu einer ersten Unterredung zwischen den beiden gekommen sei. Unmittelbar danach sei Grieg wieder abgereist, nicht ohne Martner wissen zu lassen: ,,Falls ich noch eine Stunde länger hier bleibe, werde ich nie wieder schreiben können!" (MARTNER 20.8.1979, Briefzitat)

Unter dem Stichwort: ,,Selbstkritik" schreibt Brecht in etwa der gleichen Zeit den folgenden Text, der sich wie ein Kommentar dieses Ereignisses liest:

> ,,Produktionsstörungen, die im Verlauf des Umlernens fast unvermeidbar eintreten, sind in der Emigration existenzgefährdend. Diejenigen von uns, die sich mit politischen Dingen mehr befaßt haben, entdecken mit gewisser Verlegenheit, daß man vieles dem Nachbarn leichter erklärt als dem Gast . . .
> Aber die Hauptschwierigkeiten der Literatur kommen nicht von der Emigration, sondern vom Zustand der Welt, dessen Folge unter anderen Folgen die Emigration ist. . . .
> Die Darstellung des menschlichen Zusammenlebens wird umso schwieriger, je schwieriger dieses Zusammenleben selber wird."
>
> (GW XIX S. 289)

Brecht hatte versucht, auf die Ereignisse in Spanien mit einem Theaterstück zu reagieren, das zunächst in außerordentlicher zeitlicher Nähe zu den Geschehnissen angelegt war, dann aber, mit der Niederlage der Republik, in Richtung auf eine ,,historische Parabel" umgeformt wurde. Nordahl Grieg hingegen hatte sich aus seinem Gefühl einer moralischen und politischen Verpflichtung heraus entschlossen, selber nach Spanien zu gehen und dabei sein praktisches Helfenwollen in den Vordergrund zu stellen.

Brecht hatte die Notwendigkeit betont, daß Niederlagen als solche festzuhalten sind. Nicht aus Gründen der Sentimentalität, sondern um Lehren aus ihnen ziehen zu wollen, zur Vorbereitung der folgenden Kämpfe. Bei Nordahl Grieg dagegen wird dieses in der Distanz Verharren als Untätigkeit empfunden, auch das Schreiben selber ermangelte ihm an unmittelbarer Wirksamkeit. Während Brecht dringend auf Berichte aus dem Kampfgebiet wartet, achtet sie Grieg gering im Vergleich zu jeder praktischen Handreichung. ,,Es gibt etwas, was tausendmal schlimmer ist als die Niederlage: und das ist die Untätigkeit" (DN S. 263) läßt er Delescluze in *Die Niederlage* sagen.

Gemeinsames und Trennendes liegen hier dicht beisammen: Es ist für beide Schriftsteller ein Ideal, daß die Arbeit des Künstlers in der des Volkes aufgeht. Der entscheidende Unterschied ist aber der: Grieg stellt seine künstlerische Tätigkeit in der Zeit der Zuspitzung der gesellschaftlichen Konflikte ein. Er sucht direkt in das politische Geschehen als der Kunst des Möglichen einzugreifen, seine Gefühle, seinen poetischen Sinn, seine Beobachtungsgabe, sein Formempfinden, d.h. alle seine künstlerischen Eigenschaften zurückstellend.

Auch für Brecht ist die Idee des Tätigwerdens von großer Bedeutung. Für ihn ist aber die Kunst – im Sinne von Lebenskunst – Mittel und Ziel seines Eingreifens. Praktisches Eingreifen in die Natur und Gesellschaft schließen die Kunst nicht aus, sondern geben ihr erst ihren tiefsten Sinn.

> „Die Regulierung eines Flusses
> Die Veredelung eines Obstbaumes
> Die Erziehung eines Menschen
> Der Umbau eines Staates
> Das sind Beispiele fruchtbarer Kritik
> Und das sind auch
> Beispiele von Kunst."   (GW IX S. 774)

Als Brecht mit der *Kommune* das Beispiel einer solch fruchtbaren Kritik entwirft – und damit einen „Gegenentwurf" zu seinem Gedicht von der „Regierung als Künstler" schafft – ist in seinem Drama die Aufgabe und Rolle des Künstlers in der des Volkes tendenziell aufgegangen. Während der Zeit des Faschismus dagegen bleibt Brecht weitgehend getrennt von jenen, für die er schreiben will. In Griegs Drama *Die Niederlage* gehört die Figur des Künstlers zu einer der Hauptrollen des Stückes. Grieg diskutierte nicht nur das Scheitern des Kampfes in Spanien, sondern er reflektierte darin zugleich sein eigenes Engagement, sein Bemühen, in dieser Zeit des Kampfes dem Volk möglichst nahe sein zu wollen.

„Das Bedürfnis, etwas zu tun, war nicht falsch", schreibt Stephen SPENDER, aber „die Art unseres Tuns war vielleicht nicht richtig. Meistens war es ein Handeln mit halbem Herzen von Leuten, die zwischen ihrem künstlerischen Gewissen und ihrem Gewissen vor der Öffentlichkeit gespalten und außerstande waren, die beiden zu verschmelzen."

Im Gegensatz zu Grieg, schlußfolgert er daraus, daß er, anstatt seine Kräfte in einem „halbpolitischen Treiben zu verschleißen", sich hätte dazu entscheiden sollen, entweder ganz in die Politik zu gehen, oder aber sich ganz zurückzuziehen, um in „einsamer schöpferischer Arbeit" seinen leidenschaftlichen Antifaschismus zum Ausdruck zu bringen. (Aus: World within World, New York 1948 S. 184, zitiert bei BENSON 1969 S. 67)

Für Grieg hat sich diese Alternative so nicht gestellt und ohne der Gefahr zu unterliegen, Bühnenfiguren, wie hier die Person Courbets, in Übereinstimmung mit der Haltung des Schriftstellers dieser Figur gegenüber zu bringen, gibt es doch eine Entsprechung zwischen beiden. So, als Courbet im Gespräch mit Beslay über die „großen Dinge" redet, die er und die Revolution vollbringen werden. Nur eines, so fährt er fort, würde ihn traurig stimmen, er würde nicht mehr dazu kommen, „etwas zu machen". Und dann verfällt er „mit schmerzlicher Sehnsucht" in die Schilderung seines geliebten Ambientes: „Welch ein Friede ist doch in so einem Wald, Beslay. Ich liebe ihn." Gerade das Übermaß, mit dem Grieg Courbets Charakter als den einer „Künstler-Natur" und damit als politisch letztlich unzuverlässig ausmalt, auch die über-theatralisierte Direktheit, mit der er versucht die Trennung des Künstlers von der Realität, für die er zu kämpfen vorgibt, offenkundig werden zu lassen; all das spricht gerade wegen ihrer übertriebenen Abgrenzung für eine gewisse Affinität beider Figuren: Courbet spricht als der große Courbet aus, was möglicherweise auch der geheime Wunsch Griegs gewesen war: zurückzukehren an seine 'eigentliche' Arbeit als Künstler, an die Staffelei, bzw. an den Schreibtisch.

So läßt sich ein weiterer Begründungszusammenhang für die Entscheidung Griegs ans Licht bringen, nicht, wie so viele andere Schriftsteller, seinerseits in einer ihm geeignet erscheinenden Form über die Ereignisse in Spanien zu schreiben, sondern sich stattdessen einem anderen Thema zuzuwenden; einem Thema allerdings, das — auch wenn Grieg dies zu verneinen bemüht ist — in vielfältigem Zusammenhang mit den Ereignissen in Spanien steht. Gerade sein Versuch, einen möglichst großen Abstand durch solches Abstreiten herzustellen, zeigt auf, wie groß der Einfluß der spanischen Zeit auf Grieg gewesen sein muß. Wir meinen: Er kann sich zunächst nur darauf beziehen, *indem* er einen so großen Abstand davon zu gewinnen versucht. Nur so sieht er sich in der Lage, seinen sich selbst auferlegten Verpflichtungen als Augenzeuge, als Parteipolitiker und als Historiker nachzukommen, und sie für sich selbst in Übereinstimmung zu bringen.

Auch hätte sich Grieg, hätte er über Spanien geschrieben, auf ebenso „schwankendem Boden" befunden. Wie hätte er, was er selber als Augenzeuge erlebt hatte, in Übereinstimmung bringen sollen mit den Direktiven, die die Partei ausgegeben hat? Er konnte sich nicht entscheiden, *nur* als Augen-Zeuge, also wie ein Künstler, oder *nur* als Propagandist, also wie ein Partei-Politiker, aufzutreten; er fühlte sich in diesem Konflikt selbst nicht in der Lage, nur das eine oder das andere zu sein; als dritte Kraft empfindet er die Verpflichtung, zur historischen Wahrheitsfindung beizutragen. Die Entscheidung, weder von sich selbst, noch über Spanien, sondern über die Pariser Kommune zu schreiben, ist ein Versuch, das Konfliktfeld zwischen den erstgenannten Verpflichtungen im Hinblick auf den Versuch einer historischen Wahrheitsfindung zu entspannen. Dies wird versucht, in dem beide erstgenannten Spannungspole nicht gegeneinander gerichtet bleiben, sondern auf die — allerdings rückwärtsgerichtete — Perspektive eines anderen, 'historischen' Beispiels ausgerichtet werden. Somit werden räumlicher und zeitlicher Abstand, den der ich-Erzähler in Weiss' Roman ja gerade für den Schriftsteller als vorteilhafte Position zu verteidigen bestrebt war, durch die Wahl des Sujets, hergestellt; der Zuschauer wird seinerseits zum Augenzeugen, der aus seinem Verständnis herausfinden soll, inwieweit für ihn die Darstellung des historischen Geschehen als Ausdruck der Individualität des Stückeschreibers gilt, als Dokument seiner Parteilichkeit und als Stellungnahme zu einer Niederlage, einer Niederlage, die sicherlich auch auf den Mangel einer durchsetzungsfähigen Organisation des Volkes zurückzuführen ist.

Griegs eigene Isolation — trotz allen Bemühens, auf der Seite des Volkes zu stehen — wird es ihm noch erschwert haben, Momente und Maßnahmen zu erkennen, wo die Bevölkerung aus eigenem Antrieb heraus initiativ geworden ist und die Führer aus seiner Mitte herausgewachsen sind. Grieg versucht diesen Prozeß zwar an der Figur des Varlin nachzuzeichnen, und doch stellt sich mit dem Moment des Auftretens seiner Person nach wenigen Augenblicken der Eindruck ein, daß hier eine „Führer-Natur" spricht. Einige Stimmen, die ihm zu widersprechen bestrebt sind, weil er die deutschen Soldaten als „Menschen wie wir" verteidigt (DER KRIEGS-KRÜPPEL *schreit* „Wir wollen deine Internationale nicht! Wir haben das Vaterland. Dafür habe ich meine Gesundheit gegeben, und das sollen die andern auch machen. Alle!" DN S. 241)[15], verstärken nur noch diesen Eindruck, denn sie geben der Figur Varlins Anlaß, sich weiter zu explizieren und seine Rede ähnelt eher der eines Vortrags als der, wie sie im Verlauf einer Diskussion üblich wäre.

Mit Sicherheit kann auch die Betonung des Aspektes der Internationale nicht ohne Verweis auf die Ereignisse in Spanien gesehen werden, und es ist nicht auszuschließen, daß mit der Kritik Varlins an dem Kriegskrüppel und dessen nationalistischer Haltung (VARLIN: . . . Am liebsten wäre es, man vergäße dich. Denn du bist Ehre und Leiden zugleich — und der nächste Krieg." - ebd) auch einen Hinweis auf die insgesamt doch sehr zurückhaltend gebliebene französische Unterstützung der Volksfrontregierung in Spanien beinhaltet. Auf jeden Fall führt die Gegenüberstellung der nationalen und internationalen Aspekte zu einer Vernachlässigung des Zusammenhangs von nationaler und sozialer Frage.

Die soziale Frage tritt vielmehr auf im Zusammenhang mit der nach der Gewaltanwendung (LOUIS . . .: Zu den Waffen! Ich will meinen Hobel wiederhaben!" - DN S. 264). Aber zunächst bleibt hier im Nachtrag zu dem Vorhergesagten festzuhalten, daß der Aufruf zu den Waffen wiederum ein Aufruf der – wie wir oben gesehen haben, in Bedrängnis geratenen – Führer an das Volk zu deren und damit zu ihrer Befreiung gewesen ist. Dadurch gewinnt die Frage nach der Gewaltanwendung ein Übergewicht und zugleich eine starke Personalisierung, die an den Führergestalten ausgerichtet bleibt. Die Figur des Rigault wird ausdrücklich als Nachfolger Marats ausgemalt („Wie feig ist doch der Abscheu vor Marat. Er wagte zu erkennen. Er erklärte: Macht mich zum Diktator, damit ich töte, aber bindet mir eine Kanonenkugel an den Fuß, damit das Volk mich immer fassen kann. – Ich werde dort weitermachen, wo Marat aufgehört hat." - DN S. 250). Und als es zu Meinungsverschiedenheiten zwischen den Führern kommt, da werden diese Konflikte als die eines Führungskaders im Kampf um die richtige Linie verstanden, und nicht so sehr als der widerstreitende Ausdruck verschiedener Strömungen und Ansichten des Volkes.

> „RIGAULT . . . Bleibt plötzlich vor Varlin stehen: Hüten Sie sich, es ist schon früher vorgekommen, daß die Revolution die Eigenen tötet.
> VARLIN: Ich werde Sie bekämpfen bis zu meinem letzten Atemzuge, denn Ihre Linie ist die des Todes. Es ist Ihre Schuld, daß selbst unsere Freunde jede Sympathie für die Revolution verlieren." (DN S. 304)

Es ist nicht nur „früher" vorgekommen, daß die Revolution „die Eigenen tötet" . . . wir schreiben das Jahr 1938 als das Stück in der Übersetzung durch Margarete Steffin und auf Betreiben Brechts in Moskau herausgegeben wird. – Ob Grieg selbst auf diese Weise damit auf die Entwicklungen in der Sowjetunion hinweisen, oder aber in diesen Szenen einen allgemeineren Hintergrund dessen gestalten wollte, was er als das „Machen von Geschichte" erlebt hatte, muß hier offen gelassen bleiben.

Auch für den Historiker Grieg finden wir einen Sprecher in seinem Stück, es ist Delescluze. Durch ihn wird offengelegt, wo die Anfänge lagen und, mehr noch, Grieg ist durch den Rückgriff auf die Kommune nunmehr auch in der Lage, eine Perspektive des Kampfes – durch ihn, Delescluze – aufzuzeigen.

Es war sein Aufruf, der das Volk zu den Waffen geholt hatte, doch damals, am 18. März, reichte bereits die Drohung, um zu einer Verbrüderung zwischen Arbeitern und Soldaten zu führen. Sein Aufruf, damals aus der Not-wendigkeit der Situation geboren, sollte nicht nur den Beginn des Aufstandes der Kommunarden zur Folge haben, sondern er sollte auch der Beginn einer Erkenntnis von historischer Tragweite werden.

Als Delescluze während des Endkampfes der Kommune wieder mit dem sich verzweifelt-tapfer-wehrenden Volk, das er ehedem zu den Waffen gerufen hatte, an den Barrikaden zusammentrifft, jetzt als Oberkommandierender der Nationalgarde, kommt er auf die doppelte Bedeutung der Wahrheit zu sprechen. Entweder, so sagt er, „kann man an der Wahrheit Geld verdienen und sie verraten, dann sitzt man in Versailles, oder aber man kann die Wahrheit weiterführen, dann landet man hier. Ja", so wiederholt er, „dann landet man hier. Einst glaubte ich, die Wahrheit könnte sich auf eine andere Weise durchsetzen, aber das war falsch. Es endet [!] hier." (DN S. 335)

Und doch versucht Grieg seine Haltung nicht als Defaitismus deutbar werden zu lassen. Ein Beispiel. Als Delescluze an die Barrikaden kommt, wird er gefragt, wie er die Lage beurteile und er antwortet: „Besser als je zuvor." „Und unten auf der Place Vendôme?" wird nachgefragt und er antwortet: „Ihr könnt ganz ruhig sein." Und so ist die angebrachte Skepsis über die eigene Lage für den Moment ausgeräumt. Dann aber kommt ein Trupp Nationalgardisten und vermeldet: „Die Barrikade auf der Place Vendôme ist gefallen." Delescluze hatte also die Wahrheit verschwiegen und damit den Kommunarden noch einen Moment lang ihr Leben ohne Angst vor der bevorstehenden Niederlage verlängert. (DN S. 333/339)

Auf dem Friedhof, vor der Mauer, die alsbald die Mauer der Föderierten heißen würde, zieht Delescluze die Summe seiner Erfahrungen: „Die Güte", die er soeben noch gegenüber dem eigenen Volk zu verbreiten sich bemüht hatte, „kann nur durch Gewalt siegen, das ist das Bittere, das wir gelernt haben. Unsere Rächer – unsere Kinder – müssen ein Geschlecht von unmenschlicher Stärke werden." (DN S. 374)

Was war es, das Rigault Varlin entgegnet hatte, als dieser den in die Schweiz flüchtenden Beslay als den besten Menschen pries, den er gekannt habe? Rigault entgegnete ihm: „Aber Güte ist ein Verbrechen!" (DN S. 359)

In dieser Summe der Erfahrungen finden sich die verschiedenen Gesichtspunkte, die des Augenzeugen, die des Parteipolitikers und die des Historikers wieder zusammen. Grieg, der wie so viele andere auch im Namen des Humanismus für eine gerechte Sache angetreten war, faßt darin auch seine eigene Entwicklung zusammen. Es ist dies die Erfahrung jener, die in diesem Kampf um die Gerechtigkeit nun auch mit den Mitteln der Gewalt jenen zu entgegnen beschlossen haben, die ihnen und denjenigen, für die sie sich kämpfend einzusetzen gewillt waren, Gewalt zufügen. Aber für manche von ihnen kam diese Erfahrung dennoch einer zweiten Niederlage gleich, deren Bedeutung für sie möglicherweise von noch größerer Tragweite gewesen war, als die andere, die militärische Niederlage.

Grieg ist bestrebt, diese Erfahrung als einen Wert herauszustellen, um dessentwegen es richtig war, dennoch den Kampf gegen den siegreichen Feind zu führen. Seine Figur des Delescluze macht einen Wandlungsprozeß durch, der in gewisser Weise dem der Frau Carrar ähnlich ist. Und doch. Der 'moralische Vorbehalt' in die objektiv richtigen Einsichten seiner Dramafigur, die innere Verzweiflung über die Notwendigkeit, diese Einsicht gestalten zu müssen, auch sie finden bei Grieg Eingang in die Darstellung und schließlich den Titel des Dramas.

„Glauben Sie", fragt die Lehrerin Gabrielle Langevin noch kurz vor ihrem Tod an der Mauer der Föderierten, „Glauben Sie, die kommenden Geschlechter müssen töten, müssen sterben, um der Gerechtigkeit zum Sieg zu verhelfen?" Und Delescluze antwortet jetzt: „Der Kampf ist unvermeidlich. Das ist eine Gesetzmäßigkeit, die stärker ist als wir." (DN S. 375) Damit muß er sich aber auseinandersetzen, daß diese Einsicht dem Verhalten Rigaults in einem Maße die Zustimmung erteilt, die seinem moralischen Empfinden, so wie es Varlin ausgedrückt hat, widersprochen hätte. Und die Frage bleibt offen, ob die Einsicht in die historisch notwendigen Tatsachen wirklich zu einer Überwindung des moralischen Vorbehalts, wie wir es genannt haben, geführt hat.

> „VARLIN: Niemand kann den Krieg – ganz gleich in welcher Form – mehr hassen als ich: denn jede Gewalt schafft Gewalt.
> RIGAULT: Das wäre richtig, wenn Sie gesagt hätten: schwache Gewalt schafft Gewalt. Aber starke, vernichtende Gewalt schafft Frieden!" (DN S. 303f.)

Die Ergebnisse in Spanien, zurückprojiziert auf die Zeit der Pariser Kommune, prägten die Notwendigkeit dieser Erfahrung. Die Ereignisse in der Sowjetunion lassen, im Spiegel der Geschichte der Pariser Kommune, die Frage zu, ob nicht auch dieser Friede, den die „starke, vernichtende Gewalt" zu schaffen in der Lage war, Gefahr laufen kann, dem Frieden eines Kirchhofs, auf dem die Friedfertigen und Gütigen erschossen wurden, in nichts nachzustehen.

Nordahl Griegs Stücktitel: *Die Niederlage (Nederlaget)* spiegelt – zumal im Gegensatz zu Brechts viel neutralerem *Die Tage der Commune* – die unterschiedliche Ausgangsvoraussetzung des Autors wider. [Und daß Brecht sich deutlich von Griegs Kommune-Interpretation absetzen wollte, läßt sich bis hin zu dessen Buchausgabe von *Nederlaget* zurückverfolgen, wo er den Titel unterstrichen und mit einem Ausrufezeichen versehen hatte (mitgeteilt bei WEISS

Bd. II 1978 S. 313)]. Dennoch ist Brecht „. . . und ich bin natürlich streng der Wahrheit gefolgt, die manchem, wie bekannt, nicht gefällt" (HECHT [Hrsg.] 1978 S. 243) auch sinnentsprechend für Grieg als Ausgangspunkt seines Schreibens festzustellen. In der Zeitschrift *Politiken* (vom 1.12.1937) erläutert der Autor, daß für ihn *Nederlaget* ein historisches Stück sei, das von der Pariser Kommune handle, so wie er sie sehe. Und er warnt davor, eine moderne Tendenz in ein solches Schauspiel zu legen: „ – man darf nicht Parallelen ziehen –, das ist gefährlich, und man kann leicht dazu kommen, die Wahrheit zu opfern."[16] Zugleich macht er aber deutlich, daß er, dieser Gefahr eingedenk, beim Schreiben des Stückes nicht gänzlich von seiner Person habe abstrahieren können; und auch Brechts Bemühen um streng analytisches Sezieren der historischen Vorgänge kann nicht unter völliger Absehung von seiner Person in seinem Stück ausgedeutet werden. Nicht das ist die Differenz der beiden Auffassungen, die Grieg in der Begegnung mit Brecht den Vorwurf des Defaitismus eintrug, sondern es geht vielmehr um die Frage, ob es gelingt, in der Darstellung der Geschichte der Kommune den Zuschauer sich in einem ermutigenden Prozeß wiedererkennen zu lassen.

> „Wer Situationen, Gestalten, Taten und Begebenheiten der Literatur der Vergangenheit nachgestaltet, spiegelt freilich immer Eigenes in das Überlieferte hinein, weil er sich und sein Weltverhältnis – oder etwas davon – darin wiederzuerkennen meint. Dies vorausgesetzt, ist zu fragen, wie das Wiedererkennen zustande kommt und worauf es beruht. Negation von Bewegung und Veränderung in der eigenen gesellschaftlichen Realität und in der Geschichte zieht nach sich, daß auch frühere Kunst nur als Manifestation des immer Gleichen wahrgenommen wird. Unter solchen geschichtsphilosophischen Voraussetzungen tendiert künstlerische Erbaneignung dazu, ewige Modelle des Seins oder Verhaltens sinnfällig auszustellen, stets und überall Belege für Scheitern, Vergeblichkeit und unaufhebbare Entfremdung zu entdecken. . ." – soweit nochmals Hans KAUFMANN.[17]

Im – vielleicht entscheidenden – Gegensatz zu Brecht (GW XVIII S. 139: „Die Widersprüche sind die Hoffnungen!") ist Griegs Arbeit davon geprägt, daß er keinen Ausweg weiß, sich der Niederlage zu erwehren. Auch er weiß um die Notwendigkeit, weiterzukämpfen, aber die Perspektive dieses Kampfes reicht nicht über diesen wirklich hinaus. Delescluze's: „Es gibt etwas, was tausendmal schlimmer ist als die Niederlage: und das ist die Untätigkeit" (DN 263) betont das Moment des Tätigwerdens, des sich Erhebens gegen die Widerstände. Es ist aber zugleich eine moralische Rechtfertigung dafür, daß die Niederlage trotz allen Engagements nicht hatte vermieden werden können.

Griegs Stück ist – im Gegensatz zu den 14 Bildern bei Brecht – ganz im klassischen Stil der vier Akte angelegt, in denen die Entstehung (I), das Wirken (II) und der Untergang der Kommune (III + IV) geschildert werden. Es wird eingeleitet durch eine naturalistische Darstellung „des Volkes": in Person eines Tischlers, der gezwungen ist, sein letztes Werkzeug, einen Hobel, zu verpfänden, damit sein Sohn nicht verhungert; in Person des Mädchens Pauline, die von ihrer Mutter, Mme. Lasalle, an ein Bordell vermittelt wird; in Person von Kindern, die Ratten fangen oder aber unbemerkt vor Hunger sterben; in Person eines Bäckergesellen, eines Kutschers, der Bordellinhaberin, eines Kriegskrüppels. Auch findet sich am Schauplatz der wohlhabende Kaufmann Brige, sicherlich Brechts Vorbild für den „beleibten Herrn" im I. Bild. Gleichfalls treten auf: die Lehrerin Gabrielle Langevin und der Buchbinder Varlin, die fortschrittlichen optimistischen Kräfte repräsentierend.

Entscheidend aber ist, daß die Entstehung der Kommune in der Darstellung Griegs nicht auf ihre Initiative zurückzuführen ist, sondern auf die des „individuellen Helden" Delescluze. Er und einige weitere Protagonisten des Stückes bestimmen den eigentlichen historischen Verlauf. Der Oberst Rossel, der spätere Oberkommandierende der Kommune und ihre – zunächst gefangengehaltenen – „Führer", insbesondere Beslay (*„die Rechtschaffenheit und Besonnenheit selbst"* DN 244) und der Mediziner Rigault, an dessen Figur Grieg die Frage nach der Anwendung revolutionärer Gewalt abhandelt, in Begleitung seines Schattens René Segur (*„Rigault hat ein geistvolles, hartes, bitteres Gesicht. René ist bleich und dünn, er brennt vor Lebenshunger und Minderwertigkeit.*" DN S. 247). Und der Maler Courbet ist hier zu nennen (*„dick, herzlich, vital, überwältigend selbsteingenommen"* DN S. 253). Sie alle sind, was Courbet von sich selber sagt: Ausdruck ihrer Persönlichkeiten. Sie sind es, die auf dem Hintergrund des re-agierenden Volks 'Geschichte machen'.

> „DIE MENSCHENMASSE: Wir sind verraten! – Wir sind verloren!
> *Delescluze, sechzig Jahre alt, weißhaarig, fahl vom Tropenfieber, steht plötzlich oben auf der Mitteltreppe.*
> DELESCLUZE: Noch nicht!
> DIE MASSE: Delescluze!
> DELESCLUZE *spricht. Er ist heiser, seine Stimme klingt überzeugend, leidenschaftlich.* Thiers ist zu siegessicher gewesen. Er sagt, daß er Herr der Lage ist. Aber die Lage – das seid ihr, das sind wir. *Bedächtig:* Es gibt etwas, was tausendmal schlimmer ist als die Niederlage: und das ist die Untätigkeit.
> DER POLIZEIKOMMISSAR: Verhaftet ihn!
> DELESCLUZE *reißt einen Revolver heraus.* Einen Augenblick! Ich rede nicht gut, meine Lungen sind krank, ich bin eben aus dem Gefängnis des Herrn Thiers entwischt. Aber laßt diese Gefängnisstimme euch etwas ins Gedächtnis rufen: So, wie man euch jetzt niederschlägt, wird man auch die Freiheit erwürgen! *Schreit:* Zu den Waffen!
> DIE MENSCHENMENGE: Zu den Waffen!
> VARLIN: Soldaten, wollt ihr auf uns schießen?
> VIELE SOLDATEN: Nein!
> *Varlin umarmt die Soldaten, die ihn bewachen. Arbeiter und Soldaten verbrüdern sich. . .*"
> (DN S. 262f.)

Und unter den so befreiten Führern befinden sich, neben Delescluze, Varlin, Beslay und Rigault auch der Maler Gustave Courbet. Auch er, der nicht aus den Gefängnissen Thiers', sondern vom Malen des Meers zurückgekehrt ist, stellt sich auf die Seite des Volkes und erklärt sich bereit, mit ihm unter Einsatz seines Lebens zu kämpfen. Und doch muß er erfahren, daß es trotz dieser Bereitschaft eine Barriere gibt zwischen ihm und dem Volk; und das, obwohl er sich bei seiner Verhaftung als die Stimme eben jener Freiheit zu erkennen gegeben hat[18] zu deren Verteidigung Delescluze dann kurz danach ja aufgerufen hatte.

> „COURBET . . .: . . . Und Wälder und Flüsse und Berge habe ich in diese Stadt hier geschleudert, das gewaltige Atemholen der Erde, das ihre erbärmliche kleine Welt aus Geiz und Börse und Geld zerschmettert. Und nun komme ich vom Meer; oh, den sollen diese Schurken von Bürgern nicht ungestraft entweichen! Das Meer, das ist mir verwandt: Das ist niemals klein. Soll ich euch sagen, was das Meer ist? Das ist, der Teufel hole mich, Revolution.
> VARLIN: Wir sind stolz, Meister Courbet, daß so ein großer Künstler wie Sie auf der Seite des Volkes steht.
> COURBET: Ja, das tue ich. Durch dick und dünn! Für mich ist der Künstler und der Mensch eins: so muß es auch sein bei einem Mann, der sich Realist nennt. [!] Ich will, daß meine Augen die Menschen befreien, und ist das nicht genug, wohlan denn! Dann habt ihr den Rest des Mannes auch! Meine Ansichten führen, wenn es nötig ist, direkt auf die Barrikade.
> VIELE: Es lebe Courbet!
> *Auf der rechten Treppe:*
> PIERRE *ruft*: Zum Teufel, du bist viel zu dick, um auf der Barrikade zu stehen.
> . . .
> COURBET *weiterhin bedrückt, zu Suzanne* [„sein Modell und seine Geliebte" (DN S. 253) – W.S.]: Es waren nicht die Worte. Es war da etwas in seiner Stimme, was mich schmerzte. Sollte auch das Volk mich nicht begreifen?"   (DN S. 255ff.)

Bei George ORWELL, in seinem Bericht über den Spanischen Bürgerkrieg „Mein Katalonien", findet sich eine Schilderung Barcelonas vom Jahre 1937. Eine Beschreibung, die in vielem Assoziationen an Paris während der Zeit der Kommune wachruft und die außerdem illustriert, wie Orwell sein Engagement in die Praxis umsetzte.

> „Ich war nach Spanien gekommen, um Zeitungsartikel zu schreiben. Aber ich war fast sofort in die Miliz eingetreten, denn bei der damaligen Lage schien es *das einzig Denkbare* zu sein, *was man tun konnte* (Hervorhebung vom Verfasser). Die Anarchisten besaßen im Grunde genommen noch immer die Kontrolle über Katalonien, und die Revolution war weiter in vollem Gange."

Und dann berichtet er über Barcelona:

> „Man hatte das Gefühl, plötzlich in einer Ära der Gleichheit und Freiheit aufgetaucht zu sein. Menschliche Wesen versuchten, sich wie menschliche Wesen zu benehmen und nicht wie ein Rädchen in der kapitalistischen Maschine. ... Man verkaufte damals in den Straßen für wenige Centimos recht naive revolutionäre Balladen über die proletarische Brüderschaft oder die Bosheit Mussolinis. Ich habe öfters gesehen, wie ein des Lesens fast unkundiger Milizsoldat eine dieser Balladen kaufte, mit viel Mühe die Worte buchstabierte und sie dann, wenn er dahintergekommen war, zu der passenden Melodie sang."

(ORWELL [1938] 1975 S. 8ff.)

Orwell schickt dieser Schilderung voraus, daß sie für „jeden Angehörigen der abgebrühten, höhnischen Welt der englisch sprechenden Völker etwas Rührendes" gehabt habe, aber die darin eingebettete Perspektive des Verhältnisses von Volk und Künstler kommt den Vorstellungen von Nordahl Grieg nahe.[19]
So rührend das Bild auch ist, es beschreibt den Zustand, in dem der Wunsch des Künstlers, vom Volk gebraucht zu werden, Wirklichkeit zu werden beginnt. Der Künstler versucht sich darum zu bemühen, daß seine Arbeit für das Volk von Nutzen ist – und wenn dieses Bemühen nicht über sein Kunst-Schaffen allein vorangetrieben werden kann, „Dann habt ihr den Rest des Mannes auch!", wie Courbet in der *Niederlage* sagt.

> „Ein Mann der Feder muß jetzt zum Mann der Tat werden. Handeln braucht Zeit, und Zeit ist für uns alle das Nötigste. Wer aber ein Jahr seines Lebens, ohne heroisches Getue und Prahlerei, dem Krieg in Spanien weiht, oder wer auf gleiche Weise ein Jahr seines Lebens dem Stahlstreik, der Arbeitslosigkeit oder dem Rassenvorurteil weiht, der hat seine Zeit nicht verloren oder verschwendet. Er ist einer, der seinen Platz kennt. Solltest du dein Handeln überleben, dann ist das, was du hinterher darüber sagen kannst, die Wahrheit; es ist notwendig und wirklichkeitsnah, und es ist von Dauer."

(zitiert bei BENSON 1969 S. 63)

So schreibt Martha GELLHORN über die Zeit in Spanien.[20]
Und dennoch stellen wir erneut die Frage: Wenn aber der Schriftsteller, wie Orwell, Grieg und viele andere es getan haben, sich nach Spanien begibt, um dort selber Augenzeuge der Kämpfe zu werden und wenn er sich darüber hinaus entschließt, selber aktiv an den Kämpfen teilzunehmen, ist damit das, was er schreibt über das, was er durch seinen Entschluß zur Teilnahme selbst erlebt hat, notwendigerweise *die* Wahrheit? Warum schreibt Grieg nicht über die Belagerung des Zentrums der spanischen Republik, sondern über die Belagerung von Paris, die weit mehr als ein halbes Jahrhundert zurückliegt?
Aus dem bisher Gesagten läßt sich entnehmen, daß sich Paris für Grieg als der Ort erweist, wo sich seine Vorstellungen, die sich in seinem Aufenthalt in Moskau zu verdeutlichen begonnen hatten und zu deren 'Wiederbelebung' er die Reise nach Spanien angetreten hatte, am weitest-

gehenden konkretisiert hatten, bzw. so von Grieg re-konstruiert / re-konkretisiert werden konnten, wie es seinen eigenen Vorstellungen entsprach. Dies hatte er in dem *Politiken*-Text („Es ist doch natürlich, eine Begebenheit in seiner eigenen Auffassung zu schildern"[21]) ja auch selbst bestätigt. Vor allem schien ihm dort wohl am ehesten noch die Spaltung zwischen den Kämpfenden, den Künstlern und dem Volk überwindbar gewesen zu sein — eine Hoffnung, die er aber in der Schilderung der Figur Courbets selbst als eine nicht umfassend zu verwirklichende abweist.[22]

Gerade an diesem Punkt läßt sich denn auch der Abstand Brechts zu Grieg gut markieren. Obwohl wir aus den Unterlagen des Archivs inzwischen wissen, daß sich Brecht sehr wohl gerade auch mit der Rolle der Künstler und des Kunstschaffens zur Zeit der Pariser Kommune beschäftigt hatte, finden wir davon in seinem Stück kaum etwas wiedergegeben. Allenfalls den Hinweis auf das „Konzert für die Ambulanzen in den Tuilerien." (TC S. 81 - siehe dazu auch: LISSAGARAY [1876] 1971 S. 293). — Allerdings finden wir dafür etwas anderes bei Brecht. Eine Bevölkerung, die ihre Musik hat und tanzt, die Zeitungen liest und die Plakate, die die Karikatur ihrer Gegner im eigenen Spiel sinnfällig werden läßt, die eine Sprache spricht, die sich der Poesie bedient, und die ihre Lieder singt in den Cafés und auch noch an den Barrikaden.

Courbet ist letztlich nicht in Paris zuhause, sondern dort, wo er malt. Während die Pariser beginnen, ihre Wohnungen auf der Straße zu verteidigen, wendet sich der Künstler wieder seiner Heimat zu: „Jetzt ist Frühling zu Haus in Ornans" sagt er. „Ich hab einen Esel da oben, der einen leichten Karren mit Malsachen zieht. Jerôme heißt er, genannt nach einem Professor an der Kunstakademie."

Courbets Kritik wird fruchtbar in seinen Werken, aber als er sich um eine unmittelbare Verbindung mit dem kämpfenden Volk in Paris bemüht, bleibt diese unfruchtbar. Er flüchtet sich in seine Träume — und schließlich flieht er selbst. Griegs Stück macht diese Distanz inhaltlich wie formal deutlich. Das Volk bleibt Staffage. Während Courbet davon spricht, daß die Rehe so etwas Pathetisches haben, ziehen draußen Studenten vorbei, die „Es lebe Courbet" (DN 285) rufen.

Courbet überlebt — indem er flieht.[23] Er sucht — während die versailler Truppen überall in Paris einmarschieren — Rat und Hilfe bei Delescluze, dieser aber antwortet ihm:

„DELESCLUZE: Mein Freund, ich fürchte, Ihnen kann niemand helfen. Sie stehen zuoberst auf der Liste derer, die die Offiziere hassen, Sie haben die Vendôme-Säule umgestürzt.

COURBET: Ich wollte sie nie stürzen. Schraubt sie ab, habe ich gesagt. Und ich meinte damit: Schafft sie an eine andere Stelle."   (DN S. 355)

Courbet weigert sich, die Verantwortung für diesen Vorschlag, die Säule zu stürzen, zu übernehmen. Gerechtigkeit habe er gewollt, aber nicht Blut, Brand und Leichen. Nicht diese Bilder des brennenden Paris könne er signieren, sondern jene, von denen er bisher nur geträumt habe. Um sie zu malen, will er leben. Nachdem er mit dem Versuch, seine Träume durch das Volk realisieren zu lassen, gescheitert ist, flieht er, um die Bilder, die danach verlangen, gemalt zu werden, „für die Welt (zu) retten" — für wessen Welt?

In der dritten Szene des zweiten Aktes — die zeitlich in etwa mit dem Bild VI bei Brecht korrespondiert — werden die Grenzen dieses Bündnisses des Künstlers mit dem Volk (hier: selbst den Protagonisten des Volkes) deutlich. Courbet wird ausdrücklich — durch sich selber — als Mitglied der gewählten Kommune-Regierung und „Präsident der Künstler" vorgestellt. Im Gespräch mit Beslay redet er über die „großen Dinge", die er und die Revolution vollbringen werden. Die Vendôme-Säule solle niedergerissen werden[24], um daraus Kupfermünzen zu schmelzen, für die sich dann „die Kleinen . . . warmes, duftendes Brot" kaufen sollen (DN S. 288). Nachdem er aber diesen „Schlag gegen den Militarismus" gebührend gefeiert hat, verfällt er in einen traurigen Ton: „Ich komme nicht dazu, etwas zu machen". Courbets Engagement für die Kommune verbleibt außerhalb seines Engagements als Künstler. In Paris lebend, sehnt er sich nach seinem geliebten Ambiente: dem Wald. „Welch ein Friede ist doch in so einem Wald", schwärmt er, „Ich liebe ihn." (DN S. 289)

In diesem Moment explodiert in der Nähe eine Granate. Grieg unterbindet damit auf abrupte Weise die Träume Courbets und verweist den „Realisten" wieder auf seinen wirklichen Aufenthaltsort. Aber gerade diese so theatralisch bedeutungsschwangere Intervention verweist zugleich auf die Mächtigkeit dieses Wunsches, zurückzukehren zu wollen zu der 'eigentlichen' Arbeit des Künstlers: an die Staffelei, an den Schreibtisch. Denn nur dort läßt sich realisieren, wovon Grieg Courbet träumen läßt: eine Zeit des Friedens, in der neue, unfertige Gedanken jener, „die schaffen, die vermehren" die Herrschaft der alten Autoritäten ablösen werden.

Die Berge, Flüsse und Wälder die er „in diese Stadt hier geschleudert" (s.o.) habe, gaben ihm Kraft für seine Bilder. Aber das Meer ist nicht die Revolution und die Kommune kein Naturereignis.

Teil D
**DIE FURCHT VOR DEN TAGEN DER KOMMUNE –
ÜBER DAS ALTE UND DAS NEUE DEUTSCHLAND**

Nur hatte Brecht eben seine Liebe zu Deutschland, die habe ich gar nicht, das unterscheidet uns völlig. Ich hab' überhaupt kein Heimatgefühl, bin überhaupt keine Patriotin. Das kommt, weil ich als Kind das nicht hatte. Als Kind waren's die Feinde, also woher sollte ich's nehmen? Bei Brecht war das anders. Er fühlte sich ungeheuer zugehörig zu Deutschland. Er hat ja auch angenommen, es gäbe viel mehr Antifaschisten. Das war sein Wunschdenken. Für diese Leute hat er geschrieben.

Hanne Hiob

Sehr geehrter Herr General...
Die Widerstandsbewegung gegen Hitler war beträchtlich, erheblich umfangreicher, als die isolierte und verhältnismäßig unbedeutende, jedenfalls ganz unrepräsentative Aktion der Generäle am 20. Juli es vermuten läßt. Mindestens 30 Divisionen ziviler Kämpfer sind gegen Hitler gefallen. Der überwältigend große Teil davon teilte keineswegs Ihre sozialen Ansichten. Und es waren gerade diese Ansichten, die sie zum Kampf gegen Hitler trieben. Keiner Ihrer Berichterstatter wird wagen, Ihnen zu sagen, daß der Nazismus heute in Ihrem Okkupationsgebiet gebannt sei. Der Grund hierfür ist, daß seine ökonomischen Positionen noch nicht zerstört und seinen Hintermännern im Namen der Demokratie ein neuerliches Mitspracherecht gegeben wird...
Wie ich es höre, besteht nach dreijähriger Besatzung in Deutschland eine tiefe Unkenntnis darüber, was Demokratie eigentlich ist.

Bertolt Brecht

D Die Furcht vor den Tagen der Kommune –
Über das Alte und das Neue Deutschland

Die *Commune*, ein antifaschistisches Drama – schreibend für ein neues Deutschland kämpfen (170) = Bilder zwischen Heimat und Exil: die Frauen und Straßen (171) = Zwischen Verwurzelten und Flüchtenden: Könnten die Bäume doch fliegen (174) = Das Volk als „Geherda" - über zweierlei Volksherrschaft (178) = Eine gründliche Unordnung – über zweierlei Chaos (180) = Die *Commune,* ein sozialistisches Drama – vom „tausendjährigen Reich" ins „neue Jahrtausend" (184) = Furcht vor den Tagen der Kommune? (188)

„Auch auf die Gefahr hin", so merkte Hans KAUFMANN in seinem Buch „Geschichtsdrama und Parabelstück" bezüglich der Entstehungszeit des Stückes an, „von einer historisch-kritischen Ausgabe korrigiert zu werden, halte ich an der Datierung 1948/49 fest." Er bezieht sich dabei auf den Usus der Ausgabe der *Stücke*, „bei solchen Werken, die nicht sofort gedruckt oder über mehrere Jahre bearbeitet wurden" jeweils die Zeit als die Entstehungszeit anzugeben „die die in das Werk eingegangenen entscheidenden gesellschaftlichen Erfahrungen und damit das Kernstück des Schaffens bezeichnet." (1962 S. 263 Anm. 19)

Diese Datierung legte es zunächst nahe, das Kommune Stück als „Morgengabe" an die junge DDR bzw. im Westen als Ausdruck der sogenannten Zeit des „Nullpunkts" zu betrachten.[1] Der Versuch aber, die *Commune* als ein Stück früher Nachkriegsliteratur einzuordnen muß scheitern, wenn er nicht mit einer weiteren, zweiten Betrachtungsebene in Verbindung gebracht wird: der des antifaschistischen Dramas des Exils. Die Bedeutung der *Tage der Commune* – wie auch die Schwierigkeit ihrer Interpretation – liegt nicht zuletzt darin, daß sie im Schnittpunkt der Erfahrungen eines fünfzehnjährigen Exils *und* der Hoffnungen auf ein neues Deutschland entstand. Der Langwierigkeit, mit der das Drama inzwischen zur Kenntnis genommen wird, scheint eine ebenso langwährende Beschäftigung mit dem Thema vorausgegangen zu sein. Das wird in diesem letzten Teil illustriert werden, wobei die vorgeführten Beispiele so angelegt sind, daß in ihnen das Zusammenwirken beider Betrachtungsebenen aufscheint.

Im Kulturschaffen der Nachkriegsjahre gehörten diejenigen (erneut) zur Minderheit, die in ihre antifaschistische Haltung auch die Aufgabe mit einbezogen hatten, auf die Ursachen des Faschismus Antworten zu finden und diese mit ihren Mitteln zu propagieren. Spätestens die Entscheidung Brechts, Nordahl Griegs *Die Niederlage* zum Anlaß für einen „Gegenentwurf" zu machen,[2] läßt erkennen, daß hier eine Entscheidung gegen die Veränderung, das Übertünchen des Faschismus in Deutschland und für seine Überwindung gefallen war. Sein aus Zürich (an Piscator) übermittelter Entschluß, mit einem vom „Deutschen Theater" unabhängigen Ensemble „zuerst das *Kommune*-Stück" zu spielen,[3] darf durchaus – bei aller Notwendigkeit zur Improvisation – als programmatisch angesehen werden. Literaturschaffende und Künstler sollten, bei allem Bedürfnis, an verschüttete, wie im „Erbe" bewahrte Traditionen anzuknüpfen, auch „Gegenentwürfe" erproben; hatte man doch nicht nur das „gute Alte", sondern auch das schlechte Alte mit in diese als „neu" verkündete Zeit hinübergenommen. Die Entscheidung Brechts an der Vorlage Griegs als etwas „schlechtem Neuen" anzuknüpfen, dokumentiert zugleich die Absicht, die Perspektive des Antifaschismus nach dem Krieg aus der Malaise des „hilflosen Antifaschismus" herauszuführen. Brechts Gegenentwurf weist zurück bis auf die Zeit der 30er Jahre, ihre „katastrophale Fehlbeurteilung"[4] gerade in den Kreisen der fortschrittlichen Intelligenz und versucht, von daher die Erfahrungen des Exils produktiv zu machen.

Die Tatsache, daß sich Brecht nach seinem ersten Aufenthalt in Berlin nochmals in die „unerträgliche Langeweile" (BB Brief Nr. 584 S. 590) der Schweiz zurückzog, hatte neben den bekannten Gründen sicher auch mit der Absicht zu tun, dort noch einmal aus Anlaß der Auseinandersetzung mit der *Niederlage* die Lehren des Exils im Spiegel der „Lehren der Kommune" Revue passieren zu lassen. Nachdem sich das faschistische Deutschland seiner entledigt hatte, die Bücher verbrannt, den Pass entwertet, hatte als Folge Brecht den Kampf um seine Heimat aufgegeben? Die Jahre des Exils sollten zeigen, daß der Kampf um ein neues Deutschland, nämlich als ein Kampf gegen jene, die es besitzen, zugleich ein soziales *und* ein nationales Engagement beinhaltete.[5] Und dennoch: die Sehnsucht nach den „freundlichen Bayrischen Wäldern" (GW XIV S. 1454), nach dem vielstädtigen Berlin; der Wunsch heimzukehren, sie standen nicht im Widerspruch mit der Einsicht in eine grundlegende Umwälzung der dort herrschenden Verhältnisse.

Im zehnten Gespräch der Flüchtlinge Kalle und Ziffel („Frankreich oder der Patriotismus / Über Verwurzelung") erinnert sich der Arbeiter Kalle in einem Gedicht an die deutschen Provinzen und schließt dann mit: „Der Sinn ist, man sollte des erobern, es würd sich lohnen!" (GW XIV

S. 1450) Diese Erinnerung an ein altes Gedicht, das die Schönheiten eines geliebten Landes schildert, setzt sich zugleich fort in der Aufforderung, diese Schönheiten wieder zum Leben zu erwecken und jene, die sie zum Erhalt ihrer Klasse zu zerstören bereit waren, selber zu zerstören. – Brecht, dessen Vaterlandsliebe sich wohl nur aus dem widersprüchlichen Ensemble der *beiden* Gesprächspartner herauslesen läßt, ergänzt:

> „Ziffel blickte Kalle verwundert an, konnte aber nichts von dem Schafsmäßigen an ihm entdecken, das alle haben, die etwas Patriotisches äußern, und leerte kopfschüttelnd sein Glas." (GW XIV S. 1455)

An uns aber wird es sein, diesen so unsentimentalen und doch vom Herzen bewegten, diesen zugleich im sozialen Kampf eingebundenen Patriotismus zu verstehen. Brecht hat sich, so paradox dies auch klingen mag, gerade um ein Verstehen des Nationalsozialismus in Deutschland bemüht (was eben nicht heißt, er habe dafür Verständnis gehabt). Brecht war nicht gegen den Nationalsozialismus, weil er ihm in seiner Ursache und Wirkung unverständlich geblieben war, sondern weil er ihn zu gut verstanden hatte. Seine eigene Auffasung über die nationale und auch gleichwohl soziale Frage in Deutschland ist nicht ohne seine Auseinandersetzung mit dem Nationalsozialismus zu verstehen; sie ist in ihrem Ergebnis ein „Gegenentwurf" dazu.
Wir gebrauchen also den Begriff des Gegenentwurfs als bewußte Erweiterung jener Bezeichnung, die Brecht für sein Stück über die Pariser Kommune verwendet hat. Die *Commune* als die Morgengabe an ein Neues Deutschland verstehen zu wollen, setzt voraus, die 'nächtlichen Gedanken an Deutschland' aufzuhellen. Lesen wir Brecht erneut; seine Texte aus dem Exil sind in den seltensten Fällen von Grund auf dunkel und trübe, sie sind allenfalls 'verdunkelt', als Schutz vor den feindlichen Angriffen!
Für Brecht wurde seine Literatur zu einer Waffe, um für das Deutschland, so wie er es sich wünschte, zu kämpfen. Und zur Zeit des Exils wird dieses Mittel des Schreibens von noch größerer Bedeutung, ungeachtet der Tatsache, daß es in seinen unmittelbaren Wirkungsmöglichkeiten noch weiter zurückgedrängt und aus Deutschland verdrängt worden war. Denn es war ebensosehr ein Mittel, um sich nicht selber verloren zu geben.

Als Brecht an dem Gegenentwurf zur *Niederlage* arbeitet, so ist dies zugleich ein politischer, als auch ein persönlicher „Gegenentwurf". Sicherlich, Brecht hat in all seinen Stücken unserer Auffassung nach niemals 'wirkliche' Frauengestalten auf die Bühne gebracht, sondern sie stets als Trägerin besonderer, sie auszeichnenden Funktionen und Konflikte vorgestellt; aber inzwischen sind sie „gut inszeniert". Nicht, daß das Bett keine Rolle mehr spielen würde, aber die Frauen in der *Commune* leben und kämpfen um ihr Leben auf der Straße. Und das Leben auf der Straße ist nicht mehr negativ besetzt; die Prostitution, wie sie noch bei Grieg auf verschiedenen Ebenen ausgesprochen wird,[6] ist bei Brecht – hier in der *Commune* – nicht mehr präsent. Das Leben auf der Straße ist positiv besetzt. Der Wunsch nach Privatheit wird damit nicht minder respektiert, im Gegenteil, diese wird erst in neuem Maßstab möglich, als die Mietschulden gestrichen sind. Aber dieser Lebensraum öffnet sich nach außen. Die Straße wird zu einer neuen unter dem Zwang der Verhältnisse selbst eroberten Heimat.
Dieses Bild der Straße als Heimat, oft als Negativbild verwendet, findet hier eine andere, weitergehende, eine zugleich auch positive Interpretation. Auch wenn wir dabei berücksichtigen sollten, daß sich Brecht nicht zuletzt aufgrund seiner finanziellen wie persönlichen Voraussetzungen eine solche Haltung eher leisten konnte, so diskreditiert das in keiner Weise seine Interpretation. Die Straße als neu-eroberter Lebensraum, dem Zwang der Verhältnisse folgend wie dem eigenen Lebenswillen. Die Straße als der Ort, wo Brot ausgegeben und Wein eingeschenkt wird, um das/

den man hat zuvor kämpfen müssen. Und die Straße als der Ort, an dem der Tod der Kommunarden hinter den Barrikaden zugleich ihren Überlebenswillen dokumentiert – und sei es durch den blühenden Apfelbaum in den Tagen des Blutmais.

„Die Straße ist ein guter Ort, wir schicken uns an, unsere Wohnungen auf der Straße zu verteidigen" (TC S. 96). Die Lehrerin Geneviève hat gelernt. Im Gegensatz zur Griegs Vorlage ist hier nicht die Freundin, sondern der Verlobte nach Versailles geflohen. Und mehr noch, er kommt zurück, als Spitzel der Gegenregierung in Nonnengewänder gehüllt. Als er auf Geneviève trifft, sucht er bei ihr um Schutz an, d.h., er will runter von der Straße und von ihr in ihre rettende Wohnung gebracht werden. Geneviève aber verweigert sich dem Willen ihres Verlobten. Sie ist „eine Politische" geworden. In der Kommune wurde sie zur Delegierten des Unterrichtswesens ernannt. Zuvor aber hatte sie lernen müssen, daß die vollständige Freiheit eine Illusion bleiben muß: in der Politik, so brachte es ihr Langevin bei, Delegierter der Bevölkerung ihres Bezirkes – und in der Liebe, so bringt es ihr ihre Freundin Babette unter Schlägen bei.

Zwei Klassen streiten sich um 'ihren' Staat, zwei Frauen um 'ihren' Mann. Und Brecht grenzt die Klassen ebenso scharf voneinander ab, wie er auch die Frauengestalten voneinander abzugrenzen begonnen hat. Aber die Kälte eines noch jungen Brecht, der die Gefühle der Liebe, als unterhaltsam und doch langweilig, beschreibend zu bewältigen sucht[7], die politische Schärfe seiner den Lehrstücken zugrundliegenden Analyse; sie gerieten unter den Bedingungen des Exils aus denen ihnen ehemals zugedachten 'Wohnungen' auf die 'Straße'. Nicht, daß die bisherigen Positionen gänzlich aufgegeben würden, die Eifersucht bleibt auch weiterhin „nicht allzu langweilig", aber sie wird, wie vieles andere auch, konstatiert, indem sie diskutiert wird.

Die Fabel der Frauen ist bei Brecht nicht länger „sorglos komponiert". (Und gerade an diesem Punkt setzt Brecht noch kurz vor seinem Tode erneut an der Korrektur seines Stückes über die Kommune ein, indem er darauf drängt, daß gerade die Widersprüchlichkeit ihrer Haltungen die in der Schlange auf Brot wartenden Frauen auszeichnen sollte – siehe: WEKWERTH 1959 S. 28ff.). Ihre Eifersucht wird ausgetragen („BABETTE: Ich werde dich lehren, mit Jean Backe an Backe zu tanzen."), körperlich, und Geneviève lernt unter den Schlägen der Babette sich zu wehren. Zwei Männer trennen die Kämpfenden und von den zwei anderen, um die gestritten wurde, hält einer den anderen zurück (Brecht: „Und die Eifersucht, die einem Mann nie von einem Mann, sondern immer von einer Frau eingeflößt wird. . ." TB S. 130, 28.5.1921). Daran anschließend wird die Eifersucht diskutiert. (TC S. 53 – Verfolgen wir dies, Zeile für Zeile:)

„MME. CABET: Ihr führt euch auf, als ob ihr Schränke voll Kleider hättet." – Eifersucht als Laster der Alten Zeit? Als Näherin kennt Mme. Cabet ihre Kunden, deren Verhaltensweisen und drückt, bislang davon abhängig, in ihren Worten eine gewisse Überlegenheit ihnen gegenüber aus. „. . . Ich war dagegen, daß ihr hinaufgingt, die Fahne herauszuhängen." – Als Mutter von Jean aber hat sie zugleich die Befürchtung, ihren Sohn an dessen Freundin Babette zu verlieren. Aus diesem Grunde ist sie dagegen gewesen, daß die beiden in die Wohnung gingen, um die Fahne, die rote Fahne, herauszuhängen. Die Fahne herauszuhängen, das bedeutete zugleich für Jean und Babette, die Zeit für sich und die Liebe zu haben. „. . .Sie ist eine Kämpferin, diese da." – Das sagt Mme. Cabet über Babette Cherron nicht ohne Anerkennung. Sie verteidige ihren Sohn, der ihr Geliebter bleiben soll und nicht der einer anderen werden, etwa der Lehrerin Geneviève. Als Näherin hat man frühzeitig lernen müssen, um sein Leben zu kämpfen und um das und den, was/den man für sich gewonnen hat. Wenngleich auch eifersüchtig auf Babette, da sie ihr ihren Sohn wegnimmt, verteidigt Mme. Cabet sie zugleich, denn sie ist Näherin wie sie und hat ebensowenig wie die Schränke voller Kleider.

„FRANÇOIS: Eine Kommunardin ist nicht eifersüchtig."

François, der die Grundsätze der Kommune auswendig gelernt hat wie sein naturwissenschaftliches Lehrbuch, das er aus der Pfandleihe auf Beschluß des Kommune-Rates ausgelöst bekommen hatte, zeigt damit die Aufgeschlossenheit des jungen Wissenschaftlers für die sozialen Angelegenheiten, zumal er selbst aus armen Verhältnissen entstammt; zugleich macht seine Anmer-

aber deutlich, daß es mit dem Aufstellen und Auswendiglernen dieser Grundsätze allein nicht getan ist.[8] Die ebenso wichtige Aufgabe ist es, die aus den allgemeinen Lebensnotwendigkeiten synthetisierten Grundsätze wieder auf die Praxis dieses Lebens zu beziehen und beides wechselseitig (!) aneinander zu überprüfen. – Dies bringt Babette in ihrer Antwort denn auch deutlich zum Ausdruck:

„BABETTE: Sie ist aus Holz, eh!"
Geneviève aber gibt deutlich bekannt, was sie gelernt hat:
„GENEVIEVE: Nein, sie hält fest, was sie hat." – Das Leben im wissenschaftlichen Zeitalter, so gibt sie damit dem jungen François zu verstehen, bedeutet nicht, das Leben in einem Zeitalter ohne Gefühlsleben. Und sie übersetzt damit zugleich ins Sprachliche, was sie zuvor im Körperlichen zu bewirken versucht hat. Es war ihr nicht nur darum gegangen, Babettes: „Es lebe die Teilung! Wir haben alles, teilen wir!" zu überprüfen, sondern sie wollte zugleich die Eifersucht von François gegenüber Jean wecken; c'est-à-dire: sie wollte versuchen, die Aufmerksamkeit des Tanzpartners von Babette, Francois, an ihr und sein Interesse für sie zu wecken. Aber, was nützt eine Kommunardin, die nicht eifersüchtig ist, wenn der Kommunarde die Liebe mit ihr nicht sucht? – („wir deutschen", so schreibt Brecht in seinem Arbeitsjournal, „wir deutschen haben einen materialismus, ohne sinnlichkeit. der 'geist' denkt bei uns immer nur über den geist nach. die körper und die gegenstände bleiben geistlos." AJ I S. 16, 12.8.38)
Genevièves: „sie hält fest, was sie hat" ist weiterhin Ausdruck der Tatsache, daß nicht nur Babette ihre Lektion, die Eifersucht betreffend, verstanden hat, sondern sie auch jene, die ihr Babette, die „Kämpferin", erteilte. Denn selbst, als Babette sich schon über sie hergemacht hatte, entgegnete ihr Geneviève zunächst noch: „Ich wehre mich nicht".
Nachdem sie den Anbruch einer neuen Zeit als das Ende jeglicher Gewalt gefeiert hatte („Mit der Gewalt ist es zu Ende. Die Kanonen haben wir ihnen schon abgenommen." TC S. 31 / „Es wird eine neue Zeit sein, und es wird kein Blutbad gewesen sein." TC S. 39) sieht sie sich plötzlich auf der persönlichen Ebene in einer der Kommune entsprechenden Lage: sie wird von einem ihr nahestehenden Menschen tätlich angegriffen und es stellt sich für sie ganz persönlich die Frage, ob sie auch jetzt noch die andere Backe hinhalten könne, nachdem man sie auf die eine schon geschlagen hatte.
Im Gegensatz zur Lehrerin Geneviève gibt es für die Näherin Babette offensichtlich keine solchen moralisch-christlichen Hemmnisse: „Dann nimm das und das und das" tobt sie und beide „rollen am Boden". Sie ist unter dem Angriff Babettes gezwungen, entgegen ihrer Einstellung zu handeln. Sie bleibt nicht länger passiv, sondern beginnt ihrerseits, Schläge auszuteilen, so gut sie kann. Und das offensichtlich nicht ohne Nachdruck: Babette: „Ah, du wehrst dich? Willst du mir das Aug ausschlagen, du Kröte?" (TC S. 53) Geneviève ist es unter diesen Umständen nicht gelungen, ihre pazifistische Wunsch-Haltung aufrechtzuerhalten. Sie mußte einsehen, daß dies nur solange möglich war, solange die Gefahr nicht wirklich den Charakter einer unmittelbaren Existenzbedrohung annimmt. Als diese Schwelle jedoch überschritten ist, kommt es zu einer doppelt heftigen Reaktion. Sie kämpft für sich selbst und dies mit der Kraft jener Verzweiflung, die jemand erlebt, wenn er die Grenzen der Menschenfreundlichkeit begreift – durch den „äußersten Notfall" dazu gezwungen.
„Ich bin froh, daß kein Bajonett herum war, Babette." – Geneviève hat aus dem Kampf mit ihrer Freundin gelernt. Der Konflikt aber hat die Freundschaft nicht zerstört, sondern gefestigt. Das Messer, das die eine der anderen hätte 'hineinjagen' mögen, bleibt ebenso hypothetisch wie bei Grieg. Und doch, auch diese Szene: ein Gegenentwurf.
Gehen wir davon aus, daß Brecht diese Szene ebenfalls 1949 fertiggestellt hat, dann ergibt sich aus dem Zusammenhang: zwei Frauen / zwei Staaten kämpfen gegeneinander und: wir haben alles, teilen wir! auch ein außerordentlich aktueller Aspekt.
Nach der bedingungslosen Kapitulation haben die Siegermächte in unumschränkter Gewalt über Deutschland verfügt und es unter sich aufgeteilt. Deutschland wurde in zwei Teile geteilt und

dem Prozeß der jeweiligen – teilweisen – Befreiung durch die Siegermächte unterworfen. In diesen beiden Teilen wurde der Bevölkerung glauben gemacht, daß für sie – und jeweils nur für sie – die Zeit einer neuen und vollständigen Freiheit angebrochen sei und daß es nun (nur noch) an ihnen liege, diese Freiheit auch für sich zu verwirklichen (also quasi: von der Freiheit „an sich" zur Freiheit „für sich" zu gelangen. . .). Nicht das Volk hatte sich in einem Aufstand gegen die Naziherrschaft von dieser befreit, nicht einmal in den letzten Monaten und Wochen des Krieges, sondern es wurde befreit, und dies gleich doppelt; es ist nicht ohne Grund, daß Brecht nach diesem Zeitpunkt nicht mehr den Begriff Volk, sondern lieber den der Bevölkerung verwendet.

– Vielleicht sind es gerade diese scheinbar so 'unpolitischen' Szenen wie die hier vorgestellte, die mit zu der politischen Brisanz des Stückes beigetragen haben?

Deutschland, das sei wie der Fensterstock, aus dem der Emigrant heruntergefallen ist. Jetzt, wo man auf der Straße sitzt und sich aufrappeln muß, um nicht zertreten zu werden, erscheine einem selbst dieser Ort zwischen Wohnung und Straße als liebenswert, auch wenn man eigentlich gar keine richtige Auswahl gehabt habe.
Auf die Antwort Ziffels, daß dies ein zynischer, wurzelloser Standpunkt sei, der ihm gefalle, läßt Brecht Kalle wie folgt fortfahren:

> „KALLE: Sonst hör ich immer, man soll verwurzelt sein. Ich bin überzeugt, die einzigen Geschöpfe, die Wurzeln haben, die Bäum, hätten lieber keine, dann könntens auch in einem Flugzeug fliegen." (GW XIV S. 1453).

Die Zeit des Exils ist die Zeit der Vertreibung aus Deutschland. Und vertrieben werden gar jene, die sich aus Liebe für ihr Vaterland gegen die Patriotismen der Herrschenden zu stellen begonnen hatten. Ihr wurzelloser Standpunkt ist zynisch, gerade weil der Aufenthalt im Ausland sie der Wurzeln in besonderer Intensität bewußt werden läßt.
Die Flucht der pariser Großbourgeoisie und der Aristokratie nach Versailles war *kein* Exil. Sie bedeutet vielmehr einen zunächst panischen, dann aber taktischen Rückzug aufs Land, auf die eigentliche Quelle des Reichtums des Landes und derer, die es besitzen. Es bedeutet den „Vorsprung Preußens in Europa für drei Generationen", aber zugleich „die Sicherstellung unserer Herrschaft für fünf." (Thiers an Favre - TC S. 17). Während die pariser Arbeiter und die ihnen verbundenen Schichten die Stadt, mit der sie sich verwurzelt fühlten, erst mit dem Aufstand in den Besitz zu nehmen versuchten, bedeutete der Rückzug aus Paris für die Fliehenden die Abtrennung von ihrer Überlebens'quelle', aber zugleich den Rückzug hin zu den 'Wurzeln' ihres ersten Reichtums, „la campagne". (Noch der vom Grundbesitzer aus der Auvergne vertriebene und nun in der Stadt Paris bettelnde Bauer antwortet auf die Frage des Delegierten nach seinem Grundherren: „Liebt ihr ihn?": „Nun, Monsieur, er hält das Seine zusammen." TC S. 74) Den Kommunarden ist es gelungen, denen, die ihn benötigen, Wohnraum zu verschaffen, die Straßen zum Bestandteil ihres Lebensraumes werden zu lassen, kurz: die Stadt bewohnbar zu machen. „Papa", Nationalgardist und ehemaliger Metallarbeiter am 26. März 1871:

> „Das ist die erste Nacht in der Geschichte, in der dieses Paris keinen Mord, keinen Raub, keinen frechen Betrug und keine Schändung haben wird. Zum erstenmal sind seine Straßen sicher, es braucht keine Polizei." (TC S. 54)

Die Bedeutung dieser Sätze kann nicht ermessen werden, ohne sie in Bezug zu setzen auf die Okkupation Deutschlands durch die Herrschenden, wie sie sich anläßlich des Reichstagsbrands (27.2.1933) und der folgenden „legalen Revolution" dokumentierte. - Arturo „UI: Mord! Schlächterei! Erpressung! Willkür! Raub! / Auf offener Straße knattern Schüsse . . . / Kurz, es herrscht Chaos." (GW IV S. 1774). Und unmittelbar vor dem Ausbruch des Brandes tritt einer der Leibwächter Ui's auf *„und singt ein schmalziges Lied, in dem das Wort 'Heim' reichlich vorkommt."* (S. 1780) Am 10.9.1938, zwei Monate vor der „Kristallnacht", schreibt Brecht:

„der kapitalismus hat uns zum kampf gezwungen, er hat unsere umgebung verwüstet. ich gehe nicht mehr 'im walde vor mich hin', sondern unter polizisten"

(AJ I S. 23)

Die Pariser Kommune dagegen als eine Stadt ohne Polizisten! Denn diejenigen sind in ihr geblieben, die mit ihr verwurzelt waren. – Was aber ist, wenn der äußere Feind der auf die Vernichtung dieser Teufel, die alles teilen wollen (TC S. 55) bedacht ist, jederzeit wieder seine Agenten in die Stadt hinein und sein Geld auch weiterhin aus der Stadt herausschleusen kann? Brecht macht bei allen Errungenschaften der Kommune immer auch zugleich klar, welche Fehler mit ihnen einhergegangen sind. Hätte es nicht doch gegenüber jenem äußeren Feind einen neuen Typus des Polizisten, des „Volkspolizisten" geben müssen? (Siehe auch TC S. 45 f.)

Kaum ist die Diskussion über die Eifersucht zwischen den Kommunarden abgeschlossen, da taucht der Bäckerjunge Philippe wieder auf. Er hatte als Soldat der Linientruppen auf Befehl seiner Generäle zunächst den Parisern ihre Kanonen entwenden sollen, doch die Frauen hatten ihn und die anderen zur Verweigerung dieses Befehls gebracht (TC S. 29). Dann jedoch ist er wieder nach Versailles zurückgegangen, solange jedenfalls, bis dort der Sold ausgegangen war. Er geht darauf aufs Land zu seinen Eltern, dann wieder zur Kommune, um sie schließlich beim Angriff der versailler Truppen erneut zu verlassen.

Jean und François dagegen blieben in Paris. Sie arbeiten an der Barrikade. François meint, die Tatsache, daß Philippe weggelaufen sei, müsse wissenschaftlich und also leidenschaftslos betrachtet werden. Er habe Paris verlassen, weil ihm der Kampf für die Sache der Kommune aussichtslos erschienen sei. Jean widerspricht. Paris zu verlassen, das bedeute sie, die Kämpfenden, im Stich gelassen zu haben. François widerspricht: Nicht sie, die Kämpfenden, habe er verlassen, sondern „nur den aussichtslosen Kampf". Jean widerspricht erneut:

„JEAN: Leider können wir Paris nicht so verlassen. Warum? Die Blätter können den Baum nicht verlassen, die Blattläuse können es. Er ist eine Laus, Philippe." (TC S. 93)

Es kommt zum Streit zwischen Jean und François, der mit Jeans Einstellung gegenüber Philippe, bzw. gegenüber seinem Verhalten und dessen Charakterisierung nicht einverstanden ist.

„FRANÇOIS: Ich werde dir die Zähne einschlagen müssen, Jean.
JEAN: Aber leidenschaftslos, bitte.
FRANÇOIS *hilflos*: Ach, Jean, wir wissen nichts." (ebd.)

Der Konflikt zwischen den beiden Männern wird offensichtlich anders ausgetragen, als der zwischen den beiden Frauen. Und: Ausgangspunkt ist hier die politische Einschätzung eines Handelns, aber in ihr ist genauso eine persönliche Bedeutung enthalten, wie in dem persönlichen Konflikt der Frauen eine politische Bedeutung enthalten war.

Würde François das Verhalten Philippes mit einer ausschließlich wissenschaftlichen Haltung diagnostizieren, so dürfte sich dessen Antwort kaum von der seinigen unterscheiden; Jean weiß das. Und er hat selber miterlebt, wie François auf Philippe mit dem Gewehr losgegangen ist, als dieser als Soldat der Linientruppen versucht hatte, die Kanonen des Quartiers im Auftrag seiner Generäle zu entwenden, damit sie dann den deutschen Truppen ausgeliefert werden könnten. Und da will er sich jetzt dennoch für eben diesen Philippe mit ihm schlagen, nach einer anderen Antwort für die Einschätzung seines Verhaltens suchen? – Ja, er will es versuchen, er ist gezwungen, sich mit der „Feigheit der Tapferen" und der „Tapferkeit der Feigen" (GW XIV S. 1460) zu beschäftigen, denn Philippe ist, trotz seines opportunistischen Verhaltens, sein Bruder – und über diesen Tatbestand kann er eben nicht „leidenschaftslos" hinweggehen.

François reagiert auf diesen Widerspruch zunächst hilflos, dann aber findet er eine Erklärung, die beiden zutreffend erscheint. Nach einer Pause sagt er, an seinen Freund gerichtet: „Was du denkst, könnte man vielleicht so ausdrücken: Philippe ist kein besonders mutiger Mensch, da er nicht denken gelernt hat. / JEAN: Gut." (TC S. 93)

Es folgt eine sehr schöne Auflösung der beiden Spiegelszenen, in der ein Gespräch über die Miete zwischen Babette und Geneviève zugleich den Entschluß Babettes deutlich werden läßt, mit Jean zusammenzuziehen – sie erwartet ein Kind von ihm.

Vergleiche dazu: Nordahl Grieg: *Die Niederlage* (S. 328)

> „PAULINE . . . *Singt*:
> Wir lagen zur Nacht im Erlengrund,
> kühl waren die glatten Steine.
> Da gabst du mir erst das große Gefühl und –
> dann das berühmte kleine."

Trotz aller Gefühle zu versuchen, mit Hilfe des Denkens den Widersprüchen auf den Grund zu gehen, ohne dabei dadurch die Empfindungen selbst in ihrer Existenz und Wirkung negieren zu wollen, das wird hier bei Brecht darzustellen und zu erläutern versucht.

So wie François von Philippe als 'geistig zurückgeblieben' spricht, schreibt Brecht in seinem dänischen Tagebuch von der „verlogenheit der stanislawskischule", die „ihrer geistigen zurückgebliebenheit" entspräche. Wichtiger noch als diese Koinzidenz ist die Antwort Brechts auf den 'Vorwurf', daß er das Verstandesmäßige zu sehr betone. „zumindest spricht man (nicht immer mit dem ausdruck des bedauerns) von einer krankhaften trennung von gefühl und verstand bei mir." Und Brecht entgegnet: „in wirklichkeit hat es nur keinen sinn, von gefühl zu reden in der kunst (außer zum zweck der kritik), weil das ja nur bedeutete, den verstand spielen zu lassen. jeder gedanke, der notwendig ist, hat seine emotionelle entsprechung, jedes gefühl seine gedankliche." (AJ I S. 25, 12.9.38).

Diese Entgegnung Brechts soll hier noch erweitert werden durch den Verweis auf den etwa ein Jahr später entstandenen Dialog „Über die Theatralik des Faschismus", einem Abschnitt aus der „zweiten Nacht" des sich über insgesamt vier Nächte erstreckenden Dialogs *Der Messingkauf*. Darin wird unverkennbar deutlich, wie eng Brechts Analyse, Skepsis und Warnung vor der Einfühlung – nicht jedoch vor den Gefühlen (Vgl. dazu GW XVI S. 506) – im Zusammenhang steht mit der politischen Lage (und jenem „Held Hitler"), die ihn in die Emigration getrieben hat.

> „THOMAS: . . . Studieren wir unerschrocken, oder auch erschreckend, wie der, von dem wir sprechen, das Kunstmittel der Einfühlung verwendet! Sehen wir, welche Kunstgriffe er gebraucht! Nehmen wir als Beispiel seine Art, Reden zu halten! . . . Durch allerlei Tricks wird zuerst die Erwartung des Publikums – denn das Volk muß zum Publikum werden – erregt und gesteigert. Es wird verbreitet, man könne nicht voraussehen, was der Redner sagen würde. Denn er spricht nicht im Namen des Volkes und sagt nicht nur laut, was das Volk zu sagen hat. Er ist eine Einzelperson, ein Held im Drama, und versucht, das Volk, besser gesagt das Publikum sagen zu machen, was er sagt. Genauer gesagt, fühlen zu lassen, was er fühlt. . . .
> KARL: Ich sehe natürlich, welche Gefahr es ist, sich in ihn einzufühlen, da er das Volk auf einen gefährlichen Weg bringt. Aber ich denke mir, daß du im Grunde nicht nur darauf hinauswillst, daß es gefährlich sein kann sich in einen Agierenden einzufühlen (wie es gefährlich ist, sich in diesen einzufühlen), sondern daß es gefährlich ist, ganz gleichgültig, ob er wie jener einen auf einen gefährlichen Weg bringt oder nicht. So ist es doch?
> THOMAS: Ja. Und zwar schon deshalb, weil die Herstellung der Einfühlung es dem, der ihr verfällt, unmöglich macht, noch zu erkennen, ob der Weg gefährlich ist oder nicht."
> (GW XVI S. 564 ff.)

Die Emigration als beste „Schul(e) für Dialektik" (GW XIV S. 1462) erfordert es, den Verstand zu nutzen, um sein (geistiges) Auge für die Aufnahme und Bearbeitung von Widersprüchen zu trainieren und zu sensibilisieren. Aus der eigenen Niederlage errechnen, was der Sieg des Gegners gekostet hat, das heißt auch, aus der Niederlage der Kommune das herauszusuchen, was

einen im eigenen Kampf zum Sieg führen kann. Für Brecht bedeutete dies: einen Gegenentwurf zu *Nederlaget* zu schreiben. Und für diesen Gegenentwurf hatte das zur Folge, auch die Beziehungen zwischen Privatem und Politischem, zwischen Emotionalem und dem Verstandesmäßigen in ein neues Verhältnis zueinander zu setzen.
Dazu noch einmal einen Blick auf die *Flüchtlingsgespräche*.

> „KALLE: . . . Sie können nicht bestreiten, daß Deutschland absolut demokratisch ausgeschaut hat, bis es faschistisch ausgeschaut hat. . . . Die Herren [die besiegten Generäle, die Ministerialräte und die hohen Richter, die Ruhrindustriellen − B.B./W.S.] haben eingesehen, daß sie eine Volksbewegung hinter sich brauchen, sonst gehts nicht. Ein paar geschickte Operationen haben da zum Ziel geführt. Zuerst haben sie durch die Inflation den Mittelstand geschröpft, daß er ruiniert war. Die Bauern sind durch Tarif- und Zollpolitik zugunsten der ostelbischen Junker ruiniert worden. Von den ausländischen Banken haben sich die Herrn Milliarden gepumpt und ihre Fabriken so durchrationalisiert, daß sie mit viel weniger Arbeitern ausgekommen sind, und so ist ein großer Teil der Arbeiterschaft in eine Bettlerschaft verwandelt worden. Aus den ruinierten Mittelständlern, Bauern und Arbeitern haben sie dann die nationalsozialistische Volksbewegung gebildet, die mit der sie bequem einen neuen Weltkrieg anzetteln haben können." (GW XIV S. 1479)

Und über Frankreich läßt Brecht sagen:

> „KALLE: Nehmen Sie diesen Krieg. Es hat damit angefangen, daß der gemeine Mann links gewählt und den Siebenstundentag verlangt hat. Das Gold hat nichts machen können, aber es war verschnupft und ist verreist nach Amerika. So hat man nicht aufrüsten können. Gegen den Faschismus ist der gemeine Mann gewesen aus demselben Grund, warum er für den Siebenstundentag war, und so hats Krieg gegeben. Die Generäle haben gesagt, sie können nichts machen, wenn nicht aufgerüstet ist, und haben den Krieg abgebrochen, auch weil sie sich gedacht haben, daß der gemeine Mann nichts machen kann, wenn die fremden Truppen im Land sind und auf Ordnung schaun. Die Patrioten, die haben weiterkämpfen wollen, sind verhaftet worden und werden zu fühlen bekommen, was es heißt, gegen den Staat zu sein. In der Tschechoslowakei ists ganz ähnlich gewesen. Man muß ein kolossaler Patriot sein, damit man in so einem Land ein Patriot bleibt, das werden Sie zugeben, wie ich Sie kenne." (GW XIV S. 1452)

Auch Vergangenheit und Zukunft galt es in ein neues Verhältnis zu setzen. Selbst auf die Straße gesetzt, sollte es zumindest ihnen, den Emigranten möglich sein, die Widersprüche, die sie in diese Lage gebracht haben, nicht zu einem − oft genug schließlich selbstzerstörerischen − Chaos akkumulieren zu lassen, sondern diese gleichfalls 'auf die Straße zu setzen' und in Bewegung zu bringen. Trotz aller Widerwärtigkeiten der Verhältnisse, ja gerade wegen ihr, sollte die Emigration als Schule des Denkens genutzt werden − um vorbereitet zu sein, wenn sich schließlich das Volk im eigenen Lande gegen seine Kriegs-Herren erhebt. . .
Der Sinn des Gedichtes über die deutschen Provinzen war, daß man dieses Land erobern solle, „es würde sich lohnen!" Brecht hatte bereits in seinen Svendborger Gedichten auch eine „Resolution der Kommunarden" veröffentlicht, in deren Schlußrefrain Kalles Gedichtinterpretation bereits Gegenstand einer im Verlauf eines Volksaufstandes getroffenen Entschließung war: „In Erwägung: ihr hört auf Kanonen − / Andre Sprache könnt ihr nicht verstehn − / Müssen wir dann eben, ja, das wird sich lohnen / Die Kanonen auf euch drehn!" (GW IX S. 655 / TC S. 41; die Texte sind identisch, in der *Commune* ist diese „Erwägung" allerdings gesperrt gedruckt und das Ausführungszeichen auf die vorletzte Zeile versetzt)
Der Hinweis zu seinen Svendborger Gedichten, im Jahre 1939 geschrieben, man möge in Deutschland das, „was euch erreicht davon, mit Vorsicht!" verwenden, solange er, Brecht, keine Möglichkeit gehabt habe, wieder bei seinem Volk „in die Lehre" zu gehen, verdeutlicht die Distanz des Exilierten von seiner Heimat. Daß Brecht diesen Text aber unverändert beibehält zeigt, daß er sich − wenngleich auch der Gefahr des „Wunschdenkens", wie Hanne Hiob es ge-

nannt hat, bewußt – um eine umso gründlichere Analyse seiner Lage und der auf dem Kontinent bemühte.

Im vierzehnten Kapitel der *Flüchtlingsgespräche* sprechen Ziffel und Kalle „Über Demokratie" und „über das eigentümliche Wort 'Volk'". Ausgehend von dem Eindruck Kalles, daß Ziffel „im ganzen demokratisch" ausschaue, da er beleibt sei („das wirkt schon an und für sich verträglich"), kommt er darauf zu sprechen, daß der Begriff „demokratisch" je nach Klassenlage eine durchaus unterschiedliche Bedeutung haben kann: „Unter demokratisch versteht man etwas Freundliches, d.h. wenns bei einem besseren Herrn gesehn wird, bei einem Hungerleider ists eher unverschämt." Und Kalle erzählt daran anschließend die exemplarische Geschichte von der Begegnung eines (beleibten?) Herren mit einem Kellner, hier aber aus der Perspektive des Kellners berichtet.

„Ein Bekannter von mir, ein Kellner, hat sich sehr über einen reichen Weizenhändler beklagt, der nie ein anständiges Trinkgeld gegeben hat, weil er, wie er laut zu einem andern Gast geäußert hat, als echter Demokrat [!] den Kellner nicht hat demütigen wollen. 'Ich ließ mir auch kein Trinkgeld anbieten', hat er gesagt, 'und soll ich ihn als geringer ansehen?'" (GW XIV S. 1477)

Eine nur zufällige Parallele zur *Commune*? „Der beleibte Herr" (TC S. 7), ein Weizenhändler! Es gäbe kaum eine bessere Erklärung: Die Kommune wird so erfahrbar als mehr denn eine ausschließliche Hungerrevolution. Der Kampf um das Brot ist zugleich ein Kampf um das Oben und Unten. Zu Beginn der Szene wird das Brot noch verwahrt hinter Gittern, an ihrem Ende sieht man es oben, schon über den Köpfen der Aufständischen, auf Bajonette aufgespießt.
Unter diesem Aspekt liest sich die 1. Szene dann so:
Die Frauen stehen um Brot an. . .die Regierung verspricht Weißbrot für den Fall, daß das Volk kapituliert. . .die Bäckersfrau öffnet den Laden als der Bäckergeselle Philippe kommt. . . die Bäckersfrau droht ihm, ihn nicht wieder in die Bäckerei zurückzulassen, wenn jener nicht die Befehle Thiers ausführt (das heißt, die Kanonen abtransportiert). . .das 101. Bataillon zieht vorbei in Richtung des zu erobernden Stadthauses, auf die Bajonette sind Brotlaibe gespießt. . .
Ziffel, dem es sehr an einer zunächst einmal wörtlichen Übersetzung von 'deutschen' politischen Begriffen ins Deutsche gelegen ist, fragt sich nach der wörtlichen Übersetzung dessen, was „Demokratie" heißt. Er meint, daß der Begriff „Volksherrschaft" das, worum es in der Demokratie gehe, verständlich machen würde. Woraufhin Kalle nachfragt:

„Das Wort 'Volk' ist ein eigentümliches Wort, ist Ihnen das schon aufgefallen? Es hat eine ganz andere Bedeutung nach außen als nach innen. Nach außen, nach den andern Völkern hin, gehören die Großindustriellen, Junker, höheren Beamten, Generäle, Bischöfe usw. natürlich zum deutschen Volk, zu keinem andern. Aber nach innen hin, wo es sich also um die Herrschaft handelt, werden Sie diese Herren immer vom Volk reden hören als von 'der Masse' oder 'den kleinen Leuten' usw.; sie selber gehören nicht dazu. Das Volk tät besser, auch so zu reden, nämlich daß die Herren nicht dazugehören. Dann bekäme das Wort 'Volksherrschaft' einen ganz vernünftigen Sinn, das müssen Sie zugeben.
ZIFFEL: Das wär aber dann keine demokratische Volksherrschaft, sondern eine diktatorische.
KALLE: Das ist richtig, es wäre eine Diktatur der 999 über den tausendsten."
(GW XIV S. 1480)

Ziffel aber bleibt skeptisch. Nicht nur, daß auch der Kommunismus nicht die absolute Freiheit verspreche (KALLE: . . . Absolut frei ist niemand, der die Herrschaft hat, auch das Volk nicht." GW XIV S. 1480), das Volk selbst sei es, von dem er sich zu wenig verspreche.

„ZIFFEL: Ich werd Ihnen was sagen: die Herrschaft ergreift das Volk nur im äußersten Notfall. Es hängt damit zusammen, daß der Mensch überhaupt nur im äußersten Notfall denkt. Nur mit dem Wasser am Hals. Die Leute fürchten das Chaos." (GW XIV S. 1481)

Kalle weiß damit etwas anzufangen, Ziffel hatte ihn bereits in das Denken der „Klassiker" eingeführt. So hatte er ihm erklärt: „Der homo sapiens tut nach Marx nur was, wenn er dem absoluten Ruin in die Pupille starrt. . . . Das Richtige macht er nur im Notfall . . ." (GW XIV S. 1441). Doch im weiteren Verlauf des Gespräches war es zu einer Verstimmung zwischen den beiden gekommen. Der Arbeiter Kalle ist mit dieser Darstellung nicht zufrieden. Des Physikers Ziffel Marx-Lektüre weist zwar darauf hin, daß dem Proletariat die Mission zukomme, die Menschheit auf eine höhere Stufe zu heben, Kalle erkundigt sich aber erst einmal nach der wörtlichen Bedeutung des Wortes: Mission.

„ZIFFEL: Es kommt vom lateinischen mittere, schicken.
KALLE: Ich hab mirs gedacht. Der Prolet soll wieder der Gerehda sein. Sie denken sich einen Idealstaat aus, und wir sollen ihn schaffen."
(GW XIV S. 1441)[9]

Als sie sich zu streiten begonnen hatten, wies Ziffel (mit einer Haltung, die der von François im Streit mit Jean ähnelt) darauf hin, daß angesichts der Ernsthaftigkeit, mit der Hitler mordet, der Ernst als Lebenshaltung „ein bissel diskreditiert" sei und eine gute Sache „immer auch lustig" ausgedrückt werden könne. (GW XIV S. 1442). – Und eben daran knüpfte er an, als er über seinen zweiten Lehrmeister, über Hegel, berichtete. Der habe das Zeug „zu einem der größten Humoristen unter den Philosophen" gehabt, habe aber anscheinend das Pech gehabt, in Preußen angestellt worden zu sein. So habe er sich dem Staat verschreiben müssen und ihn als etwas verstanden, „was dort entsteht, wo die schärfsten Gegensätze zwischen den Klassen auftreten." Dennoch, die Kraft seines Humors habe ausgereicht, um alles das, was sich widerspricht – und besonders das Sprunghafte – zu studieren. Dadurch konnte er entdecken, daß die Harmonie des Staates von der Disharmonie der Klassen lebe. Die größte Ordnung und das größte Chaos würden sich in unmittelbarer Nähe zueinander, ja, am gleichen Platz aufhalten. Hier ist die Quelle für Brechts „Wunschdenken" (Hiob) zu finden: In einer so ernsten Situation, in der sich die staatliche Ordnung so groß wähnt, daß sie glaubt sich als eine tausendjährige proklamieren zu können, kann die diesen Zustand in Frage stellende Unordnung nicht weit sein. „Was die Ordnung behauptet hat, bestreitet sofort, in einem Atem womöglich, die Unordnung, ihre unzertrennliche Partnerin. Diese Unordnung, die dem tausendjährigen Reich eine andere Perspektive entgegensetzen will, ist eine gute Sache und muß sich folglich auch lustig ausdrücken lassen." Hegel bietet nach Ziffels Meinung eine Auskunft darüber, „wie man sich unter die Ursachen der vorgehenden Prozesse einschalten kann." (Und: „Den Witz einer Sache hat er die Dialektik genannt. Wie alle großen Humoristen hat er alles mit todernstem Gesicht vorgebracht." - GW XIV S. 1461)
Unter den Bedingungen des Exils entfaltete die Dialektik Möglichkeiten einer optimistischen Denk-Haltung, eröffnet Perspektiven. Die auf diesem Wege gewonnenen Begriffe funktionieren als „Griffe, mit denen man die Dinge bewegen kann." (ebd.). Sie erlauben die Analyse der Verhältnisse, indem ihre selbst-behauptete Ewigkeit durchbrochen wird, durchbrochen durch das Aufdecken ihrer ökonomischen Voraussetzungen und jeweiligen politischen Entwicklungen. Eine Analyse, die in der Lage ist, den Beginn und zugleich Ursprung der Entwicklungen in Deutschland (wie in Frankreich) aufzudecken, die wird auch Möglichkeiten entdecken lassen, wie ein Eingreifen in diese Verhältnisse möglich und wirksam werden kann. Gerade weil in der harten Schule des Exils der Bezug zur Praxis so außerordentlich erschwert war, wurde in noch verstärktem Maße auf die Notwendigkeit eines solchen praktisch werdenden Denkens abgehoben; **und** dadurch erhalten Beispiele aus der Geschichte, in denen dies – besonders intensiv und umfassend – versucht werden war, eine ganz besondere Beachtung und Wertschätzung.[10]
Brecht hat anhand von Kalles Deutschland-Analyse gezeigt, welchen Charakter die „Volksherrschaft" im Nationalsozialismus gehabt hat. Man benötigte das Volk um den Fortbestand der bürgerlichen Herrschaft – und zwar in ihrer brutalsten und extensivsten Form – willen. Der

Volkswille war ein geschickt inszenierter Vorwand für das Durchsetzen der eigenen Interessen. Und auch noch dankbar sollte das Volk dafür sein, daß man ihm auf diese Weise das Denken abgenommen hatte ...

In dem historischen Beispiel der Kommune findet Brecht einen Gegenentwurf zu solcher Art „Volksherrschaft" bereits angelegt. Mit der Vertreibung von Aristokraten und Großbürgertum eröffnet sich dem Volk die Perspektive, sich selbst zu regieren. In Umkehrung der eigenen Lage im Exil werden in der *Commune* Personen geschildert, die im Licht dieser Perspektive in der Lage sind, die Grenzen ihrer bisherigen Wirkungsmöglichkeiten zu durchbrechen. Der Bäcker, der auch bereit ist Schlosserarbeiten zu verrichten, wird vielleicht auf dem Wege über diese erweiterte Praxis lernen, diese Praxis gedanklich zu erfassen und an ihrer Veränderung mitzuarbeiten.

Wir wissen inzwischen — und zwar durch Brecht selber — daß die Hoffnungen des Buchbinders und Delegierten der Kommune, die er an die Person von Philippe knüpfte, nicht in Erfüllung gehen sollten, aber gerade weil wir auch über dieses Scheitern aufgeklärt werden und aufgefordert sind, die Lehren daraus zu ziehen, können wir andererseits auch die optimistische Denkhaltung Langevins und das Bild, in das Brecht diese Haltung umsetzt, in seiner hoffnungsbetonten Kraft erleben und annehmen.

Die Tage der Commune, Szene 7b:

Langevin, Philippe, Geneviéve und Babette befinden sich in den von den geflohenen Beamten verlassenen Räumen des Innenministeriums. Philippe schlägt am Ende der Szene vor, die verschlossenen Schränke aufzubrechen, um an die notwendigen Akten heranzukommen. Darauf

> „LANGEVIN: Was, du bist ein Bäcker und doch bereit, auch Schlosserarbeit zu tun? Ich sehe lichter für die Kommune, Kinder. Das nächste wird vielleicht sein, daß er daneben auch noch das Regieren lernt." (TC S. 64)

Hier fallen „Wunschdenken" und ein leiser Zynismus exemplarisch zusammen. Das eine ist Korrektiv des anderen. In der Tat soll hier angedeutet werden, wie über den Weg der Praxis sich schließlich die Herrschaft über diese Praxis erreichen läßt, wenn die Voraussetzungen dafür geschaffen sind (und gegenüber dem Feind verteidigt werden). Andererseits ist natürlich der Begriff „Schlosserarbeit" für das Aufbrechen von Schlössern von einer gewissen Ironie. Diese Ironie ist einerseits bestimmt durch die Zurückhaltung, die Langevin gegenüber einem Konjunkturritter wie Philippe aufzubringen hat; sie ist andererseits aber ein Abglanz jenes hegelschen Witzes, der möglich ist, weil es um eine gute Sache geht. Die Schränke müssen aufgebrochen, die bisherigen Verhältnisse auch hier in Unordnung gebracht werden, um an dem Aufbau einer neuen Ordnung mitwirken zu können. Insofern also handelt es sich — zumal aus der Sicht des Denkenden — um eine durchaus produktive Schlosserarbeit; sie ist notwendig, um eine neue Zeit überhaupt anbrechen zu lassen.

Langevin „*hat eine große Standuhr, die stillsteht, aufgezogen und gibt dem Pendel einen kleinen Stoß, so daß er wieder schwingt. Alle sehen auf die Uhr und lachen.*" (ebd.)

Der Anbruch der neuen Zeit ist nicht möglich, ohne zuvor die alte in eine 'gründliche Unordnung' gestürzt zu haben. Andererseits aber hat das Volk, in dessem Interesse ein solcher Umsturz sein sollte, Angst vor diesem. Denn eine solch sprunghafte Entwicklung bedeutet, zumindest zeitweise, das Leben in einem 'chaotisch' erscheinenden Zustand. „Die Leute" aber, so Ziffel, „fürchten das Chaos." (GW XIV S. 1481)

Um nun mit den sich zunehmend verschlechternden wirtschaftlichen Lebensbedingungen nicht zugleich die Gefahr aufkommen zu lassen, daß Menschen den Tod weniger zu fürchten begännen als ein fortgesetztes schlechtes Leben unter den herrschenden Bedingungen — denn trotz aller

Versuche, sie nicht allzu bekannt werden zu lassen, haben Denker wie Hegel und Marx, aber auch wie die pariser Kommunarden 1871 oder die bremer/berliner Soldaten und Arbeiter 1918/ 19 auf ihre und die ihnen folgende Generation einen gewissen Eindruck hinterlassen – habe man, besonders in den „neuen Staatsgebilden" (Brecht schrieb dies 1940 – W.S.) begonnen, sich um diese Menschen zu kümmern. Denn gerade selber erst mit Hilfe des Volkes an die Macht gekommen, hatten die neuen Führer vor nichts mehr Angst, als vor einer gewissen Unordnung, die von einigen Mitmenschen erdacht und erstmals in der Hauptstadt des französischen Erzfeindes nicht ohne Erfolg ausprobiert worden war. Nichts wäre gefährlicher, als das der restaurativen Unordnung, die die neuen Herren in Bewegung gesetzt hatten um in deren Strudeln selber aufsteigen zu können, ein produktiver Gegenentwurf entgegengestellt werden würde. Also galt es, sich selber als Urheber des zum eigenen Nutzen angestifteten Chaos möglichst unkenntlich zu machen und zugleich das Chaos ‘an sich’ als eine Geißel des Menschen zu verurteilen.

Chaos, das ist, wenn ein jeder macht was er will und was sein Egoismus ihm eingibt. Dieser Zustand muß, so Arturo Ui, die Herrschaft des Chaos zur Folge haben. „Mord! Schlächterei! Erpressung! Wilkür! Raub! / Auf offener Straße knattern Schüsse!" (GW IV S. 1774) Um ihn zu beseitigen bedürfe es der Einigkeit im Volk – und Opfer.

Wenngleich auch das Volk das Chaos fürchtet, so mußte es doch etwas tun, um dieses Chaos – von dem nur die wenigsten wissen, woher es kommt – zu beseitigen. Denn „Der Mensch wird nie / Aus eigenem Antrieb seinen Browning weglegen. / Etwa weil’s schöner wär oder weil gewisse / Schönredner im Stadthaus ihn dann loben würden." (GW IV S. 1775)

Um das von den ‘Gangstern’ selbst inszenierte Chaos zum Stillstand zu bringen, ohne gleichzeitig selber für einen solchen „Gegenentwurf zum Chaos" die Verantwortung zu übernehmen, blieb dem deutschen Volk nur eine Möglichkeit offen: sich mit eben diesen zu verbünden und ihnen ihre Macht, beschränkten Vollmachten gleich, zu übertragen, damit jene sich – an Stelle des Volkes – um die Beendigung des Chaos, und damit ums Volk, kümmerten. So steht er wieder auf, in einer „legalen Revolution": der Staat als Hort einer entwerteten Volksmacht. Militär und Gefängnisse als Bastionen der „neuen Ordnung". Das Militär, die Polizei usw.: offen für alle jene, die aus Liebe zu Deutschland diese neue (und zugleich alte) Ordnung ‘lieben’; die Gefängnisse, die Lager usw.: offen für alle, die aus Liebe zu Deutschland sich dieser vom Volk geforderten Einheit nicht anzuschließen vermochten.

So wird auch die Angst vor dem Terror des Chaos genommen. Die Taten seiner Urheber werden legalisiert, staatlich autorisiert und schließlich selber zur staatlichen Autorität. So können die Herrschenden gerade durch den Terror, den sie ausüben, dem Volk den Eindruck vermitteln, als ob es selber herrsche. Andererseits aber bräuchte sich das Volk, soweit es der deutschen Rasse zugehörig gemacht worden war, vor diesem Terror weder selber zu fürchten, noch braucht es davor Furcht zu haben, diesen Terror selber verantworten zu müssen; ist er doch legal, gesetzlich, staatlicher Natur. Im Gegenteil. Selbst bei Marx – hatte es nicht Ziffel zitiert? – steht geschrieben, daß auch die Herrschaft des Volkes eben eine Herrschaft sei und Opfer mit sich bringe. . . Mehr noch. Erst dadurch, daß die Minderwertigen als minderwertig benannt würden, die Außenseiter nach außen in die Gefängnisse und Lager abgedrängt werden, wird die Existenz des eigenen Wertes, die Zugehörigkeit zu einer eigenen Rasse evident. Erst die Zerstörung ‘minderwertiger’ Existenzen schien der Garant für das – tausendjährige – Fortbestehen der eigenen zu sein.

Anstatt daß das Volk seinen Willen, eine Volksherrschaft zu errichten, verwirklicht, werden ihm – ersatzweise – von seinem neuen Kriegs-Herren seine Sehnsüchte nach Gemeinsamkeit und seine gemeinschaftlichen Sehnsüchte erfüllt.

Wie schrieb Brecht in den *Flüchtlingsgesprächen*?

> „ZIFFEL: Die Idee von der Rasse ist der Versuch von einem Kleinbürger, ein Adeliger zu werden. Er kriegt mit einem Schlag Vorfahren und kann auf etwas zurück- und auf was

herabsehen. Wir Deutschen kriegen dadurch sogar eine Art Geschichte. Wenn wir schon keine Nation waren, können wir wenigstens eine Rasse gewesen sein."

(GW XIV S. 1490)

Die Zugehörigkeit zu einer Rasse ermöglichte es nicht nur, eine von der sozialen Stellung unabhängige Volksgemeinschaft zu bilden, sie erlaubte zugleich und darüber hinaus, innerhalb der nationalen Grenzen eine neue Grenzlinie zwischen den Deutschen zu ziehen. So wurde nicht nur der Klassengegensatz unterdrückt, sondern konnte in national-sozialistisch „revolutionierter" Form brauchbar gemacht werden. Eine mögliche 'Fehlinterpretation' des 'Partriotismus' der Herrschenden durch die unter Waffen gestellten Volksmassen blieb so von vornherein weitgehend ausgeschlossen. Die Idee von dem weltweiten Sieg der 'eigenen' Rasse, fand sich nicht in den revolutionären Vor-Bildern einer zukünftigen Gesellschaft, sondern in dem pervertierten Geschichtsbild einer überkommenen.

Der „äußerste Notfall", von dem hier bei Brecht die Rede ist, ist also nicht der Zusammenbruch der Weimarer Republik, sondern der Zusammenbruch des „tausendjährigen Reiches". Die Furcht vor dem Chaos – noch verstärkt durch eine geschickte Inszenierung dieses Chaos (siehe die Gangstergeschichte der Arturo Ui) – gibt der Diktatur den „legalen" Weg frei, die Um-Welt in den Zustand eines ökonomischen und alsbald militärischen Chaos' zu stürzen: in den Krieg. Die Angst vor der Gewalt nährte die Quelle der Gewalt. Das „Gesetz zur Behebung der Not von Volk und Staat", kurz das „Ermächtigungsgesetz" gibt bereits in seinem Titel bekannt, daß man sich darum kümmern wolle, der Not des deutschen Volkes ein Ende zu bereiten. Und nur allzuwenigen war bewußt, daß dies der Anfang vom Ende des deutschen Volkes, dem wirklich „äußersten Notfall", sein würde.

In den Flüchtlingsgesprächen hatte Brecht mit aller Deutlichkeit auszudrücken vermocht, in welchem Chaos die Furcht vor dem Chaos endet. Am Ende des Kapitels XIV, wo es um „die Furcht vor dem Chaos und dem Denken" geht, findet sich darüber eine weitgehende Übereinstimmung zwischen Kalle und Ziffel.

Kalles Analyse, daß das Volk aus Furcht vor dem Chaos am Ende „in Kellern unter gebombten Häusern hocken" wird, „SS-Leute mit Revolvern hinter sich", wird von Ziffel noch weitergeführt: „Sie werden nichts im Magen haben und nicht hinausgehen können, ihre Kinder zu begraben, aber es wird Ordnung herrschen, und sie werden fast gar nicht zu denken brauchen."

(GW XIV S. 1481)

In der *Commune* wird von Brecht dem solange herbeigesehnten Ende des tausendjährigen Reiches „das neue Jahrtausend" (TC S. 46) einer neuen Gesellschaftsformation entgegengestellt, die sich zum ersten Mal anläßlich des Aufstandes der pariser Bevölkerung zu entfalten begonnen hatte. Der Anarchie der sich entfaltenden kapitalistischen Produktionsweise stellt sich – in den Augen des beleibten Herrn aus dem ersten Bild – „die Anarchie!" (TC S. 10) des Aufbruchs in ein neues Zeitalter entgegen. Dem Bild eines Volkes, das sich selbst aus seiner Furcht vor dem Chaos in den Abgrund des Krieges gestürzt hat, wird das Bild einer Bevölkerung entgegengesetzt, die den eigenen Herrschern den Krieg erklärt hat, weil sie sich nach Frieden sehnt.

„FRANÇOIS: In Erwägung, daß der unbillige Krieg, der das Vaterland heimgesucht hat, nur das Werk der Minderheit war und daß es nicht gerecht ist, nicht gerecht ist, die ganze Bürde auf die Mehrheit abzuwälzen, welche eine ungeheure Mehrheit der Elenden ist . . . Ich habe das auswendig gelernt wie den Lavoisier." (TC S. 47)

Kommt François hier ins Stottern, weil Brecht zeigen will, daß es sich um das Zitat einer der Resolutionen des Kommune-Rates handelt, oder läßt ihn vielleicht auch die Nähe dieses Textes an der Kriegsschuldfrage nach 1945 dazu bringen, gleich zweimal nach der Rolle und der Verantwortlichkeit der „Mehrheit der Elenden" an diesem Krieg zu fragen?

Brecht gestaltet die Fabel der Geschichte der Pariser Kommune – ohne diese dabei umzumodeln – so, daß sich durch sie hindurch auch ein erklärender Blick auf die Vorgänge in

Deutschland möglich wird. Eine solche Aufklärung wird aber sicherlich nicht jenen zuteil, die die äußerste Oberfläche der Fabel schlicht nach Synonymen abzuklopfen versuchen — zum Beispiel durch die Gleichsetzung des Satzes von Rigault: „Und doch verlange ich nur Terror gegen Terror, obwohl wir allein das Recht auf Terror haben!" (TC S. 88) mit Thesen aus der Terroristen- und Sympathiesantendiskussion in der Bundesrepublik; wir haben ja einleitend von den bis ans Absurde grenzenden Folgen einer solchen Haltung gesprochen. Die Beharrlichkeit, mit der das Kommune-Stück dem vorsätzlichen Vergessen anheimgegeben ist, oder aber, wenn es sich dennoch mit der Öffentlichkeit verbindet, als — dazu literarisch wertlose — „Terroristenapotheose" angeprangert wird, gibt zu denken. Sie verweist auf das, was hier die „Furcht vor der Kommune" genannt wird: die totale Verweigerung oder vordergründige Verunglimpfung verstärkt vielmehr die tiefgehende Bedeutung des Stückes für die eigene, unbewältigt gebliebene und zugleich fortdauernde Geschichte.

Es war in Deutschland, wo man sich mehrheitlich — und also mit den „Stimmen des Volkes" — für ein Terrorregime ausgesprochen hatte. Und die Versprechungen auf Arbeit (zum Aufbau der Kriegsmaschinerie) und Ordnung (zur Organisation des Terrors), schienen sie sich nicht zu erfüllen? Das Brot, das vom Tisch der Herrschenden herabfiel, die Friedenspakte, die auf ihren Konferenzen erwogen wurden, schienen sie nicht die Richtigkeit des Wegs des geringsten Widerstandes zu 'beweisen'? Warum eine soziale Revolution fordern, wenn eine nationale das gleiche zu erreichen imstande zu sein schien? Bedurfte es nicht 'lediglich' der „Befreiung" von dem „internationalen Finanzjudentum" (d. h. der Anwendung des Terrors), um sich selbst befreien zu können?

Befand man sich nicht in der ausgesprochen 'glücklichen' Lage, daß diese Befreiung mit der gleichen Legitimität ausgestattet wurde, mit der das Terrorregime selbst die Macht hatte 'ergreifen' können? Selbst die 'Befreiung' der benachbarten Völker durch deutsche Soldaten schien legal und die Großmächte taten lange Zeit das ihre, um diesen Eindruck auch noch zu bestätigen. — So bedeuteten weder die Machtergreifung noch der Ausbruch des Krieges eine Niederlage, vielmehr waren die damit verbundenen Bekundungen der Siegesgewißheit Ausdruck einer pervertierten Hoffnung des Volkes, auf legalem Wege die Macht des Staates an sich gerissen zu haben und nunmehr auch, mit der Waffe in der Hand, ausüben zu können.

Diese Perversion sozialistischer Perspektiven durch die nationalsozialistische Terrorherrschaft macht den Hintergrund des Kommune-Stückes aus. Die im skandinavischen Exil geschriebene „Resolution der Kommunarden" räumt gleich in der ersten Strophe mit der Illusion auf, daß die Rechte des Volkes im Völkischen Recht ihren Niederschlag, ja, etwa gar ihre Verwirklichung gefunden hätten. Die Gesetze, die die Herrschenden machten, sie konnten sie in Erwägung der Schwäche des Volkes machen, denn dieses hatte sein Vertrauen auf sich selbst an 'seine' Regierung abgetreten. Die „Resolution" will den Weg zeigen, wie dieses Vertrauen wieder zurückgewonnen werden kann: durch den Aufbau einer eigenen Führung, gegen den „Führer" — der Niederlage und Fehler der Pariser Kommune eingedenk.

Aber die gesetzlich verankerte Perversion einer in sich widerspruchsfreien, eindimensionalen Volksgemeinschaft wirkte stärker als die Aufforderung der „Resolution": „Die Gesetze seien künftig nicht beachtet / In Erwägung, daß wir nicht mehr Knecht sein wolln." (TC S. 39) Sie wirkte stärker als jeglicher Widerstandswille, bis hin zur militärischen Niederlage Deutschlands — und eben das macht die quälende Wahrheit über die wirkliche Tiefe und Bedeutung dieser Niederlage aus. In diesem Sinne ist nicht die *Commune* selbst tragisch, wie Kaufmann meint, sondern es sind ihre Enthüllungen. — Dies ist die ihr zugrundeliegende Wahrheit, die reichlich Anlaß gibt zur Furcht vor den Einsichten, gezogen aus den Tagen der Kommune.

Selbst zur Zeit des „äußersten Notfalls" hatte das deutsche Volk nicht die Kraft besessen, dem destruktiven Chaos einen ausreichend radikalen Widerstand entgegenzusetzen. Mochte den Deutschen, die dieses Chaos noch überlebt hatten, der Nationalsozialismus auch noch so verhaßt gewesen sein, er war und blieb 'legal', bis daß die Siegermächte das ganze Land erobert hatten.

Der Glaube an eine unbegriffen gebliebene Sehnsucht war zu groß; zu groß auch, um in der Nachkriegszeit einer, wenngleich auch schmerzlichen Erkenntnis zu weichen[11]. Die Furcht vor der Kommune ist die Angst vor der Wiederholung eines solchen Chaos, das erst mit der Niederlage des Nationalsozialismus geendet hatte. Die fehlende Auseinandersetzung mit seinen Ursachen (das heißt nicht, daß diese Auseinandersetzung überhaupt nicht stattgefunden hat, aber die Reaktionen auf Ereignisse wie die „Holocoust"-Filmserie zeigen, daß sie eine Breitenwirkung höchstens dort erreichen können, wo sie — nach wie vor — vor allem moralischer Natur sind und bleiben) hat zur Folge, daß alles, was auch nur den Anschein des Chaotischen mit sich bringt, verdächtigt werden muß. Anstatt zu begreifen, daß jeder Widerspruch eine destruktive und eine produktive Seite hat, wird der Widerspruch an sich als negativ interpretiert.

Die *Commune* formulierte dazu die Gegenposition:

„GENEVIÈVE: Wir sind uneinig. Das ist schlecht.
LANGEVIN *lächelnd:* Nein, das ist gut, das ist Bewegung". (TC S. 37)

„9.12.48

allenthalben macht sich in dieser großen stadt, in der immer alles in bewegung ist, wie wenig und provisorisch auch immer dies alles geworden sein mag, die neue deutsche misere bemerkbar, daß nichts erledigt ist, wenn schon fast alles kaputt ist. die mächtigen impulse werden von den russen gegeben, aber die deutschen tummeln sich mehr in dem strudel, der dadurch entsteht, daß die andern besatzungsmächte sich der bewegung widersetzen. die deutschen rebellieren gegen den befehl, gegen den nazismus zu rebellieren; nur wenige stehen auf dem standpunkt, daß ein befohlener sozialismus besser ist als gar keiner."

(AJ II S. 532f.)

Diese Eintragung in das Arbeitsjournal erfolgt nur wenige Wochen vor Beginn der Arbeiten an dem Kommune-Stück. Heimkehren nach Deutschland, das war zugleich ein Fahnden nach jenen Momenten der „Bewegung", von denen bei Brecht die Rede ist. Das Wegräumen der Trümmer und der Wiederaufbau in Berlin, trugen diese Zeichen auch die Bürgschaft eines wirklichen Neubeginns in sich? Würde die Geschichte, die das Volk von Paris 1871 gemacht hatte, im Denken und Handeln der berliner Bevölkerung ihre Fortsetzung finden (können)? Gewiß, es drängen sich assoziativ Zusammenhänge auf, aber Parallelen? — War denn die Bevölkerung aufgestanden gegen den Führer, die Generäle, die Hochfinanz und wer war es denn, der sie nach dem Kriege zur Verantwortung gezogen hatte? Die Truppen, die schließlich von außen in die Stadt drangen, wurden sie nicht ersatzhalber als die Befreier begrüßt? Mußte tatsächlich mit Zwang und Kollaboration eingeführt werden, was man aus eigener Kraft nicht durchzusetzen vermocht hatte: eine gesellschaftliche Umwälzung?

Als Brecht dreieinhalb Jahre nach der Kapitulation erstmals nach Berlin zurückkehrt, spricht er angesichts der neuen Lage davon, daß sich hier ein „,deutsches erlebnis'" in eigentümlicher Weise wiederhole. Wenngleich dies auch nicht „die ganze wahrheit" sei, so habe er doch den Eindruck, daß sich aktuell das Proletariat gegenüber der Bourgeoisie so verhalte, wie damals die Bourgeoisie gegenüber der von Napoleon aufgezwungenen Herrschaft: sie habe sie sich sogleich mit dem Adel geteilt.[12] Brecht bedient sich dieses Beispiels aus der deutsch-französischen Geschichte, um zu illustrieren, wie er die Lage Ende 1948 sieht:

„es ist dabei nicht nur so, daß die deutschen arbeiter im augenblick nicht erkennen, daß ihre eigene diktatur 'drinnen ist', sondern daß sie wirklich nicht bereit scheinen, sie zu übernehmen, die volksherrschaft in der form der diktatur (nach außen *und* innen) leuchtet ihnen nicht ein." (ebd.)

Eben diese Lage aber verstärkte noch die Notwendigkeit eines Gegenentwurfs. Und es ist sicher, daß Brecht diese Lage im Verlauf seiner weiteren Arbeit an der *Kommune* zu berücksichtigen versucht hat. Ein realistischer Künstler, so hatte er in Berlin geschrieben, hat in seinen künstlerischen Werken der Wirklichkeit gegenüber eine „ergiebige haltung" einzunehmen; „(zur wirklichkeit des künstlers gehört auch sein publikum.)" (AJ II S. 532, 26.11.48)[13]

In der Antwort von Langevin auf die Angst Genevièves vor der Tatsache, daß man sich um die zukünftige Politik nicht einig sei, folgte seinem Hinweis, daß diese Uneinigkeit Bewegung bedeute und also gut sei, eine Ergänzung: „Vorausgesetzt, es ist die richtige Richtung." (TC S. 37) Als Brecht aus dem bewegten Berlin des Jahres 1933 hatte fliehen müssen, da war es die falsche Richtung, in die die Widersprüche trieben. Jetzt bestand die Chance, daß 'die Richtung stimmt'. Brecht kommt endgültig nach Berlin zurück und bringt eine Bearbeitung von Griegs *Niederlage* mit in die ehemalige Reichshauptstadt: *Die Tage der Kommune*. Brecht geht in den Ostteil der Stadt. Vor allem seine schweizer Freunde, denen er das neue Stück zu lesen gegeben hatte, warteten auf „eine epochemachende Uraufführung", die, so nahmen sie automatisch an, in Berlin stattfinden würde. (MERTENS 26.6.1980, Briefzitat).

Wer die *Commune* als die Morgengabe an die DDR preist, sollte auch sagen, welchen Preis die Entstehungsgeschichte dieses Stückes gekostet hat. Brechts schweizer Gedicht an seine Frau Helene Weigel anläßlich der Premiere der „Antigone" (in Chur, am 15.2.1948) macht dies nochmals deutlich.

Darin greift er die Idee des Chaos expressis verbis auf, wenn er von den Nazis als den „Verwirrern" spricht. Er lobt die unnachsichtige Haltung, die Helene Weigel ihnen gegenüber immer gezeigt habe und daß sie über ihre Untaten bislang kein Gras habe wachsen lassen. Und in der Mittelstrophe greift er ausdrücklich auf den Text der „Resolution" zurück [„In Erwägung, daß ihr uns dann eben / Mit Gewehren und Kanonen droht / Haben wir beschlossen: nunmehr schlechtes Leben / Mehr zu fürchten als den Tod." (TC S. 39ff)]:

> „Abgewandte, ich weiß
> Wie du den Tod gefürchtet hast, aber
> Mehr noch fürchtetest du
> Unwürdig Leben."
>
>   (GW X S. 945)

In den Gedichten aus der Kriegszeit wurde das Bild der auf Veränderung, Erneuerung drängenden Menschen überschattet von dem Symbol des abgestorbenen, des „erschossenen Baumes". In dem Gedicht „Intervention" stehen die Frauen den Soldaten ebenso gegenüber, wie jene, die der feindlichen Nationalgarde in Paris entgegengetreten sind: Anstatt zu schießen, sollen sie lieber ihre Socken zu Stopfen geben! Die Verbindung zum Bild III der *Commune* wird noch deutlicher bei den Zeilen: „Und eine / Hatte ein Weißbrot gebracht und verlangte / Ein Messer von uns . . .". Und doch handelt dieses Gedicht von einem Krieg, der sich viel später ereignete, dem zweiten Weltkrieg. Die drei Frauen, die „neben dem erschossenen Baum" erschienen, waren alt, ihre Söhne waren gefallen, sie stehen in der Dämmerung: „Einen Meter über dem Erdboden . . .". Sie kommen genausowenig noch dazu, daß Weißbrot auszuteilen, wie es Mme. Cabet gelungen war, die Suppe an ihre Kinder auszuteilen. Gerade in dem Moment, als die Frauen das Essen austeilen wollen, kommt es zur „Intervention": „. . . und da gerade / Begann die Schlacht." (GW X S. 907)

Nun aber, wo den Mühen des Gebirge die Mühen der Ebenen folgen sollten, wo es galt, nach den Niederlagen auch den Sieg zu teilen, erwächst der schon verdorrt geglaubte, der erschossene Baum zu neuem Leben. Und dies, weil die Kommunarden ihn nicht abgeschlagen hatten, obwohl er es war, der der Errichtung einer „richtigen Barrikade" im Weg gestanden hatte.

Die Hoffnungen des Exils: das Weißbrot, das ausgegeben wird; der Baum, der Blüten ansetzt; der blutrote Wein, der mit Freunden getrunken wird, um sich im Jahre 1871 zu einem neuen Zeitalter zu beglückwünschen, um 1940 auf die Vernunft zu trinken „im Gedenken an den erschossenen Kirschgarten[14], aus dem der Wein stammte (GW IX S. 754f., „Finnland 1940") – all dies sollte nun zu einer neuen Wirklichkeit erwachsen.

Nachdem Brecht im Exil vor der Gefahr des „Anstreichers" gewarnt, die Lage dank vielzähliger persönlicher Kontakte zu analysieren und zum „denken-lernen" zu nutzen versucht hat, kämpft er nunmehr für einen Frühling in Deutschland; während „die Vorübergehenden" den verkrüppelten Baum auf dem Hof als einen Krüppel geschimpft haben, hatte Brecht versucht den schlechten Boden zu untersuchen, auf den die Verkrüpplung seiner Meinung nach hinwies[15]. Jetzt aber solle „probeweis, delikat und kühn" wieder das erste Grün der Birken über Asche und Trümmerwand fliegen: „Die Begeisterung über den blühenden Apfelbaum" und nicht länger „das Entsetzen über die Reden des Anstreichers" sollten ihn an den Schreibtisch drängen. (GW IX S. 744 / GW X S. 943)

Die Kommune sollte den Exilierten ein Beispiel gegeben haben, den Zurückgekommenen – und den Gebliebenen – eine Lehre und eine Ermutigung sein.

„FRÜHLING
An einem dürren Ast
Ist eine Blüt' erblüht
Hat sich heut nacht bemüht
Und nicht den Mai verpaßt.

Ich hatt' so kein Vertraun
Daß ich ihn schon verwarf
Für Anblick und Bedarf.
Hätt ihn fast abgehaun.   (GW X S. 968)

Schlagen wir von diesem Frühlings-Gedicht nochmal die Brücke zum Ostersonntags-Bild XII in der *Commune*. Während die Männer und zwei Kinder an dem Bau der Barrikade arbeiten, nähen die Frauen Sandsäcke. Am Ende der Szene will François den Apfelbaum umhauen, er wird es müssen, so sagt Jean, denn mit ihm dazwischen gäbe es „nie eine ordentliche Barrikade" (TC S. 99). Mme. Cabet aber ist skeptisch ob der militärischen Notwendigkeit und Babette entscheidet mit einem klaren und für die Männer verbindlichen „Nein" gegen dieses Vorhaben.

Die Barrikade bleibt so auf Grund dieses Einspruchs „unordentlich". Und doch ist es zugleich gerade ihr „chaotischer" Zustand, in dem sich die Hoffnung der Frauen der Kommune manifestiert. Sie hoffen auf den Mai und sein Aufblühen. Die Hoffnung der Männer liegt in der möglichst guten Verteidigung der Stadt. So berechtigt der Vorschlag von Jean auch ist, so läßt die Lage der Kommunarden eben erkennen, daß auch mit einer noch besser befestigten Barrikade das Blatt der Geschichte nicht mehr zu ihren Gunsten zu wenden sein wird. Für einen militärischen Sieg der Kommune ist es schon zu spät, nicht aber für das Fortleben ihrer Ideen. Und da denn mit der roten Fahne kein Zeichen mehr gesetzt werden kann, so soll es im Mai der blühende Baum an ihrer Stelle tun. So finden denn an der Barrikade Realitätssinn und Hoffnung in ihrem gegenseitigen Widersprechen zugleich zusammen.

Welch ein Gegenentwurf ist dieses Bild zur organologischen Metaphorik des Faschismus! Während bei Brecht von den Blättern gesprochen wird, die den Baum nicht verlassen können, verteidigte die Nazi-Ideologie das Bild jener uralten deutschen Eiche, bei der die Erhaltung des Stammes alles war, nicht jedoch das Leben seiner Krone. Seine Blätter galten allenfalls als Kopfschmuck für die gefallenen Helden. . .

Wie anders nimmt sich dazu der Tod der Kommunarden aus.

Zum Vergleich, hier nochmals die Szenenanweisung Brechts zur letzten Straßen-Szene der *Commune*:

„Während der blutigen Maiwoche auf der Place Pigalle. An der Barrikade schußbereit Geneviève Guéricault, Jean Cabet, François Faure und zwei Zivilisten. Der deutsche Kürassier schleppt 'Papa' eine Kiste mit Munition ins Mauereck nach. Eine schwerverwundete fremde Frau liegt an einer geschützten Stelle. Schwerer Geschützdonner. Trommeln, wel-

ches Attacken in den benachbarten Gassen anzeigt. Der Apfelbaum steht in voller Blüte."
(TC S. 99)

Und im Anschluß an diese Szene stellt Brecht den Triumph der französischen Bourgeoisie über die Zerschlagung der Kommune in einem einem Epilog gleichenden Schlußbild dar. Er fordert nunmehr den Zuschauer auf, *seinen* „Gegenentwurf" zur „Niederlage" zu realisieren. Der Apfelbaum, übernimmt hier die Funktion, den der Epilog in *Der gute Mensch von Sezuan"* erfüllt: das Publikum dazu aufzufordern, selber einen guten Schluß zu suchen:

> „Verehrtes Publikum, jetzt kein Verdruß:
> Wir wissen wohl, das ist kein rechter Schluß.
> Vor schwebte uns: die goldene Legende.
> Unter der Hand nahm sie ein bitteres Ende.
> . . .
> Der einzige Ausweg wär aus diesem Ungemach:
> Sie selber dächten auf der Stelle nach
> Auf welche Weis' dem [den!] guten Menschen man
> Zu einem guten Ende helfen kann."
>
> (GW IV S. 1606)

Der gute Schluß: das ist hier zugleich ein wirklicher Abschluß mit dem Nationalsozialismus in Deutschland. Und, der gute Schluß, das wäre zugleich die Entscheidung zu einem wirklichen Neuanfang gewesen. (Langevin: „Es wäre am besten, gleich neue Schulen zu bauen, dann wüßte man, wo sie liegen, es muß alles von A bis Z neu gemacht werden, da es ja auch immer schlecht gemacht wurde." - TC S. 60)

Doch, so wie es dem Volk während des Krieges nicht gelungen ist, sich aus eigener Kraft von seinen Kriegs-Herren zu befreien, so gelang es ihm nach dem Ende des Krieges nicht, seine nationale Zerrissenheit zu überwinden. Die schönen Auen und die regen Städte, von denen in den Flüchtlingsgesprächen die Rede war, tauchen in dem Gedicht von Brecht „Deutschland 1952" wieder auf; aber anders:

> „O Deutschland, wie bist zu zerrissen
> Und nicht mit dir allein!
> In Kält' und Finsternissen
> Läßt eines das andre sein.
> Und hätt'st so schöne Auen
> Und reger Städte viel;
> Tät'st du dir selbst vertrauen
> Wär alles Kinderspiel."
>
> (GW X S. 1005)

Aus der Lehre über den Blutmai von 1871 sollte der Frühling eines neuen Zeitalters erwachsen. Der schon verdorrt geglaubte Ast hatte sich doch noch bemühen können, diesen neuen Mai nicht zu verpassen. Und doch, alle Parteilichkeit, auch die Rückkehr nach Deutschland und die Entscheidung für die DDR, haben das „Wunschdenken" nicht gänzlich aufheben können. Die Freude, heimzukehren, vermischte sich mit heimatlichem Kummer. Das Land, in dem das Denken nicht mehr schmerzhaft ist, sondern eine Vergnügung, war noch nicht gefunden, noch nicht erobert worden.

> „WIE ES WAR (I)
> Erst ließ Freude mich nicht schlafen
> Dann hielt Kummer nachts die Wacht.
> Als mich beide nicht mehr trafen
> Schlief ich. Aber ach, es bracht
> Jeder Maienmorgen mir Novembernacht."
>
> (GW X S. 1029)

Aber, etwa zum gleichen Zeitpunkt als dieses Gedicht entstanden ist, schlägt Brecht die folgende „Inschrift für das Hochhaus an der Weberwiese" vor, die uns deutlich an den ersten Teil der letzten Strophe aus der „Resolution der Kommunarden" („In Erwägung, daß wir der Regierung / Was sie immer auch verspricht, nicht traun / Haben wir beschlossen, unter eigner Führung / Uns nunmehr ein gutes Leben aufzubaun." - GW IX S. 655 / TC S. 41) erinnert. Sie lautet:

„Als wir aber dann beschlossen
Endlich unsrer eignen Kraft zu traun
Und ein schönres Leben aufzubaun
Haben Kampf und Müh uns nicht verdrossen."

(GW X S. 1005)

Nachdem das Gedicht „Resolution", entstanden in den frühen Jahren des Exils, auch als Lied in den *Tagen der Commune* (1948/49) nicht zu Gehör gebracht werden konnte, wird es schließlich zur Grundlage eines neuen Wand-Textes für das erste Hochhaus an der Weberwiese. Nun nicht mehr länger nur „Gegenentwurf" gegen die „Niederlage", sondern Ermutigung beim Aufbau der Neuen Zeit. − Allein, auch dieser neue Text teilt das Schicksal mit dem vorangehenden. Seine Veröffentlichung läßt auf sich warten. Brechts Vorschläge wurden nicht als Ermutigung angenommen.[16]

Die Furcht vor der Kommune, in den westlichen Zonen des besetzten Deutschlands aus eben der Geschichte der Pariser Kommune von 1871 und ihren Folgen in den Jahren 1917 und 1918 nahezu zwangsläufig als Ausdruck der herrschenden Verhältnisse bedingt, schien nicht auf den westlichen Teil von Brechts Heimat beschränkt geblieben zu sein. Mag man die Schwierigkeiten des Umgangs mit dem Stück und seinem Thema in der DDR im Gegensatz zu der fast durchgängigen Verweigerung im Westen eher als Zurückhaltung begreifen, so bleibt doch zu fragen, ob es sich nicht bei aller Unterschiedlichkeit der Systeme um ein Phänomen handelt, dessen Ursprünge auch in einer gemeinsamen Tradition der Deutschen vergraben sind?

Die *Commune* spricht, negativ gesprochen: eine doppelzüngige, positiv gesprochen: eine dialektische Sprache. Sie erinnert das deutsche Volk an seine Hoffnungen und fragt nach seiner Schuld − und sie tut dies in anderer Weise, als es die Alliierten getan haben. Die *Commune* zeigt die persönliche Verantwortlichkeit des Einzelnen im Zusammenhang mit den Verhältnissen, in denen er lebt, lebte und leben wird. Sie zeigt, wie diese Verhältnisse ihn prägten, aber auch, wie er auf diese Verhältnisse Einfluß nehmen kann. Als der Bäckergeselle Philippe endgültig die Kommune/die Kommunarden verläßt, enttäuscht er damit einerseits die Hoffnungen, die die Kommunarden in ihn gesetzt haben. Andererseits aber − und das wird oft übersehen − drückt sich darin zugleich seine Enttäuschung über jene Hoffnungen aus, die er in die Kommune gesetzt hatte. Die unterschiedlichen Einschätzungen seines Verhaltens durch Jean und François sind mehr noch als ein Lehrstück über den Zusammenhang von Denken und Empfinden. Sie geben zugleich unterschiedliche Denk- und Verhaltensweisen wieder, durch die die beiden erkennen, daß sich ihre Hoffnungen zu ihren Lebzeiten nicht werden erfüllen lassen, daß all ihre Anstrengungen nicht ausgereicht haben, die Kommune zum Sieg zu führen und zugleich aus Philippe wirklich einen Kommunarden werden zu lassen. Indem sie über die Schuld Philippes diskutieren, bedenken sie zugleich ihr eigenes Verschulden. Ihr Urteil bemüht nicht den Henker, sondern die Dialektik.

Die Furcht vor der Kommune, so sehen wir, ist die Angst vor dem Chaos, und die Furcht vor dem Chaos, das ist das Unvermögen, die Verweigerung gegenüber der Möglichkeit, den Begriff des Chaos als dialektischen zu erkennen. Das kenne man doch, das Chaos; so diejenigen, die noch den Krieg erlebt haben. Das „totale Chaos" sei es gewesen, als das Dritte Reich zusammengebrochen sei, als die Hoffnung auf eine sozial-nationalistische 'Alternative' zur sozialen Revolution in Deutschland bis aufs letzte ausgeblutet und zerschlagen war.

Die *Commune* nun entlarvt nicht nur diese 'Alternative', sondern sie macht exemplarisch auf ihre historischen Hintergründe aufmerksam. Sie zeigt die Mechanismen der Volksverführung *und* den Kampf des Volkes um seine eigene Führung. Sie spricht davon, wie das Volk von den Herrschenden getäuscht wird und formuliert einen Gegenentwurf gegen jene Enttäuschung, die nach der Niederlage über Deutschland lastete: sie zeigt die progressive Alternative eines nationalen Kampfes für ein sozialistisches Zeitalter.

Die Furcht vor der Kommune, sie hat sicherlich mit der Nähe dieser Alternative zu ihrer Perversion durch das Dritte Reich zu tun. Die „alten Kämpfer" hatten die Bedeutung und Wirkung der fortschrittlichen Parolen von Weimar sehr wohl studiert, bevor sie sie in ihrer faschistischen Propaganda zu ersetzen und umzufunktionieren begannen. Sie profitierten von dem Unvermögen, von der mangelnden gedanklichen Schärfe, die Begriffe in ihren jeweiligen historischen Zusammenhang zu stellen. Sie projizierten die Furcht vor dem Chaos der eigenen Verhältnisse auf den Gegner. Sie erweckten den Anschein, daß mit seiner Vertreibung und Ausrottung die Furcht vor dem Chaos gegenstandslos werden würde – und selbst der Krieg konnte so als die Frucht herr(schaft)lichster Ordnungsliebe begeistert begrüßt werden.

Das Erwachen war schrecklich und doch ist dabei der Schrecken vor der Kommune nicht verloschen.

Heute, so scheint es, sind es gerade jene hoffnungsvollen und in die Zukunft einer neuen Zeit gerichteten Perspektiven der *Tage der Commune* (mit großer Liebe und Genauigkeit vorgestellt) die das Mißtrauen an diesem Stück hervorrufen. Wer der blinden Heftigkeit gegen das Stück und seine Aufführungen, von der ich eingangs berichtete, widersteht und nach den Ursachen des wilden Wortgepolters gegen die *Commune*-Interpreten heute fahndet, der wird eine tiefe Verletztheit entdecken. Liegt diese, so frage ich, vielleicht in einer seither nicht mehr überwundenen Skepsis gegenüber der eigenen Hoffnungsseligkeit begründet, mit der man einst den National-Sozialismus als 'Alternative' begrüßt hatte?

Ich bin am Schluß, und ich neige mich nicht vor dem Götzen, der Pariser Kommune heißt, sondern vor der großen historischen Erscheinung, als das Proletariat im Augenblick des erfolgreichen Aufstandes sich entschlossen hatte, es selbst zu sein...

Petr L. Lavrov

ANNEX

1 CHRONIK UND DRAMA DER 72 TAGE DER KOMMUNE

Parallelstellenvergleich und Kommentare zu Brechts Auseinandersetzung mit Hermann Dunckers „Chronik der Ereignisse der Pariser Kommune".

Hans Kaufmann hat darauf hingewiesen, daß Brecht das historische Detail nicht einfach „abphotographierte", sondern durch seine Auswahl und Anordnung zu deuten bemüht war. Um jene „kompositorische Arbeit des Dichters" (Kaufmann 1962 S. 49) während dieser Entstehungsphase – zumindest an einem Beispiel – vorführen zu können, wähle ich einen anderen Weg als Kaufmann. Als historische Vorlage wird hier ausschließlich die „Chronik der Ereignisse der Pariser Kommune" – die Brecht nachweislich während seiner Vor-Arbeiten zu Rate gezogen hat[1] – zugrunde gelegt. Aus dieser Chronik werden in chronologischer Reihenfolge all jene Ereignisse zitiert, die von Brecht in der *Commune* zur Darstellung gebracht worden sind. Dabei wird jeweils genau angegeben, wo im Verlauf des Stückes das eine oder andere historische Detail eingeordnet wurde. Die hinzugefügten Anmerkungen, Erläuterungen u.ä. sind dazu gedacht, neugierig zu machen auf eigene, weiterführende Entdeckungen.

Die inhaltliche Nähe der Überschriften bei Duncker („Chronik der Ereignisse der Pariser Kommune") und bei Brecht (*Die Tage der Commune*) weist zugleich auf den ersten, entscheidenden Unterschied von historischer Chronik und der Geschichte der *Commune* hin. Brecht versucht auf die Voraussetzungen und Entstehungsbedingungen für die Ereignisse der Pariser Kommune aufmerksam und diese einsichtig zu machen. Deshalb stellt er in den ersten beiden Bildern die Lage in Frankreich im Kriegswinter 1871 dar. Das erste Bild spielt auf den Straßen des pariser Bezirks Montmartre, einem 'typischen' Arbeiterviertel (*„Um den 22. Januar 1871"* TC S. 7); im zweiten wird die spätere Regierungsspitze: Adolf Thiers – mit dem Außenminister Jule Favre – beim Bad und Trinken seiner Morgenmilch in Bordeaux, zugleich Sitz der Nationalversammlung, gezeigt (*„25. Januar 1871"* TC S. 16).

Die Überschneidung der „Chronik der Ereignisse" mit dem Handlungsverlauf der *Commune* setzt mit dem Datum des 18. März ein:

„ **18. März: Mißlungener Überfall der Regierungstruppen auf die Nationalgarde, um ihr die Kanonen abzunehmen, führt zum Aufstand.**" – Dies könnte als Überschrift des gesamten 3. Bildes mit den Szenen 3a, b und c (S. 21-32) gelten.[2]

„**Die Minister, die administrativen Behörden, die Regierungstruppen verlassen Paris und ziehen nach Versailles. (. . .)**" – Damit ist ein wesentlicher Teil des Inhalts des 5. Bildes gekennzeichnet (S. 42-46). Nochmals aufgegriffen wird dieser Tatbestand zu Beginn der Szene 7b (S. 59ff.).

„ **19. März: Die erste Proklamation der revolutionären Regierung (Zentralkomitee der Nationalgarde) setzt die Wahl in die Kommune auf den 22. März fest; es anerkennt die Friedensbedingungen von Bordeaux, hebt den Belagerungszustand auf und verkündet die Amnestie für politische Verbrechen.**" – Siehe Bild 4 (S. 32-39): Die Frage nach den Wahlen wird bei Brecht sehr ausgiebig diskutiert; zwischen den Delegierten, den Delegierten und den Bürgermeistern, sowie zwischen dem Delegierten Langevin und „Papa": *„Gut, wählt. Oder wählt nicht, auch gut. Aber vernichtet den Feind, solange ihr könnt, jetzt"* (S. 38). Auf ihre mehrmalige Verschiebung und die endgültige Festlegung auf den 26. März – in Folge eines Übereinkommens zwischen Bürgermeistern und Delegierten – geht Brecht nicht weiter ein.
Die Anerkennung der Friedensbedingungen wird derart vorgestellt, daß Brecht Varlin die Forderung aufstellen läßt, daß die Kriegsschulden von jenen zu zahlen seien, die sie verursacht hätten: *„die Deputierten, Senatoren, Generäle, Fabrikanten und Gutsbesitzer, nicht zu vergessen die Kirche"* (S. 34).

„ **21. März: (. . .) Die bürgerlichen Zeitungen aller Richtungen protestieren gegen die Wahl. (. . .)** – Siehe Bild 5: *„ZEITUNGSAUSRUFER: Erklärung der Presse: Wahlen zur Kommune unkonstitutionell!"* (S. 42). Der Boykottaufruf der Bürgermeister und Deputierten, der an diesem Tag erscheint, wird bei Brecht ebenfalls nicht berücksichtigt, die Formulierungen der „Stimme des Bürgermeisters" läßt beide Möglichkeiten, Boykott und Einigung, in der Schwebe, wenngleich in ihr auch die Unvereinbarkeit der Positionen deutlich wird (S.S. 35).

„ 22. März: (. . .) Das Zentralkomitee ergreift Maßnahmen gegen die Massensabotage der Beamten. (. . .)" – Brecht erwähnt in der Szenenüberschrift zum 5. Bild neben den Bürgerfamilien und Nonnen, die nach Versailles fliehen, auch die Beamten (S. 42) und macht darüberhinaus deutlich, daß zu solch passiver Sabotage wie der Flucht die aktive hinzukommt, z.B. indem die Register und Kassen der Bürgermeistereien aus Paris verschleppt werden (s. S. 43). Brecht zeigt, daß die Maßnahmen des Zentralkomitees gegen solcherart Verrat unzureichend geblieben sind, im Spiegel des Beispiels des arbeitslosen Lokomotivführers Jean; sein individuelles Vorgehen gegen solche Sabotage bringt ihn selber in den Verruf der Sabotage. Erneut aufgegriffen wird dieses Problem in Szene 7b (S. 59-64, siehe insbesondere, anknüpfend an Bild 5, Langevin S. 62). Für sie hat das o. g. Zitat Überschriftcharakter.

„ 24. März: (. . .) Das Zentralkomitee beschließt als Hilfe für die notleidende Bevölkerung eine Million Franken. – Stundung der Mieten. [– Moratorium für Wechsel bis zum 1. Oktober.] – Beschluß über Rückgabe der versetzten Gegenstände, deren Wert 15. Fr. nicht übersteigt."
Fast alle der hier vorgetragenen Beschlüsse des Zentralkomitees werden von Brecht aufgenommen, aber auf unterschiedliche Weise und zu verschiedenen Zeitpunkten. Der Beschluß über die Verteilung von einer Million Frs. ist das erste, was die vor der Tür lauschende Bevölkerung (Mme. Cabet, „Papa", Coco) im 4. Bild von den Aktivitäten des ZK vernimmt (S. 33). In den anderen Fällen erfahren wir in den Straßenszenen von diesen Beschlüssen, vor allem davon, welche Bedeutung und Folgen sie für die Bevölkerung haben (z.B. Bild 1: „DER BELEIBTE HERR: Das Ganze ist, daß ihr eure Mieten nicht bezahlen wollt." (S. 12) – „MME. CABET: François, sind Sie verwundet? Ich muß Sie bitten, Ihren Teil der Miete zu bezahlen." (S. 13) und Bild 6: „MME. CABET (. . .): Und man hat die Mieten erlassen!" / FRANÇOIS: Und die Pfandleihen geben kostenlos die Pfänder der Armen zurück in Erwägung, daß das Leben wert sein muß, gelebt zu werden." (S. 47). Brecht gestaltet den Zusammenhang so eng, daß er die Maßnahmen selber in folgenden Zusammenhang rückt: Mme. Cabet verpfändete das Mikroskop und das Lehrbuch von François, den Lavoisier, um so dessen Mietrückstand ausgleichen zu können (Vgl. dazu die Szenen 3a, S. 23; 5, S. 43; 12, S. 94).
„Proklamierung der Kommune in Lyon."
Die Tatsache, daß auch in Marseille (am 23. März) und in Lyon die Kommune proklamiert wurden, wird im Verlauf der Rede Riguaults im Stadthaus-Bild 9a (S. 72) aufgegriffen.

„ 26. März: Wahlen in die Kommune, an denen 230 000 Wähler teilnehmen.
27. März: Die Nationalversammlung in Versailles erklärt die Wahl vom 26. März als ungültig."
– Nicht die Wahlen selbst, wohl aber die Feier der Kommunarden am Wahltag wird gezeigt (Bild 6, S. 46-57). Auch auf die Ablehnung der Wahl und ihres Ergebnisses wurde bereits – vor dem 26. März – aufmerksam gemacht. (s. o., Bild 5 S. 42)

„ 29. März: Die erste Proklamation der Pariser Kommune. – Die ersten Dekrete der Kommune. (. . .)" – So könnte die Szene 7a (s. 57-59) überschrieben werden. Darin wiederaufgenommene Beschlüsse wie die der Stundung der Mieten und die Einstellung des Verkaufs versetzter Pfänder wurden bereits im Zusammenhang mit den Maßnahmen des Zentralkomitees vorgestellt.

[„ 1. April: In Anbetracht der Demission von 16 Mitgliedern der Kommune, Vertretern der gemäßigten Bourgeoisie, werden die Ergänzungswahlen auf den 5. April ausgeschrieben." – Diese Ergänzungswahlen werden mehrmals verschoben und erweitert werden müssen und am En-

197

de der „72 Tage" werden fast alle Angehörigen des Bürgertums den Rat der Kommune verlassen haben; Veränderungen dieser Art werden von Brecht für die *Kommune* nicht weiter thematisiert.[3] — Bedeutet aber das, wie Kaufmann sagt, eine „Abstraktion vom Historischen" (H. K. 1962 S. 51)?]

„ **2. April: Beginn der Kriegsoperationen zwischen Paris und Versailles.** [Siehe: „4. April"] — **Dekret der Kommune über die Aufhebung der hohen Gehälter der Beamten.** (. . .)" — Brecht arbeitet diesen Punkt in der Szene 7b im Gespräch zwischen den Delegierten der Kommune einerseits und mit dem Portier des von den Beamten verlassenen Gebäudes des Innenministeriums andererseits (S. 60f.) deutlich heraus. Brecht nennt Zahlen: *„PORTIER: 7 Frs. 80 pro Tag, aber das zahlt nicht die Bevölkerung, sondern der Staat"* (!), die neue 'Ministerin' Geneviève *„wird das Unterrichtswesen der Stadt Paris leiten für 11 Frs. pro Tag"* (S. 61) — und Brecht beschreibt Haltungen: weder der Umstand, daß Geneviève für dieses Gehalt Tag und Nacht arbeiten will, noch die Höhe des Gehaltes selbst, lassen den neuen „Delegierten für das Unterrichtswesen" in der Wertschätzung des Pförtners steigen, im Gegenteil. Und: da findet der Delegierte Beslay in der Folgeszene 8 beim Gouverneur der Bank von Frankreich für die *dreißigfach* billigere Regierung vielleicht mehr Anerkennung — aber kein Geld (S. 66f.).

„ **3. April: (. . .) Erlaß des Dekrets über Trennung der Kirche vom Staate."** — Dieses wird in der Stadthausszene 9c von Langevin eingebracht und soll vor allem vom Delegierten des Unterrichtswesens in den Schulen ausführt werden (S. 75f.). Gleichwohl, es bleibt beispielsweise das Problem, daß die verwundeten Kommunarden von den katholischen Schwestern nachlässig behandelt werden. (S. 76).

„(. . .) Adoptierung der Kinder der an der Front gefallenen Föderierten durch die Kommune. (. . .)" — Hier wird nicht die Beschlußfassung über den Antrag selbst vorgeführt, sondern die Praxis der Kommunarden, die einer solchen Beschlußfassung v o r a u s geht. Im 6. Bild unterrichtet Mme. Cabet leise die anderen, wie sie den zum Waisen gewordenen Jungen Victor unterstützt (siehe dazu auch: Bild 12 S. 94), wonach alle auf das Wohl des Kindes trinken — und das Kind auf das Wohl von „Papa"! (S. 51f.) Und ergänzend weist Rigault in der Stadthausszene 11b darauf hin, daß die Kommune *„Küsse für alle Waisen"* habe, und also auch die Kinder der für Thiers gefallenen Soldaten adoptiere (S. 88).

„ **4. April: (. . .) Mobilisierung aller Bürger vom 17. bis zum 35. Lebensjahr. (. . .)"** — Diese Formulierung ist wörtlich übernommen in den Text des Zeitungsausrufers in der Szene 9b (S. 73).

„ **5. April: Dekret über die Geiseln** [siehe: „17. Mai"]. — **Schließung von drei reaktionären ren Zeitungen.**[4] (. . .)" — Wir haben bereits gesehen, daß die Zeitungen in der Kommune mehrmals bei Brecht Erwähnung finden. Und das nicht nur, indem sie jeweils ausgerufen werden. Der Streit über die Meinungsfreiheit und die Frage nach ihrer Einschränkung spielt eine wichtige Rolle in der *Commune*. Siehe z.B. Szene 9a: *„LANGEVIN: (. . .) Veröffentlichen wir alle Reden und Handlungen, weihen wir das Publikum ein in unsere Unvollkommenheiten, denn wir haben nichts zu fürchten außer uns selber."* (S. 69) / *„RIGAULT (hebt die Zeitungen hoch): Dann hören Sie darauf, was in den Straßen von Paris gesagt wird. Ich zitiere die Zeitung 'La Sociale', eine der wenigen Zeitungen, die für uns sind (. . .) RUFE: Sie zitieren, was Sie bestellt haben!"* (S. 71f.); oder siehe Szene 11a: *„LANGEVIN: (. . .) Ist auch die Freiheit der Lüge garantiert?"* (S. 82). Zur Zeit der Pariser Kommune wurden insgesamt fünfmal Verbote gegen bürgerliche Zeitungen ausgesprochen, nach dem 5. April erneut am 18.4., sowie am 5., 11. und 18. Mai. (Alle Daten werden in der Chronik genannt, hier aber im folgenden nicht wiederholt) Bei Brecht wird ein Verbotsantrag Ende der Szene 9a eingebracht; Antrag und Gegenstimme sind auf verschiedene *„Rufe"* aufgeteilt (S. 72).

„ **6. April: Aufruf der Kommune an die Provinz. (. . .)"** – Dieser Aufruf, auf 10 000 Flugblättern vervielfältigt und *Vom Ballon aus!* (S. 73) über dem flachen Land ausgestreut, bildet den Hintergrund für die Szene 9b. Die
„**Verbrennung der Guillotine auf dem Voltaire-Platz. (. . .)"** wird in einem „RUF" im Verlauf der Debatte um die „*aktive Seite der Großmut"* zur Sprache gebracht (S. 88).

„ **7. April: Dekret über Aufhebung des Generalsranges. (. . .)"** – Hiervon wird im Verlauf der Stadthausszene 9c gesprochen. Anlaß ist der Bericht eines verwundeten Berufsoffiziers über die militärische Lage und die Schwierigkeiten im Kampf gegen die angreifenden versailler Truppen. Er kämpft als ehemaliger „*Capitaine der Linientruppe"* auf Seiten der Kommune (S. 77) (siehe „9. April").

„ **8. April: Dekret über die Pensionen an die verwundeten Föderierten. (. . .)"** – Die Notwendigkeit eines solchen Gesetzes wird in der Szene 3b während des Gesprächs der Frauen vor dem geschlossenen Bäckerladen so illustriert: Eine von ihnen erzählt: „ *'Ich nehm mein Bein mit heim', hat mein Alter gesagt, 'sonst sagen sie mir beim Pensionsfonds, ich hatte nur eins!'"* (S. 23)

„ **9. April: (. . .) Zirkular Cluseret über die innere Organisation der Nationalgarde und über die Beziehungen zwischen den Delegierten und den Kommandierenden."** – Eben über die Notwendigkeit einer solchen Organisation spricht der o. g. Linienoffizier Farreaux in der Szene 9c, die die Schwierigkeiten sowohl der Kommandierten als auch der Kommandierenden mit den Delegierten deutlich benennt. (S. 76-78)

„**Das erste Bombardement von Paris."** – wird bei Brecht sowohl in der Szenenbeschreibung (S. 82) als auch im darauffolgenden Text von 11b mehrmals erwähnt: Gleich eingangs durch den Delegierten „*DELESCLUZE: Bürger Delegierte. Sie hören die Kanonen von Versailles. Der Endkampf beginnt."* (S. 83) und dann erneut unter zusätzlicher Einblendung einer Regieanmerkung Brechts in die folgende Rede von „*RIGAULT: Bürger, wenn Sie aufhören würden, Ihre Stimme für die Schonung Ihres Todfeindes zu erheben, könnten Sie seine Kanonen hören! (Es wird still. Der Kanonendonner wird wieder hörbar). Zweifeln Sie nicht, daß er unerbittlich sein wird."* (S. 86)

„**In der Nacht auf den 10. April besetzten die Föderierten Asnieres und das Schloß Becon."** – Bei Brecht wird dies in der Stadthausszene 9c durch den o. g. Linienoffizier gleich als erstes, nach Erteilung des Wortes, gemeldet; dies und seine Verwundung während der Kämpfe um Asnières gibt seiner Stimme ein besonderes Gewicht.

„ **10. April: Dekret über die Pensionen der Witwen, Waisen und Familien der an der Front gefallenen Föderierten."** [siehe: „3. April" und „8. April"] – „**Die Zeitung La Commune veröffentlicht ein Manifest 'An die Arbeiter auf dem Lande'."** [siehe: „6. April"]

„ **12. April: Dekret über den Sturz der Vendôme-Säule. (. . .)"** – Auch betreffend dieses Gesetzes wird bei Brecht bereits im 6. Bild gezeigt, wie seiner Verkündung ein Anliegen seitens der Bevölkerung vorausgeht. An den vor dem Café feiernden Kommunarden kommt ein Trupp von Männern und Frauen mit Kokarden vorbei, um bei dem Plädoyer des Malers Courbet für den Umsturz der Säule dabei zu sein. „ *'PAPA': Vielen Dank. Wir billigen das Projekt und kommen zur Ausführung."* (S. 49 f.) (siehe: „16. Mai")

„**Verhandlungen der Kommune mit der Versailler Regierung über den Austausch von Geiseln gegen Blanqui."** – Brecht geht nicht auf die Verhandlungen selbst, wohl aber auf deren Ergebnis ein. Im 14. Bild, als Thiers auf „*den Wällen von Versailles"* – was im Gegensatz zu Brechts Darstellung wahrscheinlich jene von Issy oder St. Germain[5] waren – das in seinem Blut ertränkte Paris der Bourgeoisie 'zurückgibt', da befindet sich unter den Opfern auch der Erzbischof Mgr. Darboy, der in diesen Verhandlungen gegen Blanqui hätte eingetauscht werden sollen. Daß dies nicht geschehen sei, habe Thiers „*mit lateinischer Klarheit"* erklärt,

so eine *„ARISTOKRATIN: (. . .) Dieser Gewaltanbeter Blanqui war für das Gesindel ein Armeekorps wert und die Ermordung des Erzbischofs – Gott habe ihn selig – für uns zwei Armeekorps."* (S. 103f.)
„Das Dorf Neuilly wiederum von den Föderierten besetzt." – Darauf wird bei Brecht, die Szene 9d des Stadthausbildes einleitend (S. 78) hingewiesen.

„ 16. April: Dekret über die Übergabe der durch die Besitzer verlassenen Werkstätten und Fabriken an die Arbeiter. (. . .)" – In der Stadthaussszene 7a wird als letztes der Gesetze das über die *„kollektive Arbeit"* verkündet (S. 59). Es handelt sich hierbei jedoch nicht um das vorgezogene o. g. Dekret, sondern im wesentlichen um den Abschnitt: „Arbeit, Produktion, Verteilung" der „Prinzipienerklärung des sozialistisch-demokratisch-republikanischen zentralen Wahlkomitees im XI Arrondissement der Stadt Paris" (siehe Duncker S. 223ff.). Brecht geht vielmehr auf die Probleme ein, die aus dieser Entscheidung resultieren (siehe „12. Mai"), und er führt ein einleuchtendes Beispiel aus dem Alltag der Kommune an, das einer solchen Entscheidung vorangegangen ist: Der Kellner des kleinen Cafés am Montmartre ist – so zeigt das 6. Bild gleich eingangs – nicht nur Mitglied der Nationalgarde geworden, sondern auch Patron. Aber seine Formulierung zeigt zugleich, daß die Neue Zeit noch nicht endgültig gesiegt hat; anders als François es angesichts der Wahlen vom gleichen Tag behauptet: *„FRANÇOIS (kommt mit Strohstühlen): Das ist die Kommune, das ist die Wissenschaft, das neue Jahrtausend. Paris hat sich dafür entschieden. KELLNER: Der Patron hat sich dagegen entschieden, so ist der Kellner Patron geworden, macht es euch bequem in seinem Café."* (S. 46) Diese Einladung des Kellners läßt ein doppeltes Verstehen zu, das ausgeschlossen wäre, wenn es etwa gehießen hätte: *„macht es euch bequem in* meinem *Café."*

„ 17. Arpil: Verbot der Bettelei. (. . .) – Beginn der Offensive der Versailler Truppen [siehe auch: „4. April"]. (. . .)" – siehe Szene 9b („*Wandelgang im Stadthaus"* S. 75-76). Die Geschichte des alten Bauern aus der Auvergne, der sich als Bettler seinen Lebensunterhalt zusammensucht und schließlich zum Zeitungsverkauf engagiert wird – nachdem er eben bei jenen, die das Verbot beschlossen hatten, 10 Centimes locker machen konnte, bei einem Delegierten nämlich – prägt wesentlich das Geschehen dieser Szene. Dadurch, daß der Bettler schließlich als Zeitungsverkäufer die Mobilmachung durch die Kommune bekanntgibt, werden von Brecht beide Ereignisse miteinander verknüpft. Auf die bedrohliche militärische Lage wird erneut in der Straßenszene der 12. Bildes hingewiesen; mehr noch, der Verweis auf sie ist gekoppelt mit einer unmittelbaren Bedrohung des Lebens von Geneviève durch ihren Verlobten Guy: *„GENEVIEVE: Die Straße ist ein guter Ort, wir schicken uns an, unsere Wohnungen auf der Straße zu verteidigen. GUY: Das ist alles heller Wahnsinn. Versailles ist fertig zum Einmarsch. Drei Armeekorps. Wenn du mich ans Messer lieferst . . . (Er greift unter den Nonnenrock nach einer Pistole.)"* (S. 96). Was der Spion Thiers' weder mit anfänglichem Betteln noch mit Drohungen erreichte, will er nun mit Gewalt durchsezten.

„ 18. April: (. . .) Organisation von Lesehallen in den Spitälern." – Siehe Szene 9c: „RUFE: *(. . .) Und was ist mit den geplanten Lesehallen in den Spitälern? Für die meisten Arbeiter ist die Zeit im Spital die einzige Zeit, sich zu unterrichten!"* (S. 76).

„ 19. April: Deklaration der Kommune an das französische Volk. [siehe auch „6."/„10. April"]. (. . .)" – Nach den Forderungen Rigaults *„den eisernen Gürtel um Paris"* zu sprengen (Szene 9a, S. 72) und den vom Wandelgang im Stadthaus in 9b beobachteten Bemühungen, läßt Brecht im 12. Bild François feststellen: *„Schlecht ist, daß wir abgeschnitten sind vom flachen Land. Wir können nicht zu Frankreich sprechen."* Brecht macht deutlich: weder vom Ballon aus, noch über die Barrikaden hinweg wird ein Dialog noch möglich sein (siehe Bild 12, S. 99).

„ 20. April: Aufhebung der Nachtarbeit für die Bäckergesellen. (. . .)" – Im Verlauf der Debatte zwischen den Delegierten der Kommune (Geneviève und Langevin) und der Bevölkerung

(Babette und Philippe) stellt sich heraus, daß das o. g. Dekret zwar erlassen, aber von den Bäckermeistern nicht anerkannt wird. Die Gesellen wiederum haben keine Möglichkeit, gegen diese Mißachtung vorzugehen: PHILIPPE: *„wir haben kein Streikrecht, wir sind lebensnotwendig. Aber die Bäckerin darf ihren Betrieb zusperren, wenn sie will."* (S. 62). Darauf antwortet Langevin – in Anwendung des Dekrets vom 16. April (s.o.): *„Wenn sie zusperrt, werden wir ihren Laden konfiszieren und selber weiterführen."* (ebd.). Zugleich weist Brecht darauf hin, daß ein solches Dekret nicht ausschließlich die Frage eines Ressorts betrifft. Der Hinweis der Delegiertin auf ihre Fachkompetenz und -aufgabe, das Unterrichtswesen, wird von Philippe – im Sinne des „RUF"s in 9c (siehe „18. April") – mit der folgenden Forderung beantwortet: *„Dann übernimm uns. In euren Zeitungen steht, der Arbeiter soll sich bilden, aber wie soll er sich bilden, wenn er nachts arbeitet? Ich sehe das Tageslicht überhaupt nicht."* (ebd.)

„ **23. April:** (. . .) Eröffnung von drei weltlichen Schulen im III. Arrondissement." – Damit wird dem Dekret vom 3. April (s. o.) nicht nur in Anwendung säkularisierender Tendenzen entsprochen, sondern auch durch die eigenständige Einrichtung von neuen Bildungs- (und Ausbildungs-)stätten. Als Resultat des Gesprächs im Gebäude des Innenministeriums, Szene 7b, sieht Geneviève die Dringlichkeit ihrer Aufgabe *„Ich versuche, Schulen zu organisieren, in denen die Kinder es lernen"* (S. 63).

„ **26. April:** (. . .) Sturm der Versailler gegen das Fort Issy. (. . .)
29. April: (. . .) In der Nacht auf den 30. Räumung des Forts Issy.
30. April: Fort Issy wiederum von den Föderierten besetzt. – Verhaftung des Generals Cluseret. – Rossel zum Delegierten für das Kriegswesen ernannt. (. . .)
2. Mai: (. . .) Maßnahmen zur Hebung der Disziplin in den Reihen der Föderierten."

Der Kampf um die Forts um Paris ist bei Brecht verbunden mit den Schwierigkeiten des Zusammenführens des Militärhandwerks geschulter Offiziere mit dem Wagemut und der Erfinderlust der Mannschaften. Das Problem ihrer Gleichgültigkeit gegenüber der Bewaffnung, der „Mangel an Disziplin" wird bei Brecht nicht nur in der Stadthausszene 9c durch den „Bürger Offizier", den Bataillonführer André Farreaux angesprochen (s. S. 76f.). Es wird erneut im Zusammenhang mit der Frage nach der Entsetzung des Forts Issy und des Verhaltens des „Oberstkommandierenden Rossel" zur Sprache gebracht – durch dessen Nachfolger Delescluze. (S. 83 f.) (siehe: „8."/„9."/„10. Mai")

„ **3. Mai: Massenmord der an der Front gefangenen Föderierten durch die Versailler."** [siehe „17. Mai"] – In der Stadthausszene 11b nimmt Rigault u.a. dieses Ereignis zum Anlaß, um – erneut – nach den Gegenmaßnahmen der Kommune zu fragen. Zuvor weist er darauf hin, daß der Kampf um die Forts vor den Toren von Paris nicht allein von den Soldaten entschieden wird. *„Das Fort Caen wurde für 120 000 Frs. an Versailles verkauft. An der Place Vendôme, zwischen den Trümmern des Monuments des Militarismus, wird offen mit exakten Plänen unserer Festungswälle gehandelt."* (S. 87)

„ **6. Mai: Dekret über Rückgabe der verpfändeten Gegenstände** [siehe auch: „24."/„29. Mai"] (. . .)" – Brecht greift im Zusammenhang mit diesem Beschluß das in 3a und 6 entwickelte Thema im 12. Bild nochmals auf. François bekommt in einem Paket von Mme. Cabet seinen bislang verpfändeten Lavoisier zurück – als Ostergeschenk. (S. 94).
„Manifest der Frauen für die Verteidigung der Kommune." – Mit der Ankündigung von „DELESCLUZE: Bürger, Delegierte, die Delegierten des 11. Arrondissements" führt Brecht den im 4. Bild auf der individuellen Ebene zwischen „Papa" und Langevin vorgestellten Dialog zwischen der 'Straße' und dem 'Stadthaus' nunmehr auf der kollektiven Ebene fort. Jetzt stehen den Delegierten – von denen sich viele beifallspendend erheben – drei Arbeiterinnen als Delegierte ihres Bezirks gegenüber. Sie befürchten, *„daß die Schwäche vieler"* / *„einiger*

Kommunenmitglieder" ihre Zukunftspläne zunichte machen.[6] Anstatt die Auseinandersetzungen innerhalb des Rates der Kommune noch auf weitere Fragen auszudehnen, noch detaillierter auf die Einrichtung einzelner Kommissionen, eines Wohlfahrtsausschusses etc. einzugehen und das schließlich fast vollständige 'Aussteigen' der bürgerlichen Delegierten zu illustrieren (siehe: [„1. April"]), arbeitet Brecht die diesen Entwicklungen zugrunde liegenden Schwierigkeiten heraus; hier insbesondere die, sich immer wieder der „Weisheit der Massen" zu versichern, ohne sich zugleich von ihrem „Aberglauben" verführen zu lassen.

„ **8. Mai: Fixierung der festen Brotpreise.** [siehe „20. April"] (. . .)" – Die Ankündigung Langevins, ggf. auf die 'Freiheiten', die sich die Bäckermeister herausnehmen, zu reagieren (s. S. 62), findet hier eine ihrer Konsequenzen.

„Das gänzlich zusammgeschossene Fort Issy wird von den Föderierten geräumt. **9. Mai: Rossel reicht seine Demission ein.** – [Die personelle Reorganisation des öffentlichen Wohlfahrtsausschusses.]
10. Mai: Flucht des verhafteten Rossel. – Delescluze zum Delegierten für das Kriegswesen ernannt. (. . .)

[12. Mai: Aufruf des öffentlichen Wohlfahrtsausschusses über die Räumung des Forts Issy und über die Aufdeckung einer konterrevolutionären Verschwörung.] (. . .)"
– Ebenso, wie beispielsweise die Debatte um das Verhandlungsergebnis Beslays mit dem Marquis de Ploeuc zunächst nicht im Kommunerat, sondern in dessen Exekutivkommission stattfand (Beleg: LISSAGARAY [1876] 1971 S. 185), wird auch hier nicht weiter von Brecht zwischen dem Rat der Kommune und dem Wohlfahrtsausschuß unterschieden. Entscheidend ist für ihn vielmehr die Anklage des neuen Delegierten für das Kriegswesen, Delescluze, gegen Rossel. Man habe das Fort Issy aufgeben müssen, weil man nicht die von Rossel geforderten 10 000 Mann (andere Quellen sprechen von 12 000 Mann), sondern nur 7 000 habe zusammenbringen können. Der Fall von Issy zieht den von Rossel unmittelbar nach sich – und kündigt endgültig den der Kommune an.[7]

„**Dekret über die Revision aller durch die Kommune an die privaten Unternehmer erteilten Bestellungen und Beschluß, Aufträge nur noch an Arbeiter-Syndikate abzugeben. (. . .)"** –
In der unter dem Datum „20. April" beschriebenen Debatte zwischen den „Delegierten" und der „Bevölkerung" bringt nach dem Bäckergesellen Philippe die Näherin Babette ein weiteres Problem ein: *„die Nationalgarde bestellt* [die Uniformteile – W.S.] *bei den Unternehmern mit den niedrigsten Preisen."* (S. 63) Das hat einen sehr geringen Lohn für die Näherinnen zur Folge, die somit wieder unter dem Druck ihres zurückgekehrten Patrons, des Militärschneiders Busson, stehen. Philippes auf diese Darstellung einsetzende Kritik an den Delegierten ist hart: *„An seiner* [Jeans – W.S.] *Hose bescheißt ihr seine eigene Mutter. Und seine Freundin."* (ebd.). Brecht läßt Langevin bezüglich dieses Problems in zweierlei Weise reagieren: Zunächst wendet er Philippes Aufforderung: *„Ihr müßtet . . .",* ihn unterbrechend, in: *„wir müssen"* um. Und dann macht er deutlich, daß die Preise in der Kommune nicht mehr durch die privaten Unternehmer wie Herrn Busson gemacht werden sollen, sondern durch die Schneiderkorporation, in der bislang weder Babette noch Mme. Cabet Mitglied sind. Das ist der eine Weg; der zweite Weg führt über das Stadthaus. In der Szene 9a beantragt Langevin: *„daß sämtliche Lieferkontrakte mit Unternehmern, welche die Löhne niederkonkurrieren, widerrufen und Kontrakte nur noch mit Werkstätten getätigt werden, die in den Händen der Arbeiterassoziationen sind."* (S. 70).

„ **16.Mai: Sturz der Vendôme-Säule.** [siehe „12. April"]" – (Ob „Papa" nun wohl wirklich dabei war? Von Brecht erfahren wir es nicht. . .)
„(. . .). **Maßnahmen für den Straßenkampf."** – Von der Bereitschaft, die Kommune auf den Straßen von Paris zu verteidigen, haben wir bereits zweimal – aus dem Mund der Frauen jenen vom 11. Arrondissement und von Geneviève (S. 85 und S. 96) – erfahren; auch die

im Rat verbliebenen Delegierten – hier die Stimme von Delescluze (S. 84) – sprechen mit ähnlicher Entschlossenheit. Auf die Maßnahmen selbst, soweit sie vom Rat der Kommune aus in Angriff genommen wurden, geht Brecht nicht weiter ein; aber er streift sie in der folgenden Aussage Langevins im Gespräch mit Geneviève en passant in der Stadthausszene 11a wie folgt: *„Sie beschweren sich, daß kein Geld für Kinderspeisungen vorhanden ist* [siehe dazu: Szene 7a, S. 59]. *Wissen Sie, was Beslay für den Barrikadenbau gestern triumphierend von der Bank gebracht hat? 11 300 Frs. Was für Fehler wir machen, was für Fehler wir gemacht haben!"* (S. 81) Das folgende Straßenbild 12 (S. 92-99) dagegen steht ganz in dem Zeichen dieser Vorbereitungsmaßnahmen (siehe: „2. Mai").

„ 17. Mai: Diskussion in der Kommune über die Anwendung der Terrormaßnahmen gegen die Feinde der Revolution, hervorgerufen durch die Nachricht von der Ermordung eines kriegsgefangenen weiblichen Sanitäters durch die Versailler. Annahme der Resolution über die sofortige Anwendung des Dekrets über die Geiseln. (. . .) Die Patronenfabrik in der Avenue Rappe fliegt offenbar durch einen Sabotageakt der Versailler in die Luft. (. . .) Gleichstellung der illegitimen Frauen der Nationalgardisten mit den legitimen in der Frage der Unterstützungen und der Pensionen."

– Diese Ereignisse sind für die Aus-Gestaltung des *Commune*-Stücks von entscheidender Bedeutung. Im Lichte dieser Ereignisse kristallisieren sich nun tatsächlich die von Kaufmann analysierten zwei Fraktionen im Rat der Kommune heraus.[8] Wir haben bereits von den immer wieder erneut aufflammenden Diskussionen um die *„Großmut der Kommune"* erfahren. Im Zusammenhang mit dem Beschluß der „Gleichstellung der illegitimen Frauen" sei nochmals an die Maßnahmen vom 3., 8. und 10. April erinnert. Brecht geht aber hier in der Szene 11b – bevor er Rigault erneut nach der *„aktive(n) Seite der Großmut"* fragen läßt (siehe: „6. April") – noch weiter: er verweist auf Entscheidungen wie die, *„auch die Waisen der für Thiers gefallenen Soldaten zu akzeptieren"* (Vgl.: „3. April") und *„die Frauen von 92 Mördern mit Brot* [zu] *versehen."* (S. 88) Er sucht also auch außerhalb der Dokumentation von Duncker nach Maßnahmen, die die außerordentlichen humanitären Anstrengungen unter Beweis stellen. Dadurch will er den Gegensatz zwischen Paris und Versailles noch stärker herausarbeiten – und zugleich den Aufrufen Rigaults, Varlins und anderer Mitglieder des Rates der Kommune zum entschlossenen aktiven Widerstand gegen die Aktionen des inneren und äußeren Feindes das ihnen zukommende Gewicht verleihen.[9] Brecht bedient sich dabei der beiden o. g. Ereignisse wie folgt: In der Erklärung der Frauen des 11. Arrondissements gehen diese ausdrücklich auf den Sabotageakt an der Patronenfabrik in der Avenue Rapp ein (*„mehr als 40 Arbeiterinnen sind verstümmelt, vier Häuser sind eingestürzt"* S. 85) und bemängeln, daß vier Tage danach noch immer keine Schuldigen festgestellt, geschweige denn gefaßt worden seien. Varlin nimmt diese ebenso mutige wie kritische Haltung der Frauen zum Anlaß, um erneut gegen die These der Mehrheit des Rates zu sprechen, die da behauptete: *„keine militärischen Operationen sind nötig, Thiers hat keine Truppen, und es wäre der Bürgerkrieg im Angesicht des Feindes. Aber"*, so widerspricht er, auf eine der zentralen Lehren der Geschichte und Thesen dieses Stückes hinweisend, *„unsere Bourgeoisie verbündete sich ohne Bedenken mit dem Landesfeind, um den Bürgerkrieg gegen uns zu führen, und bekam Truppen von ihm, in Gefangenschaft geratene Bauernsöhne aus der Vendée, ausgeruhte Mannschaft, unerreichbar unserem Einfluß.* [Vgl. dazu S. 99, Ende Bild 12 – W.S.] *Es gibt keinen Konflikt zwischen zwei Bourgeoisien, der sie hindern könnte, sich gegen das Proletariat der einen oder der andern sofort zu verbünden."* (S. 86)
Auch Rigault geht von diesem Bericht der Frauen vom 11. Arrondissement aus. Er habe sie, die Namen der Spitzel, Saboteure und Agenten, mit denen Paris überschwemmt sei, aber der Rat verweigere sich jeglicher Gegenmaßnahmen. *„Unsere erzürnten Frauen werfen die Agenten in die Seine, wollen wir sie wieder herausfischen?"* fragt er – und zur weiteren Bekräftigung seiner Rede verknüpft er den Bezug auf die Aktionen des inneren Feindes mit jenen

des äußeren, nämlich vom „3. Mai" (s. o.) und vom 17. Mai: *„Aber in Versailles erschießt man 235 gefangene Nationalgardisten wie tolle Hunde, und man füsiliert unsere Kranken-wärterinnen."* (S. 86f.)

„ **18. Mai: (. . .) Schaffung eines Kontrollorgans bei der Kommission für Finanzen zwecks Be-kämpfung des Mißbrauchs bei Soldauszahlungen an die Nationalgardisten."** − Im Verlauf des Stückes hatte es Brecht zunächst darauf angelegt zu zeigen, daß, im Gegensatz zu den ver-sailler Linientruppen, die Angehörigen der Nationalgarde pünktlich den ihnen zustehenden Sold erhalten. Diese Frage zieht sich durch das ganze Stück. In dem ersten Bild kann Fran-çois Faure seine ausstehende Miete an Mme. Cabet nicht zahlen, weil ihm − noch unter der alten Regierung − seit drei Wochen kein Sold ausgezahlt worden war (s. S. 13). Und die Bil-der 6 und 8 zeigen, daß überall dort, wo diese Regierung ihren Einfluß noch geltend machen kann, sich nicht viel geändert hat. Selbst dann, wenn, welch Hohn, *„die Angestellten der Bank von Frankreich ein Bataillon der Nationalgarde* [!] *gebildet"* haben, um im Namen der Gouverneure der Bank diese gegen die erdrückende Übermacht von Nationalgardisten in Paris zu verteidigen. Auch sie haben, nach Aussage des Marquis de Ploeuc, *„seit mehr als zwei Wochen keinen Sou ihres Soldes ausbezahlt bekommen"* (S. 65). Soweit das Bild 8, da-mit zugleich die Haltung des „inneren Feindes" charakterisierend. Auf den „äußeren Feind" wird im Bild 6 gleich mehrmals eingegangen. Hier interessiert insbesondere, daß der nach Versailles zurückgegangene Bäckergeselle und Liniensoldat Philippe sich nun erneut den Kommunarden anzuschließen versucht; der Grund: *„PHILIPPE: Für nichts mache ich ihnen nicht den Ge-her-da. Monsieur Thiers ist bankrott, futsch, im Eimer. Er zahlt schon keinen Sold mehr aus. Die Liniensoldaten verkaufen ihre Gewehre in Versailles für 5 Frs."* (S. 54) − Brecht führt an diesem Punkt den Dialog wie folgt weiter:

„'PAPA': Ich bekomme meinen Sold, ich.
LANGEVIN: Du zahlst ihn dir selber aus, das ist der Unterschied.
PHILIPPE: Das ist die Mißwirtschaft der Kommune."[10] (ebd.)

Im Zusammenhang mit dem 6. Bild liest sich ein solcher Hinweis auf die *„Mißwirtschaft der Kommune"* als ein plattes Vorurteil der Leute vom Lande, als Propaganda und Verleum-dung von Seiten Versailles'. Entscheidend ist hier, daß − trotz der Schwierigkeiten, durch Verhandlungen Geld für die Kommune aus den Tresoren der Bank von Frankreich locker zu machen − die Nationalgardisten durch die von ihnen eingesetzte Regierung auch ihren Sold ausgezahlt erhalten. Aber Brecht greift diesen Hinweis auf die *„Mißwirtschaft"* Ende des 12. Bildes erneut auf.

„ **19. Mai: Dekret über die Bekämpfung der Korruption und Bestechung. − Einsetzung einer Kontrollkommission zwecks Prüfung der Rechnungsführung der einzelnen Delegationen der Kommune."**
Im 12. Bild entspricht der Hinweis auf die Fehler und Mißwirtschaft der Kommune nicht der Propaganda des Feindes innerhalb wie außerhalb der − allzu durchlässigen − Mauern von Paris. Bei aller Parteinahme für die Kommune verweigert sich Brecht einer platten Freund--Feind Darstellung. Gerade gegen Ende des Dramas, wo die Gefahr einer sentimentalen Über-höhung der Ideen der Kommune angesichts des bevorstehenden Todes der Kommunarden besonders groß wird, kommt es zwischen François und Mme. Cabet − deren Intervention letztlich das Lebens des Spions Guy Suitry gerettet hat (Vgl. Bild 14 S. 104) − zu folgendem Dialog:

„ FRANÇOIS: Es sind auch schlechte Menschen bei uns. Bei den Bataillonen hat man jetzt so-gar Kriminelle eingestellt.
MME. CABET: Ja. Daß sie bei uns sind, ist das einzig Gute, das sie je tun werden.
FRANÇOIS: Auch oben. Leute, die sich Vorteile verschaffen.
MME: CABET: Wir kriegen, was wir kriegen." (S. 98)

Die Revolution, so notierte sich Brecht im Verlauf seiner Arbeiten an dem Stück, entfessele wunderbare Tugenden und anachronistische Laster zugleich. Die Befreiung von den Lastern brauche mehr Zeit als die Revolution. . .

[„ 20. Mai: Dekret über die Übergabe der privaten Theater an die Künstlerkollektive. (. . .)" – siehe Bertolt Brecht: *Arbeitsjournal* vom 6. Mai 1949: „am 7. mai 71 autorisierte der delegierte für den krieg, rossel, das bataillon der fédération artistique, sich zu bewaffnen und equipieren. am 20. mai, inmitten schwerster kämpfe – die letzte sitzung der kommune findet am nächsten tag statt – übergibt ein dekret die privaten theater an die künstlerkollektive." (AJ II S. 552)].

„ 21. Mai: (. . .) Organisation der Kommission für Frauenbildung. (. . .) Letzte offizielle Sitzung der Pariser Kommune."
– Ohne sie ausdrücklich als die letzte Sitzung anzukündigen, beendet sie Brecht dadurch, daß er sich aus dem von Delescluze aufgerufenen Tagesordnungspunkt *„Organisation einer Kommission für Frauenbildung"* sozusagen ausblendet. Für ihn ist das eigentliche Ende der Sitzungen angezeigt durch die abschließende Abstimmung über die von Rigault, Varlin und anderen beantragten Gegenmaßnahmen.
DELESCLUZE: *(. . .) Ich bitte die Delegierten, die Hände zu heben, die auch jetzt noch gegen Repressalien sind. (Langsam heben sich die meisten Hände.) Die Kommune spricht sich gegen Repressalien aus. – Bürger Delegierte, Sie erhalten Gewehre. (Nationalgardisten sind mit Armen voll Gewehren gekommen und verteilen sie unter die Delegierten.)"* (S. 89).

„ 22. Mai: [Der öffentliche Wohlfahrtsausschuß ruft die Bürger zu den Waffen.] – Barrikaden – bau und Vorbereitungen zum Straßenkampf." – Mit der Verteilung der Waffen an die Delegierten des Rates der Kommune – die sich zugleich wie ein symbolischer Hinweis auf den Fehler des Zentralkomitees, die Waffen zu früh aus der Hand gegeben zu haben, deuten läßt – ist für den nun erneut notwendig gewordenen Ruf „citoyens aux armes!" ein ebenso plastisches wie die Fehler der Kommune illustrierendes Bild gefunden. Das folgende Bild 12, durch das Lied *„Keiner oder Alle"* noch zusätzlich von den vorherigen abgehoben, hat eben genau das in der Chronik notierte Ereignis, den Barrikadenbau und die Vorbereitungen zum Straßenkampf, zum Gegenstand: Jean Cabet und François Faure arbeiten zusammen mit zwei Kindern an einer Barrikade auf der Place Pigalle. Weitere Kinder sind da, *„die in einer Holzwanne mit Schaufeln, größer als sie selber"* (S. 92) den Mörtel anrühren. Geneviève, wieder zu ihrer „Familie" zurückgekehrt, hat ihnen *„ein Liedchen vorgesungen"*, während sie zusammen mit Babette Cherron – selbst ein Kind erwartend – Sandsäcke näht. Mme. Cabet kommt später hinzu. Sie war zur Ostermette gegangen, weil es ihr *„ein wirkliches Bedürfnis"* (S. 94) war – in der Nacht hatte sie schon allein *„vier Säcke extra"* (ebd.) vorgenäht.

„ 23. Mai: Schwere Straßenkämpfe in Paris. – Aufruf des öffentlichen Wohlfahrtsausschusses und des Zentralkomitees der Nationalgarde an die Versailler Soldaten. – Montmartre gefallen. (. . .)" – Die Idee der Verständigung mit den anrückenden *„Bauernknechten"* (Mme. Cabet) über die Barrikaden hinweg, hat sie noch eine Chance? Jean entrollt Ende des 12. Bildes zusammen mit Babette das Leinwandtransparent: *„Ihr seid Arbeiter wie wir"* (siehe: „10. April") und hofft, den Zweifeln seiner Mutter widersprechend, *„Vielleicht überlegen sie es sich, wenn sie den Spruch zusammen mit unserm Gewehrfeuer sehen, Maman."* – Brecht stellt es aber in der folgenden 13. Szene den Kampf um die Barrikade in Montmartre so dar, daß es gerade Jeans Mutter ist, die als erste von einer Kugel getroffen wird. Hatten die Schützen die Leinwand nicht lesen können? Sie zielten von den Hausdächern herab. Darauf eröffnen die Kommunarden – auf das Kommando von François (!) – das Feuer auf die Anrückenden. Bereits die erste Salve, mit der die Liniensoldaten antworten, tötet François – und reißt das Transparent mit sich nieder. Als Jean darauf zeigt, fällt auch er – Brecht zeigt, *wie* der

Aufruf an die versailler Soldaten von diesen „beantwortet" wird. Als auch der deutsche Kürassier und Geneviève unter den Augen der verletzten Mme. Cabet fallen, während „Papa" und ein Zivilist noch gegen die nun *„aus allen Gassen"* anrückenden Liniensoldaten weiterfeuern, blendet Brecht die Szene aus. (S. 102)

„ 28. Mai: (. . .) Marschall Mac-Mahon verkündet den Abschluß der Kriegsoperationen."– Brecht schließt das Drama mit dem 14. Bild bereits vor diesem Moment, aber, ebenso wie Hermann Duncker, mit einem Hinweis auf den Gegner der Kommune ab. Dies ist in der *Commune* aber weder der militärische Leiter der Operation, Mac-Mahon, noch ist es der von einer Aristokratin bei Brecht zur Unsterblichkeit erhobenen Thiers. Es ist vielmehr *„das Paris des Thiers."*

„Das Paris des Thiers war nicht das wirkliche Paris der 'schlofen Menge', sondern ein Phantasie-Paris, das Paris der Francs-fileurs [Drückeberger], das Paris der Boulevards, männlich wie weiblich, das reiche, das kapitalistische, das vergoldete, das faulenzende Paris, das sich jetzt mit seinen Lakeien, seinen Hochstaplern, seiner literarischen Zigeunerbande und seinen Kokotten in Versailles, Saint-Denis, Rueil und Saint-Germain drängte; für das der Bürgerkrieg nur ein angenehmes Zwischenspiel war; das den Kampf durchs Fernglas betrachtete, die Kanonenschüsse zählte und bei seiner eignen Ehre und der seiner Huren schwor, das Schauspiel sei unendlich besser arrangiert, als es im Theater der Porte Saint-Martin je gewesen. Die Gefallnen waren wirklich tot, das Geschrei der Verwundeten war kein bloßer Schein; und dann, wie welthistorisch war nicht die ganze Sache!" – Karl MARX (MEW XVII S. 350).

„ *THIERS: Frankreich, das ist — Sie, Mesdames et Messieurs."* (S. 104).

2 ANMERKUNGEN

Motto

0) AbA S. 207f. (1926) (Vgl. dazu Anm. 5, Teil C1)

Text

1) Siehe Kapitel A 2 S. 44.

2) „Ich habe mich nicht bemüht, Parallelen zwischen Paris 71 und Berlin 49 besonders herauszuarbeiten, selbst wo es das Stück sehr vereinfacht hätte."

(Aus einem Brief an Eric Bentley, Berlin, 12.11.1949 – BB Brief Nr. 617 S. 623)

3) siehe: BB Briefe Nr. 586, 590f., 594.

4) Im Jahre 1975 bemühte ich mich erstmals über die Universitätsbibliothek in Bremen acht weitere Hochschulschriften aus der DDR, die die *Commune* zum Gegenstand haben, zur Einsichtnahme zur Verfügung gestellt zu bekommen. Die Bestellungen wurden in allen Fällen mit dem Vermerk „nicht verleihbar" zurückgesandt – dennoch: hier mein nochmaliger Dank an den Fachreferenten des Hauses, Herrn Heyse, für seine Bemühungen.
1980 unternahm ich einen neuen Versuch, indem ich auf dem Wege persönlicher Anschreiben an jede Hochschule mich nach den Ausleihmöglichkeiten von nunmehr ingesamt 11 Schriften erkundigte. Das Ergebnis war wenig ermutigend. Als derzeit einzige Möglichkeit verbliebe eine längere Forschungsreise zu einzelnen Institutsarchiven sowie dem Universitätsarchiv in Leipzig – denn auch ein dritter Versuch von Berlin-West aus, auf dem Wege über die Staatsbibliothek Preußischer Kulturbesitz, blieb ohne Erfolg. Für seine Bemühungen meinen Dank an Hr. Dr. Siebert, den Fachreferenten dort.

5) Diese Schreibweise findet sich durchgängig in allen Typoskripten Brechts. Selbst in dem Band *Theaterarbeit* (1952) sowie in dem Vorabdruck der Szenen 6-11 in der ersten Ausgabe von *Neue Deutsche Literatur* (1954) ist die deutsche Schreibweise, auch im Titel, noch aufrechterhalten worden (siehe auch Anm. 13).
Der erste Satz des Einleitungstextes zum Vorabdruck von 1954 lautet: „Unser Vorabdruck aus Brechts bisher in Deutschland nicht veröffentlichtem Stück: *'Die Tage der Kommune'* beginnt mit der 6. Szene und endet mit der 11. Szene." (*Neue Deutsche Literatur* Nr. 1, 1954 S. 15)
Warum ausdrücklich „in Deutschland"? In den Unterlagen des Brecht-Archivs befindet sich ein Hinweis, daß dieses Stück bereits in einer italienischen Übersetzung von Ginetta Pignolo unter dem Titel *I Giorni della Comune* Drama in 14 quadri, im mailänder Verlag „La Giraffa" 1954 erschienen sein soll. (Cooperativa del Libro Popolare, Volume 5)
In diesem Zusammenhang gewinnt die Tatsache, daß Brechts Stück auch in der französischen Übersetzung eher erschienen ist, als im deutschen Original, eine besondere Bedeutung.

6) In dem Vorspruch zu dem Band 15 der *Versuche 29/37* (Berlin 1957) heißt es:
„Das Stück *Die Tage der Commune* wurde 1948/49 in Zürich nach der Lektüre von Nordahl Griegs *Niederlage* geschrieben. Aus der *Niederlage* wurden einige Züge und Charaktere verwendet, jedoch sind *'Die Tage der Commune'* im ganzen eine Art Gegenentwurf. Es ist der 29. Versuch." Und als dieses Stück dann in der Gesamtausgabe des Aufbau Verlags Berlin Ost erschien (1959) erklärt Elisabeth Hauptmann, daß Brecht selbst diesen Vorspruch für die Erstausgabe geschrieben habe. (*Stücke* Bd. X S. 306)
Die Umstellung auf *Commune* erfolgte offensichtlich eher aufgrund eines Anliegens von Herausgeber und/oder Verlagsleitung, als auf Betreiben Brechts.

Wir werden daher im folgenden bei Bezugnahme auf die Suhrkamp-Veröffentlichung den Titel *Die Tage der Commune* zitieren, handelt es sich dagegen um Entwürfe zu diesem Stück, oder aber um das historische Ereignis selber, behalten wir die Schreibweise *Die Tage der Kommune* bzw. „Pariser Kommune von 1871" bei.
Vgl. auch: KAUFMANN 1962, S. 261, Anm. 1; HECHT (Hrsg.) 1978 S. 336, Anm. 331.
Mag man vielleicht durch diese Änderung des Titel das „Französische" des Stückes noch zu betonen versucht haben, so braucht das nicht unbedingt der Wirkungsabsicht Brechts gut zu entsprechen – denn schließlich wurde es bzgl. vergangener und zukünftiger Verhältnissen in Deutschland geschrieben. Gewiß, es sollte über revolutionäre und entscheidend von den Arbeitern getragene französische Ereignisse berichtet werden. Aber es bleibt dennoch naheliegend, daß der Handlungsraum Frankreich immer auch so begriffen werden wird, wie jene Stücke, die Brecht beispielsweise nach China verlegt hat: als Parabel.

7) Zur Komposition der „*Versuche 29/37*" s. S. 129 ff.

8) Inhaltlich wird gemäß der Ausgabe: Bertolt BRECHT, *Stücke*, Bd. 10 (9.-13. Tausend) Frankfurt am Main 1965 zitiert. Die Seitenangaben folgen der Einzelausgabe in der edition suhrkamp (Alte Folge) Nr. 169 und werden durch die Sigle „TC" gekennzeichnet.

9) In diesem Zusammenhang gilt meine Bitte und Aufforderung an alle Leser und Interessierten, mir über den Verlag von ihnen bekannten Aufführungen zu berichten. Vielleicht können so danach die offiziellen Daten ergänzt und die bisher bekannte Geschichte der Nicht-Rezeption der *Commune* umgeschrieben werden.
Dies gilt auch für *Commune*-Aufführungen außerhalb des deutschsprachigen Raums. In Frankreich beispielsweise konnte trotz intensiver Recherche keine einzige vollständige Aufführung in den Katalogen der „Association Technique pour l'Action Culturelle" (ATAC), Paris nachgewiesen werden. Auch in den Beständen der Nationalbibliothek und denen des „Arsenal" fanden sich keine weiterführenden Hinweise. Hier sei insbesondere Herrn Jean Gimonet (ATAC) für seine Bemühungen gedankt.

10) Die vorangegangenen Inszenierungen bezogen sich auf die von Joachim Tenschert und Manfred Wekwerth für das Berliner Ensemble 1962 erarbeitete Fassung. Im Falle der westdeutschen Erstaufführung in Stuttgart 1970 kann man von einer direkten Übernahme dieser sogenannten 'BE-Fassung' sprechen. Im Falle der zweiten Inszenierung in Kassel im Jahre 1974 wurde unter Zuhilfenahme dieser Fassung eine eigene Bearbeitung versucht. Erst der dritte Versuch in Frankfurt geht von dem auch für diese Untersuchung maßgeblichen 'Brecht-Original' aus.

11) Im Zusammenhang mit der *Commune*-Aufführung wurde von Mitgliedern des Ensembles ein „Beiprogramm" mit Liedern und Texten aus der Zeit der Pariser Kommune von 1871 entwickelt und einstudiert. Die Lieder wurden für eine Schallplatte aufgezeichnet und in dem sehr ausführlichen, klaren und mit großer Sorgfalt zusammengestellten Beiheft findet sich auch die Wiedergabe eines Gesprächs mit den Ensemblemitgliedern Martina Krauel, Peter Franke und Jürgen Tamchina, aus dem wir hier den Beginn zitieren:

»FRAGE: Wie kamt ihr auf die Idee, dieses Programm zu machen?
FRANKE: Das Ensemble hatte sich entschieden, etwas über die Kommune zu machen.
FRAGE: Warum?
FRANKE: Wir spürten sehr viel Resignation in der politischen Landschaft, in der Stadt Frankfurt, und wollten uns deshalb mit einer Sache beschäftigen, die eine Perspektive, auch Optimismus zeigen konnte. Dieses Projekt, eigentlich eine viel ältere Idee, wurde uns dann zunächst aus der Hand genommen. Wir sollten das Stück von Tankred Dorst und Horst Laube *Goncourt oder Die Abschaffung des Todes* spielen. Bei den Proben

wurde uns dann klar, daß wir das Stück nicht spielen wollten, weil es schlecht war. Eine Mehrheit im Ensemble lehnte das Stück ab, aber die Sachzwänge wie bereits investierte Gelder usw. waren groß. So schlossen wir einen Kompromiß, erst den *Goncourt* zu spielen unter der Bedingung, daß wir nach den Ferien die *Tage der Commune* von Brecht machen konnten. Wir „zwangen" den Brechtspezialisten Peter Palitzsch, mit uns zu arbeiten, und aus der Beschäftigung mit diesem ganzen Thema häufte sich soviel Material an, daß wir außerdem noch ein „Beiprogramm" mit Liedern und Texten im Kammerspiel machen konnten.◄

(„Erfahrung mit dem Programm *Die Himmelsstürmer*". in: *Die Himmelsstürmer*. Lieder der Pariser Kommune. Neue Welt, Köln 1979 S. 76).

Siehe in diesem Zusammenhang auch: LOSCHÜTZ; LAUBE (Hrsg.): „War da was? Theaterarbeit und Mitbestimmung am Schauspiel Frankfurt 1972-1980." Insbes. S. 189, 244 (hier spricht Horst Laube noch von einem Plan, die *Tage der Commune* zu bearbeiten), 263, 264 (interessant ist der Verweis auf die *Commune*-Inszenierung in Stuttgart 1970/71), und 291.

12) Der neue Bürgermeister, Dr. Walter Wallmann, hielt sich klugerweise mit öffentlichen Stellungnahmen zur *Commune*-Aufführung zurück, während die ihm nahestehende Presse soweit ging, über ein Verbot dieser Inszenierung als angemessene Reaktion öffentlich zu reflektieren (so die *Frankfurter Allgemeine Zeitung* vom 21.10.1977). Er arbeitete vielmehr unter Einsatz aller bürgerlichen Tugenden „der Geduld, des Fleißes, der Ausdauer" daran, vier Jahre später *sein* „unternommenes Werk der Vollendung zuzuführen". – Anstatt wie Brecht im 10. *Commune*-Bild die Politiker Bismarck und Jules Favre unter den Klängen von *Norma* auftreten zu lassen (siehe TC 79ff.), bereitete Dr. Wallmann seinen eigenen Auftritt in diesem durch den Krieg zerstörten Gebäude vor. Bei dem unter seiner Ägide vollendeten „Gegenentwurf" handelt es sich um die durch eine frankfurter „Bürger-Initiative" wiedererrichtete „Alte Oper Frankfurt". Mit ihrer Einweihung am 28. August 1981 präsentiert Wallmann *seine* Antwort: hier sei ein im besten Sinne bürgerliches Haus wiederhergestellt. Diesem Wiederaufbau komme nicht nur kulturhistorische, sondern auch symbolische Bedeutung zu. Hiermit habe sich die frankfurter Bürgerschaft „für jene Goethe'sche bürgerliche Tradition entschieden" in deren Mittelpunkt der Citoyen stände – „und nicht etwa der Bourgeois" . . . Während draußen vor den Polizeisperren die Bürger mit Transparenten an die unheilvolle Geschichte dieses deutschen Gebäudes erinnern, wird es drinnen vom Bürgermeister als ein „Haus für alle" den geladenen Gästen übergeben. [Siehe dazu: „Frankfurts 'Alte Oper'. Eine anti-Festrede, die (im Feuilleton der *Frankfurter Rundschau* schon gesetzt war, und dann doch – W.S.) nicht erscheinen sollte." – *Die Tageszeitung* vom 9.9.1981]

13) So in dem vorzüglichen Buch: „Theaterarbeit" (1952), wo unter der Überschrift „Aus den Vorarbeiten für die Spielzeit 1951/52" von der Material-Sichtung und den szenischen Vorarbeiten zu Brechts „*Die Tage der Kommune*" die Rede ist (S. 416), so in der Nr. 1 von *Neue Deutsche Literatur* (S. 15-42) des Jahres 1954, und so aus Anlaß der Uraufführung im Jahre 1956 in der *Wochenpost* 3 Jg. Nr. 48 vom 1.12. und in der Wochenendbeilage „Kunst und Literatur" von *Neues Deutschland* (ND) vom 27./28. Oktober.
Interessant im Zusammenhang damit, daß in derselben Ausgabe des ND davon die Rede ist, daß das Berliner Ensemble das Werk noch in der gleichen Spielzeit herausbringen wird – was dann unterbleibt. Siehe dazu auch die außerordentlich kurze und anonyme (!) 'Kritik' der Uraufführung im ND vom 21.11. – Sie geht weder auf das Stück noch die Inszenierung ein, sondern berichtet lediglich von einem festlichen Abend in Anwesenheit von Alexander Abusch, des diplomatischen Korps und davon, daß es sich hierbei um die erste Uraufführung eines Brecht-Werkes auf deutschem Boden seit 1933 handelte.

14) Der *Commune*-Abschnitt im Wyss-Band zeigt deutlich, wie schlecht es bislang in der Forschung selbst um die Sicherung der Daten und Fakten zu diesem Stück bestellt ist. Während bei Wyss notiert ist: „Regie: Benno Besson; Bühnenbild: Manfred Wekwerth nach Entwürfen von Casper Neher" (WYSS [Hrsg.] 1977 S. 330) heißt es im Programmheft: „Regie: Benno Besson/Manfred Wekwerth (Berliner Ensemble); Bühnenbild: Berliner Ensemble". – Während Helmut Kindler in seiner Einleitung schreibt, die SED-Presse habe zur Uraufführung Ende 1956 geschwiegen, ist ihm und/oder der Herausgeberin entgangen, daß der ziemlich enttäuschende Effekt der Aufführung bei den großen überregionalen Tageszeitungen eine 'Bedenkzeit' von oft über einer Woche zur Folge hatte, bevor sich die Rezensenten zu Wort meldeten.

15) Wie anders hätte sich das *Kommune*-Bild dargestellt, wenn Monika Wyss beispielsweise als Ost-Reaktion Joachim Tenschert (In: *Theater der Zeit* 12. Jg. 1957 H. 1 S. 37-40 *und* S. 63 „Bronnen und der Bumerang") und als West-Reaktion Ulrich Seelmann-Eggebert (In: *Echo der Zeit* vom 20.1.1957 – diese Kritik erschien in verschiedenen Fassungen in vielen westdeutsche Tageszeitungen, sie war die mit Abstand meistgedruckte) zitiert hätte! In einem Materialienband zur *Commune* werde ich versuchen, durch einen Aufsatz von Gerold Ducke zu diesem Thema ein Gegengewicht zu setzen.

16) Da Schumacher auf die – gerade in diesem Zusammenhang – bemerkenswerte Eintragung Brechts vom 26.1.49 über sein leipziger Kolleg mit Arbeiterstudenten nicht eingeht, soll das hier kurz nachgeholt werden. Brecht berichtet darin u.a. über die Reaktion der Studenten auf sein Stück *Furcht und Elend des Dritten Reiches* und seine Begründung, warum er die Nazis „einfach nur als gegner" behandelt habe. Brecht:

> „ich schloß die diskussion mit dem hinweis, das stück sei nicht als erlebnis beabsichtigt, sondern als leitfaden für eine neue klasse, ermöglichend, dem klassenfeind erfolgreicher als bisher entgegenzutreten. ich ging nicht so weit zu sagen, diese klasse könne aus der darstellung dieser unmenschlichen (zum damen scheitern verurteilten) diktatur des großbürgertums lernen, ihre eigene diktatur durchzuführen." (AJ S. 549)

17) Während Hans Kaufmann über die Frage „Parabelstück oder Geschichtsdrama" nachdenkt, wird in einer der Uraufführungskritiken (DP: „Sieg und Niederlage der Pariser Kommunarden" - S.T. vom 24.11.1956) im Untertitel die Bedeutung der *Commune* als „Lehrstück" herausgehoben.
Im Text heißt es dann, u.a.:

> „Durch die Voraufführung und die öffentliche Generalprobe erwies es sich bereits, daß sich jeder, der die *Die Tage der Kommune* von der Bühne erlebt, ihrer außergewöhnlichen Wirkung nicht entziehen kann. Das liegt vor allem am Stoff und im Ideengehalt begründet. *Es ist ein Lehrstück; es stellt die Grundfragen der Staatsbildung [!] und es zwingt zu kritischer Haltung gegenüber den entscheidenden Mängeln.* Das Schicksal der Pariser Kommunarden von 1871 ist angesichts der gegenwärtigen politischen Situation ein hochaktuelles Thema." (Hervorhebung vom Verfasser)

18) Eine wesentliche Problematik für die *Commune*-Interpretation scheint mir in der Schwierigkeit zu liegen, Brechts Nähe zur Leninschen Auffassung vom Staat („Der Staat ist ein Werkzeug des Klassenkampfes, das Organ einer Klasse zur Unterdrückung einer anderen. Jeder Staat ist ein Staat der Diktatur einer bestimmten Klasse. Solange der Staat noch besteht, kann er nicht über den Klassen stehen, kann er keinen Staat des ganzen Volkes darstellen") und die stalinschen Revision der marxistischen Staatstheorie und den 18. Parteitag der KPdSU aus dem Jahre 1939, die auch den berühmten 20. Parteitag der KPdSU aus dem Jahre 1956 weitgehend unbeschadet überdauerte, miteinander in Einklang zu bringen. Das neue Programm von 1961 bestätigte ausdrücklich diese Linie, wonach der Staat nicht länger Werkzeug des Klassenkampfes, sondern 'das ganze Volk' selber sei. (Siehe dazu Klaus

MESCHKAT in seiner aufschlußreichen Darstellung der „Pariser Kommune von 1871 im Spiegel der sowjetischen Geschichtsschreibung." Berlin (West), 1965: „Der sozialistische Staat sei in eine neue Periode seiner Entwicklung getreten, er beginne, in die Volksorganisation der Werktätigen der sowjetischen Gesellschaft hinüberzuwachsen." [S. 165])

Wenn mir auch Gleichsetzungen wie zwischen der Kommune-Auffassung bei Kaufmann und der 1940 erschienenen Geschichte der Kommune von P.M. KERZENCEV („Istorija Parižskoj Kommuny 1871", 1959 in Moskau erneut aufgelegt), wie sie in der (bislang unveröffentlichten) Studie von Gerold DUCKE zur Brecht-Rezeption in der DDR zum Ausdruck gebracht wird, zu einfach scheinen [„. . . Keržencev, der nach Meschkat vor allem den Staatsapparat der Commune aufwertet und – darin gleicht ihm Hans Kaufmann – bemüht ist, jede Spannung zwischen Rat der Commune und Massen verschwinden zu lassen." (S. 77)], so wäre es einmal interessant, die *Commune*-Rezeption in der DDR im Spannungsfeld und Einflußbereich der sowjetischen Kommune-Diskussion zu betrachten.

Hier das Beispiel der 1930 erschienen Arbeit von O. L. VAJNSTEIN („Parižskaja kommuna i proletariat v revoljucii 1871") einschließlich seiner zwei Jahre später folgenden „Selbstkritik" („Istoija Parižskoj Kommuny").

In seiner erstgenannten Arbeit erklärt Vajnštejn die Beziehungen zwischen „oben" und „unten" nicht als den Prozeß der Diktatur des Proletariats, sondern untersucht sie näher anhand dreier sozialpolitischer Maßnahmen (Nachtbackverbot, Übernahme verlassener Produktionsstätten, Kontrolle des Verkehrswesens). Dabei arbeitet er die Widersprüche und Entwicklungen in den Beziehungen zwischen den Arbeitermassen von Paris und dem staatlichen Organ der Kommune heraus und das Proletariat erscheint darin als der „aktive, vorwärtstreibende Faktor, der die staatliche Vertretungskörperschaft zwingt, über ihre ursprünglichen Ziele hinauszugehen." (zitiert bei MESCHKAT 1965 S. 119)

„Die Tausende von Nationalgardisten, die nach dem Zusammenbruch der Kommune mutig gegen ihre Henker kämpften, seien eine sehr entwickelte und bewußte Avantgarde des Pariser Proletariats gewesen; ohne in einer Partei organisiert zu sein, hätten sie doch genug Einfluß besessen, um die Masse der Arbeiterschaft und der Nationalgarde zu führen und ihr eigenes Programm voranzutreiben, das mit dem Programm der Kommune wenig gemein hatte. Schließlich hätten sie die Kommune auf den Weg der Diktatur des Proletariats gedrängt. Natürlich sei die Kommune nicht auf der Höhe der Aufgabe gewesen, die ihr gegen ihren ursprünglichen Willen gestellt wurde, der Aufgabe der proletarischen Diktatur. Aber die historische Bedeutung der Kommune beruhe nicht darauf, wie sie ihre Rolle als Organ der proletarischen Diktatur spielte, sie bestehe vielmehr darin, daß sie diese Rolle letzten Endes auf sich genommen habe." (a.a.O. S. 118)

Das Ergebnis der Untersuchung Vajnštejns ist hier insbesondere an dem Punkt von Bedeutung, wo er feststellt, daß eine wirkliche Interessenvertretung des Proletariats zunächst nur durch das Zentralkomitee der Nationalgarde erfolgt sei, im Rat der Kommune dagegen erst im Verlauf der Lernprozesse und Veränderungen gegen Ende seiner Tätigkeit stärker zum Tragen gekommen.

Zwei Jahre später übt der sowjetische Historiker starke „Selbstkritik": eine Gegenüberstellung vom ZK der Nationalgarde und dem Rat der Kommune sei abzulehnen. Auch sei die Sozialpolitik der Kommune nicht als Ergebnis des Drucks von Seiten der Arbeiter darstellbar. Schädlich sei auch seine ganze Auffassung von der Dialektik in der Kommune. Die Dynamik der Ereignisse der Revolution seit der Nacht des 17. auf den 18. Mai sei als „Prozeß der Diktatur" anzusehen und nicht als „Prozeß der Entwicklung zur Diktatur hin" (a.a.O. S. 121).

19) Thiers, Favre und Bismarck finden wir bei ihren Verhandlungen im Zimmer einer Privatwohnung in Bordeaux bzw. in einer Privatloge der Frankfurter Oper, während die Kommunarden in Paris ihre Wohnungen auf der Straße verteidigen (TC S. 16, 79, 96).

20) Betty Nance Weber tat in ihrer Einleitung zur *Kreidekreis*-Interpretation gut daran darauf
zu drängen, daß gerade die Dramen der Exilzeit auf ihren politischen Gehalt hin zu untersuchen seien (NANCE WEBER 1978 S. 13f.) und so entdeckten wir die *Kommune* nicht
nur als „kämpferische Morgengabe für das Selbstverständnis des neuen [Berliner – W.S.]
Ensembles wie seines Publikums" (SCHUMACHER 1978 S. 242), sondern auch als das
letzte von Brechts „großen Dramen der Exilzeit" (NANCE WEBER, ebd. - Vgl. Anm. 1, C 3)

21) Insgesamt hat man den Eindruck, daß die Brechtsche Position sich eher der der geheimen
Inlandsleitung der KPD nähert als jener der moskauer Exilführung. Es wäre aufschlußreich, in einer sich anschließenden Arbeit unter anderem diese Frage noch genauer zu
studieren. Dies könnte auch mit dazu beitragen, daß die hier nochmals etwas 'einsam' und
'unverstanden' wirkende Position Brechts in noch stärkerem Maße als Ausdruck einer
ebenfalls existierenden politischen Strömung in der Diskussion um Deutschland erfahrbar
wird.

22) So in den Anmerkungen zu seinem Stück *Leben des Galilei,* in denen BRECHT 1939 schreibt:
„Keine andere Zeile eines Liedes begeisterte die Arbeiter um die Jahrhundertwende
stärker als die Zeile 'Mit uns zieht die neue Zeit'; die Alten und Jungen marschierten
unter ihr, die Ärmsten und Ausgemergelsten und die sich schon etwas von der Zivili-
sation erkämpft hatten; sie schienen sich alle jung. Unter dem Anstreicher wurde die
unerhörte Verführungskraft dieser Worte ebenfalls erprobt, auch er verhieß eine neue
Zeit. Die Worte zeigten da ihre Vagheit und Leere. Ihre Unbestimmtheit, die nun von
den Verführern der Massen ausgenutzt wurde, hatte lange die Stärke ausgemacht.
Die neue Zeit, das war etwas und ist etwas, was alles betrifft, nichts unverändert läßt,
aber doch eben ihren Charakter erst entfalten wird, etwas, in dem alle Phantasie Raum
hat, was durch allzu bestimmte Aussagen nur eingeschränkt werden kann. Geliebt wird
das Anfangsgefühl, die Pioniersituation, begeisternd wirkt die Haltung des Beginners.
Geliebt wird das Glücksgefühl derer, die eine neue Maschine ölen, bevor sie ihre Kraft
zeigen soll, derer, die in eine alte Landkarte einen weißen Fleck ausfüllen, derer, die
den Grund eines neuen Hauses ausheben, ihres Hauses". (GW XVII S. 1103 f.)

Vgl. dazu die folgende Briefstelle, in der sich Theodor W. ADORNO gegenüber Walter Benjamin in Bezug auf dessen Baudelaire-Arbeit wie folgt äußert:

„Die Formel, daß 'das Neue sich mit dem Alten durchdringt' ist mir höchst bedenklich
im Sinne meiner Kritik am didaktischen Bild als einer Regression. Nicht wird darin aufs
Alte zurückgegriffen, sondern das Neueste ist, als Schein und Phantasmagorie, selber
das Alte."

(Brief vom 2. August 1935 in: *Briefe* Bd. 2 1966 S. 678)

23) Auch wenn in dieser Arbeit noch nicht ausführlicher bearbeitet, so sei doch darauf hingewiesen, daß etwa zur gleichen Zeit, also der zweiten Hälfte der dreißiger Jahre, auch eine
intensivere Beschäftigung Brechts mit dem fernöstlichen Theater einsetzt [erste Begegnung
mit der chinesischen Oper 1935 in Moskau, etwa 1936/37 entsteht: „Verfremdungseffekte
in der chinesischen Schauspielkunst" und 1940 „Kurze Beschreibung einer neuen Technik
der Schauspielkunst" (dazwischen vor allem die Arbeit am *Messingkauf*)]. Von welcher
Bedeutung diese Hinwendung auf das Denken und die Kultur Chinas gerade in Zusammenhang mit der Exilsituation sein könnte, dazu ein kurzer Auszug aus „Widersprüche in China"
von Hans Heinz Holz, wo er auf das Phänomen hinweist, daß die Begrifflichkeit der Neuen
Zeit nicht in jedem Fall auch die Idee einer besseren Zeit verkörpert (ohne daß damit einer
fatalistischen Geschichtsauffassung Raum gegeben wäre):

„Die äußerste Formalisierung auf den Gegensatz von Alt und Neu läßt die Möglichkeit offen, daß das Neue eine Verschlechterung gegenüber dem Alten bringen könnte, welche dann ihrerseits auf der nächsten Stufe wieder in eine Verbesserung umschlagen mag. Dieses Schema ist historisch flexibler als eine bloß an der Idee des Fortschritts orientierte Dialektik, nach der jede folgende Stufe, nicht nur zeitlich, sondern auch wertmäßig, höher ist als die vorangegangene. Die Möglichkeit von Rückschlägen erscheint hier im System selbst begründet und muß nicht nach Art einer 'Theodizee' gerechtfertigt werden; aber damit wird auch dem Einsatz des Menschen für Korrekturen am geschichtlichen Verlauf, gegen das Schlechtere und zur beschleunigten Herstellung des Besseren, ein größerer Spielraum freigesetzt. Der Determinismus der Geschichte erscheint gelockert, ohne im Voluntarismus mißachtet zu werden." (HOLZ 1970 S. 93)

24) Während Brecht sich nach seinen Reisen durch Prag, Wien, die Schweiz und Frankreich breits im Sommer in Dänemark auf ein längerfristiges Exil vorzubereiten begann – gegenüber Arnold Zweig soll er von fünf Jahren gesprochen haben (die Fundstelle ist bei Ernst SCHUMACHER 1978 S. 116, nicht angegeben) – erklärt die „Kommunistische Internationale" noch 1933 in dem Leitartikel ihrer Juli-Nummer mit dem seit 1928 beschlossenen Optimismus, daß der Sieg des Faschismus nur ein Zwischenspiel darstelle, das die Schwäche des imperialistischen Systems signalisiere und daß ihr die proletarische Revolution unmittelbar folgen werde (siehe: STARITZ 1976 S. 42); wörtlich heißt es: „Die Faschisten sind nur Eintagskönige. Ihr Sieg ist ein kurzbemessener, dem die proletarische Revolution auf dem Fuße folgt."

In einem Brief vom 28. Juni 1933, den er an Johannes R. Becher richtet, spricht Brecht von einem rapide sinkenden Verständnis für die Schwierigkeiten und die Fortschrittlichkeit der „Union" und mahnt eindringlich vor einer Vogel-Strauß-Politik. Aus Paris berichtet er das folgende Beispiel:

„Ich habe Mitglieder der französischen Delegation für die Theater-Olympiade gesprochen und von ihrer Stimmung einen niederschmetternden Eindruck bekommen. Beinah am schlimmsten berührte sie das Fehlen jeder Parole. Sie hatten den Eindruck, daß die praktische Führung einfach aufgehört habe. Es ist uninteressant, daß also die üblichen, unvermeidlichen Klagen über die Art der oder jener Parole jetzt den Klagen über das Fehlen jeder Parole gewichen sind." (BB Brief Nr. 173 S. 166f.)

Werner Mittenzweis Darstellung „Exil in der Schweiz" bemüht sich im Anschluß an den dort wiedergegebenen Brief bereits um eine differenziertere Einschätzung (als Reitzschel), wenn es heißt: „Aus Brechts Analyse der frühen Exilsituation konnte Nutzen gezogen werden. Wenn sich bestimmte Einsichten und Forderungen, die ja nicht nur von Brecht erhoben wurden [!], auch erst relativ spät durchsetzen ließen." Und er fährt fort:

„Andererseits trat das ein, was Brecht befürchtet hatte, das Proletariat vermochte in dem von Hitler beunruhigten und schließlich mit Krieg überzogenen Europa keine ausreichende organisatorische Basis zu schaffen, von der aus die Neuansätze der revolutionären Kunst vor 1933 hätten weitergeführt werden können. Diese Neuansätze ließen sich in ihrem Kern nur innerhalb eines diskontinuierlichen Prozesses bewahren [!]. Ihre wesentlichen methodischen Elemente mußten aufgegeben werden, um wieder einen neuen Ausgangspunkt zu finden." (MITTENZWEI 1978 S. 104f.)

25) Vgl. dazu die folgende Eintragung aus Walter BENJAMINs *Svendborger Notizen* aus den Jahren 1934-1938 („Gespräche mit Brecht"). In seiner letzten Eintragung vom 25. August 1938 steht ausschließlich der folgende Satz: „Eine Brechtsche Maxime: Nicht an das Gute Alte anknüpfen, sondern an das schlechte Neue." (1966 S. 135)
(Beachten wir die sinnfällige Autographie dieser Eintragung, die hier im Text übernommen worden ist).

26) Es ist interessant zu sehen, daß der Ideengehalt beider Thesen zum Motto der folgenden zwei Untersuchungen gemacht wurde:
Heinz Brüggemann („Literarische Technik und soziale Revolution. Versuche über das Verhältnis von Kunstproduktion, Marxismus und literarischer Tradition in den theoretischen Schriften Bertolt Brechts") stellt seiner Arbeit die folgenden beiden Zitate voran:

1. *„Es wird nicht angeknüpft an das gute Alte, sondern an das schlechte Neue. Es handelt sich nicht um den Abbau der Technik, sondern um ihren Ausbau. Der Mensch wird nicht wieder Mensch, indem er aus der Masse herausgeht, sondern indem er hineingeht in die Masse."*

2. *„Einmal, wenn da Zeit sein wird*
   Werden wir die Gedanken aller Denker aller Zeiten bedenken
   Alle Bilder aller Meister besehen
   Alle Spaßmacher belachen
   Alle Frauen hofieren
   Alle Männer belehren."
   (BRÜGGEMANN 1973 S. 9)

Bei Betty Nance Weber („Brechts *Kreidekreis*, ein Revolutionsstück. Eine Interpretation von Betty Nance Weber. Mit Texten aus dem Nachlaß.") ist der folgende Textauszug vorangestellt:

„Das alte Neue
Zu Me-ti sagte ein Schüler: Was du lehrst, ist nicht neu. Dasselbe haben Ka-meh und Mi-en-leh gelehrt und unzählige außer ihnen. Me-ti antwortete: Ich lehre es, weil es alt ist, d.h. weil es vergessen werden und als nur für vergangene Zeiten gültig betrachtet werden könnte. Gibt es nicht ungeheuer viele, für die es ganz neu ist?" (NANCE WEBER 1978 S. 9)

27) Eine ausführlichere komparative Darstellung der beiden Dramen mußte hier aus Umfangsgründen ausgeklammert werden. Außerdem wäre es wichtig, zur Komplettierung dieser Studien endlich auch die zu dieser Frage bislang in der DDR geschriebenen Arbeiten einsehen zu können, zumal ich mir von ihnen eine etwas differenziertere Betrachtung dieses Themas als etwa bei Eberhard Hummel verspreche, wo es zu solch feinsinnigen Unterscheidungen kommt, wie zwischen dem unter Schmerzen progressiv suchenden Grieg und den von der Plattform des wissenden Marxisten aus lehrenden Brecht . . .

„Zusammenfassend ist zu sagen: Griegs Schauspiel *Die Niederlage* spiegelt das Suchen nach dem richtigen Weg zur Erreichung des Endziels wieder. Das Endziel lautet: Freiheit, soziale Gerechtigkeit, Kommunismus. Brechts *Tage der Commune* können dem Publikum wissenschaftlich fundierte Klärungen vermitteln. Brechts Wissen um die Entwicklungsgesetze der Gesellschaft und um die Veränderbarkeit der Welt durch den Menschen, sein unmittelbares Anknüpfen an die Marxschen Auffassungen über die Kommune lassen ihn zum Lehrenden werden. Wo Grieg auf der progressiven Suche nach der politischen und historischen Wahrheit war und sie endlich, wenn auch vielleicht unter Schmerzen, fand, da kann Brecht von der Plattform des wissenden Marxisten seine Leser belehren und sich wissenschaftlich begründet für den Kommunismus entscheiden" (HUMMEL 1963 S. 53)

28) Hier ein aktuelles Beispiel von vielen: eine Anzeige aus der *BZ*-Berlin aus den ersten Junitagen des Jahres 1982:

„Schutzhundführer! Die Bürgeraktion gegen Chaos in Berlin sucht noch weitere Schutzhundführer zur Aufstellung einer Schutzhundstaffel. Nur nervenstarke Tiere in fester Hand. Aufgabe: Schutz von Eigentum vor Chaoten und Plünderern."

Motti

0) Das erste der beiden BRECHT-Zitate entstand in den frühen dreißiger Jahren in Berlin und ist dem Text: „Über eingreifendes Denken. Wer braucht eine Weltanschauung?" entnommen (GW XX S. 160, siehe auch die dazugehörige Anmerkung auf S. 8*f.). Das zweite Zitat entstammt dagegen dem Arbeitsjournal und entstand zur Zeit des Exils in Finnland am 24.4.1941 (AJ I S. 198).

Text

1) Das Zitat ist die Schlußzeile des Vorworts von Manfred WEKWERTH zu einer 1977 in der DDR veröffentlichten Sammlung von Brecht-Texten „Über Kunst und Politik". Unter der Überschrift: „Er hat Vorschläge gemacht . . . Überlegungen zwanzig Jahre nach Brecht" schreibt Wekwerth: „Brecht wünschte sich die Grabinschrift: Er hat Vorschläge gemacht – wir haben sie angenommen. / Verfahren wir mit diesem Text, wie Brecht oft mit den Texten anderer verfuhr: Ändern wir ihn ein wenig: / Er hat Vorschläge gemacht – haben wir sie angenommen?" (S. 11)

2) Das einzige Mal, daß sich Brecht selbst einen Grabstein setzt, geschieht meiner Erinnerung nach in den Zeilen: „Bei Gott, ich wollte / man lese auf meinem Grabstein dereinst: / Hier ruht BB / rein sachlich böse" – Ein weiterer Hinweis, nämlich auf das Gedicht: „Begräbnis des Metzgers im Zinksarg" (GW IX S. 457f.) findet sich bei Klaus Völker (1976 S. 416)

3) Das Typoskript ist als Faksimile wiedergegeben bei Werner HECHT (Hrsg.): „Bertolt Brecht. Sein Leben in Bildern und Texten". Berlin u. Weimar 1978 S. 311 Abb. 440. – In der Anm. zur Abb. 440 wird auf die fälschliche Einordnung des Gedichtes in der Werkausgabe erstmals hingewiesen.

4) Vgl. dazu auch: Jan KNOPF: „Die Lust der Unwissenheit. Zu Hans Zimmermanns 'Die Last der Lehre'." (In: GRIMM, HERMAND [Hrsg.] 1981 S. 254ff.): „Ich war beim Frankfurter Brecht-Kolloquium nicht dabei, um es gleich zu sagen: glücklicherweise nicht."

5) Neben der politischen Trennung Deutschlands, die von vornherein die Wahrheit über den „ganzen Brecht" fragwürdig macht, verweist Völker auf die Grenzen, die einem einzelnen Biographen in seinem Bemühen immer gesetzt bleiben werden. Dies geschieht durch das Voranstellen eines Zitats, entnommen aus dem Brief Siegmund FREUDs an Arnold Zweig aus dem Jahre 1936:

   „Wer ein Biograph wird, verpflichtet sich zur Lüge, zur Verheimlichung, Heuchelei, Schönfärberei und selbst zur Verhehlung seines Unverständnisses, denn die biographische Wahrheit ist nicht zu haben, und wenn man sie hätte, wäre sie nicht zu brauchen." (VÖLKER 1976 S. 5)

6) Beim Henschelverlag (1978) heißt es:

   „Der international anerkannte Theaterwissenschaftlcer und Brechtforscher Ernst Schumacher legt hiermit *zum ersten Mal* einen *umfassenden Lebensabriß Bertolt Brechts* in Wort und Bild vor. Diese Text-Bild-Biografie erschließt unter Verwendung von 775 Abbildungen, die Renate Schumacher zusammengestellt hat, einem großen Publikumskreis die Wechselwirkung von Gesellschaft, Brechts Persönlichkeitsentwicklung und seinem dichterischen Schaffen." (Hervorhebung vom Verfasser)

   Bei Hanser (1976) heißt es:

„Zwanzig Jahre nach seinem [Brechts — W.S.] Tod erscheint nun *die erste umfassende Biographie des großen Stückeschreibers* in einer Phase, in der es schlecht zu stehen scheint um die Aktualität dieses Autors. Doch dieser Moment ist günstig.

Klaus Völker, ein exzellenter Kenner, ausgewiesen als Mitarbeiter der großen Brecht-Ausgabe, zugleich unabhängig von der offiziellen Brecht-Philologie, versteht seine mit überrraschenden Funden aufwartende Biographie als ein Buch der Ermunterung an seine Kritiker, das Kind nicht mit dem Bade auszuschütten." (Hervorhebung vom Verfasser)

Und die Taschenbuchausgabe bei dtv. (1978) stellt fest:

„Seit Brechts Tod die *erste umfassende Biografie,* die sich durch exzellente Kennerschaft, Genauigkeit und Sachlichkeit auszeichnet."

7)   „Schön und wohl auch wichtig wär's natürlich, gäb's *die* Brecht-Biografie nach derzeitiger Quellen-Lage, aber die müsste wohl aus dem Computer kommen. Es würde ein aufregendes Abenteuer sein, dann all die vorliegende Brecht-Literatur nach dem Maß ihres Objektivierungsstrebens in der auswählenden Beschränkung der Informationen und sich daran orientierende Deutungen zu überprüfen. Und nur darauf kann's ja wohl ankommen bei der Bewertung der Leben und Werk berichtenden, beschreibenden, deutenden Sekundär-Literatur."   (PREUSS 1979 S. 5)

8)   Bert Brecht (1926):

„Wenn wir einen Tunnel machen wollen, müssen wir immer erst den Berg machen. Und den Berg machen, das ist das schwierige, und der Tunnel ist das geniale." (AbA S. 207)

Motto

0) Hans KAUFMANN 1962 S. 13f. [& Anm. 5, hier 1) S. 262]

1) Vgl. Reinhold GRIMM, Bertolt Brecht, Die Struktur seines Werkes, Nürnberg 1959; ders., Bertolt Brecht, Stuttgart 1961; Willy HAAS, Bert Brecht, Berlin 1958; Walter JENS, Protokoll über Brecht, in: *Merkur*, Heft 104, Oktober 1956; ders., Poesie und Doktrin, Bertolt Brecht, in: Statt einer Literaturgeschichte, Pfullingen 1957; Marianne KESTING, Das epische Theater, Zur Struktur des modernen Dramas, Stuttgart 1959; Otto MANN, B. B. – Maß oder Mythos?, Ein kritischer Beitrag über die Schaustücke Bertolt Brechts, Heidelberg 1958; Luise RINSER, Der Schwerpunkt, Frankfurt a.M. 1960; Herbert IHERING, Bertolt Brecht und das Theater, Berlin 1959; Albrecht SCHÖNE, Bertolt Brecht, Theatertheorie und dramatische Dichtung, in: *Euphorion*, Bd. LII, 3/1958; Walter HINCK, Die Dramaturgie des späten Brecht, Göttingen 1959.

Text

2) Bertolt Brecht an Gottfried von Einem, Brief aus Zürich vom April 1949, in: *Stuttgarter Zeitung* vom 5. Januar 1963, siehe auch: VÖLKER 1971 S. 132; jetzt auch in: BB Brief Nr. 597 S. 605.

3) Ich gebe hier den Text gemäß der Buchvorlage wieder, auch wenn die Schreibweise grammatikalisch korrekt nur „hard boiled men" lauten kann.

4) Es sei hier zum Vergleich zitiert aus der Erklärung des provisorischen Zentralkomitees der KPD vom 11.6.'45: „Wir sind der Auffassung, daß der Weg, Deutschland das Sowjetsystem aufzuzwingen, falsch wäre, denn dieser Weg entspricht nicht den gegenwärtigen Entwicklungsbedingungen in Deutschland.
Wir sind vielmehr der Auffassung, daß die entscheidenden Interessen des deutschen Volkes in der gegenwärtigen Lage für Deutschland einen anderen Weg vorschreiben, und zwar den Weg der Aufrichtung eines antifaschistischen, demokratischen Regimes, einer parlamentarisch – demokratischen Republik mit allen demokratischen Rechten und Freiheiten für das Volk." (Aus: *Revolutionäre deutsche Parteiprogramme*. Berlin [Ost] 1967 S. 196)

5) Vollständig als: BB Brief Nr. 591 S. 598ff. mit einigen kleinen, hier in [ ] gesetzten Abweichungen.

6) Vgl. dazu AJ II S. 596, Eintragung vom 4.3.1953.

7) Wenngleich auch mit anderer Begründungsabsicht – nämlich in Hinblick auf die Begründung seiner These von der *Commune* als einer Tragödie – weist Hans Kaufmann zu Recht darauf hin, daß die Stückhandlung die Perspektiven, die über das tragische Geschehen hinausweisen, mitgestaltet und somit auch die „positive Aussage des Dichters vollständig enthält." (KAUFMANN 1962 S. 240)

8) Und sie fährt fort: „Ich könnte mir vorstellen, daß etwas Ähnliches Brecht 1949 bewogen haben mag, als es deutlich geworden war, daß wiederum keine Revolution in Deutschland stattgefunden hatte und auch keine bevorstand."
Wir haben es zwar als positiv ausgewiesen, daß Claude Hill Vermutungen auch als solche kennzeichnet, aber das entbindet sie nicht davon, Vermutungen durch gesicherte Aussagen abzulösen, wo dieses möglich ist.
Das Arbeitsjournal gewährt zumindest mehr Einblicke in diesen Zusammenhang, als dies bislang in den Gesamtdarstellungen zum Ausdruck kommt. So schreibt Brecht am 6. Mai

1949:

„am 7. mai 71 autorisiert der delegierte für den krieg, rossel, das bataillon der federation artistique, sich zu bewaffnen und equipieren. am 20. mai, inmitten schwerster kämpfe – die letzte sitzung der kommune findet am nächsten tag statt – übergibt ein dekret die privaten theater an die künstlerkollektive."

(AJ II S. 552, Vgl. dazu auch: „Nicht so gemeint" GW X S. 1008)

9) Brecht habe zwar noch danach *Turandot oder Der Kongreß der Weißwäscher* geschrieben, doch sei dieses Stück „nahezu unbekannt geblieben und meines Erachtens künstlerisch so wenig gelungen, daß eine ausführliche Besprechung im Rahmen dieses Buches nicht angebracht ist." (HILL 1978 S. 80f.)

10) Vgl. dazu: ESSLIN (1959) 1970 S. 334: „Wenn wir uns auf die in Brechts Stücken enthaltene Realität beschränken, die dort durch die schöpferische Phantasie eines großen Dichters dreidimensional zum Leben erweckt ist . . ."

11) „allen nicht aufgeführten stücken fehlt dies und das. ohne das ausprobieren durch eine aufführung kann kein stück fertiggestellt werden." (AJ I vom 11.5.42 S. 300, Vgl. dazu auch: GW IV Anmerkungen S. 3*)

12) siehe auch: „Tatsache ist, daß sein letztes, voll ausgeführtes und beendetes Stück, *Die Tage der Commune*, schon vor seiner endgültigen Rückkehr nach Berlin 1948-49 in Zürich geschrieben worden war." (HILL 1978 S. 32)

13) Wir geben in diesem Zusammenhang Auszüge eines Gesprächs von David Bronsen (Professor für deutsche Literatur an der Washington-Universität in St. Louis) mit dem ehemaligen Leiter der Theater- und Musikabteilung der amerikanischen Militärregierung und amerikanischen Vertreter für Kulturangelegenheiten im Alliierten Kontrollrat, Benno Frank, wieder, das am 8. November 1968 im Feuilleton der *Zeit* („Brechts Rückkehr 1948. Warum das das Berliner Ensemble kein Münchner Ensemble wurde") veröffentlicht wurde. Bei Bronsen/ Frank heißt es u.a.:

»(. . .) Kurz nachdem sich Brecht von den Mitgliedern des Ausschusses zur Untersuchung unamerikanischer Betätigung verabschieden durfte, verließ er Amerika per Flugzeug, in Richtung Paris. Er ließ sich in Zürich nieder, und da der Gedanke, unter einer Militärregierung in Deutschland zu leben, gleichviel ob im Westen oder im Osten, ihm wenig zusagte, schien er fürs erste nicht abgeneigt, definitiv in der Schweiz zu bleiben. Aber die Schweizer Behörden machten Schwierigkeiten. Brecht, der damals keine Papiere hatte, führte mehrere Monate hindurch einen vergeblichen Kampf um eine langfristige Aufenthaltsgenehmigung. Hirschfeld konnte zwar erwirken, daß Brechts Aufenthaltsgenehmigung immer wieder erneuert wurde, aber für die Bewilligung seines Gesuchs, sich in der Schweiz anzusiedeln, machte man ihm keine Hoffnung. Inzwischen waren Briefe von der russischen Kulturabteilung in Ostberlin bei Brecht eingetroffen. Man wollte ihn für das Theater der Ostzone gewinnen und stellte ihm mehrere Vergünstigungen, sowohl in bezug auf sein künstlerisches Schaffen – es war die Rede von einer Intendantur – als auch auf eine Wohngelegenheit in Aussicht. Brecht jedoch ließ diese Angebote unbeantwortet. Ich wunderte mich, daß Brecht als Marxist nicht froh war, in die russische Zone gehen zu können. Hirschfeld meinte, ich wäre naiv: dem sei gar nicht so. Brecht habe ja 1941 auf dem Wege nach Wladiwostok und Amerika Rußland durchkreuzt und sich über die dortigen Verhältnisse orientiert. Er denke gar nicht daran, sich etwa in der Ostzone einer Beaufsichtigung oder Zensur auszusetzen, und ebensowenig wolle er sein dramatisches Schaffen parteipolitischen Erwägungen unterwerfen. Brecht stehe also vor einem Dilemma, dem aber möglicherweise abzuhelfen sei, denn er habe noch vor seiner Abreise aus Amerika von seinem ehemaligen Mitarbeiter Erich

Engel, der zu der Zeit als Intendant an den Münchner Kammerspielen tätig war, die Zusicherung erhalten, er werde Brecht als Dramaturgen engagieren. Hirschfeld legte mir die Frage vor, ob ich Brecht ein Einreisevisum in den amerikanischen Sektor verschaffen könne.

(. . .) Ich setzte also den ganzen Fall dem Sondergesandten des amerikanischen Außenministeriums und US Political Advisor on German Affairs, Robert Murphy, auseinander. Ich machte ihn darauf aufmerksam, daß Brecht trotz seiner politischen Einstellung nicht bereit sei, nach dem Osten zu gehen, und daß es einen großen kulturpolitischen Sieg für uns bedeuten würde, wenn er sich in München ansässig machen dürfe. Er wäre der Beweis, daß Amerika es mit der Freiheit ernst nehme und daß bei uns auch Linksgerichtete zu Wort kommen dürften. Warum denn auch nicht? so argumentierte ich. Brecht wurde sowieso überall in Amerika gespielt, und wir dachten nicht daran, seine Stücke in Deutschland zu zensurieren.

(. . .) Anläßlich meines Züricher Aufenthaltes suchte ich Bertolt Brecht und seine Frau auf. Als Grund für meinen Besuch führte ich an, ich wolle mich über Brechts Entschluß, nach München zu gehen, vergewissern und darauf hinweisen, daß es erwünscht sei, seinen Umzug mit möglichst viel Publizität zu verbinden, denn man werde auf sein Gesuch günstig reagieren. Brecht schien erfreut zu sein, während seine Frau, Helene Weigel, weniger begeistert war. Sie stellte Fragen praktischer Art – mit welcher Unterstützung von seiten der Amerikaner zu rechnen sei. Dabei muß sie wohl an die Versprechen der Russen gedacht haben. Ich antwortete: 'Gor nix werden wir tun. Wir geben Ihrem Mann das Visum und somit die Genehmigung, im kulturellen Leben Deutschlands zu wirken. Alles Weitere müssen Sie mit den deutschen Behörden vereinbaren.' Brecht gab sich zufrieden, und ich verabschiedete mich mit der Bemerkung, alles sei jetzt in Ordnung, man müsse sich nur noch ein paar Wochen gedulden. Kaum zwei Wochen nach meiner Rückkehr nach Berlin wurde ich ins Büro des Stabschefs gerufen, wo ich ein Telegramm in die Hand gedrückt bekam. Es handelte sich um eine Rückfrage des Außenministeriums in Washington.

(. . .) Wer sich in Washington für den Fall interessierte, konnte ich im Augenblick nicht erfahren, aber schon am nächsten Tag kam ein Anruf von der amerikanischen Gesandtschaft in Bern. Mrs. Mildred Allport, die damalige Kulturdezernentin, las mir ein soeben vom Außenministerium in Washington eingetroffenes Memorandum vor. Das State Department, so hieß es, behalte sich, in Übereinstimmung mit Paragraph soundso im Erlaß soundso, auch der Militärregierung gegenüber vor, über Visaanträge zu entscheiden; und das Visum für Bertolt Brecht sei auf Veranlassung des Außenministers Edward Stettinius für null und nichtig erklärt. (. . .)"

Vgl. dazu BB Brief Nr. 563 S. 568ff.

14) Ein Beispiel dafür, daß diese Zurückhaltung auch in der DDR selbst konstatiert wird: In der Mai-Nummer (3) des ,,Informations- und Mitteilungsblatt(s) des Brecht-Zentrums der DDR" *notate* vermerkt der verantwortliche Redakteur Karl-Claus HAHN in seiner Glosse ,,'Reserven' bei Brecht", daß die ,,sogenannten großen Brecht-Stücke, also" neben anderen *Die Tage der Commune*, ,,den heutigen Publikum, inszeniert unter heutigen Gesichtspunkten, noch immer etwas zu sagen" hätten. Beim Studium der Spielpläne der Theater in der DDR gelange man aber leider wie schnell zu dem Ergebnis, ,,daß im dramatischen Werk Brechts offensichtlich beträchtliche Reserven für die Gestaltung eines politisch zeitgemäßen Spielplans" lägen. ,,*Die Tage der Commune* zum Beispiel – ein Stück zur hochaktuellen Machtfrage im revolutionären Klassenkampf – wurde seit 1970 nur in Rostock, Schwerin und Halle gespielt." ,,Wie wäre es", so fragt Karl-Claus Hahn abschließend, ,,wenn man Brecht nutzte, solange es noch nichts Besseres gibt?" (*notate* 1982 Nr. 3 S. 16)

– Anlaß dieser Glosse: die DDR-Erstaufführungen (!) von Brechts *Trommeln in der Nacht* (Januar '82 in Schwerin) und *Baal* (Februar '82 in Erfurt).

Anmerkungen: A 3

Motto

0) Bertolt BRECHT: *Der Messingkauf* („Die erste Nacht") – um 1940 geschrieben (GW XVI S. 528f.) Vgl. dazu das *Commune*-Zitat (S. 48) von S. 133.
Die Kommune-Aufführung, von der hier die Rede ist, könnte am Dramatischen Theater in Stockholm in der Zeit stattgefunden haben, als Brecht für etwa 2 Wochen gastweise nach Schweden kam, um an den letzten Proben für die *Carrar* teilzunehmen (Premiere: 5. März 1938 im Odéontheater)- so die Vermutung von Curt Trepte.

Text

1) Mit Nordahl Grieg ist, wie schon dargestellt, die wichtigste literarische Quelle bzw. Vorlage benannt. Auch werden bei Knopf die Verweise auf Gerhart Hauptmanns *Die Weber* und Georg Büchners *Dantons Tod* zusammengetragen. Als wichtigste historische Quellen werden im Zusammenhang damit die von Hermann DUNCKER 1931 in Berlin herausgegebenen „Berichte und Dokumente von Zeitgenossen", die 1876 in französischer und in deutscher Sprache erschienene „Histoire de la Commune de la 1871" von Prosper LISSAGARAY und von Karl MARX „Der Bürgerkrieg in Frankreich" herausgestellt. Wir gehen hierauf noch weiter im Zusammenhang mit den Entstehungsphasen der *Kommune* im Verlauf dieses Kapitels ein.

2) Die hier in den Punkten 1 und 2 zusammengefaßten Aussagen sind jene, in denen die politisch-ideologische Ebene „die zugleich die historische Einschätzung der Pariser Commune spiegelt" (Knopf 1980 S. 286) des Stückes erfaßt werden kann. In dem Punkt 3 wird vom Personal der *Commune* ausgegangen, während der sich darauf beziehende Punkt 4 auf das Fehlen des individuellen Helden als dessen „Entscheidendes Merkmal" (S. 287) eingeht.

3) Auch tut Knopf recht daran, einige spätere kritische Gegenstimmen zu zitieren, insbesondere – neben der von Käthe RÜLICKE-WEILER (1966 S. 63 256ff.) – die heftige Entgegnung Manfred WEKWERTHs (1967 S. 85f.), denn Wekwerth war es – 1956 zusammen mit Benno Besson, 1962 zusammen mit Joachim Tenschert – der die ersten beiden Aufführungen des Kommune-Stückes realisierte.

4) „Die Fabel des Kommune-Dramas ist die Fabel einer Tragödie. Sie kreist um zwei Konflikte, die keinen Augenblick voneinander zu trennen sind, aber ihrem sozialen Inhalt nach voneinander unterschieden werden müssen. Der erste, den Ausgangspunkt bildende, die Gesamthandlung umschließende Konflikt zwischen der französischen Bourgeoisie mit ihrem feindlichen Verbündeten und dem Pariser Proletariat löst den zweiten aus: den Konflikt zwischen dem Streben der Kommunarden nach der 'neuen Zeit' einer wahrhaft menschlichen Gesellschaft und ihren subjektiv wie objektiv äußerst begrenzten Möglichkeiten."
„Die Gestaltung von Wesenszügen der neuen, im Keim sozialistischen Gesellschaft in den *Tagen der Commune* bedeutet ästhetisch, daß das Werk in seinem Mittelstück über die Tragödie hinausgeht. Aber es kann den Rahmen der Tragödie nicht zerbrechen. Der erste, antagonistische Konflikt wirkt weiter, bestimmt das Gesamtgeschehen letzten Endes, und die Handlung kehrt schließlich wieder ganz zum ersten Konflikt zurück. Sieht man das Stück mit seinen zwei Konflikten als eine Einheit, so ist der antagonistische, tragische Widerspruch gegenüber dem zweiten, nicht tragischen, das übergreifende, dominierende Moment. Deshalb ist das Werk eine Tragödie, aber eine Tragödie neuen Typs. Der Idee nach weist auch die frühere Tragödie über die Klassengesellschaft hinaus. In den *Tagen der Commune* aber sehen wir die Welt, die jenseits der antagonistischen Klassenkonflikte beginnt, schon praktisch als gestaltete Realität, als besonderes Handlungselement innerhalb der Tragödie vor uns."

(KAUFMANN 1962 S. 42/S. 92)

Vgl. dazu im *Messingkauf*:

> DER PHILOSOPH: Die Ursache sehr vieler Tragödien liegen außerhalb des Machtbereichs derer, die sie erleiden, wie es scheint.
> DER DRAMATURG: Wie es scheint?
> DER PHILOSOPH: Natürlich nur wie es scheint. Menschliches kann nicht außerhalb des Machtbereichs der Menschen liegen und die Ursachen dieser Tragödien sind menschliche. (GW XVI S. 526)

Wenn der folgende Aspekt in der Darstellung hier auch nicht weiter bearbeitet wird, so ist doch darauf hinzuweisen, daß der Begriff des Tragischen zwar von Wekwerth, Hartung und anderen zurückgewiesen worden ist, er aber dennoch nicht aus der Diskussion verschwindet.

Anlaß dafür ist die Errichtung der Berliner Mauer, des „Antifaschistischen Schutzwalls", am 13. August 1961, worauf in Folge dieser Maßnahme die Aufführung der *Tage der Commune* am Berliner Ensemble beschlossen wird. Manfred WEKWERTH:

> „Es ging darum, die große gesellschaftliche Umwälzung, die sich in Deutschland auf einem Teil seines Territoriums vollzogen hat, zu akzeptieren und von hier aus Maßnahmen, auch Gewaltmaßnahmen zu verstehen. Gerade das wird oft durch persönliches Unglück, zum Beispiel die Trennung von Familien, verdeckt. Mit dieser Aufführung wurde im ganzen eine historische Verfremdung der politischen Ereignisse vorgenommen, nicht bloß eine 'Akzeptierung'."
> (In: Schriften. Arbeit mit Brecht. Berlin [Ost] 1973 S. 181)

Als am Jahrestag der Staatsgründung, dem 7. Oktober 1962 die *Commune* Premiere hatte, fehlte unter den Gästen einer der wichtigsten Mitarbeiter Brechts und des Hauses: Peter Palitzsch. Er war nach dem Mauerbau und dem Ende seiner Gastinszenierung in Ulm in der Bundesrepublik geblieben, obwohl Manfred Wekwerth — ausdrücklich auf das Werk des gemeinsamen Lehrers Brecht verweisend — ihn um eine Rückkehr in die DDR bat. Peter PALITZSCH antwortete u.a.:

> „Du verweist mich an die *Tage der Kommune*. Aber diesmal verlassen Arbeiter den Staat der Arbeiter. Von feindlichen Sendern beeinflußt, sicherlich, aber doch bei uns lebend, mehr also der guten als der bösen Sache ausgesetzt. *Ist es nicht tragisch, daß sich die Diktatur des Proletariats gegen große Teile des Proletariats richtet?"*
> (Hervorhebung vom Verfasser)

(In: Hans Werner RICHTER [Hrsg.]: Die Mauer oder der 13. August. Reinbek 1961 S. 187)

5) Vgl. dazu auch KAUFMANN 1962 S. 61f.:

> „Die Kommune ist nicht an der Unfähigkeit ihrer Führer gescheitert, vielmehr spiegelt sich in der Tatsache, daß diese und keine anderen Männer an der Spitze standen, nur der Reifegrad der Bewegung selbst wider. Es handelt sich bei der Kommune auch nicht darum, daß die einflußreichen Führer — wie etwa bei der Novemberrevolution in Deutschland (Ebert, Scheidemann, aber auch Kautsky und andere) — das revolutionäre Wollen der Arbeiterklasse demagogisch und gewaltsam zurückgedrängt hätten, sondern darum, daß die französische und die internationale Arbeiterbewegung für eine siegreiche proletarische Revolution noch nicht reif waren."

Siehe dazu auch die Meinungen von Lenin aus den Jahren 1908 bis '17 und zunächst von P. L. LAVROV aus dem Jahre 1890. Sein Buch „Die Pariser Kommune vom 18. März 1871" (in der Übersetzung von Renate Horlemann 1971 bei Wagenbach, Berlin [West] erschienen) ist in Deutschland kaum bekannt, außer (wie Klaus Meschkat in seinem Vorwort mitteilt) durch Trotzkis Schrift „Terrorismus und Kommunismus". Darin diente Lavrovs Analyse der Fehler der Kommune, insbesondere ihr Zögern, gegen die Feinde in Versailles, aber auch in Paris, vorzugehen, als Beleg gegen die Vorstellungen des oben bei Kaufmann genannten Kautsky und dessen Idee von einer „reinen Demokratie".

Zur Frage der Führer heißt es in dem abschließenden dritten Kapitel bei LAVROV:

> „Am allermeisten haben vielleicht die unvorsichtige Auswahl von unwürdigen Vertretern, und besonders die leichtsinnigen und unvernünftigen Handlungen einiger von ihnen, die zu verhindern ihre Genossen sich nicht entschließen konnten oder einfach nicht in der Lage waren, ihren Schatten auf die Kommune geworfen." (S. 179)

Auch LENIN geht auf diese Frage nach den „Führern" ein; etwa in dem *Prawda*-Artikel vom 9. April 1917 „Über die Doppelherrschaft" (LW XXIV S. 20-23). Er macht darin unmißverständlich klar, daß die kleinbürgerlichen Haltungen der „gegenwärtig herrschenden Sozialdemokraten" – nicht nur eines Kautsky in Deutschland, sondern auch in den zu „bloßen Schwatzbuden" degradierten Sowjets, wie Lenin sie in „Staat und Revolution" bezeichnet – nicht nur die Fehler einzelner Führer sind: „So kann ein Spießer denken, nicht aber ein Marxist. Der Grund ist das *ungenügende Klassenbewußtsein* und die ungenügende Organisation der Proletarier und Bauern."

Zum Vergleich dazu aus Lenins: „Dem Andenken der Kommune" (LW XVII S. 122-126) von 1911: „Zur siegreichen sozialen Revolution bedarf es mindestens zweier Vorbedingungen: Die Entwicklung der Produktivkräfte muß eine hohe Stufe erreicht haben, und das Proletariat muß vorbereitet sein. 1871 fehlten jedoch diese beiden Vorbedingungen."

Und in den zuerst 1908 in Genf in der Emigration vorgetragenen „Lehren der Kommune" (LW XIII S. 483-486) vergleicht am Schluß Lenin ganz direkt die Epoche, die der russischen Revolution von 1905 vorausging, mit jener des „napoleonischen Jochs in Frankreich". Vergleiche zwischen der „Doppelherrschaft" 1917 in Rußland und 1871 in Frankreich unterbleiben dagegen.

6) Zum Vergleich dazu der letzte Absatz aus Ernst SCHUMACHERs Kritik der *Commune*-Aufführung des Berliner Ensembles, die im Novemberheft von *Theater der Zeit* 1962 – also im gleichen Jahr wie Kaufmanns Buch – veröffentlicht wurde. Darin findet er – im ersten Satz für die Inszenierung, im zweiten für *das Stück* – folgendes Lob:

> „Man kann von dieser Inszenierung nichts Besseres sagen, als daß sie als 'politisch Lied' kein garstig, sondern ein schönes Lied ist, ein Nachklang der Internationale im gebrochenen Widerhall der Welt des Theaters, darin aber von größter Eindringlichkeit. *Die 'optimistische Tragödie' der sozialistischen deutschen Dramatik.*"

(In: Brecht Kritiken. Berlin [Ost] 1977 S. 19 – Hervorhebung vom Verfasser)

7) Angeblich wird mit der französischen Gesamtausgabe 1970 dieses Drama erstmals veröffentlicht. Umso erstaunlicher wären eine Reihe von Vergleichen, insbesondere zwischen den Szenen vor der Bäckerei bei Brecht (Bild IIIb) und bei Jules Valès (Act III tableau 4)

8) Im Anschluß an diese Untersuchung ist u.a. die Herausgabe einer Anthologie geplant, in der die Pariser Kommune und der Deutsch-Französische Krieg von 1870/71 im Spiegel des Dramas vorgestellt werden. Die Vorarbeiten dazu wurden dankenswerter Weise durch ein Forschungsstipendium der Berliner Alliierten unterstützt. Verlagen, die an einer Veröffentlichung interessiert sind, steht ein Exposé zur Verfügung.

9) Zu korrigieren wäre in dem *Brecht-Handbuch* nicht nur der Druckfehler bei der Wiedergabe des französischen Stücktitels, sondern gleichzeitig auch der Hinweis von Jan Knopf, daß die „Histoire de la Commune de 1871" schon 1877 geschrieben worden sei.

10) Bestätigt wird diese Beobachtung von Monika MEHNERT. Sie verweist auf das neunte Bild, an dem Brecht sehr intensiv gearbeitet hat. Hier geht es um die entscheidenden Fragen nach: der Besetzung der Bank von Frankreich (!), dem Verbot der Zeitungen, der Öffent-

lichkeit der Sitzungen der Kommune, der Unterbezahlung der Frauen, der ausschließlichen Vergabe von Aufträgen an von den Arbeiterassoziationen übernommene Werkstätten, des Marsches auf Versailles (!), – bei Mehnert zu sehr vereinfacht auf die Frage: „Bürgerkrieg oder kein Bürgerkrieg".

Bezogen auf das Archivmaterial hat sie beobachtet:

„Mehrere Entwürfe dieser Szene existieren, die in ihrer Reihenfolge folgende Linie zeigen:
a. Anonyme Stimmen mit bestimmten Sentenzen das Problem betreffend;
b. Varlin und Rigault bekommen als fortgeschrittenste Führer der Commune entscheidende Texte.
c. Langevin wird eingeführt und spricht im Namen der Bevölkerung, Übernahme eines Teils der Texte von Varlin."

Wenngleich auch die Formulierung dieser Beobachtung von der Beweisabsicht geprägt ist, daß Brecht sich darum bemüht habe, „aus der anonymen Masse der Commune profilierte Personen zu schaffen, 'positive Helden' ", gibt sie doch die Entwicklungsphasen soweit richtig wieder.

(Aus: „Brechts Stück *Die Tage der Commune* – eine dramaturgische Analyse unter besonderer Berücksichtigung der Gestaltung des Verhältnisses von Allgemeinem und Besonderem." Diplomarbeit an der Humboldt-Universität, Philosophische Fakultät, Berlin [Ost] 1964 [masch.] S. 41f.)

11) Lissagary merkt an dieser Stelle an:

„Es fehlt dem Kleinbürgerthum, das seinen Ruhm darin erkennen und vielleicht das Bewußtsein seiner Pflichten darin wiederfinden würde, an einer Geschichte der Sectionen und der Clubs nicht nur von Paris, sondern von ganz Frankreich. Und wer wird die Geschichte der Volksgesellschaften schreiben? Wer wird das Ohr auf die Herzen dieser Armen legen, um zu schildern, wie edel sie schlagen? Wer diese spärlichen unvollkommenen Protokolle durchläuft, findet nur Worte der Brüderlichkeit, Adoption von Waisen, gegenseitige Unterstützung der Besitzlosen. Diese Geschichte ist noch weit menschlicher, als die der Sectionen. Wer einmal diese ruhmlose und trockene Arbeit unternimmt, der wird ein besserer Freund des Volkes sein, als die Ossianischen Schriftsteller, die nach seinem Beifall haschen."

12) Vgl. dazu: BBA 1787/05-06 (Auszug):
„4. 19.3.71
die kommune konstituiert sich in einem zu kleinen raum."

13) Das dies in früheren Entwürfen Brechts noch ganz anders aussah, zeigt der folgende Entwurf" (BBA 308/17). Darin wird die Tür von „Papa" am Ende seines Gesprächs mit Langevin zugeschlagen. Er bleibt – trotz der 'Ermutigung' Langevins – unzufrieden über die Entscheidungen des Rates der Kommune. Dessen Mehrheiten entsprächen nicht denen im Volk – so „Papa".

➤ LANGEVIN: Der Gedanke ist, dass unmittelbar Wahlen für die Kommune ausgeschrieben werden.
„PAPA": Wahlen! Wenn wir Bajonette haben!
LANGEVIN: Das ist, wofür die Mehrheit ist.
„PAPA": Die Mehrheit! Eure, nicht die Mehrheit der Bevölkerung. Ich komme vom 101., euch zu sagen, dass wir marschieren wollen. Coco, bestätige es. Hier wird man für einen Lügner oder einen Mörder gehalten nehme ich an.
LANGEVIN: Wir tun was wir können „Papa". Gut, dass wir euch haben. Drückt nur auf uns, lasst uns keine Ruhe. Ihr seid weiter als wir. Auf bald, „Papa" *will zurück*.

MME. Cabet: Pierre, das mit der Million ist aber gut. Sag drinnen, das ist gut. *Lange-vin ab*
DIE STIMME: In Erwägung, dass alle Bürger ohne Unterschied sich zur Verteidigung des nationalen Territoriums bereithalten, wird das stehende Heer abgeschafft!
RUFE: Angenommen. *Im Saal wird die Marseillaise angestimmt*
„PAPA" *läuft und schlägt die Tür zu*: Schafft das Heer ab. M. Thiers hat es. Coco, alles ist verloren.‹

14) „Um der klaren Herausarbeitung der geschichtlichen Tendenz willen abstrahiert Brecht von vielen historischen Besonderheiten" (KAUFMANN 1962 S. 52) — ja, aber nicht „vom Historischen" selbst (S. 51). Wie bei Hartung treffend ausgesagt, war es weder Brechts Absicht zu einer „parabelhafte(n) Entsprechung von Historischem und Gegenwart", noch zu einer „reine(n) Aktualisierung" zu gelangen, sondern vielmehr die „Vergegenwärtigung der materialistisch verstandenen Aktualität des ersten proletarischen Staates" zu ermöglichen. (HARTUNG 1972 S. 116).
Hartung unterstreicht, in Anknüpfung an Büchner, daß dafür die größtmögliche historische Authentizität vonnöten ist, zumal, da bei Brecht die historischen Widersprüche innerhalb des Volkes selbst und nicht, wie noch bei Büchner, auf dessen Rücken ausgetragen werden. Brechts Analyse dieser Widersprüche geschieht dabei immer auch mit dem Blick auf die eigenen Erfahrungen, die wiederum seine jeweilige Einschätzung der Möglichkeit, Kraft und Zukunft einer Volksbewegung prägten. Dieser Blick hat aber nicht die Abstraktion vom Historischen zur Folge, sondern das Bedürfnis, das historische Geschehen und zumal dessen ökonomisch-soziale Triebfedern in diesem transparent werden zu lassen.
Dazu, so Kaufmann, ebenfalls an Büchners Bemühen „der Geschichte, wie sie sich wirklich begeben, so nahe als möglich zu kommen" (so in einem Brief Büchners an seine Familie vom 28. Juli 1835 — zitiert bei KAUFMANN 1962 S. 75) anknüpfend, reicht aber die Tatsache der Verwendung historischer Dokumente nicht aus. Vielmehr gehe es um die Wahl des Sujets und die Methode seiner Einarbeitung; danach ließe sich der wirkliche Fortschritt „des Realismus in dieser Gattung" (ebd.) bestimmen.

15) Als weiteres Bindeglied für seine Argumentation bemüht Kaufmann Ernst Schumachers These aus „Geschichte und Drama" (In *Sinn und Form* Nr. 4, 1959), daß die Geschichte auf den Höhepunkten der Klassenkämpfe „selber dramatische Züge annimmt" (SCHU-MACHER 1959 S. 592) und eben darum „die individuelle Verwicklung als Vehikel der Kollision [wie etwa in Schillers *Don Carlos* — W.S.] aus ihrer beherrschenden Stellung in der dramatischen Fabel verdrängt" (KAUFMANN 1962 S. 74) worden sei.

16) Ergänzend sei hier hingewiesen auf eine Arbeit von Theo BUCK: „Brecht und Diderot oder Über Schwierigkeiten der Rationalität in Deutschland" (Tübingen 1971), insbesondere auf den Exkurs: ›„. . . vorläufig ein seidenes Schnürchen" oder Das Thema der französischen Revolution im Spiegel des deutschen Dramas‹. Darin geht er auf Büchners *Dantons Tod*, Brechts *Die Tage der Commune* und Weiss' *Marat/Sade* ein, auf Autoren, die in der Revolution „die einzige reale Hoffnungsspur einer mündig werdenden Menschheit" sähen (S. 112), das Modell dafür aber — aufgrund der fehlenden revolutionären Praxis in Deutschland — in Frankreich suchten.
Was Brechts Arbeit betrifft — die Buck ohne viel Federlesens einem historisch damit sehr ungenau werdenden Begriff von der „französischen Revolution" unterordnet — so bemüht er sich, diese gegen jegliche dogmatische Deutungen von Seiten der 'Pareiideologen aus West und Ost' zu verteidigen. Er schreibt:

„Die Vorstellungen Brechts haben nur der Theorie nach manches gemein mit denen der Parteidogmatiker; sie sind freilich das genau Gegenteil der von jenen praktizierten Stagnation und Regression, erst recht der davon ausgehenden Entartung der menschlichen Beziehung. Seine Methode ist die rein empirische des echten Marxisten, nämlich die einer fortgesetzten Überprüfung des Marxismus nach dem realistischen Maß der sozialen Entwicklung." (S. 126)

Soviel zur allgemeinen Kennzeichnung. Buck wird hier erwähnt wegen seiner Darstellung der „neuen Form des Geschichtsdramas", die sich – auch wenn sie nicht als Autoren zitiert werden – wie eine Zusammenfassung jener Punkte liest, an denen eine Übereinstimmung von Kaufmann und Hartung erkenntlich ist. Er schreibt, aus der Sicht der BRD:

„Historisches Geschehen wird demonstriert an einer fingierten, jedoch konkret faßbaren Gruppe von Menschen. Es ist die positiv-futurische Abwandlung des für Brecht weithin kennzeichnenden Parabelverfahrens. Unter Beibehaltung ihres objektiv--funktionalen Charakters klären uns die Personen hier nicht primär auf über die Struktur der herrschenden Gesellschaft, sondern über die der kommenden. Einheitlich können so die allgemeine revolutionäre Situation und das realutopische Bild einer künftigen, für alle gleichermaßen praktikablen Wirklichkeit entfaltet werden. Damit erfüllt sich die Forderung des Stückeschreibers, das Menschliche dazustellen, 'ohne es als das Ewigmenschliche zu behandeln.' " (ebd.)

Anmerkungen: B

Motti

0) Hans KAUFMANN 1962 S. 56f. / Manfred WEKWERTH 1967 S. 95f.

Text

1) Es galt, zusammen mit dieser Arbeit einen Materialienband herauszubringen, in dem außerdem ergänzend jene Aspekte des Themas vorgestellt werden, die hier nicht oder nur unzureichend zur Sprache kommen: insbesondere die Darstellung der historischen Materialien, die Beschreibung des Entstehungsprozesses des Stücks unter Einbezug der Archivbestände, sowie die Theaterarbeit in beiden Teilen Deutschlands nach Brechts Tod. Da sich der Suhrkamp-Verlag den Zeitpunkt der Herausgabe vorbehielt und dieser bis zur Frankfurter Buchmesse von 1982 noch nicht feststand — versprochen ist die Veröffentlichung nun für 1983 in der Reihe: „suhrkamp taschenbuch materialien" (2031), Frankfurt am Main — war ich veranlaßt, durch eine Reihe von Eingriffen den ursprünglich konzipierten Zusammenhang zwischen dieser Arbeit und dem Materialienband wieder zu lösen. In diesem Zusammenhang sei dem Peter Lang Verlag für seine Geduld und Unterstützung gedankt, insbesondere aber Frau Hausladen für diese Druckfassung.

2) Ich verweise hier exemplarisch auf den noch an anderer Stelle zitierten Roman von Peter WEISS: „Die Ästhetik des Widerstands", insbesondere den zweiten Band, in dem Weiss über seine Tätigkeit in der Werkstatt des Dramatikers Brecht zur Zeit des Exils berichtet. Diese und weitere Texte, die dem Materialienband vorbehalten sind, wollen darauf aufmerksam machen, daß das Studium des Entstehungsprozesses des Stückes nicht auf die Textunterlagen beschränkt bleiben, sondern auch die persönlichen und historischen Umstände, so, wie sie von Brecht wahrgenommen und verarbeitet wurden, berücksichtigen sollte. Das gilt auch dann, wenn wie etwa bei Weiss, nicht von dem *Kommune*-Projekt selber die Rede ist; er beschreibt exemplarisch die Auseinandersetzungen Brechts und der 'Mitarbeiter' mit einem historischen Stoff, dessen Dramatisierung vorbereitet wird.

3) Vorbehaltlich der Möglichkeit, daß bereits ganze Szenen- oder Stückentwürfe für die Zeit des skandinavischen oder amerikanischen Exils nachgewiesen werden können, wird hier auf die Verwendung des Begriffs der Stück-Fassungen verzichtet und von Entwicklungsstadien, -phasen o.ä. des Kommune-Stücks gesprochen. Hinzu kommt, daß der Begriff der Fassung bereits für die Bearbeitung der von Brecht 1949 fertiggestellten Spielvorlage durch Tenschert und Wekwerth anläßlich der Inszenierung am Berliner Ensemble 1962 — als „Fassung des Berliner Ensembles" — verwendet wird.

4) Die drei hier im folgenden genannten Pläne werden auch bei Monika Mehnert als Belege für ihren Abschnitt „Werk und Entstehungsgeschichte" zitiert. Ich habe mich entschlossen, gerade auf die dort aufgeführten Archivmaterialien zurückzugreifen. Damit wird am ehesten ein Vergleich der Ansatzpunkte beider Untersuchungen möglich. Übereinstimmung gibt es in soweit, als Mehnert die Stufen der Arbeit Brechts an dem Stück richtig erkannt hat (Vgl.: 1964 s. S. 36-42). Die Unterschiede setzen jedoch spätestens dort ein, wo sich Mehnerts Untersuchung nur noch darum bemüht, die Bedeutung der Bearbeitung der *Commune* durch Tenschert und Wekwerth zu unterstreichen; das Ziel ihrer Arbeit ist, die Weiterentwicklungen des Brechtschen Textes durch das Berliner Ensemble in Richtung aufs „Elisabethanische" hin zu begründen und zu bestätigen. [WEKWERTH: „Wir entschlossen uns, die Fabel von der Familie her zu erzählen" — „Es ist ein verbreiteter Irrtum, Brechts Stück zerfalle in die Geschichte der Familie Cabet und in die Geschichte der Commune. Es ist *nur* die Geschichte der Familie, die für viele steht." (1967 S. 93, 99)]

227

Das hat zur Folge, daß die „Herausarbeitung der Stellung des Individuums im Geschichts-prozeß" (1964 S. 50) in den Entwürfen und der '57 veröffentlichten Fassung als unzurei-chend nachgewiesen werden muß. Als Nachweis werden die — hier übernommenen Bei-spiele der — Pläne vorgezeigt. Sie zeigen, laut Mehnert, wie Brecht sich darum bemüht habe, aus der anonymen Masse profilierte Personen zu schaffen, „positive Helden" (S. 42). Mit dieser Absicht werden die Pläne beispielsweise daraufhin untersucht, an welcher Stelle die Namen einzelner Figuren genannt werden. Sind in den Szenentiteln die Namen nicht genannt, reicht ihr dies als Indiz, daß diese Personen auch in dieser Szene noch nicht einge-führt waren (s.S. 38).
Im weiteren Verlauf der Darstellung kommen wir auf diese Arbeit noch einmal zurück.

5) Dieser Prozeß soll im Materialienband vorgeführt werden.

6) Im Unterschied zu Monika Mehnerts Zitierweise habe ich mich entschlossen, die Archiv-texte 'unbereinigt' wiederzugeben, also so, wie sie tatsächlich von Brecht niedergelegt wor-den sind.
Bei der Durchsicht der Archivvorlagen ist interessant zu sehen, daß die hier hintereinander zitierten Szenentitel zunächst jeweils pro Bild auf einem eigenen Zettel mit Schreibmaschi-ne festgehalten worden sind. Es handelt sich hier offenbar um einige jener Blätter, die in dem Brecht Gedicht: „Nach dem Tod meiner Mitarbeiterin M. S." (Margarete Steffin — W. S.) als die „Zettel beim Stückebau" Erwähnung gefunden haben. (GW X S. 827)

7) KAUFMANN: „Die Arbeiterklasse, tatendurstig, kühn, lernbegierig, im Besitz der Macht, aber noch ohne Kompaß und Steuer und darum scheiternd, ist der Held der *Tage der Com-mune* (1962 S. 66).
Zum kritischen Vergleich sei dazu auf ein Gespräch hingewiesen, das anläßlich der bevor-stehenden *Commune*-Premiere in Weimar die *Thüringer Neuesten Nachrichten* (TNN) am 21.04.1966 mit dem Darsteller des „Papa", Walter Faust, führten:

„Der Schauspieler Faust über seine Rolle: *'Papa' ist ein proletarischer Held*, wie ich ihn bisher noch nicht zu gestalten hatte. Gewiß, auch Dimitroff in Hedda Zimmers *Teufelskreis* war ein proletarischer Held, doch der Unterschied liegt darin, daß Dimi-troff bereits die Lehren der Commune kannte, während Papa in der Revolution zum Revolutionär wird." (Hervorhebung vom Verfasser)

8) Selbst äußerst 'kritikwürdige' Haltungen wie die des Bäckergesellen Philippe Faure, des al-ten bettelnden Bauern, des zum Spion gewordenen Guy Suitry, werden bei Brecht auf dem Hintergrund ihrer jeweiligen Lebensgeschichte erläutert. Davon ausgeschlossen sind allein die „Helden des Bürgertums" wie Thiers und Bismarck, wir haben darauf bereits im Zu-sammenhang mit den Aussagen im *Brecht-Handbuch* von Jan Knopf hingewiesen (s.S. 64).
Es gilt an dieser Stelle zu ergänzen, daß selbst diese Personen in den Lebenskreis des Volkes mit aufgenommen werden: als Karikaturen. Während in den Szenen zwei und zehn vor allem in aller Schärfe auf die politische Funktion der Persönlichkeiten als Herrschafts-gewalt in Deutschland und Frankreich abgezielt wurde, so wird in der Szene sechs durch die Kommunarden ihre Kritik gerade dadurch nochmals überhöht, daß sie aus ihrer per-sönlichen Lebenserfahrung heraus die „Herrschaften" diskreditieren. Brechts ursprüngliche Absicht, die Figuren von Bismarck und Thiers in den Szenen zwei und zehn durch einen und den gleichen Schauspieler spielen zu lassen, charakterisiert das Interesse an einer „Ent-persönlichung" der Figuren in diesen Szenen besonders gut. Im sechsten Bild dagegen wird die Kritik durch ein entlarvendes Maß an Privatheit ausgedrückt: „Otto" von Bismarck (alias: „Papa"), kann das Wort „Kommune" nicht hören, Bismarcks „mein lieber Thiers" (alias: Jean) nicht die Namen „Liebknecht" und „Bebel". Sie machen einander Angst — und so machen sie sich gegenseitig Angst. („Otto, wenn du da so erschrickst? Da erschrecke ich ja auch." — TC S. 57)

228

Brechts Darstellungen in den Szenen zwei und zehn bleiben auf ihre Weise wahrheitsgetreu. Die Hoffnung, daß sich die Internationale der Arbeiter der internationalen Verschwörung der nationalen Agenten des Kapitals erfolgreich widersetzen und diese besiegen werde, formuliert Brecht durch den Dialog von „Papa" und Jean. *„Sie nehmen Papierhelm und Brille ab und umarmen sich."* Und Babette lädt Jean in der Hoffnung auf das neue Leben zu sich ein: „Jean, das war gut. Ich glaube, die Fahne hängt noch nicht richtig, wir gehen hinaus. *Sie umarmt ihn."* (TC S. 57)

9) Eine besonders interessante wie widersprüchliche Ausgestaltung dieser Forderung findet sich in dem Regiekonzept der *Commune*-Aufführung am Mecklenburgischen Staatstheater Schwerin aus dem Jahre 1978. Christoph FUNKE schreibt darüber im *Morgen* vom 15. Februar:

> „Christoph Schroth, unter dessen Gesamtleitung das große Unternehmen [das vier Brecht-Aufführungen, sowie eine Uraufführung von Kurt Bartsch über Brecht umfassende Ensemble-Projekt: *Brecht-Entdeckungen* – W.S.] steht, stellt auf der Vorderbühne *Die Tage der Commune* in neuer Sicht zur Debatte. Die Szenen im Stadthaus von Paris, die Beratungen des Zentralkomitees der Nationalgarde und der gewählten Commune, werden in die Rue Pigalle, mitten in das Geschehen um die Familie Cabet verpflanzt. (. . .) Über die unmittelbare Verbindung, die zwei der Commune-Delegierten, Pierre Langevin und die Lehrerin Geneviève, zur Familie Cabet haben, gelingt die Zusammenschaltung der kleinen und der großen Ebene des Stücks auf oft verblüffende Weise. Sicher, die Debatten um das richtige Vorgehen in der Revolution werden zerrissen, stark gekürzt, in kleine Abschnitte aufgelöst, und auch auf etwas gewaltsame Weise müssen Bezüge zum Leben in der Rue Pigalle hergestellt werden – aber Schroth erreicht so nicht nur einen dynamischen Ablauf, er versteht auch, das leidenschaftliche politische Sachgespräch in seinen Ursachen und Wirkungen aus der vielgliedrigen Geschichte um die Näherin Cabet zu deuten."

In mir hat dagegen gerade diese enge Zusammenführung der beiden Ebenen den Eindruck erweckt, daß gerade dadurch die *Schwierigkeiten* einer solchen „Zusammenschaltung" (!) von Regierung und Volksmassen als besonders drängendes Problem herausgearbeitet werden sollten. In einem sich an die Aufführung vom 11. Februar 1978 anschließenden Gespräch mit der Dramaturgin Bärbel Jaksch und Christoph Schroth fand ich diesen Eindruck eigentlich eher bestärkt. Sie sprachen ausdrücklich von der „Commune" einerseits und der „Familie Cabet" andererseits. Das Gegenüber der beiden Ebenen würde ja nicht einmal während der Feier anläßlich der Wahlen zur Kommune aufgelöst. Die Ratsmitglieder betrachteten von ihrem Sitzungstisch aus das Treiben auf der Rue Pigalle, mit dem Rücken zum Publikum (siehe: *Brecht 78,* 1979 S. 190ff. und Abb. Nr. 33).

10) Hans Kaufmann bezieht sich hier auf die Kritik von Friedrich-Karl DIECKMANN (*Die Tage der Kommune* In: *Tribüne* vom 24.11.1956). Er schreibt darin u.a.:

> „(. . .) die Schwierigkeiten wurden nicht gemeistert, weder von der Dramaturgie noch von der Regie. Brechts Stück war, so meine ich, noch nicht theater-, noch nicht spielfertig. Wohl ist szenisch alles vorhanden, um den riesigen Stoff überzeugend darzustellen. Aber die vielen Bilder zerreißen den breiten epischen, zugleich dramatischen Strom, geben den Konflikten zu wenig Raum und erschweren, besonders in den Bildern der Kommunesitzungen, die Übersicht über die Handlungen und Personen" (S. 6).

Vgl. dazu die These von Manfred WEKWERTH in „Zur Fassung des Berliner Ensembles":

„Auch wenn man von den Fehlern der Regie absieht, bleibt die Feststellung: die im Druck vorliegende Fassung ist nicht aufführbar ohne schwere Schädigung der brechtschen Arbeitsweise." (1967 S. 92)

Als sich dann das Frankfurter Ensemble 1977 dennoch zu einer (Ur-)Aufführung dieser Fassung entschloß, wurden immer wieder Fragen der Regie in Abhängigkeit dieser dramaturgischen Problemen erörtert. Auch noch nach der Premiere; so in einem längeren Gespräch, zu dem das Ensemble Mitglieder und Gäste des Hauses eingeladen hatte (Frankfurt, 10.10.1977). Dabei wurde klar herausgearbeitet, in welchem Maße die Textvorlage Brechts konstruiert ist („die ist hier ganz streng kalkuliert und jeder Satz hat eine Funktion geradezu geometrischer Art" P. PALITZSCH) und wie gleichzeitig diese Beobachtung deutlich von der Gefahr des Formalisierens des Geschehens abzugrenzen sei.

C.N.: „Die Behauptung, daß es bei bestimmten Figuren Entwicklungen gibt, andere dagegen als Karikaturen erscheinen, sozusagen als auf ihren Wahrheitsgehalt hin ausgefilterte Menschen, habe ich verstanden und ich finde sie auch für zutreffend; aber trotzdem meine ich, daß auch diese Menschen, die in dem Stück eine Entwicklung durchmachen, nicht Menschen sind wie du und ich."

U.P.: „Nein, das sind sie wohl auch nur selten auf dem Theater; deshalb haben sie ja auch ein anderes Leben, als Theaterfiguren eben. Aber: auch sie müssen ihr Leben wirklich führen. Das heißt, man kann sich nicht einfach zufriedengeben mit dem Konstruieren, mit dem Bauprinzip von einer / ihrer Sache. Du mußt ein neues Leben finden für diese Figuren und das muß interessant sein, neben der Konstruktion."

P.P.: „Ja, und eben das war die entscheidende Aufgabe, neben der Tatsache, daß dieses Stück ebenso minutiös konstruiert ist. Denn das ist hier anders als beispielsweise bei O'Casey oder Horvath, bei denen die Figuren ganz rund sind, selbst in den kleisten Szenen wirken sie wie jene voll ausgeführte Plastiken, die so sehr leben, daß man meint, sich neben sie setzen zu können. — Hier aber handelt es sich um eine Parabel, also weder um ein einfaches Zusammendrängen von geschichtlichen Vorgängen, noch ein frei erfundenes Stück wie etwa von Tschechow. Die Figuren, die Brecht hier zeigt, haben nur Wert in Bezug auf das, was sie im Stück beweisen. — Ich will Euch also beim Inszenieren nicht erklären, was der Jean beispielsweise für eine Figur ist. Vielmehr müssen wir untersuchen, wie Brecht etwa den Bäckerjungen Philippe an diese Figur im 3. Bild herangeführt hat und wie sich dann aus dieser Begegnung das Verhalten von Jean erklären läßt; und *dann* können wir auch herausfinden, wie der Jean in diese Szene zu spielen sein wird."

11) Gerade an der Gestaltung der ersten Bilder setzt die Kritik WEKWERTHs an: die lückenhafte Fabel, die mangelnde Ausgestaltung der Szenen („In vielen Szenen wirkt das Stück chiffriert") würde auch bei Kennern des Stücks zu „unmöglichen Verwechslungen" führen. Zum Beispiel:

„man hält den ersten Marsch auf das Stadthaus (1. Bild) für den Beginn des Aufstandes, und nicht für einen blutigen Sonntag, der mit vollständiger Niederschlagung endete. Man meint, die Forderungen der Nationalgarde nach besserer Verteidigung führen übergangslos zu einer Art Volksfront aller Regierungsgegner. Man hält das Kleinbürgertum (Mme. Cabet) für widerspruchslose Anhänger der revoltierenden Nationalgarde. Man verwechselt die Nationalgarde mit den regulären Truppen. Man hält Thiers in der zweiten Szene bereits für das Oberhaupt der Regierung." (1967 S. 91)

12) Das Ergebnis lautet dann, wie hier bei WEKWERTH, folgendermaßen:

> „Jean wird – aus Mangel an Revolution – Privatier, der eine Familie gründet, während seine Genossen einen neuen Staat gründen (aber welche Großmut, die ihm auch diese Freiheit läßt)." (1967 S. 97)

Mit diesem: „welche Großmut" gegenüber dem „Privatier" Jean dokumentiert Wekwerth eine Haltung gegenüber den „Kindern der Kommune", die mir persönlich unangemessen scheint. Darüberhinaus ist eine solche Haltung dem Bemühen, die wirklich „dialektischen Zusammenhänge" (Wekwerth!) zwischen Privatem und Öffentlichem zu entdecken, nicht gerade förderlich. Abgesehen davon, daß die Entscheidung, eine Familie zu gründen, eine Entscheidung von Jean *und* Babette ist, so wird hier diese Entscheidung nicht nur *nicht* als eine solche dargestellt, sondern vielmehr als das Ergebnis mangelnder 'Frustrationstoleranz' des „Revolutionär(s) aus Illusion", auf den die „Mühseligkeit beim Bau des neuen Staates desillusionierend" gewirkt habe. Jean kann also, nach Wekwerth, verdammt froh darüber sein, daß die Kommunarden, pardon, die Genossen ihm selbst diese Freiheit, eine Kommunardin zu lieben und ihr ein Kind zu machen, nicht allzu krumm nehmen. . . Worauf wollen sich die Kinder der Kommune gründen, die das Gründen einer Familie nur aus „Großmut" tolerieren?

Bei Brecht wird das Beziehungsfeld, in dem Jean und Babette eingebunden sind, wie folgt charakterisiert:

> „So wie in der Kommune sich neue gesellschaftliche Beziehungen der Menschen untereinander ankündigen, zeigen sie sich ebenfalls in der privaten Sphäre, zum Beispiel zwischen Jean und Babette. Sie kündigen sich an unter den Kanonen der Bourgeoisie."

(Zitiert nach dem Programmheft *Brecht Entdeckungen* des Mecklenburgischen Staatstheaters Schwerin, Spielzeit 1977/78)

13) Die Formulierung „Leben und Arbeiten" entstand in Anlehnung an Kaufmanns im Motto eingangs zitierte Passage von „der Arbeit und dem Leben der Kommune". Darin weist er zwar auf Szenen hin, die „auf der Gegenseite" spielen – ich rechne hier die Bank-Szene ebenfalls dazu – stellt diesen aber die übrigen Szenen so gegenüber, daß ein struktureller Bruch entsteht. Eine Anordnung der Szenen aufgrund ihrer unterschiedlichen Qualität der Widersprüche, so wie bei Hans Kaufmann selbst angesprochen (S. 87ff.), erfolgt leider nicht durchgehend; sie wird durch eine horizontale Zeitachse nicht strukturiert, sondern überlagert, so daß sich beide in ihrer Erkenntnisvermittlung nicht ergänzen, sondern gegenseitig behindern.

14) In dem Vergleich der beiden Fassungen weist Monika Mehnert auf eine Begründung dieser Umstellung hin, nach der zwischen den Bildern III und IV der Umschlag vom nationalen in den sozialen Kampf erfolge und die „Resolution" ja „vorwiegend sozialen Inhalt" habe. Dem läßt sich der Verweis auf den zweiten Schwerpunkt des Stückes, die Gewaltfrage, entgegensetzen. Wird diese zugrunde gelegt – und sie ist in beiden Liedern von entscheidender Bedeutung – so läßt sich mit Nachdruck für den Beibehalt der bei Brecht vorgenommenen Anordnung plädieren. So setzt die „Resolution" ein in Anknüpfung an die feierliche Begrüßung des Gewaltverzichts der Kommune durch Geneviève und durch „Papa" (!) (TC s. S. 39). Während sich beide über die Neue Zeit freuen, in der es nicht mehr notwendig sein wird, die inneren Widersprüche mit Gewalt zu lösen, betont die „Resolution" die bei den beiden zu sehr aus dem Gesichtsfeld geratene Bedrohung dieses neuen Glücks durch die Regierung(en) in Versailles (und in Frankfurt). – Auch das Lied „Keiner oder Alle" betont eben diesen Aspekt, zur Solidarität der Sklaven, Hungernden, Geschlagenen, Verlorenen aufrufend. Sich an die letzte Kommune-Rats-Szene anschließend, nimmt es die Niederlage schon vorweg und weist über sie hinaus. Der inhaltliche Anknüpfungspunkt ist diesmal die

Haltung der Delegierten, die sich mehrheitlich gegen jegliche Gewaltanwendung, „auch jetzt noch", als ihnen die Nationalgardisten (wieder die) Gewehre in die Hand geben (TC S. 89), ausgesprochen haben.

15) I:II.   Die Situation der Pariser Bevölkerung Ende Januar 1871 wird direkt der der französischen Großbourgeoisie gegenübergestellt (22. bzw. 25. Januar).

      V:IV.   Der Furcht der *Bürgerfamilien, Nonnen, Beamten, die nach Versailles flüchten* (TC S. 42) wird direkt angeschlossen und damit gegenübergestellt dem Leben der Familie Cabet im befreiten Paris (19. bzw. 26. März 1871).

      XIII:XIV.Der Tod der Kommunarden wird kontrastiert mit den Kommentaren der nach Versailles Geflüchteten (beides ebenfalls zur annähernd gleichen Zeit, *der blutigen Maiwoche* TC S. 99).

16) zur optischen Ergänzung ist im Annex des Buches (S. 275) eine Strukturskizze des Stückes beigefügt.

17)   „Im Fall *Die Tage der Commune* könnte das Prinzip lauten: jede Szene für sich, da nur so für alle anderen. Das bestimmende Strukturelement ist die Bezogenheit selbständiger Kleinszenen aufeinander, so daß sie zusammen einen übernationalen Klassenkampf vor Augen bringen. Sie folgen aufeinander als Aktion und Gegenaktion, zumal diejenigen, die sich direkt auf den Hauptwiderspruch beziehen und aufs schärfste sachlich, nie personell, verknüpft sind."   (HARTUNG 1972 S. 132)

18) Brecht schließt dieser Phrase Favres das kleine Wörtchen „nicht?" an. Könnte nicht selbst dieses ein ausgesprochen politisches „nicht?" sein?
Den Schlüssel dafür liefert der von Jean und „Papa" im 6. Bild karikierte Dialog zwischen dem französischen Außenminister und „Otto" von Bismarck. Favre, verkörpert von Jean: „die Kommune" darauf, Bismarck verkörpert von „Papa": „Sprich das Wort nicht aus. Sprich es nicht aus! Weißt du, das ist bei mir wie bei dir dieser Liebknecht und dieser Bebel." (TC S. 56)
August Bebels Solidaritätserklärung mit dem Pariser Proletariat — ausschließlicher Gegenstand einer eigens dafür eingerichteten weiteren Stadthausszene 9d — geht dem Gespräch zwischen Jules Favre und von Bismarck unmittelbar voran. Kann also dieses kleine „nicht?" in diesem Gespräch nicht auch die Befürchtung Favres ausdrücken, daß die französischen Kriegsgefangenen in Deutschland doch von der 'Polithetze', nämlich durch deutsche Sozialisten, nicht 'verschont' werden konnten. Könnte diese Befürchtung Favres in einem Wechselverhältnis mit den Hoffnungen Brechts stehen?

    „Kunst ist in jedem Detail — bei der Darstellung der Liebe ebenso wie bei der des unmittelbaren Kampfes — politische Arbeit, wie anders soll sie uns — die wir nur durch den politischen Kampf existieren können — nützlich sein?"

(Bertolt BRECHT — zitiert bei Wekwerth 1960 S. 81)

19) Die in der vorangegangenen Anmerkung vorgestellte Interpretation eines kleinen „nicht?" findet angesichts dieser Überlegung und Szenenanalyse eine noch weitergehende Erhärtung.
August Bebel vor dem Deutschen Reichstag, am 3. April 1871:

    „Und ich bin (. . .) der Meinung, daß es hier allerdings im großen und ganzen nach Lage der Dinge ziemlich überflüssig ist, über die Grundrechte zu diskutieren, solange man nicht entschlossen ist, nötigenfalls die Grundrechte um jeden Preis auch mit Gewalt durchzuführen."

(DEUTSCHE PARLAMENTSDEBATTEN Bd. 1 1970 S. 50f.)

20) Offensichtlich um den Eindruck von der Wichtigkeit dieser 'Verbindungsperson' zu betonen, 'unterschlägt' Brecht den Tatbestand, daß der Leiter der Bank von Frankreich, Gouverneur Rouland, am 23. März seinen Posten an seinen Stellvertreter, eben den hier genannten de Plœuc übertragen hatte – um dann ebenfalls aus Paris zu entfliehen.

21) Daß dieses Problem gerade von den Figuren Langevin und „Papa" aufgegriffen wird, ist keineswegs zufällig. Brecht sorgt auf diese Weise dafür, daß die hier angesprochene Frage nicht nur zwischen den Ebenen 3 und 2 sozusagen hängenbleibt, sondern bis auf die 1. Ebene zurückgeführt wird. Denn, unter Hinzufügung der Beziehungslinien zwischen den Ebenen 1 und 2, sind es vor allem diese beiden Figuren, die als 'Verbindungspersonen' ausgestaltet worden sind, Langevin auf der 2., „Papa" auf der 1. Ebene angesiedelt. (Hinzu käme noch Geneviève, an der Brecht wesentliche Lernprozesse bezüglich des Zusammenspiels dieser beiden Ebenen erläutert.) Auf diese Zusammenhänge ist aber bereits in den vorliegenden Untersuchungen ausführlich eingegangen worden, denn gerade in diesen Figuren manifestiert sich ja der Zusammenhang zwischen der „Familie Cabet" und dem Stadthaus. Die Vielfalt und die Weisheit des Volkes, so Wekwerth, sind es, an denen Brecht den Wert eines jeden Staates messe (WEKWERTH 1967 S. 96). Aber dieser Bezug auf die Weisheit des Volkes geschieht in der *Commune* einschließlich aller Kritik an den Haltungen sowohl Langevins als auch „Papa"s. Langevin, der es als Delegierter für das Verkehrswesen nicht fertiggebracht hat, den Abtransport von für die Kommune lebenswichtigen Dokumenten und Geldern zu verhindern; „Papa", der zwischenzeitlich deutlich von seinem Drängen auf „Gegenmaßnahmen" abläßt, in der Illusion, daß die Kommune bereits endgültig gewonnen habe. Somit gelingt es Brecht, daß auch die Position der Minderheitsfraktion des Rates ihre kritische Würdigung erfährt und zugleich im Spiegel des Dialogs zwischen „Papa" und Langevin beide Ebenen und beide Positionen reflektiert und als veränderbare gezeigt werden (siehe die Bilder IV, VI, XIII).

22) Vgl. dazu:

„Die höchste Staatsform, die demokratische Republik, die in unsern modernen Gesellschaftsverhältnissen mehr und mehr unvermeidliche Notwendigkeit wird und die Staatsform ist, in der der letzte Entscheidungskampf zwischen Proletariat und Bourgeoisie allein ausgekämpft werden kann – die demokratische Republik weiß offiziell nichts mehr von Besitzunterschieden. In ihr übt der Reichtum seine Macht indirekt, aber um so sicherer aus. (. . .) Daß aber zu diesem Bruderbund von Regierung und Börse keine demokratische Republik erforderlich, beweist außer England das neue deutsche Reich, wo man nicht sagen kann, wen das allgemeine Stimmrecht höher gehoben hat, Bismarck oder Bleichröder."

([1884] Friedrich ENGELS: Der Ursprung der Familie, des Privateigenthums und des Staats. MEW XXI S. 167f.)

Anmerkungen: C 1

Motto

0) Bertolt Brecht: *Flüchtlingsgespräche* (GW XIV S. 1450f. – „Frankreich oder Der Patriotismus").

Text

1) In seiner „Anrade an den Kongreß für unamerikanische Betätigungen" erklärt Brecht:

„Ich mußte Deutschland im Februar 1933, am Tag nach dem Reichstagsbrand, verlassen. Ein Exodus von Schriftstellern und Künstlern begann, wie ihn die Welt noch nicht gesehen hatte." (GW XX S. 304)

10 Jahre später, im amerikanischen Exil, erinnert Brecht an den Reichstagsbrandprozeß (siehe dazu auch GW XX S. 205f.) u.a. mit den Worten:

„Wieder erheben sich nun aber die Stimmen von Leuten, die daran interessiert sind, daß das Hitlerregime und Deutschland völlig gleichgesetzt werden.
Diese Leute lieben es nicht, von einem möglichen Unterschied zwischen Völkern und ihren Regierungen zu hören. Der Gedanke, dem deutschen Volk zu helfen, sich seiner Bedrücker zu entledigen, scheint jenen nicht glücklich, die es nicht gern hören, daß von der Befreiung von Völkern geredet wird.
Laßt aber uns davon reden."

(GW XX S. 292f.)

2) Die ersten Tage war Brecht von der Schweiz noch sehr angetan; an seinen Freund Bernard von Brentano schreibt er am 27. März unter anderem, daß er in Lugano ganz leicht untergekommen sei und für ein sehr gutes Hotel (das „sehr" ist unterstrichen) 8 Franken pro Tag für die Pension bezahle. Das Essen, so merkt er später noch lobend an, sei „wie in Deutschland." – Als er sich aber mit Helene Weigel in Verbindung setzt, klagt er in seinem Brief gleich zweimal über die zu teuren, bzw. furchtbar teuren Hotelkosten und begibt sich auf die Suche von was Festem. (Siehe auch: HECHT [Hrsg.] 1978 S. 120)

3) „Im Sommer 1933 sprach ich mit einigen Bekannten über Hitler. Dieser hatte Zehntausende von deutschen Arbeitern in die Gefängnisse und Konzentrationslager geworfen oder ermorden lassen und uns alle vertrieben, so daß das Gespräch in Paris stattfand. Jemand erzählte, daß er den Anstreicher früher in München oftmals in einem Lokal getroffen hatte und daß der Anstreicher sich für eine Mark ins Gesicht spucken ließ. Der dies erzählte, fügte hinzu, daß er diese wahre Geschichte niemals in einem größeren Kreise als dem unsern erzählen würde, denn, meinte er, das sei kein Argument gegen einen solchen Mann.
Da sagte einer meiner Freunde, der ein Kommunist war: 'Gegen einen solchen Mann ist auch das ein Argument. Gegen einen solchen Mann ist für mich alles ein Argument.'
Das war auch meine Meinung." (GW XX S. 205)

Aus einem Brief von Brecht an Margot von Brentano, April 1933:

„Ich war in Paris, wo ich zusammen mit Weill einen Auftrag hatte; ich traf aber nur Eisler und Seghers. Es gibt sehr hübsche und billige Wohnungen dort, und die Stadt hat mir, da ich diesmal beschäftigt war, sehr gefallen; wahrscheinlich gehen wir im Herbst doch dorthin. Die Schweiz ist teuer, hat keine Städte und ist eine Theaterdekoration (aber ohne Bühnenarbeiter)." (In: HECHT (Hrsg.) 1978 S. 121)

4) In dem von seinen eigenen Exilerfahrungen geprägten Vorwort zu „Deutsche Literatur im Exil. Briefe europäischer Autoren 1933-49" („Briefe aus dem Exil herausgegeben, heißt ein zweites Mal ins Exil gehen.") schreibt Hermann KESTEN:

„Von den tausenden exilierten Autoren wurden im Ausland vielleicht nur hundert gedruckt, nur einige Dutzend regelmäßig, das waren meist die weltberühmten Autoren. Gewöhnlich werden Bücher erst übersetzt, die in der Heimat Erfolg hatten, oder Theaterstücke im Ausland erst aufgeführt, die in der Heimat Furore machten. Schon die Übersetzungskosten wirken prohibitiv. Einige Autoren begannen darum, in den fremden Sprachen zu schreiben, sie wurden also aus Meistern in ihrer Sprache zu Anfängern in einer fremden Sprache." Er macht klar, daß aber jene, die weiterhin in der deutschen Sprache schreiben wollten, für das Publikum in der Schublade schreiben mußten, denn: „Der Leserkreis der exilierten deutschen Autoren wurde von Jahr zu Jahr kleiner, da Hitler jedes Jahr eine neue deutschlesende Provinz einsteckte, ein neues Land, wo man deutsch lesen konnte, okkupierte." (KESTEN [Hrsg.] 1973 S. 17)
„hin und wieder vergesse ich jetzt ein deutsches wort" schreibt Brecht nach mehr als zehn Jahren Exil. Versucht er in seine Heimat zurückzukehren, indem er sich an sie zu erinnern bemüht, dann führt ihn sein Weg zurück in die Tage seiner Jugend nach Bayern. „Deutschland", das war zu allererst nicht Berlin, sondern Augsburg. Brecht fährt fort: „suche ich dann, kommen mir nicht die hochdeutschen, sondern die dialektwörter in den sinn, wie dohdle für godfather." (AJ II vom 17.11.1944 S. 444)

5) Daß Brecht sich als „schlechten Esser" bezeichnet, wirft eine Vielzahl von Fragen auf, die hier zumindest kurz als solche angesprochen werden sollen:
– heißt das, daß zunächst aufgrund objektiver Voraussetzungen es schlecht möglich gewesen war, von diesen deutschen Köstlichkeiten zu profitieren; sei es, daß die ersten Nachkriegsjahre wahrlich diese Dinge noch nicht wieder bereithalten konnten? Oder sei es, daß diese Speisen (und Getränke) als typisch bayrische nur in einem anderen Teil Deutschlands zu haben waren als jenem, für den sich Brecht entschieden hatte? (Vgl. z.B.: BB Brief Nr. 776/820 S. 727/753)
– heißt das, daß aufgrund subjektiven Unvermögens Brecht darüber trauerte, für sich selber nicht realisieren zu können, was er für eine ganze Klasse erkämpfen will: die gesellschaftlichen Voraussetzungen für die Möglichkeit individuellen Lebensgenusses?
– heißt das, daß dieser Hinweis zu lesen ist wie eine Allusion z. Bsp. auf jene Zeilen, in denen er bekennt, daß er der Liebe achtlos gepflegt habe?
Vielleicht, so denke ich, ist es gerade jenes Unvermögen, z. Bsp. ein guter Esser sein zu können (Vgl. dazu: AbA S. 214: „Große Appetite"), dem wir seine herrlichen Lobpreisungen der „Lebenskunst" verdanken?

6) Der Übersicht halber werden die einzelnen Zitate aus der kurzen Erzählung „Eßkultur" im folgenden nicht mit Seitenangaben versehen. Sie sind sämtlich dem Band XI der Gesammelten Werke S. 337f. entnommen. Die dazu parallel zitierten Hinweise auf die *Commune* sind dagegen alle mit einem entsprechenden Vermerk (TC S. . . . .) versehen.

7) In den Autobiographischen Aufzeichnungen wird das Verhältnis von Genießenwollen und Kunstgenuß wieder und wieder thematisiert. Da selbst die Wollust seinem zu schwachen Appetit („Ich bin gleich satt!" – AbA S. 209) nicht auf die Beine verhelfen kann, entschließt sich Brecht, „die wilden Anfälle" auszumerzen und seine Appetite so zu regeln „daß ich Stücke sehr rasch schreiben könnte, aber nicht müßte." (AbA S. 208; s.S. 11)

8) „Er [der emigrierte Schriftsteller – W.S.] mußte erfahren, daß er ohne den lebensvollen, stetigen Zustrom aus dem Volk seiner Sprache und ohne die unwägbare Resonanz der Leser als wirkender Schriftsteller nicht mehr existent war. Er spielte in der Emigration auf einer Geige aus Stein, auf einem Klavier ohne Saiten. (Leonhard FRANK, München 1952 S. 191)"

9) Nachdem Brecht zunächst auf Paris als zukünftigen Aufenthaltsort spekuliert hatte, verändern sich durch den Aufenthalt in Dänemark während des Sommers 1933 die Perspektiven erneut.

In einem Brief an Karl Kraus schwärmt er von der Insel Thurö, „einem flachen grünen Eiländchen, mit Wald und Badegelegenheit", wo er sich mit seiner Familie aufhielt. „In der Nähe gibt es ein kleines Städtchen, das gar nicht übel ist. Und es ist ganz außerordentlich billig, viel billiger als in Österreich." (BB Brief Nr. 175 S. 170)
Und nach dem Erwerb „eines kleinen Fischerhauses" in Skovbostrand bei Svendborg (am 9. August 1933 für 7 000 Kronen, das Geld wurde aus dem Erbteil der Weigel und mit Hilfe der Unterstützung von Brechts Vater zusammengebracht) lädt er — neben vielen anderen — seinen Freund George Grosz mit den folgenden Argumenten zu sich ein: „Die Pension kostet 4 Kronen (2 Mark vierzig). Ein kleiner Ford aus der Urzeit verschafft Bequemlichkeit. Nirgend sitzest Du näher an Deiner Heimat!" (BB Brief Nr. 211 S. 208) (Beide Briefe in: HECHT [Hrsg.] 1978 S. 124)

10) Um zu zeigen, welche Bedeutung diesen Aussagen zukommt, soll hier auf ein Notat Käthe Rülickes hingewiesen werden, die als Brechts Mitarbeiterin am Berliner Ensemble über ihn einmal einen Zeitschriften-Artikel zu verfassen hatte und Brecht etwas ratlos fragte, was sie denn über ihn schreiben solle. Daraufhin Brecht: „Schildern Sie mich einfach als das, was ich bin, als Lehrer." (RÜLICKE-WEILER In: *Theater der Zeit* 1, 1961 S. 22)

11) siehe auch:

„ÜBER DIE BEZEICHNUNG EMIGRANTEN

Immer fand ich den Namen falsch, den man uns gab: Emigranten.
Das heißt doch Auswanderer. Aber wir
Wanderten doch nicht aus, nach freiem Entschluß
(. . .)
Sondern wir flohen. Vertriebene sind wir, Verbannte.
(. . .)
Unruhig sitzen wir so, möglichst nahe den Grenzen
Wartend des Tags der Rückkehr, jede kleinste Veränderung
Jenseits der Grenze beobachtend, jeden Ankömmling
Eifrig befragend, nichts vergessend und nichts aufgebend
Und, auch verzeihend nichts, was geschah, nichts verzeihend.
(. . .)"   (GW IX S. 718)

12)   „Dieses Länderwechseln hatte nichts so Befremdliches, als man denken könnte. Es besaß einen klaren Grund in den Eroberungen unserer Landsleute und erfolgte in einer Welt erleichterter Kommunikationen. Wir waren nicht wohlhabend, jedoch auch nicht mittellos. Und wir fanden überall Freunde". (AA 1942 S. 233)

13) Ruth Berlau beispielsweise, von Brecht als Mitarbeiterin an dem *Commune*-Stück genannt, gelangen auch Freundschaftsdienste ganz anderer Art. So gelingt es ihr gleich im ersten Jahr seines Aufenthalts auf Fünen, ein 'neues' Auto, diesmal einen gebrauchten Ford zu organisieren. (Siehe dazu das Photo Nr. 179 und 215 in dem 1978 im Aufbau-Verlag herausgegebenen Band mit Bildern und Texten über das Leben Bertolt Brechts — HECHT [Hrsg.] 1978 S. 124 und 154) — Vgl. dazu auch Brechts Auto-Wunsch an Helene Weigel, als er seine Rückkehr nach Berlin vorbereitet: BB Brief Nr. 582 S. 589.

14)   „In einem abendlichen Gespräch, das vor einigen Tagen stattfand, entwickelte Brecht die sonderbare Unschlüssigkeit, die zur Zeit der Bestimmung seiner Pläne im Wege ist. Was zunächst dieser Unschlüssigkeit zugrunde liegt, sind — wie er selbst hervorhebt — die Vorteile, die seine persönliche Lage von der der meisten Emigranten auszeichnen"

Walter BENJAMIN (1966 S. 125)

15)   „Europa wurde für die Exilierten zur Hölle ohne Exil. Sie hatten schließlich kein Geld, keinen Paß, sie erhielten für kein Land ein Visum. Ihnen blieb nichts als die stete, im-

mer schärfere Verfolgung durch die Feinde, ihre Landsleute, und die neuen Feinde, die Polizei ihrer Gastländer. Der Papst, Italien, Frankreich, England und Sowjetrußland, alle schlossen ein Abkommen und Pakte mit Hitler. Dagegen glückte kein Abkommen der Völker im Interesse der Verfolgten. Kein Wunder, daß so viele in die Hände Hitlers fielen, daß so viele Exilierte zu Selbstmördern wurden, daß so wenige überlebten."

Hermann KESTEN (In: Ders. [Hrsg.] 1973 S. 16)

16) Nochmals Hermann KESTEN:

„Keiner kam je aus dem Exil als derselbe zurück, trotz dem klassischen Urteil über gewisse Exilierte, daß sie nichts vergessen und nichts gelernt hätten." (1973 S. 15)

Anmerkungen: C 2

Motto

0) Dieses, von den Herausgebern als Fragment ausgewiesene Sonett entstand in den Jahren des skandinavischen Brechts-Exils GW IX S. 615f.

Vgl. in diesem Zusammenhang den Aufsatz von Theodore ZIOLKOWSKI: „Form als Protest. Das Sonett in der Literatur des Exils und der inneren Emigration." In: GRIMM, HERMAND (Hrsg.) 1972 S. 153-172.

Text

1) Vgl. hierzu den folgenden Abschnitt aus dem Gedicht: „Suche nach dem Neuen und Alten". Darin fordert Brecht dazu auf – Beispiele aus der *Mutter* und der *Mutter Courage* zitierend – beim Rollenstudium („Forschend, bereit zu staunen") nach dem Neuen zu suchen:

„(. . .) denn unsere Zeit
Und die Zeit unserer Kinder ist die Zeit der Kämpfe
Des Neuen mit dem Alten."

Der Mittelteil dieses Gedichts liest sich wie eine Einführung in das Studium der *Commune*:

Die durch die alte Zeit geprägten Ängste müßten als solche gezeigt werden. Aber

„Wie das Volk sagt: zur Zeit des Mondwechsels
Hält der junge Mond den alten
Eine Nacht lang im Arme. Das Zögern der Fürchtenden
Zeigt die neue Zeit an. Immer
Setzt das Noch und das Schon!
Die Kämpfe der Klassen
Die Kämpfe zwischen Alt und Neu
Rasen auch im Innern des einzelnen.
Die Bereitschaft des Lehrers zu lehren:
Die der Bruder nicht sieht, die Fremde
Sieht sie.
Alle Regungen und Handlungen eurer Figuren durchsucht
Nach Neuem und Altem!"   (GW IX S. 793)

Ergänzend scheint es mir wichtig darauf hinzuweisen, daß unter der Herrschaft des Faschismus sich die „Kämpfe zwischen Alt und Neu" in einer pervertierten Form fortsetzen, daß der Anspruch auf den Sieg einer Rasse anstatt einer Klasse Brecht in seinen Anmerkungen zu *Leben des Galilei* fragen läßt: „Was ist das für ein Gerede: 'Neue Zeit'? Ist nicht selber dieser Ausdruck veraltet? Wo es uns entgegengerufen wird, wird es aus heiseren Kehlen gebrüllt." (GW XVII S. 1105). – Interessant gerade auch im Hinblick auf die *Commune* die sich anschließende Selbstbefragung Brechts, warum er sich mit diesem Thema in die Geschichte und eine dreihundert Jahre zurückliegende Epoche „der Blüte der Künste und der Wissenschaften" vergraben habe (ebd.).

2)   „Im Verhältnis zur alten Zeit darf man nicht vergessen: das Alte ist Dünger und nicht Speise. Man kann es zum Düngen benützen, man kann und muß es studieren und verstehen, aber es nachempfinden, es in seine Psyche aufnehmen, darauf seine Sympathien und Antipathien aufbauen, bedeutet, daß man die menschliche Psyche verkrüppelt und bestenfalls aktiv arbeitende Menschen, die verpflichtet sind, ihre ganze Umwelt nur als Material für den Aufbau aufzufassen, in eklektische Ästheten verwandelt."
                                        (TRETJAKOW 1972 S. 22)

3) Hanns Eisler:

„. . . Dadurch bekam der Marxismus bei Lenin etwas neu Pulsierendes, Dialektisches, Bewegliches, Widerspruchsvolles – was Brecht, das weiß ich aus meiner Jugenzeit, ungeheuer angeregt hat." (BUNGE/EISLER 1970 S. 95)

4) „Negation von Bewegung und Veränderung in der eigenen gesellschaftlichen Realität und in der Geschichte zieht nach sich, daß auch frühere Kunst nur als Manifestation des immer Gleichen wahrgenommen wird."

(Hans KAUFMANN: „Zehn Anmerkungen über das Erbe, die Kunst und die Kunst des Erbens." In: *Weimarer Beiträge* Nr. 10 1973 S. 33-53; Reprint in KAUFMANN [Hrsg.] 1974 S. 259).

5) 1940, GW XIX S. 425

6) In dem von Friedrich ALBRECHT 1976 (!) verfaßten Vorwort des von ihm betreuten 2. Bandes der vierbändigen Sammlung *Zur Tradition der deutschen sozialistischen Literatur*", – im Aufbau-Verlag Berlin (Ost) und Weimar neu herausgegeben im Jahre 1979 – bespricht er ausdrücklich den Schwerpunkt des VII. Weltkongresses der Kommunistischen Internationale von 1935: die Einheits- und Volksfrontpolitik als zentraler politisch-ideologischer Bezugspunkt.

Es ist erfreulich zu vermerken, daß er nicht nur betont, daß gerade dieser Kongreß (zusammen mit der „Brüsseler" Konferenz der KPD) in der marxistischen Geschichtsschreibung außerordentlich hoch eingeschätzt wird, sondern, daß er auch auf die dabei deutlich gewordenen individuell unterschiedlichen Auffassungen über die Schwerpunkte und Funktion künftiger antifaschistischer Literaturarbeit aufmerksam macht; denn diese gründeten sich „auf ein verschiedenes Verhältnis zu der vorangegangenen, proletarisch-revolutionären Entwicklungsphase der sozialistischen Literatur und auf eine divergierende Beurteilung von deren Leistungen." Friedrich Albrecht fährt fort:

„Geht man diesem Problem nach, gelangt man in ein weiteres Beziehungsfeld: die Dialektik der sozialistischen Literaturprogrammatik zwischen der Mitte der zwanziger und dem Ende der dreißiger Jahre. Die Durchdringung dieser Problematik ist trotz einiger auch in methodischer Hinsicht vielversprechender Vorstöße bisher nicht sehr weit gediehen; die lange Zeit vorherrschende Tendenz, das Verhältnis der beiden Phasen als eine mehr oder weniger widerspruchslose Höherentwicklung zu sehen und die Dialektik von Gewinn und Verlust unerörtert zu lassen, ist bei uns noch häufig anzutreffen." (S. 19)

7) Dazu: das Programm der KPD vom 24. August 1930 (A), die Parolen des Aufrufs zur Antifaschistischen Aktion vom 10. Juli 1932 (B), sowie die Resolution der sogenannten Brüsseler Parteikonfernz der KPD vom Oktober 1935 (C).

(A) Aus: *Die Rote Fahne* vom 24. August 1930:
„Nieder mit dem Youngplan!
Nieder mit der Regierung der Kapitalisten und Junker!
Nieder mit Faschismus und Sozialdemokratie!
Es lebe die Diktatur des Proletariats!
Es lebe Sowjetdeutschland!"

(B) Aus: *Die Rote Fahne* vom 12. Juli 1932:
„Gegen kapitalistische Ausbeutung von Knechtschaft!
Für Arbeit, Brot und Freiheit!
Gegen Arbeiterverrat und Hindenburg-Politik!
Für rote Einheitsfront mit den sozialdemokratischen und allen Arbeitern!
Gegen die Regierung der Industriellen, Junker und Generale!

Für die Arbeiter-und-Bauern-Regierung!
Gegen Faschismus – für Sozialismus!"

(C) Aus: *Rundschau über Politik, Wirtschaft und Arbeiterbewegung* (Basel) Nr. 75 vom 12. Dezember 1935 S. 2825:
„Gegen die Kriegspolitik Hitlers, die das deutsche Volk in die Katastrophe führt!
Für die Erhaltung des Friedens!
Für die Wiederherstellung der demokratischen Volksfreiheiten!
Für ausreichenden Lebensunterhalt und Sicherung der Existenz aller Werktätigen!
Es lebe die Einheitsfornt und Volksfront gegen die Hitlerdiktatur!
Es lebe der Freiheitskampf des werktätigen deutschen Volkes!"

(Die am 24.8.1930 und am 12.12.1935 veröffentlichten Dokumente sind wiedergegeben in: *„Revolutionäre deutsche Parteiprogramme."* 1967 S. 107ff. und 129ff.
Das am 12.7.1932 veröffentlichte Dokument findet sich in: VIETZKE; WOHLGEMUTH 1966, Anhang S. 519ff.)

8) Vgl. dazu auch die folgenden weiteren Auszüge aus der zitierten Darstellung des DDR-Fernsehens. Interessant zu verfolgen, wie das Bemühen der KPD um eine Einheitsfront als schließlich doch erfolgreich dargestellt wird: die SED als ihr Erbe.

Paris 1936. Hotel Lutetia.

„SPRECHER: Kommunisten, Sozialdemokraten, Katholiken, bürgerliche Intellektuelle bilden den Ausschuß zur Vorbereitung einer deutschen Volksfront. 'Bildet die Deutsche Volksfront'. Dieser Aufruf, einheitliches, politisches Kampfprogramm der Antifaschisten verschiedenster politischer Herkunft, war von Kommunisten und Sozialdemokraten gemeinsam vorbereitet worden.

SPRECHER: Das Ziel, fixiert im Manifest der brüsseler KPD-Konferenz, hieß: Ein neues, freies Deutschland. Eine deutsche demokratische Republik antiimperialistischen Charakters. Fassen wir auch die wichtigsten Ergebnisse der Brüsseler Konferenz zusammen:

SPRECHER: Herstellung der Aktionseinheit der Arbeiterklasse. Bildung der Volksfront als Bündnis aller Hitlergegner als Voraussetzung für den Sturz des faschistischen Regimes. Die Volksfront unter Führung der Arbeiterpartei tritt für demokratische Rechte und Freiheiten ein, für die Sicherung des Friedens. Sie bestimmt die Geschicke des Landes nach dem Sturz des Faschismus. Nur die sozialistische Gesellschaftordnung befreit die Werktätigen von Ausbeutung und Unterdrückung.
(. . .)
LEHMANN: Ausgehend von den Darlegungen, die ich bereits gemacht habe, muß man die Brüsseler Parteikonferenz doch bis zu einem gewissen Grade als einen Wendepunkt bezeichnen in der grundlegenden Politik der Kommunistischen Partei, die programmatische Bedeutung hatte und in den späteren Konferenzen von Bern und auch eben dem Aufruf der Kommunistischen Partei vom 11. Juli [Juni – W.S.] 1945 ihre Fortsetzung und endgültige Formulierung gefunden hat.
SPRECHER: Noch gab es opferreiche Jahre bis zum entscheidenden Tag. Die obersten Gremien beider Parteien, der KPD und der SPD beschließen die Gründung der Sozialistischen Einheitspartei Deutschlands.

(Fernsehen der DDR II vom 3.3.1980 „Der VII. Weltkongreß der Kommunistischen Internationale.")

9) Der Vorwurf (u.a.) gegenüber Brecht, er sei ein „linksbürgerlicher Autor", entbehrt durchaus nicht der Wahrheit. Allerdings ist das Adjektiv in seine zwei Begriffe aufzuteilen, damit

in jedem von beiden Teilen die Wahrheit aufscheinen kann (und dies nicht nur in dem Sinne, daß der aus dem Bürgertum kommende Autor zunehmend zu einer 'linken' Position und Haltung gefunden hatte). Denn legen wir die Entwicklung der politischen Linie der KP an die des Autors Brecht an – wohl wissend, daß diese nicht ohne Einfluß auf dessen Einstellung geblieben ist – so stellt sich seine Position, gemessen an dem 'Anforderungsprofil' der Partei, zunächst als noch in vielem im Bürgerlichen verhaftet, als noch nichts 'links' genug dar. Mit dem zunehmenden Bemühen der Partei um eine Einheitsfront dagegen, wird eben diese Position, wiederum Brechts eigene Veränderungen einbeschlossen, sozusagen von 'rechts' überholt.

10) Dazu folgendes Beispiel:

> „Die in Moskau [auf dem 1. Unionskongreß der Sowjetschriftsteller – W.S.] und Paris [auf dem Kongreß zur Verteidigung der Kultur – W.S.] erörterten Lehren aus der deutschen Tragödie [!] haben in vieler Hinsicht der Entwicklung der deutschen sozialistischen Literatur das Gepräge gegeben (. . .). Klarer denn je wurde die Existenz der Sowjetunion als sicherste Garantie für die Überlegenheit der neuen Welt über die alte erkannt." (Aus: „Zu dieser Ausgabe" von *Zur Tradition.* . . 1979 Bd. I S. 17).

11) Es sei hier gerne zugestanden, daß weder Verwirrung noch Resignation Tragpfeiler sind, auf denen die zumeist unerwartet in die Emigration gestoßenen Schriftsteller eine neue Plattform für ihre weiteren Aktivitäten hätten errichten können. Andererseits ist es erstaunlich und eine kritische Anmerkung wert, mit welcher Sicherheit heute über die Folgen des Umsturzes für die kommunistischen Künstler geurteilt wird.
Was ist da in ihren Reihen geschehen, daß ein so abrupter Richtungswechsel ohne Anzeichen der Verwirrung begriffen werden konnte? War nicht noch kurz zuvor von einem bevorstehenden Sieg eines „Sowjet-Deutschland" die Rede gewesen, bis dann die Machtergreifung durch den Faschismus diesem Glaubensartikel ein jähes Ende bereitet? (Siehe die Losungen der „Programmerklärung zur nationalen und sozialen Befreiung des deutschen Volkes" vom ZK der KPD vom 24.8.1930) – Oder soll die Aussage, daß Resignation und Verwirrung nicht *vor*herrschend waren, bedeuten, daß die in der Partei organisierten Kräfte am leichtesten über diese radikale politische Veränderung hinwegkommen konnten? Aber wie, zumal sich die Zentrale in Moskau zunächst selber weitgehend in Schweigen hüllte und – was die Künstler betrifft – zunächst einen Johannes R. Becher auf eine Erkundungsreise durch einige Exilländer schickte?
Dazu die in einem Brief an seinen Freund Sergej Tretjakow vom April 1933 (!) festgehaltenen Eindrücke Brechts:

> „Seit etwa 4 Wochen bin ich in der Schweiz, vorher war ich kurz in Prag, länger in Wien, eine Woche in Paris. Unter den Genossen habe ich überall nicht wenig Wirrwar angetroffen, nach so kurzer Zeit schon Gegeneinanderarbeiten, Mißtrauen, Skepsis und Illusionen. Die Berufspolitiker scheinen fast alle in Deutschland geblieben zu sein, aber mit ihnen gibt es wenig Verbindung; vorläufig hindert die Existenz der Partei eher den Zusammenschluß der Emigrierten, als daß sie ihn fördert, man wartet auf Direktiven, Linien, Abrechnungen, Umgruppierungen usw. usw. Es ist alles zentralisiert, und das Zentrum antwortet nicht."

(In: HECHT [Hrsg.] 1978 S. 121 – BB Brief Nr. 170 S. 614f.)

12) Nach Auskunft von Arno MÜNSTER, „Antifaschismus, Volksfront und Literatur" Hamburg und Westberlin 1977, S. 177 (Anm. 144) ist der Begriff der Front Populaire in einem von Marcel Cachin verfaßten Artikel in *L'Humanité* vom 24. Oktober erstmals verwendet worden („Front Populaire contre les fascisme").

13) Wie sehr sich der Bedeutungswandel eines Wortes durch die veränderten Bedingungen seiner Anwendung verschieben kann, darauf macht Hans KAUFMANN deutlich in seinen „Zehn

Anmerkungen. . ." im Zusammenhang mit dem Begriff des Erbes aufmerksam. Zu Beginn der dritten Anmerkung gibt er zu Bedenken:

„'Erbe' bedeutet (. . .) für uns etwas vom Traditionsverhältnis früherer Gesellschafts-formationen und klassenbedingter Weltanschauungen so weitgehend Unterschiedenes, daß es fraglich erscheint, ob auf Dauer für beide Dinge das gleiche Wort brauchbar ist. Im vormarxistischen Denken und in der Kunst früherer Jahrhunderte macht sich immer wieder das Bedürfnis geltend, das Neue und Eigene durch das Überlieferte zu legitimie-tieren."

Und mit seiner Auffassung über die heutige Funktion des Erbes schließt er diese „Anmer-kung" wie folgt ab:

„Das Erbe hat für uns die Funktion, wirkendes Moment der Befreiung, der Ablösung von der Herrschaft der Vergangenheit über die Gegenwart zu sein, oder es hat keine."
(KAUFMANN [Hrsg.] 1974 S. 254ff.)

14) Seit der chrakower Schriftstellerkonferenz von 1930 hatte sich das Gewicht von der Be-tonung des Wertes des literaturschaffenden Arbeiters (wieder) auf den – für die richtige proletarische Literatur kämpfenden – Berufsschriftsteller verlagert.
Diese Rückbesinnung auf die „Meister des Wortes" sei in dem Beispiel des Briefes von Jo-hannes R. Becher an Georgi Dimitroff vorgeführt.
Dimitroff hatte am 28. Februar 1935 auf einem „Antifaschistischen Abend im Moskauer Haus der Sowjetschriftsteller" eine Rede über „Die revolutionäre Literatur im Kampfe gegen den Faschismus" gehalten (Vgl. *Zur Tradition.* . . 1979 Bd. 4 S. 118f.) BECHER lobt den ersten Teil dieser Rede; er hebt insbesondere und gleich zu Anfang die Forderung Dimitroffs hervor, „*Heldenschicksale* der revolutionären Bewegung zu schaffen." Und eben deshalb wertet er die Rede Dimitroffs als „eine ganz besonders aktuelle Rede", denn im Rahmen der „dringendste(n) Pflicht unserer revolutionären Literatur", wie Becher sagt, soll und wird „die Gestaltung des Helden die zentrale Rolle spielen".
Dem zweiten Teil seiner Rede dagegen steht Becher weitaus zurückhaltender gegenüber. Dimitroff steht nämlich seinerseits dieser als „revolutionär" deklarierten Literatur skep-tisch gegenüber. Soweit er die Arbeiter und ihre Psychologie kenne, fehle es ihnen an literari-schen Gestalten und Vorbildern, die nachgeahmt werden könnten. Becher widerspricht und verweist auf entsprechende „große Fortschritte" in der französischen und deutschen Literatur (Malreaux: „La Condition humaine", 1933 und „Le Temps du mépris" 1935; Aragon: „Les Cloches de Bâles", 1933). Zur „deutschen proletarischen Literatur" rechnet er u.a.: Bredel: „Die Prüfung" (1934), Seghers: „Der Weg durch den Februar" (1935), Scharrer: „Maulwürfe" (1935), Graf: „Der harte Handel" (1935), Ottwald: „Erwachen und Gleichschaltung der Stadt Billingen" (Auszüge 1933 und 1935 in *Internationale Litera-tur*), Uhse: „Söldner und Soldat" (1935) und Langhoff: „Die Moorsoldaten" (1935). Außerdem verweist er auf Brecht „die dichterische Gestalt eines Bert Brecht wird Dir, lie-ber Genosse Dimitroff, wohl bekannt sein (. . .)" und auf Erich Weinert, „dessen Verse *vor-bildliche Gefühle* [!] auszudrücken imstande sind." (die Worte „*Heldenschicksale*" und „*vor-bildliche Gefühle*" sind die beiden einzigen Hervorhebungen bei Becher, wodurch sie noch besonders betont werden – In: *Zur Tradition.* . . 1979 Bd. I S. 828ff. - siehe: Anm. 15)

15) Johannes R. Becher: Brief an Georgi Dimitroff, aus Paris vom 22. März 1935:

„Ganz besonders wichtig erscheint uns die Aufgabe, die Du uns gestellt hast, *Helden-schicksale* der revolutionären Bewegung zu schaffen. Es ist seltsam, daß gerade in unserer Literatur die vorbildlichen Typen außerordentlich gering sind, während die bürgerliche Literatur solche in Massen geschaffen hat, Frauen und Männer, denen Tausende von Lesern nachlebten und es ihnen gleichzutun sich bemühten. Nach dem Vorbild der Helden kleidete man sich, aß man und verbrachte seine Tage. Solche

Vorbilder gab es in der bürgerlichen Literatur eine Unzahl, und man möchte sagen, gerade in einem Augenblick, wo das bürgerliche Leben selbst bereits arm an wirklich heroischen Gestalten war."

(In: *Zur Tradition...* 1979 Bd. I S. 828)

16) In Reinhold GRIMMs Rückblick auf das frankfurter Brecht-Kolloquium vom Herbst 1980 („in historisch-polemischer Absicht") findet sich in einer seiner Abschweifungen – die gelegentlich ebenso vergnügliche wie auch überhebliche (da polemische?) 'Ausschweifungen' signalisieren, eine ebenso von Wissen gesättigte wie von Neugier angetriebene Lust an lebendiger Literatur – der folgende Hinweis auf den als Gastspiel aufgeführten stuttgarter „Brecht-Abend", der von Grimm zu einem Denkzettel gegen jegliche Brecht-Routine mancher östlichen und jenem „dumpfen Pauk- und Bierernst mancher westlichen Brecht-'Pflege' und -orthodoxie oder auch -heterodoxie" ausgewertet wird. Es heißt darin:

„Peymanns Zugriff, bei all seiner Gefährdetheit, hatte den heiteren Ernst und die lockere Straffheit des um die Notwendigkeit des humanen'Extra' (wie Brecht so gern sagte [vgl. V, 2148]) wissenden und sich dafür einsetzenden Künstlers. Am übermütigsten kam dies zum Ausdruck, als Laughtons Bauch, schon von Brecht köstlich bedichtet, zusätzlich noch musikalisch, in einem Kanon nach Bach, gelobt und gepriesen wurde. Daran, an solch brechtisch-bachischem wie bacchantischem Lobgesang, wurde dann allerdings prompt von engagierter Seite – der gelernte Chor respondierte gewissermaßen – prüder Anstoß genommen und etwas säuerlich gemäkelt. Nun ja, einige deutsche (oder auch bloß germanistische) Brechtianerinnen und Brechtianer verdünnen offenbar immer noch, allen Warnungen zum Trotz, den Materialismus zu einer bloßen und blassen Idee, so daß es einen juckt, nein förmlich lüstert, sie zu fragen, ob etwa selbst die Liebe bei ihnen 'armlos' sei, ganz wie im gebrochenen Deutsch jener Französin, die zwar, weiß Gott, den rechten Glauben hat und praktiziert, aber das Wörtchen 'harmlos' nicht richtig bilden kann, wenn sie sich über den falschen Glauben, den teutonischen gleich welcher Provenienz, mit glücklichem Lachen lustig macht. (Die herrliche Szene steht in Brechts viel zuwenig bekannter und geschätzter Kurzgeschichte *Eßkultur.*)" (In: GRIMM; HERMAND [Hrsg.] 1981 S. 222f.)

17) Gustave COURBET in einem Brief an seinen Vater:

„Jetzt bin ich durch das Volk von Paris mit politischen Angelegenheiten bis zum Hals eingedeckt... Ich stehe auf, ich frühstücke, ich bin in Sitzungen und präsidiere 12 Stunden täglich. Mein Kopf ist bald wie ein Bratapfel. Trotz aller Anstrengungen des Kopfes und des Verstandes, an die ich nicht gewohnt war, bin ich begeistert. Paris ist ein wahres Paradies; Paris läuft ganz allein wie auf Rollen."

(Zitiert bei Arwed GORELLA: „Hinweise auf Künstler und Insurgenten der Kommune 1871". In: Klaus SCHRENK (Hrsg.) 1978 S. 112)

Daß Brecht das Beispiel Courbet nicht aufnimmt heißt aber nicht, daß Brecht sich nicht mit seinem Beispiel beschäftigt hat. – Wenngleich dies auch nicht nachgewiesen ist, scheint mir sicher, daß ihm wichtige seiner Arbeiten vertraut gewesen sein müssen. Ich denke hier zum Beispiel an das – von der Jury der ersten Pariser Weltausstellung von 1855 abgelehnte und dann von Courbet unter dem Schlagwort „Le Réalisme" selbst ausgestellte – „Atelier des Malers".

Alle Figuren des Triptichons wurden nach und nach in der Kunstgeschichte 'identifiziert'; die zur Rechten des malenden Courbet stehend und sitzend arrangierten Freunde ebenso, wie die zu seiner Linken im Landschaftsbild arrangierten Abbilder der pariser Gesellschaft, der hohen und der erniedrigten. (siehe: Werner HOFFMANN: Das Irdische Paradies. München 1960. Hélène TOUSSAINT im Katalog der Courbet-Ausstellung des Grand Palais, Paris 1977) Als Verkörperung einer Idee erscheinen im Mittelteil neben dem Maler das

Modell (als Abbild der Wahrheit) und das Kind (als Abbild der Hoffnung). Zur Rechten erscheint als Gegenpol zu einem mondänen bürgerlichen Ehepaar: ein Liebespaar, an einem Fenster postiert. Ich bin geneigt, in ihnen auch Jean Cabet und Babette Cherron wiederzuerkennen – in ihrer Wohnung, die sie auf den Straßen von Paris verteidigen werden, vor ihrem Fenster, an dem sie die rote Fahne heraushängen werden. . .

18) Dieses Bild der gestürzten Säule scheint auf anschauliche und praktische Weise zu illustrieren, was es heißt, sich von der Herrschaft der Vergangenheit über die Gegenwart ablösen, von ihr befreien zu wollen. Es wäre aufschlußreich, noch über den hier gesetzten Rahmen hinaus nachzuforschen, wie weit Brechts Konzeption von der Aneignung des Materialwertes des Erbes hier eine Versinnbildlichung erfährt. Es ist interessant zu verfolgen, wie in dem Stück „Papa" von dem Projekt des Sturzes der Vendôme-Säule erfährt, es billigt und sich bereit erklärt, an seiner Ausführung teilzunehmen. Solange aber lediglich darüber gesprochen werden soll, zieht er es vor, vor 'seinem' Café in Montmartre bei seinen Freunden zu bleiben. Weder die Tatsache, daß „Monsieur Courbet, der bekannte Maler" sprechen wird, noch die Austeilung einer Suppe im Quartier Latin können ihn zum Aufstehen bewegen. (TC S. 49f.)

19) Dafür, daß „La conservation des trésors du passé" nicht heißen kann, *alles* Vergangene vererben zu wollen, daß also eine eingeschmolzene Napoleon-Säule der Zukunft der Pariser Kommunarden von größerem Nutzen war als eine unbeschadet vererbte, dafür findet sich eine kleine und für seine Haltung gegenüber der Frage des Erbens signifikante Anmerkung die – wiederum im Zusammenhang mit der Expressionismusdebatte und eines Angriffes von Lukács auf Eisler – besagt:

„Mit meinem Freund Eisler, der wenigen als blasser Ästhet vorkommen wird, hat Lukács gleichsam den Ofen geputzt, weil er bei der Testamentsvollstreckung angesichts des Erbes nicht die vorgeschriebene pietätvolle Rührung gezeigt haben soll. Er kramte sozusagen darin herum und weigerte sich, *alles* in Besitz zu nehmen. Nun, vielleicht ist er als Exilierter nicht in der Lage, soviel mit sich herumzuschleppen."

(GW XIX S. 337)

20) Zugleich aber wuchs die Tendenz, sich selbst als Vertreter des Volkes zu empfinden. Es ist nicht verwunderlich, wenn Fritz ERPENBECK in der Exilzeitschrift *Das Wort* die Debatte um das humanistische Erbe mit dem Gefühl des Unbefriedigtseins abschließt, da neue Züge, die der sozialistische Realismus entwickelt hatte „kaum Gegenstand kritischer Analyse geworden" waren (SCHILLER: „Um Humanismus, Realismus und Nationalliteratur. Sozialistisches Menschenbild und realistische Methode." In: *Weimarer Beiträge* 8, 1972 S. 20). Und mit seinem Vorschlag für die weitere Diskussionsrichtung bestätigt sich die hier vorgetragene Beobachtung. Für Erpenbeck geht es um die „Volkstümlichkeit", um den Traum, auch in Deutschland wieder wirken zu können.

21) Siehe dazu den 1981 erstmals veröffentlichten Brief von Brecht an sein 'Mitredakteur' Willi Bredel, geschrieben um die Jahresmitte 1938: „Leider gestaltet sich die Mitarbeit am *Wort* immer problematischer. (. . .) Vom *Wort* bekomme ich immer nur ein schon ausgesuchtes Material, und meine Einwände werden fast nie berücksichtigt." – Aus diesem Brief geht hervor, daß Brecht unter solchen Umständen „natürlich keine Lust" habe, an einer solchen Debatte teilzunehmen, die er für höchst schädlich und verwirrend halte, „d.h. zu diesem Zeitpunkt" (!) und die dann jedesmal mit der Meinung „des guten Lukacs" als der maßgeblichen beendet würde. (BB Brief Nr. 366 S. 373f.)
Querelen um die Herausgabe einzelner Arbeiten und (damit) die Linie der ganzen Zeitschrift bestimmten allerdings von vornherein das Bild. Dabei hatte auch Brecht sein Veto gegen Veröffentlichungen eingelegt; so beispielsweise im März 1936, als Julius Hay seine Ablehnung der *Rundköpfe und Spitzköpfe* nicht anbringen konnte, da er darin behauptete, das

epische Theater sei nur eine Zerfallsform des bürgerlichen Theaters – so jedenfalls Brecht in einem Brief (o. D.) an Julius Hay. (BBA 1386/15) – In einem weiteren Brief bittet er dann Johannes R. Becher um Vermittlung, denn ein öffentlicher literarischer Formstreit, der unbedingt größte Schärfe annehmen würde, müsse jetzt, in der Zeit der Emigration, verhindert werden. (siehe: BB Brief vom 11. März 1937 Nr. 314 S. 314f.)

Motto

Peter WEISS: Notizbücher 1971 – 1980 Bd. 2, 1981 S. 456

Text

1) In dieser Behauptung findet ein wenig von dem seinen Niederschlag, worauf wir – mit Verweis auf Betty Nance Weber – bereits aufmerksam machten:

> „Die sogenannten 'Meisterwerke' Brechts, die großen Dramen der späten Exilzeit, sind sehr oft, gerade weil sie so wenig Tendenz erkennen lassen, für künstlerisch wertvoller angesehen worden als andere Texte wie z.B. die Lehrstücke. In Zukunft muß man fragen, ob Brecht nicht gerade in diesen späten Stücken die politischen Gehalte bearbeitet hat."

(NANCE WEBER 1978 S. 14)

2) Aus: *Frankfurter Rundschau* vom 24.11.1979.

3) Vgl. dazu Hanns Eisler, im Gespräch mit Hans Bunge:

> „Die gesellschaftlichen Verhältnisse sind in den Parabeln von Brecht gewiß marxistisch. Aber sie entstehen zwischen arm und reich, zwischen Unterdrückten und Unterdrückern.
> Sie sind gewissermaßen das A-B-C des Marxismus, wenn wir jetzt nur das Theoretische ausziehen.
> Selbstverständlich ist die Mehrwerttheorie weitaus komplizierter wie die Stücke von Brecht.
> Aber die Mehrwerttheorie wird nicht so ankommen – wenn wir sie nicht sorgfältig popularisieren – wie *Der gute Mensch von Sezuan*, wo der Begriff der Güte einer sehr deutschen, pedantischen Untersuchung unterzogen wird, die etwas Hinreißendes hat."

(BUNGE/EISLER 1970 S. 97f.)

4) siehe: BBA 410/35-36

5) siehe: MITTENZWEI (1959) 1977 S. 205; WEISS 1978 Bd. 2 z.B.: S. 144ff., S. 165ff.

6) „Zu den Figuren . . .: sie sind historisch, wie auch alle Plätze und Geschehnisse authentisch sind – und alles wird noch frei behandelt, einem Roman gemäß.
Ich gab ihnen die authentischen Namen, weil ich nicht verschlüsseln wollte. Auch bei Verschlüsselungen hätte man sich gefragt: wer ist mit dem und jenem gemeint?
Ich benutze die Namen, wie Brecht den Namen Caesars benutzte.
Auch er schreibt über Caesar, als seien ihm alle Einzelheiten über diese Gestalt zugänglich. Er beschreibt alltägliche Wege u[nd] Ereignisse, als habe er sie direkt beobachtet.
Was vor ein paar Jahrtausenden geschah, wird in die Gegenwart gerückt.
Ich schildere etwas, das nicht mal ein halbes Jahrhundert zurückliegt. Und manche Figuren leben noch.
Doch brauchen sie sich in den Gestalten des Romans nicht wiederzuerkennen.
Ich habe mir nur die Freiheit genommen, ihre Namen zu leihen.
Und versucht habe ich, ihnen nichts anzudichten, was sie nicht hätten tun oder sagen können."

(Peter WEISS: Notizbücher 1971 - 1980 Bd. 2, 1981 S. 926f.)

7) Lassen wir im Zusammenhang mit den hier geschilderten Ereignissen des Jahres 1937 kurz Nordahl Grieg selber zu Wort kommen. Er nimmt – im Gegensatz zu Brecht – an dem Schriftstellerkongreß teil, empfindet seine Anwesenheit aber keineswegs als mutig oder fahrlässig, sondern als beschämend. Die Tatsache, daß er als Schriftsteller den Ausbruch der Kämpfe nicht habe verhindern können, veranlaßt ihn dazu, eher über die Umstände des Kongresses zu reflektieren, als darüber, was dort gesagt wurde und selber an die Front zu

gehen. Mit Betroffenheit berichtet er von einer Delegation von Soldaten, die zu dem Kongreß erschienen waren. Als sie die Faust zum Gruß erheben, erblickt er an ihren Handgelenken „die Kennmarke für den Fall ihres Todes oder ihrer Verwundung" und schlußfolgert: „schlecht hatte der Geistesschaffende seine Arbeit getan, wenn sie der todmüde Arbeiter am Maschinengewehr weiterführen mußte." (GRIEG: Spanischer Sommer [1937] Berlin [Ost] 1977 S. 78)

8) Ist die Namensgebung – im Hinblick auf die Namen der Frau Carrar und ihres Sohnes Juan – nur zufällig fast buchstabengleich?

9) Vgl.: „Exil in . . . Skandinavien. . ." Leipzig 1980 S. 385

10) Das Wort „Haupt" ist von Brecht in seinem Typoskript handschriftlich gestrichen.

11) BBA 167/24ff., zitiert bei MITTENZWEI [4]1977 Dokumente S. 378ff.

12) Vgl. dazu: „Über den formalistischen Charakter der Realismustheorie, in der Brecht u.a. über die Entstehung von *Furcht und Elend des Dritten Reiches* sagt:

„Bisher montierte ich 27 Einzelszenen. Auf einige von ihnen paßt das 'realistische' Schema X entfernt, wenn man ein Auge zudrückt. Auf andere nicht, lächerlicherweise schon nicht, weil sie ganz kurz sind. Auf das Ganze paßt es überhaupt nicht. Ich halte es für ein realistisches Stück. *Aus den Tafeln des Bauern-Breughel habe ich mehr herausgeholt dafür als aus den Abhandlungen über Realismus.*"

(GW XIX S. 299f. – Heraushebungen vom Verfasser)

13) „Deshalb fahre ich, sagte er [Grieg – W.S.] lachend, der ich von Natur aus seekrank bin, zur See, erklettre ich, der ich an Schwindel leide, die höchsten Gebäude, suche, der ich den Tod fürchte, die Plätze auf, wo die Bedrohung am größten ist." (WEISS Bd. I [2]1976 S. 287)

Zur See gefahren war Grieg als Leichtmatrose auf Großer Fahrt, sobald er, gerade achtzehnjährig, die Schule beendet hatte. Und er begann zu schreiben in der unmittelbaren Nähe der Umgebung, die er schildern, zu der er Stellung nehmen wollte. Seine erste Gedichtsammlung „Rund um das Kapp der guten Hoffnung" gibt nicht nur, schon zwei Jahre später, dafür die Bestätigung, sondern erregt großes Aufsehen. Die beiden von ihm im Anschluß daran geschriebenen Bücher „Das Schiff geht weiter" und „Steine im Strom" betonen aber nicht nur eine große Vaterlandsliebe, sondern sind gleichzeitig gekennzeichnet von einem entschiedenen Realismus wenn es darum geht, die Zustände, die er erlebte, zu schildern.

Das Studium, zu dem er sich zunächst wohl durch seine bürgerliche Herkunft verpflichtet sah, vor allem das der englischen Philosophie, wickelte er in kurzer Zeit, aber auch mit großem Eifer ab (er veröffentlichte Übersetzungen jener jungen englischen Dichter, die im ersten Weltkrieg gefallen waren und schrieb Aufsätze über sie. Was für ein Thema, gerade in Bezug auf Grieg, der sich mit dem Leben[swerk] jener beschäftigt, die ihm im ersten Krieg vorangegangen waren!).

Aber schon bald war Grieg wieder auf Reisen, beispielsweise auf einer Fußwanderung von Hamburg bis nach Rom; wir können nicht all seine Stationen hier im einzelnen rekapitulieren.

Hingewiesen werden aber sollte dagegen auf seinen Aufenthalt in China als Zeitungskorrespondent, was nicht nur das Buch „Chinesische Tage" zur Folge hatte, sondern auch ein erstes Schauspiel: *Barabas*; beides wurde erstmals 1927 veröffentlicht.

Sein erstes Drama, das über die Zeichnung allgemeiner menschlicher Probleme hinausging und gleichzeitig eine Vertiefung der bis dahin doch eher flüchtig skizzierten Figuren mit sich brachte, war: *Unsere Ehre und unsere Macht.* Geschrieben während eines sich anschließenden mehrjährigen Aufenthalts in Moskau, wurde es 1935 in Oslo uraufgeführt. Erwartet wurde, in Erinnerun an die frühen Werke Griegs, ein Stück, daß deutlich mit den sowjetischen Verhältnissen abrechnen würde. Stattdessen aber übte er darin entschiedene Kritik an den Machenschaften der Reederei in seiner Heimatstadt Bergen während des Ersten Weltkriegs und machte sie mitverantwortlich für den Tod vieler Seeleute, die auf den kaum seetüchtigen Schiffen schnelle Beute der deutschen Unterseeboote geworden sind.

In dem darauffolgenden Stück griff er die Rüstungsindustrie seines Landes an. Arbeiter treten gegen die Fabrikherren in den Streik. Gleichzeitig werden wir aber auch gewahr, wie weit Grieg immer noch durch seine bürgerliche Herkunft geprägt ist: Die Heldin seines Stückes ist eine junge blinde Fabrikantentochter, die beim Aufstand gegen ihren Vater, tastend ihren Weg zu den Arbeitern sucht. Titel des Stückes: *Aber morgen*. Das folgende, das Grieg nach seiner Rückkehr aus Spanien in seine Heimat noch hat fertigstellen können, hieß dagegen: *Die Niederlage*.

Drei Jahre später sollte er erneut sein Land verlassen, diesmal aber unfreiwillig und für immer. Nur durch eine abenteuerliche Flucht konnte er sich im April 1940 vor dem Überfall der deutschen Heere auf Norwegen retten. Er floh nach England.

Von dort aus setzte er seinen Kampf um die Befreiung seines Volkes fort. Begonnen hatte er damit spätestens seit seiner Rückkehr aus der Sowjetunion. Erst der Krieg mußte kommen, um seinen Landsleuten zu beweisen, daß sein Engagement für die soziale Frage für ihn keineswegs einen Verrat seiner Vaterlandsverbundenheit – wie man es ihm vorgeworfen hatte – bedeutete.

14) Erstaunlich ist die Form, die Brecht für die Darstellung dieser Überlegungen einer Schauspielerin wählt. Es wäre interessant zu untersuchen, in welchem Zusammenhang dieses Gedicht mit anderen dieser Art steht. Da sich die anderen zumeist auf tatsächlich vorgekommene Situationen beziehen, wäre es umso interessanter, auch hier danach zu fragen. Was uns dazu bisher bekannt ist: siehe *Motto* O, A 3 (S. 221).

15) Vgl. dazu:

> „DIE FRAUEN: Sie ist eine Politische. – Und wenn sie das ist, sagt sie deshalb nicht die Wahrheit? – Mein Alter sagt, sein Bein hat nicht die Kartätsche weggerissen, sondern die Politik; das ist, warum er politisch ist und *La Patrie en Danger* liest." (TC S. 25)

16) Zitiert nach HUMMEL 1963 S. 49.
Vgl. dazu B. Brecht über das Verhältnis von Aktualität und Historizität seines Stückes zum Zeitpunkt seiner Entstehung in BB Brief Nr. 617 S. 622f.

17) Hans KAUFMANN: „Zehn Anmerkungen über das Erbe, die Kunst und die Kunst des Erbens". 1974 S. 259 – Vgl. Herbert MARCUSE:

> „Ich glaube nicht, daß es viel Sinn hat, von einer unveränderlichen Natur des Menschen zu reden. Was immer auch die biologische Struktur des Menschen sein mag, sie ist von Anfang an in der Geschichte und verändert sich mit der Geschichte. Der Mensch macht Geschichte und wird von der Geschichte gemacht. Und das geht bis in die Tiefendimension des Bewußtseins und des Unbewußten."

(Aus einem Fernsehinterview; Westdeutscher Rundfunk Köln 1979)

18)   „DER POLIZEIKOMMISSAR *zeigt auf Courbet*: Ja, ihn auch.
COURBET: Ihn auch! Ist das eine Art, Gustave Courbet zu verhaften! *Mit flammender Entrüstung:* Verfluchte Henker, die eine freie Seele zwingen wollen! Aber das wird euch niemals glücken. Nie!"

(DN S. 262)

19) Vergleiche dazu den folgenden Auszug aus späteren Notizen Brechts zur Formalismus-diskussion (GW XIX S. 528):

„Was man tun muß ist: definieren, was das Volk ist. Und es sehen als eine höchst widerspruchsvolle, in Entwicklung begriffene Menge und eine Menge, zu der man selber gehört. Dem Künstler als Publikum gegenübergestellt, ist das Volk nicht nur der Abnehmer oder Besteller, sondern auch der Lieferant; es liefert Ideen, es liefert Bewegung, es liefert den Stoff und es liefert die Form. Uneinheitlich, sich ständig verändernd, wie es ist."

20) Sie faßt damit nochmals eine Position zusammen, wie sie auch für Grieg zutrifft und wie sie sich auch in der *Niederlage* in den Äußerungen von Delescluze wiederfinden läßt:

„Es gibt etwas, was tausendmal schlimmer ist als die Niederlage: und das ist die Untätigkeit."

(DN S. 263)

21) Zitiert nach HUMMEL 1963 S. 49.

22) In Silvia Schlenstedts Kapitel über antifaschistische Rundfunkarbeit, die während des Bürgerkrieges von Spanien aus geleistet wurde, findet sich eine treffende Darstellung von Initiativen, die einerseits von Nordahl Grieg und andererseits von Bert Brecht ergriffen wurden, um in einem grundlegend übereinstimmenden Interesse einen Beitrag zum Kampf um die Demokratie in Spanien zu leisten.

Da ist von einem langen, erzählenden Gedicht Griegs die Rede, in dem ein Arbeiter in Berlin in seinem Empfänger einen Freiheitssender hört und davon, wie die eintreffenden Nachrichten, unter anderen auch aus Spanien, ihm neuen Mut machen. [Die letzte Strophe: „Die Stimme ist fort, / heulende Hitlersender / übertonen sie. / Doch zurück bleibt ein Mann, / mit neuem Glanz in den Augen, / in einem ärmlichen Zimmer in Berlin, / das sich erweitert hat / zur ganzen Welt." (GRIEG: „29.8." – Als Nachdichtung: „Ein deutscher Arbeiter" In: Odio y Amor: „Lyrik und Prosa aus Spanischen Bürgerkrieg." Hrsg. von Hans Maaßen und Karl Kormes, Leipzig 1967 S. 50f.)]

Ganz anders dagegen die Gedichte Brechts, etwa: „Die Liebe zum Führer" (GW IX S. 708f.), die direkt für die Verwendung durch einen Freiheitssender geschrieben wurden und bei deren Komposition die ideologischen Aufgaben und technischen Schwierigkeiten eines solchen Sender mit berücksichtigt wurden (Siehe: „Über reimlose Lyrik mit unregelmäßigen Rhythmen" GW XIX S. 395ff.).

Die Unterschiede und Gemeinsamkeiten zwischen den Arbeiten der beiden Autoren lassen sich m. E. aber nicht vollständig ausdeuten, wenn sie nicht auch bezüglich ihres tatsächlichen Anwendungszusammenhangs miteinander in Beziehung gesetzt werden. Im Falle der beiden hier genannten Texte gilt für Brecht, daß sein Gedicht – zusammen mit dem Manuskript seiner Rede für den II. Internationalen Schriftstellerkongreß – auch tatsächlich auf den Wellenlängen des Freiheitssenders 29,8 ausgestrahlt wurde. Was Grieg betrifft, so ist nachgewiesen, daß er sein Gedicht, über diesen Sender und dessen Wirkungen, im Sommer 1937 in Spanien vor skandinavischen Interbrigadisten der XI. Brigade persönlich vorgetragen hat. (Siehe: SCHLENSTEDT 1981 S. 256f.)

23) „COURBET: Können Sie [an Beslay gerichtet, der ihm „voll und ganz" zustimmt (ebd.) – W.S.] sich eine so abscheuliche Idee vorstellen? Eine Säule gießen aus zwölfhundert Kanonen, die man anderen Völkern genommen hat, und daran Reliefs, die von Mord und Leiden berichten und sich bis zur Spitze hinaufwinden! Und obendrauf sein eigenes Standbild. Schraubt den ganzen Dreck ab, sage ich, und haut dem Napoleon seinen Bronzehintern voll, wenn er unten liegt." (DN S. 286)

24) Für Courbet kam der Moment, wo es sich entscheiden mußte, ob er zu seiner Selbstverpflichtung, mit den Kommunarden auf der Barrikade zu kämpfen (DN S. 256), wirklich auch
stehen würde. Schon damals hatte ihn jener Spötter 'tief' betroffen gemacht, als er diese
Selbstverpflichtung in Zweifel gezogen hatte mit dem Hinweis auf Courbets Dickleibigkeit.
Angesichts der angreifenden Linientruppen wird ihm eben dieser Spötter zum 'Kronzeugen'.

> „COURBET: Sie kommen. Sie töten alle. Ohne Unterschied. [!]
> Was soll ich machen? Delescluze! Helfen Sie mir . . .!"
> (. . .)
> „DELESCLUZE: Nur eins kann Sie vielleicht noch retten.
> COURBET: Was? Sagen Sie mir, was?
> DELESCLUZE: Daß man Sie nicht ernst nimmt.
> COURBET: Dafür kann ich Zeugen bringen! Keiner nimmt mich ernst. Der Schreihals
> Courbet, sagen sie. Er ist dick und komisch. Er kann auf keiner Barrikade stehen. . . .
> Mensch, ich will leben! Ich will Ornans noch einmal sehen. Ich will mich auf die Erde
> niederwerfen, ich will die Erdeklumpen in die Hände nehmen, sie küssen und segnen.
> DELESCLUZE: Hier meine Hand, Courbet.
> COURBET *umarmt ihn*: Leben sie wohl, mein Freund.
> *Eilt davon.*
> DELESCLUZE *blickt ihm nach*: Man neigt gern dazu, einen solchen Mann feig zu nen-
> nen. Ist er das?"

(DN S. 355ff.)

Motti

0) Hanne HIOB, André MÜLLER: „Ich bin ein alleiniger Mensch. Mit Brecht gegen Strauß: Ein Gespräch mit Brechts Tochter Hanne Hiob." Auszug aus: *Die Zeit* vom 4. Juli 1980. Auszug aus: Bertolt BRECHT Brief Nr. 563 S. 568f. – In den Anmerkungen von Günter GLÄSER heißt es dazu: „Der Adressat des – vermutlich nicht abgeschickten – Briefes konnte hier bisher nicht ermittelt werden [sic!]. Da Brecht von einer dreijährigen Besatzungszeit spricht, muß der Entwurf 1948 geschrieben worden sein, wobei der 17. Oktober den Terminus ante quem bildet. Brecht reiste an diesem Tag von Zürich nach Berlin ab. Wegen des Fehlens eines amerikanischen Durchreisevisums wählte er den Weg über Salzburg und Prag." (Bd. 2 S. 1076f.)

Text

1) Vgl. dazu bei Wolfgang EMMERICH (1981 S. 35ff.): „Kein 'Nullpunkt': Traditionsbildung und neuer Anfang im Zeichen des Antifaschismus (1945-49)"

2) Siehe dazu insbesondere den Brief Brechts (Nr. 582) an Helene Weigel. Daraus geht hervor, daß effektiv die Arbeiten für das Kommune-Stück erst nach der Rückkehr in die Schweiz eingesetzt haben, zumindest las Brecht erst jetzt, Ende Februar 1949 erneut *Die Niederlage*, nachdem sein Vorschlag, das Stück in Berlin zu spielen, offensichtlich auf Skepsis gestoßen war. Dennoch ist Brecht guten Mutes, denn trotz allem „kleinbürgerlichen Unsinn", den es enthalte, habe es „gute Rollen und kann noch bessere kriegen." (S. 587). Die Premiere für diesen „Gegenentwurf" war von ihm für den 1. November vorgesehen (S. 588, s. a. S. 593 Brief Nr. 586).

3) BB Brief Nr. 586 an Erwin Piscator vom März 1949 S. 593.

4) Peter WEISS: Notizbücher 1971-1980; 1981 S. 61. Eintragung vom 8.4.1972: „Woher kam die katastrophale Fehlbeurteilung der polit. Situation Anfang der 30er Jahre?"

5) „KALLE: Sie haben sich Ihr Land von den Patrioten verekeln lassen, dies besitzen. Ich denk manchmal: was für ein hübsches Land hätten wir, wenn wir es hätten!" (GW XIV S. 1454)

6) Als Brecht und Margarete Steffin Nordahl Griegs *Nederlaget* im dänischen Exil übersetzen, finden sich darin noch große und unausgearbeitete Widersprüche zwischen dem Politischen und dem Privaten. Derjenige, der Gewalt auszuüben bereit ist, Rigault, ist dadurch, so Grieg, zur Einsamkeit verdammt, und also verlangt er nach Alkohol und Huren. (DN S. 301)

7) „Die Frauen", so heißt es in den Tagebüchern, „reichen nicht über ihr Bett hinaus, sie sind nicht gut inszeniert, heben sich nicht scharf genug voneinander ab." Und: „Eigentlich ist von allen Gefühlen, mit denen die Liebe einen unterhält, nur die Eifersucht nicht allzu langweilig." (TB S. 130, 28.5.1921)

8) Vgl. dazu:

> „KALLE: (. . .) Die Barbarei kommt schon von der Barbarei, indem der Krieg von der Wirtschaft kommt. Entschuldigens, daß ich politisch geworden bin.
> ZIFFEL: Die Kultur hat überhaupt nichts mit der Wirtschaft zu tun.
> KALLE: Leider.
> ZIFFEL: Was heißt leider? Redens verständlich mit mir, ich bin Wissenschaftler und faß schwer auf."   (GW XIV S. 1431)

Vgl. dazu:

> „Ein ganzes Volk unterhält sich über schwerwiegende Dinge. Zum ersten Mal hört man Arbeiter Meinungen austauschen über Probleme, die bisher nur Philosophen erörterten.

Von Überwachung keine Spur; keine Polizeispitzel, die die Straßen verstopfen oder die Leute belästigen.
Die Sicherheit ist perfekt."

VILLIERS DE L'ISLE-ADAM: „Das befreite Paris". Aus: „Brecht: *Commune*. 'Der Freiheit wegen, von der man nichts versteht'." Frankfurt 1977 (Programmbuch zur Aufführung des Frankfurter Schauspiels Nr. 54) S. 68.

9) Die Idee von dem „Geherda" findet sich erstmals in der von Brecht und Steffin im dänischen Exil (1936/35) begonnenen Niederschrift von *Das wirkliche Leben des Jakob Geherda*. Darin wird des Zweiten Kellners Arbeit und Leben in einem kleinen Wochenendgasthof gezeigt, so wie es ist („Diese erbärmliche Existenz" GW VII S. 2970) und so wie er es sich träumt (als der heldenmütige „Schwarze Ritter").
Als Philippe zum zweiten Mal nach Paris kommt, weil den Liniensoldaten kein Sold mehr ausgezahlt wurde, erklärt er gegenüber den Kommunarden, für nichts wolle er den Versaillern „nicht den Ge-her-da" machen. Und als er seinem Bruder berichtet, er habe seinen Eltern auf dem Lande gesagt, daß dieser Kommunard geworden sei, „ein Teufel, der alles teilen will", da antwortet ihm „Papa" mit der folgenden Anspielung: „Ich träume von einem Bein einer Kuh, besonders von dem Huf." (TC S. 55)

10) Daß die Parallelführung von „Pariser Kommune" und „Dialektik" in dieser Arbeit offensichtlich im Einklang mit der Sinngebung des Stückes steht, läßt sich seit erscheinen der Ausgabe der BB Briefe auch mit den folgenden Gegenüberstellungen unterstreichen: Da ist das von Brecht auf dem Deckblatt von *„Zur Zeit der Kommune* (nach dem Französischen des Jaques Duchesne)." handschriftlich vermerkte Zitat: „Die Kommune zeigt das Proletariat noch / in den Kinderschuhen, aber es sind / diejenigen eines Riesen. – Karl Marx" (siehe BBA 307/106 – Und da ist die Wiederaufnahme dieses Zitats in einem Brief Brechts an Erich Engel vom November 1949 aus Berlin, in dem er sich für seine Ungeduld in ihrem Gespräch über die Dialektik entschuldigt („das 'Schimpfen wie ein Bierkutscher' ist auf diesem Gebiet anscheinend überhaupt nicht zu vermeiden"). Die entscheidende Passage, um die es hier geht, lautet so: „Die materialistische Dialektik steckt in ihren Kinderschuhen, aber davon gilt, was Marx oder Engels von der Kommune sagte: Sie zeigt das Proletariat in Kinderschuhen, aber es sind die eines Riesen." (BB Brief Nr. 619 S. 624)

11) Die letzten Sätze Ziffels in seinem Diskurs mit Kalle über „die Furcht vor dem Chaos und dem Denken" verdienen – auch wenn schon 1940 geschrieben – in diesem Zusammenhang einer nochmaligen Erwähnung.
Daß die Leute „fast gar nicht zu denken brauchen" will er, so behauptet er zynisch, keineswegs als eine Kritik verstanden wissen, „ganz im Gegenteil": Denn: „Scharfes Denken ist schmerzhaft." (GW XIV S. 1481)
Diese Erfahrung des Exilierten sollte sich leider auch in der Zukunft bestätigen. Glaubte man doch allzuschnell auch im Nachkriegsdeutschland es sich als vernünftiger Mensch leisten zu können, das Denken vermeiden zu sollen: Denn, so Ziffel zumindest: „In Ländern, wo es in solchem Umfang nötig ist wie in den mir bekannten, kann man wirklich nicht einfach leben. Nicht, was ich leben heiße." (ebd.)

12) Siehe dazu auch die „Notizen über Dialektik" (GW XX S. 155):

„Es soll nicht bestritten werden, daß Bürger sich wie Adlige benehmen können zu einer Zeit, wo sich Adelige schon nicht mehr wie Adelige benehmen oder wie Bauern, die sich niemals so benähmen wie Bauern, wenn sie nicht Felder bearbeiteten. Der bürgerliche Mensch löst den Adeligen, der proletarische den bürgerlichen nicht nur ab, sondern er enthält ihn auch."

13) Vgl. dazu GW IX S. 568f. „Der Gedanke in den Werken der Klassiker".

14) Ich möchte hier darauf aufmerksam machen, daß seit dem Jahr 1880 zum Jahrestag der Kommune auf dem pariser Friedhof Père Lachaise an den Gräbern der dort gefallenen und begrabenen Kommunarden das Lied „Le temps des cerises" gesungen wird.

Hier die „Zeit der Kirschen" in der Übersetzung von Wolf BIERMANN (in: *Die Tageszeitung* vom 15.4.1981):

1
Und singen wir dann die Süßkirschenzeit
Frau Nachtigall weint, die Spottdrossel lacht
– die Feier wird fröhlich sein
Die Schönen, sie werden so schön verdreht
Den Liebenden steht der Sonnengott bei
So singen wir dann die Süßkirschenzeit
Begleitet von Drosselspötterei

2
Versäumt nicht die Zeit, sie dauert bloß kurz
Die Pärchen ziehn los und pflücken verträumt
Kirschbommeln für übers Ohr
Die Kirschen der Liebe – ihr Kleid, so rot ist das
Und fallen ins Gras wie Tropfen von Blut
Die Kirschenzeit kommt, sie dauert bloß kurz
Und tut mir zu weh und viel zu gut

3
Geratet ihr in die Kirschenzeit rein
Und peinigt euch Furcht vor Herzeleid, ach
Dann flieht vor den schönen Fraun
Doch umhaun soll mich niemals nicht keine Furcht
Ich weiß was mir blüht, bleib dennoch beherzt!
Geratet ihr in die Kirschenzeit rein
Dann merkt ihr wie schön die Liebe schmerzt

4
Auf immer bleibt mir die Kirschenzeit lieb
Auch wenn mir davon im Herz stecken blieb
Die Wunde, die nie mehr heilt
Und immer auch wenn Frau Fortuna weilt
An meiner Seit – der Schmerz kam mit ihr!
Auf immer bleibt mir die Kirschenzeit lieb
Und was von ihr blieb, brennt tief in mir

15) Vgl. dazu auch das Gedicht „Über die Unfruchtbarkeit" aus der Zeit des skandinavischen Exils:

„Der Obstbaum, der kein Obst bringt
Wird unfruchtbar gescholten. Wer
Untersucht den Boden?

Der Ast, der zusammenbricht
Wird faul gescholten, aber
Hat nicht der Schnee auf ihm gelegen?"   (GW IX S. 602)

16) Vgl. dazu die von der Akademie der Künste der DDR herausgegebenen Dokumentation zum 80. Geburtstag Bertolt Brechts: „Brecht und die Deutsche Demokratische Republik" (*Mitteilungen* 16 (1978) Nr. 1.
Dort findet sich unterhalb eines Photos eben jenes Hochhauses an der Weberwiese die dafür zunächst geplante Inschrift. Darunter ist dann, in kleiner Schrifttype, erläuternd hinzugefügt:

„Signal zum Beginn des planmäßigen sozialistischen Aufbaus der Hauptstadt der DDR war die Errichtung des ersten Hochhauses an der Weberwiese, das am 1. Mai 1952 fertiggestellt wurde. Auf einer dort angebrachten Tafel steht die zweite Strophe von Brechts 'Friedenslied'. [GW X S. 996f.] Die für das Hochhaus an der Weberwiese geschriebene Inschrift wurde später für das am Strausberger Platz stehende 'Haus Berlin' verwendet." (S. 5)

Motto:

0) Petr. L. Lavrov: „Die Pariser Kommune vom 18. März 1871" (1890) 1971 S. 189

1) Vgl. z.B.: SCHUMACHER 1978 S. 242: „Brecht arbeitete hauptsächlich mit Ruth Berlau am Stück, ließ sich aber auch historische Quellen durch Elisabeth Hauptmann [u.a., z.B. Theodor Pinkus – W.S.] besorgen. Daneben ließ er sich auch durch Hermann Duncker beraten, dessen Dokumentensammlung über die Pariser Kommune er benutzte."
Aus den Unterlagen des Archivs des Berliner Ensembles geht hervor, daß Brecht nach Fertigstellung der *Kommune* sein Skript mit der Bitte um historisch-kritische Durchsicht an Albert H. Schreiner und Hermann Duncker übersandte (inzwischen auch veröffentlicht in: BB Briefe Nr. 615 S. 620 und Nr. 625 S. 629). Leider konnte die Antwort Schreiners, von Günter Gläser in den Anmerkungen des zweiten Bandes (S. 1095) nur summarisch wiedergegeben werden.

2) Die Zitate der „Chronik der Ereignisse der Pariser Kommune" folgen den Seiten 443-446 der von Hermann DUNCKER 1931 in Berlin herausgegebenen Ausgabe: „Pariser Kommune 1971. Berichte und Dokumente von Zeitgenossen." – als Faksimile neu aufgelegt in der Reihe „Archiv sozialistischer Literatur", Bd. 12, im Verlag Neue Kritik, Frankfurt a.M., 1969.
Der Vergleich des Originals mit den hier zitierten Auszügen zeigt den erstaunlich großen Umfang, in dem Brecht die Ereignisse aufzunehmen vermocht hat, ohne daß dadurch das Stück 'überladen' wirkt. Im Gegenteil, sowohl die Bearbeitung des Berliner Ensembles als auch der „Gegenentwurf" von Arthur ADAMOV aus dem Jahre 1959 *Le Printemps 71* bemühen sich um eine noch größere Materialdichte.
Textauslassungen in der Dunckerschen Chronik sind jeweils mit Klammern angegeben. Soweit in den Anmerkungen auch auf diese bei Brecht ausgelassenen Ereignisse eingegangen wird, werden sie innerhalb von eckigen Klammern ebenfalls zitiert.
Für das Stück *Die Tage der Commune* wird in der Unterteilung zwischen 14 Bildern und insgesamt 21 Szenen unterschieden. Soweit hier die Bezüge der Seitenangaben zu dem *Commune*-Stück eindeutig sind, entfällt der sonst verwendete „TC"-Vermerk.

3) Daß sie aber von Brecht weder einfach 'unterschlagen' noch 'vergessen' wurden, ergibt sich aus den Rufen, die den Plädoyers von Varlin und Rigault für das militärische Eingreifen widersprechen. Als eines der Argumente wird darin deutlich auf die Veränderungen im Stadthaus hingewiesen: *„Wort entziehen! Das sind die Reden, die uns diskreditieren! Blicken Sie sich um. Wir sind nicht mehr so viele hier, wie wir im März waren!"* (S. 88)
Die Veränderungen im Stadthaus werden bei Duncker wie folgt angezeigt:
„2. April: (. . .) In Anbetracht der Kriegsoperationen werden die Ergänzungswahlen verschoben. (. . .)
5. April: (. . .) Zwei Mitglieder der Kommune (Radikale) legen ihre Mandate nieder. (. . .)
6. April: (. . .) Zwei Mitglieder der Kommune (Vertreter der radikalen Bourgeoisie) legen ihre Mandate nieder. (. . .)
9. April: (. . .) Die auf den 10. April festgelegten Ergänzungswahlen werden nochmals verlegt (. . .)
11. April: (. . .) Dr. Goupil, der letzte Vertreter der radikalen Bourgeoisie in der Kommune, legt sein Mandat nieder. (. . .)
12. April: (. . .) Die Ergänzungswahlen in die Kommune werden auf den 16. April festgelegt. (. . .)
16. April: (. . .) Ergänzungswahlen in die Kommune. (. . .)
19. April: (. . .) Bestätigung der Resultate der Ergänzungswahlen.
20. April: (. . .) Demission von zwei Mitgliedern der Kommune, die am 16. April gewählt wurden. (. . .)

16. Mai: (. . .) 22 Mitglieder der Kommune (die sozialistische Minderheit) erklärt ihren Austritt aus der Kommune. (. . .)
17. Mai: (. . .) Ein Teil der Mitglieder der „Minderheit" kehrt in die Kommune zurück. (. . .)
[20. Mai: (. . .) Der Föderalrat der Pariser Sektion der Internationalen Arbeiterassoziation billigt die Stellungnahme der Minderheit in der Kommune, verlangt aber gleichzeitig die Einigkeit der Kommune in Anbetracht der Offensive der Versailler.]"

4) In der *Commune* wird – im Zusammenhang mit der Abdankung des *„Oberstkommandierenden"* Rossel – der Begriff der *„reaktionären Zeitungen"* (an die Rossel ein Kommuniqué übergibt) wörtlich übernommen (S. 84).

5) So verlegt denn der *Commune*-Übersetzer Armand JAKOB die *„Wälle von Versailles"* nach St. Germain und begründet dies in einer eigenen Anmerkung (JC S. 84) wie folgt:

> „Symboliquement, Brecht situe la scène sur la terrasse de Versailles, qui n'existe pas. La terrasse de Saint-Germain en Laye m'a paru l'équivalent à la fois le plus proche et plus vraisemblable."

6) Im vollen Wortlaut zitiert heißt es an dieser Stelle so:

„Bürger Delegierte, das ist keine Beschwerde gegen euch, versteht uns, aber als Bürgerinnen müssen wir fürchten, daß die Schwäche der Kommunenmitglieder, entschuldigt, es ist geändert, daß die Schwäche einiger, entschuldigt, ich kann es nicht lesen, das ist durchgestrichen, daß die Schwäche vieler, Bürger Delegierte, wir haben uns da nicht einigen können – (Gelächter) –, also, daß die Schwäche einiger Kommunenmitglieder unsere Zukunftspläne zunichte macht." (TC S. 85)

An dieser Stelle zeigt sich exemplarisch Brechts Meisterschaft im Umgang mit dem historischen Material und den Möglichkeiten, darin das Persönliche zur Sprache zu bringen.

Das geschieht, wie bereits erwähnt, durch die Anknüpfung an den Dialog zwischen „Papa" und Langevin im 4. Bild. Das geschieht weiterhin dadurch, daß die Frauen ihre Entschlossenheit zum Kampf auf den Barrikaden noch bekräftigen, indem sie den vom Rat der Kommune verfaßten Aufruf zur Verteidigung von Paris dahingehend ergänzen, daß sie sagen *„nach unseren Barrikaden unsere Brust"* (ebd.). Und das geschieht schließlich dadurch, daß Brecht diese Entschlossenheit deutlich von jeglicher unkritischen Euphorie abhebt: *„ich will die Meinen lieber tot wissen als in den Händen der Versailler, aber wegen Schwächen wollen wir sie nicht verlieren."* (ebd.)

Weiterhin stellt die plötzlich aufkommende Unsicherheit der Sprecherin beim Verlesen ihres Schreibens deutlich die Diskussionen zwischen den Frauen im Arrondissement heraus. Es ist nicht zuletzt der Mangel an Transparenz der Debatten im Rat der Kommune, der diese Unsicherheit in der Einschätzung bei den Frauen bewirkt. Gleichzeitig werden ihre Diskussionen von den gleichen Schwierigkeiten geprägt, die auch für den Rat selber gelten, nämlich: den Wunsch nach Frieden mit der Notwendigkeit des Kampfes gegen den inneren und äußeren Feind in Übereinstimmung zu bringen.

7) Sowohl die Berichte des *„Bataillonsführers"* André Farreaux als auch des *„Oberstkommandierenden"* Louis Nathaniel Rossel, den er zugleich als Kommuniqué der *„reaktionären Presse"* übergibt (S. 84) stellen deutlich die von Delescluze bei Brecht so zusammengefaßten Schwierigkeiten heraus: *„Wir haben es mit Generälen aller Art versucht. Die von unten, aus unsern eigenen Reihen, verstehen sich nicht auf die neuen Waffen; die von oben zu uns stießen, nicht auf die neue Mannschaft."* (S. 83) – Wenn auch mit einer anderen Zielvorstellung als jener der Kommunarden – was Brecht dazu veranlaßt haben könnte, Delescluze bewußt nicht von dem „Oberkommandierenden", sondern von dem *„Oberstkommandierenden"* sprechen zu lassen – versuchte Rossel, die von Farreaux angedeuteten Schwierigkeiten in den Griff zu bekommen. Bei Duncker werden die folgenden Maßnahmen erwähnt:

„2. Mai: Reorganisation der Flußflotille der Kommune, die an den Kämpfen teilnimmt. — Maßnahmen zwecks Hebung des Diszipin in den Reihen der Föderierten. (. . .)
4. Mai: (. . .) Reorganisationsmaßnahmen auf dem Gebiete des Artilleriewesens. (. . .)
5. Mai: (. . .) Das Zentralkomitee der Nationalgarde wird zur administrativen Führung in der Delegation für den Krieg zugezogen. — Die militärischen Kräfte der Kommune werden in drei operative Armeen [Dombrowski im Norden; La Cécilia, Wroblewski im Süden — W. S] und zwei Reservekorps [Bergeret, Eudes — W.S.] eingeteilt. (. . .)
8. Mai: (. . .) Abgrenzung der Rechte des Zentralkomitees der Nationalgarde und der Kommission für das Kriegswesen der Kommune. (. . .)"

8) „So hat Brecht — um das Wichtigste anzuführen — die Parteikämpfe in der Kommune stark vereinfacht (. . .) und zeigt im Rat der Kommune zwei Parteien: auf der einen Seite die Anhänger des energischen Gebrauchs der Macht zum Zweck, den Feind zu schlagen und die Errungenschaften des Volkes zu sichern (repräsentiert durch Varlin, Rigault, Ranvier und — nach anfänglichem Schwanken — Langevin); auf der anderen Seite einer Mehrheit, die aus Philanthropie, bürgerlichen Illusionen oder einfacher Querköpfigkeit heraus sich dem widersetzt; ihre Vertreter kommen vor allem in Zwischenrufen, aber auch durch Beslay und Delescluze zu Wort." (KAUFMANN 1962 S. 51)

9) Vgl. dazu den folgenden Auszug aus Brechts Brief an Erich Bentley vom 12.11.1949:

„Was das Stück [*Die Tage der Kommune* — W.S.] zeigen kann, ist nur, daß das Proletariat die Gewalt seiner Gegner nicht brechen kann, wenn es selber nicht bereit ist, Gewalt anzuwenden." (BB Briefe Nr. 617 S. 622f.)

10) Der Satz von Philippe wird fortgesetzt mit: *„Davon spricht man, ich bin einen Tag auf dem Land gewesen, in Arles, bei den Eltern. Sie lassen dich grüßen, François. Ich habe ihnen gesagt, daß du Kommunard geworden bist, ein Teufel, der alles teilen will."* (S. 54f.)
Auch dies ein exemplarisches Beispiel, wie es Brecht gelingt, historisches Material mit dem Persönlichen zu verbinden. Die Information über die *„Mißwirtschaft der Kommune"* wird zugleich auf ihren Ursprung hin erklärt, nämlich: so spricht man auf dem Lande. Es ist die Landbevölkerung, die die entscheidende Hausmacht der versailler Regierung und — wenn auch mit größeren Einbrüchen — der Nationalversammlung von Bordeaux ausmachte.
Damit zugleich wird aber ein Hinweis verbunden auf die engen Verbindungen der „Pariser" mit dem Land, was die gleichzeitig bestehende Barriere zwischen der Kommune in Paris und dem Land-Volk im subjektiven Erleben der Aufständischen noch unerträglicher werden ließ.
Außerdem bedeutet dieser Hinweis auf die Herkunft des ehemaligen Seminaristen François eine zusätzliche Erklärung, warum er sich dem Priesterseminar hatte anschließen müssen; dies war für einen weitgehend mittellosen Jugendlichen vom Lande wie ihn die einzige Möglichkeit, nach Paris „aufzusteigen" (monter à Paris) und sich vermittels der Wissenschaft dem „neuen Zeitalter" zu nähern. Die Verhaftung mit dem Religiösen seiner Heimat bleibt jedoch zunächst bestehen; da ist nicht nur die Szene 3a, für die es nun betreffend der Zurückhaltung von François in Fragen der körperlichen Liebe eine wichtige Erklärung gibt, da ist die Szene 3b, wo er, nun in der Uniform der Nationalgarde, auf seinen Bruder Philippe anzulegen entschlossen ist, ohne dabei sein *„Vaterunser"* zu vergessen, und da ist die oben zitierte Passage von dem Kommunarden François, dem *„Teufel"*, der alles teilen will. Brecht formuliert hier so, daß die Grüße der Eltern an ihren 'abtrünnigen' Sohn dennoch ausgesprochen werden, trotz deren schlechter Meinung von der Kommune.— Die Widersprüche sind die Hoffnungen.

3 LITERATUR

– ZUR GESCHICHTE DER PARISER KOMMUNE
Verzeichnis der zitierten Arbeiten

BRUHAT, Jean; DAUTRY, Jean; TERSEN, Emile: Die Pariser Kommune von 1871 [La Commune de 1871]. Berlin (Ost) 1971 [Paris 2/1970].

DUNCKER, Hermann: Pariser Kommune 1871. Berichte und Dokumente von Zeitgenossen. (Mit einem Geleitwort von Dr. Hermann Duncker.) Berlin 1931. (Als Reprint:) Frankfurt a. M. 1969.

ENGELS, Friedrich: siehe: MARX, Karl; siehe: MEW.

LAVROV, Petr L.: Die Pariser Kommune vom 18. März 1871 [Parižskaja Kommuna 18 marta 1871 goda]. (Vorwort von Klaus Meschkat.) Berlin (West) 1971 [Genf 1890].

LENIN, Wladimir Iljitsch: Staat und Revolution. Die Lehre des Marxismus vom Staat und die Aufgaben des Proletariats in der Revolution. [Moskau, Petrograd 1919] LW XXV S. 393-507.

ders.: Über die Pariser Kommune. Berlin (Ost) (1946) 7/1974[1].

LISSAGARAY, Prosper (Olivier): Geschichte der Commune von 1871 [Histoire de la Commune de 1871]. Frankfurt a.M. 1971 [Brüssel 1876; London, ergänzte und korrigierte Fassung 1877].

MARX, Karl: Der Bürgerkrieg in Frankreich. Adresse des Generalraths der Internationalen Arbeiter-Assoziation. An alle Mitglieder in Europa und den Vereinigten Staaten. (Leipzig 1871, dritte überarbeitete und von Friedrich Engels ergänzte Auflage 1891) MEW XVII S. 313-365.

ders.; ENGELS, Friedrich: Tagebuch der Pariser Kommune (Zusammengestellt und eingeleitet von Erich Kundel). Frankfurt a. M. 1971.

MESCHKAT, Klaus: Die Pariser Kommune von 1871 im Spiegel der sowjetischen Geschichtsschreibung. Köln 1971.

NOËL, Bernard: Dictionnaire de la Commune. Paris 1971.

POLITISCHE PLAKATE IN PARIS. Vom Sturz des Kaiserreichs bis zur Niederschlagung der Kommune. Materialien zur Pariser Kommune 1871. H. 3. Berlin (West) 1971.

SCHRENK, Klaus (Hrsg.): Auf den Barrikaden von Paris. Alltag der Pariser Kommune. Berlin, Hamburg 1978.

– ÜBER DAS KOMMUNE-STÜCK
Verzeichnis der vorliegenden Arbeiten[2]

APPEN, Karl von; DIECKMANN, Friedrich (Hrsg.): Karl von Appens Bühnenbilder am Berliner Ensemble. Szenenbilder, Figurinen, Entwürfe und Szenenphotos zu achtzehn Aufführungen. Berlin (Ost) 1971.
(Siehe auch: BÜHNENBILDER DER DDR. Arbeiten aus den Jahren 1971-1977. Hrsg. von Friedrich DIEKMANN im Auftrag der Sektion der DDR der OISTT. Berlin [Ost] 1978 S. 11, 38, 59.)

---

1 Wie dem Verzeichnis über „Brechts letzte Handbibliothek" zu entnehmen ist, befand sich darin auch diese Textsammlung in der Auflage des Jahres 1952. Siehe: *Germanisch-Romanische Monatsschrift* Nr. 9 (1960) S. 451-463.

2 Zeitungsartikel, insbesondere Aufführungsrezensionen u.ä. wurden nur in Ausnahmefällen mit in das Verzeichnis aufgenommen; detaillierte Auskünfte hierzu auf Anfrage.

ARBEITSGRUPPE *PARISER KOMMUNE*: Antwort auf allerhand Anstrenungen des KBW, Brechts *Tage der Commune* nicht zu verstehen. Frankfurt a.M. 1977. [Masch.]

BÖHME, Irene: Wie war's in La Habana? Gespräch mit Hannes Fischer über seine Gastinszenierung in Kuba. In: *Theater der Zeit* (1972) H. 12, S. 32-34.

BRECHT, Bertolt: *Die Tage der Commune*. Fassung des Berliner Ensembles (von: Joachim Tenschert und Manfred Wekwerth). Berlin (Ost) o. D. [1962]3

ders.: *Commune (Der Freiheit wegen, von der man nichts versteht.)* Red.: Joachim JOHANNSEN; Wolf SIEGERT. Frankfurt a.M. 1977 [= Programmbuch 54].

BRECHT 78. Brecht-Dialog 1978. Kunst und Politik. 10.-15. Februar. Dokumentation. Hrsg.: Werner HECHT; Karl-Claus HAHN, Elifius PAFFRATH. Berlin (Ost) 1979.
darin: Zur Regiekonzeption der Schweriner Aufführung von Brechts *Die Tage der Commune*. S. 190f.

BRECHT 80. Brecht in Afrika, Asien und Lateinamerika. Dokumentation. Hrsg.: siehe: BRECHT 78. Berlin (Ost) 1980.
darin: Jack MITCHEL: Exkurs: *Commune*-Probe in Tansania. S. 84-87.

BUCK, Theo: Brecht und Diderot oder: Über die Schwierigkeiten der Rationalität in Deutschland. Tübingen 1971.
darin: *Die Tage der Commune* oder Der utopische Alltag. S. 119-127.

CONARD, Robert C.: Brechts *Tage der Commune* und ihre Bedeutung für die Ereignisse in Chile im September 1973.
In: John FUEGI, Reinhold GRIMM, Jost HERMAND (Hrsg.): Brecht-Jahrbuch 1975. Frankfurt a. M. 1975 S. 35-42.

DUCKE, Gerold: Die neuen Widersprüche. Das historische Beispiel: *Die Tage der Commune*. Berlin o. D. [1977]. [Masch.]

GENERAL, Regina: Theater für Revolutionäre. Gespräch mit dem Regisseur Hannes Fischer, der in Kuba inszenierte. In: *Sonntag* vom 17.12.1972.

HARTUNG, Günter: Brechts Stück *Die Tage der Commune*. In: *Weimarer Beiträge* (Sonderdruck) Jg. 18 (1972) H. 2, S. 106-144.

HECHT, Werner: (In Vorbereitung: *Die Tage der Commune*) Zum Bühnenbildentwurf. In: *Theater der Zeit* Jg. 17 (1962) H. 9, S. 13f.

ders.: Brecht. Vielseitige Betrachtungen. Berlin (Ost) 1978.
darin: Wirkungen. Gastspiele des Berliner Ensembles [. . . Paris 1971] . S. 268-281.

HELLER, Heinz-B.: Untersuchungen zur Theorie und Praxis des dialektischen Theaters Brecht und Adamov. Bern, Frankfurt a. M. 1975
darin: *Die Tage der Commune* und *Le Printemps 71*. S. 93-101.

HUMMEL, Eberhard: Zu einigen Problemen der dramatischen Gestaltung der Pariser Kommune durch Bertolt Brecht und Nordahl Grieg. In: *Wissenschaftliche Zeitschrift der Ernst-Moritz-Arndt-Universität Greifswald* Jg. 12 (1963) H. 1, S. 49-53.

IWABUCHI, Tatsuji; SIEGERT, Wolf: *Die Tage der Commune* in Japan. Ein Gespräch. In: *notate* (1982) Nr. 4, S. 9-11.

JIMÉNEZ, Mario: Zur Inszenierungskonzeption *Die Tage der Commune* für eine Arbeitertheater des Chilenischen Zentralen Gewerkschaftsbundes. Leipzig 1970. [Masch.]

---

3 „Diese Fassung berücksichtigt Fabelentwürfe Brechts, Berichte von Zeitgenossen der Commune, Dokumente und Protokolle, neuere Forschungen über die Commune." — Bühnenmanuskript S. 1.

KAUFMANN, Hans: Bertolt Brecht. Geschichtsdrama und Parabelstück. Berlin (Ost) 1962. (Als Habil.-Schrift: ders.: Tragödie, Komödie, Episches Theater. *Die Tage der Commune* und einige Grundfragen der Dramaturgie Brechts. Humboldt-Universität Berlin 1962).

KNOPF, Jan: Brecht-Handbuch. Theater. Eine Ästhetik der Widersprüche. Stuttgart 1980. darin: *Die Tage der Commune*. S. 280-292.

KOHLHASE, Norbert: Dichtung und politische Moral. Eine Gegenüberstellung von Brecht und Camus. München 1965 (Als Diss.-Schrift: . . . Dargestellt am Beispiel von Brecht und Camus. Freie Universität Berlin 1965) darin: Der Verheißungscharakter der Brechtschen Dichtung S. 65-75; Revolution und Revolte S. 145-160.

LIEBICH, Gert[4]: Vergleich des Stückes *Die Tage der Commune* von Bertolt Brecht mit dem Schauspiel *Die Niederlage* von Nordahl Grieg. Diplomarbeit. Humboldt-Universität Berlin 1959.

MEHNERT, Monika: Brechts Stück *Die Tage der Commune*. Eine dramaturgische Analyse unter besonderer Berücksichtigung der Gestaltung des Verhältnisses von Allgemeinem und Besonderem. Diplomarbeit. Humboldt-Universität Berlin 1964.

SCHLAFFER, Hannelore: Dramenform und Klassenstruktur. Eine Analyse der dramatis personae 'Volk'. Stuttgart 1972 darin: Geschichte der Figur. Historische Analysen . . . S. 103-106.

SIEGERT, Wolf: Untersuchungen zu Bertolt Brechts *Die Tage der Commune*. Staatsexamensarbeit. Universität Bremen 1976.

SIEGERT, Wolf (Hrsg.): Brechts *Tage der Commune*. Frankfurt a.M. 1983. [= s.t.m. 2031]

TENSCHERT, Joachim: Theaterarbeit in der Entwicklung. *Die Tage der Commune* von Bertolt Brecht in den Städtischen Theatern Karl-Marx-Stadt. In: *Theater der Zeit* Jg. 12 (1957) H. 1, S. 37-40.

ders.: (In Vorbereitung: *Die Tage der Commune*) Die Fassung des Berliner Ensembles. In: *Theater der Zeit* Jg. 17 (1962) H. 9, S. 11f.

WEKWERTH, Manfred: Auffinden einer ästhetischen Kategorie. In: *Sinn und Form* (Zweites Sonderheft. Bertolt Brecht) Jg. 9 (1957) H. 1-3, S. 260-268. (Nachgedruckt u.a. in:) ders.: Theater in Veränderung. Berlin (Ost) 1960 S. 25-36.

ders.: (In Vorbereitung: *Die Tage der Commune*) Die Flucht. Inszenierung einer Szene. In: *Theater der Zeit* Jg. 17 (1962) H. 9, S. 14f.

ders.: Notate. Über die Arbeit des Berliner Ensembles 1956 bis 1966. Frankfurt a. M. 1967 (Berlin und Weimar 1967) darin: *Die Tage der Commune* von Bertolt Brecht. Bühnenfassung: Berliner Ensemble. Premiere 1962 S. 81-102[5] [Zur Fassung des Berliner Ensembles S. 89-94, Zu den Figuren in Brechts Stück *Die Tage der Commune* S. 94-99, Über die Arbeit des Bühnenbildners Karl von Appen S. 99-102].

---

4 Erwähnt bei KAUFMANN, 1962 S. 269 (Anm. 106) – die einzige über Fernleihe aus der DDR zur Einsicht erhaltene Arbeit war die von MEHNERT, 1964.

5 Dieser Text weicht in Überschrift und inhaltlich von der in der DDR veröffentlichten Version: *Die Tage der Commune* 1962. Tagespolitik auf dem Theater? (siehe auch: WEKWERTH, 1973) ab.

ders.: Schriften. Arbeit mit Brecht. (Dem 75. Geburtstag Bertolt Brechts). Berlin (Ost) 1973
darin: Auffinden einer ästhetischen Kategorie S. 67-75, Die letzten Gespräche S. 76-79,
Die Tage der Commune 1962. [Tagespolitik auf dem Theater? S. 179-182, Zu den Figuren
S. 182-187. Brief an Wolfgang Langhoff, der den Pierre übernommen hatte S. 187, Auswertung der Arbeit an Brechts *Die Tage der Commune* (zitiert nach *studien,* 1963, Nr. 1, ge-
kürzt) S. 188-196]

– ZU BERTOLT BRECHT
Verzeichnis der erwähnten Arbeiten

BENJAMIN, Walter: Versuche über Brecht. (Hrsg. und mit einem Nachwort von Rolf Tiede-
mann). Frankfurt a. M. (1966) 4/1977.

BRÜGGEMANN, Heinz: Literarische Technik und soziale Revolution. Versuche über das Verhältnis von Kunstproduktion, Marxismus und literarischer Technik in den theoretischen
Schriften Bertolt Brechts. Reinbek 1973.

BUNGE, Hans: Fragen Sie mehr über Brecht. Hanns Eisler im Gespräch. (Nachwort von Stephan
Hermlin) München 1970.

DORT, Bernard; PEYRET, Jean-François (Hrsg.): Bertolt Brecht (I). Paris 1979.

ENGBERG, Harald: Brecht auf Fünen. Exil in Dänemark. [Brecht på Fyn.] Wuppertal 1974
[Odense 1966].

ESSLIN, Martin: Brecht. Das Paradox des politischen Dichters. [Brecht. A. Choice of Evils. A
critical study of the man, his work, his opinions.] Frankfurt a.M. 1962; durchgesehene
und ergänzte Ausgabe: München 1970 [London 1959].

EWEN, Frederic: Bertolt Brecht. Sein Leben, sein Werk, seine Zeit. [Bertolt Brecht. His Life,
His Art and His Time.] (Hamburg, Düsseldorf 1970) Frankfurt a.M. 1973 [New York
1967].

FASSMANN, Kurt: Brecht. Eine Bildbiographie. München 1958.

FRADKIN, Ilja: Bertolt Brecht. Weg und Methode [Bertol't Brecht. Put'i metod] Leipzig 1974
[Moskau 1965].

FRISCH, Max: Öffentlichkeit als Partner. Frankfurt a. M. 1967.

GRIMM, Reinhold: Bertolt Brecht. Die Struktur seines Werkes. Nürnberg (1959) 5/1971.

ders.: Bertolt Brecht. Stuttgart (1961) 3., völlig neu bearbeitete Auflage 1971.

ders.; HERMAND, Jost (Hrsg.): Brecht-Jahrbuch 1980. Frankfurt a. M. 1981.

HAAS, Willy: Bert Brecht. Berlin (West) (1958) 4/1968.

HECHT, Werner (Hrsg.): Bertolt Brecht. Sein Leben in Bildern und Texten. (Gestaltet von Willy
Fleckhaus.) Berlin, Weimar 1978 (Frankfurt a. M. 1978).

HILL, Claude: Bertolt Brecht. München 1978 [Boston 1975].

HINCK, Walter: Die Dramaturgie des späten Brecht. Göttingen (1959) 5., durchgesehene Auflage 1971.

IHERING, Herbert: Bertolt Brecht und das Theater. Berlin (West) 1959.

JENS, Walter: Statt einer Literaturgeschichte. Pfullingen (1957) 5/1962
darin: Poesie und Doktrin. Bertolt Brecht. S. 227-258.

KARASEK, Hellmuth: Bertolt Brecht. Der jüngste Fall eines Theaterklassikers. München 1978.

KESTING, Marianne: Das epische Theater. Zur Struktur des modernen Dramas. Stuttgart 1959.

dies.: Bertolt Brecht in Selbstzeugnissen und Bilddokumenten. Hamburg (1959) 15/1970.

KNOPF, Jan: Bertolt Brecht. Ein kritischer Forschungsbericht. Fragwürdiges in der Brecht-Forschung. Frankfurt a. M. 1974.

LUDWIG, Karl-Heinz: Bertolt Brecht: Tätigkeit und Rezeption von der Rückkehr aus dem Exil bis zur Gründung der DDR. Kronberg Ts. 1976.

LÜTHY, Herbert: Vom armen Bert Brecht. In: *Der Monat* (1952) H. 44 S. 115-144. (Als ergänzte Neuauflagen:) Zürich 1972 und Köln 1972.

MANN, Otto: BB. Maß oder Mythos? Ein kritischer Beitrag zu den Schaustücken Bertolt Brechts. (Mit einem Geleitwort des Verlegers Rothe) Heidelberg 1958.

RINSER, Luise: Der Schwerpunkt. Frankfurt a. M. 1960.

MAYER, Hans: Bertolt Brecht und die Tradition. Pfullingen 1961.

ders.: Brecht in der Geschichte. Drei Versuche. (Brecht und die Tradition. Brecht und die Humanität. Eine Rede. Brecht in der Geschichte) Frankfurt a. M. 1971.

MITTENZWEI, Werner: Bertolt Brecht. Von der *Maßnahme* zu *Leben des Galilei*. Berlin, Weimar (1959) 4/1977.

ders.: Der Realismus-Streit um Brecht. Grundriß zu einer Brecht-Rezeption der DDR 1945-1975. In: *Sinn und Form* Jge. 18; 19 (1976; 1977) H. 6; H. 1,2. (Überarbeitete und erweiterte Fassung:) Berlin, Weimar 1978.

NANCE WEBER, Betty: Brechts *Kreidekreis,* ein Revolutionsstück. Eine Interpretation. Mit Texten aus dem Nachlaß. Frankfurt a.M. 1978.

POZNER, Vladimir: bb. In: *Sinn und Form* (Zweites Sonderheft Bertolt Brecht) Jg. 9 (1957) H. 1-3, S. 444-456.

PREUSS, Joachim Werner: Eine Brecht-Nachlese. Jüngere Brecht-Literatur. Berlin (West) 1979 [Sendemanuskript].

RÜLICKE-WEILER, Käthe: Die Dramaturgie Brechts. Theater als Mittel der Veränderung. Berlin (Ost) 1966.

SCHUMACHER, Ernst: Brecht-Kritiken. Berlin (Ost) 1977.

ders.; SCHUMACHER, Ernst & Renate: Leben Brechts in Wort und Bild. Berlin (Ost) 1978.

SEIDEL, Gerhard (Zusammenstellung und Vorbemerkung): Brecht und die Deutsche Demokratische Republik. Eine Dokumentation zum 80. Geburtstag Bertolt Brechts am 10. Februar 1978. In: *Mitteilungen* Jg. 16 (1978) H. 1.

SIEGERT, Wolf: Brecht-Dialog 1978. Kunst und Politik: Die Rezeption der Rezeption eines deutschen *Klassikers des sozialistischen Realismus.* Erfahrungen, Thesen, Vorschläge. Berlin (West), Mailand 1978 [Sendemanuskript].

THEATERARBEIT. 6 Aufführungen des Berliner Ensembles. Red.: Ruth BERLAU, Bertolt BRECHT, Claus HUBALEK, Peter PALITZSCH (u. Gestaltung), Käthe RÜLICKE. Dresden 1952.

VÖLKER, Klaus: Bertolt Brecht. Eine Biographie. München 1976 (München 1978).

WEKWERTH, Manfred: Er hat Vorschläge gemacht . . . Überlegungen zwanzig Jahre nach Brecht. (Vorbemerkung zu: Bertolt BRECHT: Über Kunst und Politik. Hrsg. von Werner Hecht) Leipzig 1977.

WYSS, Monika: Brecht in der Kritik. Rezensionen aller Brecht-Uraufführungen sowie ausgewähl-
ter deutsch- und fremdsprachiger Premieren. (Eine Dokumentation . . . mit einführenden
und verbindenden Texten von Helmut Kindler.) München 1977.

– SONSTIGE
Verzeichnis der zitierten Arbeiten

ADAMOV, Arthur: *Le Printemps 71*. Paris 1961.

ANDERSEN-NEXÖ, Martin: Die Kindheit. Erinnerungen. (deutsch von Margarete Steffin und
Bertolt Brecht; mit einem Widmungsgedicht von Bertolt Brecht.) Basel 1945 (Berlin 1946).

BENJAMIN, Walter: Briefe. 2 Bde. (Hrsg. und Anmerkungen von Theodor W. Adorno und
Gershom Scholem.) Frankfurt a. M. 1966.

BENSON, Frederick R.: Schriftsteller in Waffen. Die Literatur und der Spanische Bürgerkrieg.
[Writers in Arms – The Literary Impact of the Spanish Civil War.] Zürich, Freiburg i. Br.
1969 [New York 1967].

BIERMANN, Wolf: Die Drahtharfe. Balladen, Gedichte, Lieder. Berlin (West) 1965.

DEUTSCHE PARLAMENTSDEBATTEN. (Vorwort von Gustav Heinemann; Einleitung von
Eberhard Jäckel) Bd. 1: 1871-1918. Frankfurt a. M., Hamburg 1970.

Ein interessanter Brief Georgi DIMITROFFs zur Vorbereitung des VII. Welt-Kongresses der
Kommunistischen Internationale. In: *Beiträge zur Geschichte der Arbeiterbewegung*.
Berlin (Ost) 1963 H. 3 S. 282 ff.

DORST, Tankred; LAUBE, Horst: *Goncourt oder Die Abschaffung des Todes*. Frankfurt a.M.
o. D. [1977] [= Programm- und Textbuch 50].

DUHNKE, Horst: Die KPD von 1933-1945. Wien 1974.

EMMERICH, Wolfgang: Kleine Literaturgeschichte der DDR. Darmstadt, Neuwied 1981.

FISCHER, Ernst: Erinnerungen und Reflexionen. Reinbek 1970.

FRANK, Leonhard: Links, wo das Herz ist. München (1952) 3/1967.

GORELLA, Arwed D.: Hinweise auf Künstler und Insurgenten der Kommune 1871.
In: SCHRENK (Hrsg.), 1978 [s.o.], S. 110-114.

GRASS, Günter: Über meinen Lehrer Döblin und andere Vorträge. Berlin (West) 1968.

GRIEG, Nordahl: *Die Niederlage*. Ein Schauspiel über die Pariser Kommune. [*Nederlaget*. Et
shuespill om Pariser-Kommunen.] In: *Das Wort* Jg. 3 (1938) H. 1, 3, 4. (Als Reprint:) Berlin (Ost) 1968 [Oslo 1978, 2/1949]. (Als Buch aufgelegt:) Berlin 1947 („Autorisierte Übertragung aus dem Norwegischen von Margarete Steffiin [!]“. Vorwort von Odd Eidem.
Und:) Berlin (Ost) 1968 [DN].

ders.: 29, 8. (als deutsche Nachdichtung unter dem Titel:) Ein deutscher Arbeiter.
In: MAASSEN, Hans; KORMES, Karl (Hrsg.): Odio y Amor. Lyrik und Prosa zum Spanischen Bürgerkrieg. Leipzig 1967.

ders.: Im Konvoi über den Atlantik. Reportagen und Publizistik. Berlin (Ost) 1977.

GRIMM, Reinhold; HERMAND, Jost (Hrsg.): Exil und innere Emigration. Frankfurt a. M. 1972.
darin: ZIOLKOWSKI, Theodore: Form als Protest. Das Sonett in der Literatur des Exils
und der inneren Emigration. S. 153-172.

HART, Henry (Hrsg.): The Writer in a Changing World. New York 1937.

HEGEL, Georg Wilhelm Friedrich: Phänomenologie des Geistes. (Hrsg. von Johannes Hoff-meister) Hamburg 6/1952.

DIE HIMMELSSTÜRMER. Lieder der Pariser Kommune. Red.: Raimund RÜTTEN, Wilfried SCHLEIF, Gerhard SCHNEIDER, Jürgen TAMCHINA und die KOMMUNEGRUPPE SCHAUSPIEL FRANKFURT. Köln 1979 (Beiheft zur gleichnamigen Schallplatte).

HOFFMANN, Ludwig; TREPTE, Curt: Exil in Skandinavien. In: Exil in . . . Bd. 5, Leipzig 1980 S. 309-557.

HOFFMANN, Werner: Das Irdische Paradies. München 1960.

HOLZ, Hans Heinz: Widerspruch in China. Politisch-philosophische Erläuterungen zu Mao Tse-tung. München 1970.

KAUFMANN, Hans (Hrsg.): Positionen der DDR-Literaturwissenschaft. Auswahl aus den Weimarer Beiträgen (1971-1973). Kronberg Ts. 1974 (Bd. 2) darin: ders.: Zehn Anmerkungen über das Erbe, die Kunst und die Kunst des Erbens. S. 251-269.

KESTEN, Hermann (Hrsg.): Deutsche Literatur im Exil. Briefe europäischer Autoren 1933-1949. Frankfurt a. M. 1973.

LEXIKON SOZIALISTISCHER DEUTSCHER LITERATUR. (Mit einem literaturgeschicht-lichen Überblick von Silvia Schlenstedt.) (Als Reprint:) s'Gravenhage 1973.

LOSCHÜTZ, Gert; LAUBE, Horst (Hrsg.): War das was? Theaterarbeit und Mitbestimmung am Schauspiel Frankfurt 1972-1980. (Photos von Mara Eggert.) Frankfurt a. M. 1980.

MITTENZWEI, Werner: Gestaltung und Gestalten im modernen Drama. Zur Technik des Figurenaufbaus in der sozialistischen und spätbürgerlichen Dramatik. Berlin, Weimar (1965) 2/1969.

ders.: Exil in der Schweiz [Exil in . . . Bd. 2]. Leipzig 1978.

MÜLLER, Heiner: Mauser. Berlin (West) 1978.

MÜNSTER, Arno: Antifaschismus, Volksfront und Literatur. Zur Geschichte der *Vereinigung revolutionärer Schriftsteller und Künstler* (AEAR) in Frankreich. Hamburg, Berlin (West) 1977.

ORWELL, George: Mein Katalonien. Bericht über den spanischen Bürgerkrieg. [Homage to Catalonia; 1938] Zürich 1975.

PIECK, Wilhelm; DIMITROFF, Georgi; TOGLIATTI, Palmiro: Die Offensive des Faschismus und die Aufgaben des Kommunisten im Kampf für die Volksfront gegen Krieg und Faschismus. Referate auf dem VII. Kongreß der Kommunistischen Internationale (1935). Berlin (Ost) 1957.

REVOLUTIONÄRE DEUTSCHE PARTEIPROGRAMME. Vom Kommunistischen Manifest zum Programm des Sozialismus. (Hrsg. und eingeleitet von Lothar BERTHOLD und Ernst DIEHL). Berlin (Ost) (1964) 3/1967.

RICHTER, Hans Werner (Hrsg.): Die Mauer oder Der 13. August. Reinbek 1961.

RECLAMS SCHAUSPIELFÜHRER (Hrsg. von Otto C. A. zur NEDDEN und Karl H. RUPPEL) Stuttgart (1969) 14/1978.

SCHILLER, Dieter: Um Humanismus, Realismus und Nationalliteratur. Sozialistisches Menschenbild und realistische Methode. In: *Weimarer Beiträge* Jg. 18 (1972) H. 8, S. 16-31.

SCHLENSTEDT, Silvia: Exil und antifaschistischer Kampf in Spanien. In: Exil in . . . Bd. 6. Leipzig 1981 S. 189-395.

SPENDER, Stephen: Welt zwischen Welten [World within World]. Frankfurt a.M. 1952 [New York 1948].

STARITZ, Dietrich: Sozialismus in einem halben Land. Zur Programmatik und Politik der KPD/ SED in der Phase der antifaschistisch-demokratischen Umwälzung in der DDR. Berlin (West) 1976.

SYNGE, John Millington: Reiter ans Meer [Riders to the Sea; 1902]. Basel 1935.

TRETJAKOV, Sergej, M.: Die Arbeit des Schriftstellers. Aufsätze, Reportagen, Porträts. (Hrsg. von Heiner Boehnke). Reinbek 1972.

VALLÈS, Jules: Jacques Vingtras. Das Kind. Die Bildung. Die Revolte [Jacques Vingtras, L'Enfant; 1879. Le Bachelier; 1881. Jacques Vingtras, L'Insurgé; 1885]. Jossa 1979.

ders.: *La commune de Paris*. In: ders.: Oeuvres complètes. Paris (1950-)1970.

VIETZKE, Siegfried; WOHLGEMUTH, Heinz: Deutschland und die deutsche Arbeiterbewegung in der Zeit der Weimarer Republik 1919-1933. (Mit einem Anhang). Berlin (Ost) 1966.

WALTER, Hans-Albert: Deutsche Exilliteratur 1933-1950. Bd. 1: Bedrohung und Verfolgung bis 1933. Darmstadt, Neuwied 1972.

WEIMANN, Robert (Hrsg.): Tradition in der Literaturgeschichte. Berlin (Ost) 1972.

WEISS, Peter: Die Ästhetik des Widerstands. (Roman-Trilogie). Frankfurt a. M. 1975-1981.

ders.: Notizbücher 1971-1980. 2 Bde. Frankfurt a.M. 1981

4 SIGLEN

AbA	Bertolt Brecht: Tagebücher 1920 - 1922. Autobiographische Aufzeichnungen 1920 - 1954. (Hrsg.: Herta Ramthun) Frankfurt a.M. 1975
AJ	Bertolt Brecht: Arbeitsjournal 1938 - 1955. 2 Bde. (Hrsg.: Werner Hecht) Frankfurt a.M. 1974 [= GW-Supplementbände]
BBA (. . ./. . .)	Bertolt-Brecht-Archiv (Mappe/Seite) — siehe auch: Bertolt-Brecht-Archiv: Bestandsverzeichnis des literarischen Nachlasses. 4 Bde. (Bearb.: Herta Ramthun) Berlin (Ost), Weimar 1969-'73
BB Brief(e)	Bertolt Brecht: Briefe. 2 Bde. (Hrsg. u. Komm.: Günter Glaeser) Frankfurt a.M. 1981
DN	Nordahl Grieg: Dramen *(Barabbas; Unsere Ehre und unsere Macht; Aber morgen. . .; Die Niederlage).* (Hrsg. u. Nachw.: Horst Bien) Berlin (Ost) 1968
DW	*Das Wort.* Literarische Monatszeitschrift 1936 - 1939 (Jg. 1-4). (Als Reprint:) 10 Bde. + 1 Bd. (Nachw.: Fritz Erpenbeck) Berlin (Ost), Zürich, Hilversum 1969
Exil in. . .	Kunst und Literatur im antifaschistischen Exil 1933 - 1945. 7 Bde. Leipzig 1978-'81
JC	Bertolt Brecht: *Les Jours de la Commune.* (Übers.: Armand Jakob) In: Bertolt Brecht: Théâtre complet. Bd. 6 Paris [1957 — Übers.: Pierre Abraham] (1959) 1971
GW	Bertolt Brecht: Gesammelte Werke. Werkausgabe. 20 Bde. Frankfurt a.M. 1967 [ff. : Supplementbände]
LW	Wladimir Iljitsch Lenin: Werke. 40 Bde. Berlin (Ost) 1955-'68
MEW	Karl Marx, Friedrich Engels: Werke und Briefe. 39 Bde. Berlin (Ost) 1957-'68
PK	Hermann Duncker (Hrsg.): Pariser Kommune von 1871. Berichte und Dokumente von Zeitgenossen. (Einl.: ders.) (Berlin 1931). Als Reprint: Frankfurt a.M. 1969 [= Archiv sozialistische Literatur 12]
Stücke	Bertolt Brecht: Stücke. 14 Bde. Frankfurt a.M. 1953-'68
Tb	siehe: AbA
TC (DTdK) [TK(DTdK)]	Bertolt Brecht: *Die Tage der Commune* Frankfurt a.M. 1966 [= edition suhrkamp 169]
Zur Tradition. . .	Zur Tradition der deutschen sozialistischen Literatur. Eine Auswahl von Dokumenten. 4 Bde. (Hrsg.: Akademie der Künste der DDR) Berlin (Ost), Weimar (2/1967) 1979 [Neue Ausgabe]

5 STRUKTURSKIZZE

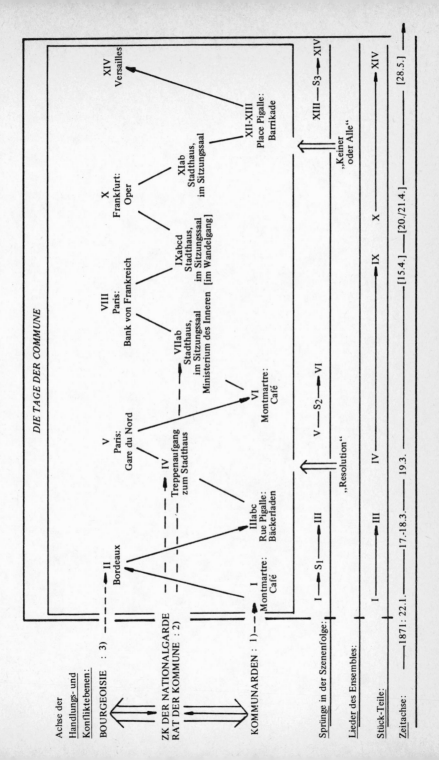

DIE TAGE DER COMMUNE

Achse der
Handlungs- und
Konfliktebenen:

BOURGEOISIE : 3)

ZK DER NATIONALGARDE
RAT DER KOMMUNE : 2)

KOMMUNARDEN : 1)

II Bordeaux	V Paris: Gare du Nord	X Frankfurt: Oper
	VIII Paris: Bank von Frankreich	XIab Stadthaus, im Sitzungssaal
		XIV Versailles

IV Treppenaufgang zum Stadthaus

VIIab Stadthaus, im Sitzungssaal, Ministerium des Inneren

IXabcd Stadthaus, im Sitzungssaal [im Wandelgang]

XII-XIII Place Pigalle: Barrikade

IIabc Rue Pigalle: Bäckerladen

VI Montmartre: Café

I Montmartre: Café

Sprünge in der Szenenfolge: I → S₁ → III   V → S₂ → VI   XIII → S₃ → XIV

Lieder des Ensembles: „Resolution"   „Keiner oder Alle"

Stück-Teile: I → III   IV   V   IX   X   XIV

Zeitachse: 1871: 22.1. —— 17.-18.3. —— 19.3. [15.4.] —— [20./21.4.] —— [28.5.]